부모와 유치원 · 초등학교 선생님을 위한

좋은 아이 키우기 5단계 프로그램

미셸 보바 지음 | 정경란 옮김 | 이소희 · 이정화 감수

한언

좋은 아이 키우기 5단계 프로그램

펴 냄	2006년 1월 1일 1판 1쇄 박음 / 2006년 1월 3일 1판 1쇄 펴냄
지은이	미셸 보바
펴낸이	김철종
펴낸곳	(주)한언
	등록번호 제1−128호 / 등록일자 1983. 9. 30
주 소	서울시 마포구 신수동 63−14 구 프라자 6층 (우 121−854)
	TEL. 02-701-6616 (대) / FAX. 701-4449
책임편집	장성길 skjang@haneon.com
디자인	이지선 jslee@haneon.com
홈페이지	**www.haneon.com**
e-mail	haneon@haneon.com

이 책의 무단전재 및 복제를 금합니다.
잘못 만들어진 책은 구입하신 서점에서 바꾸어 드립니다.

ISBN 89-5596-302-5   63370

부모와 유치원 · 초등학교 선생님을 위한

좋은 아이 키우기 5단계 프로그램

아이들의 자존감을 키워줄
유일한 사람은 바로 당신입니다.

To. _____

_____

_____

_____

_____

_____

_____

From. _____

CONTENTS

| 헌사 |

이 책을 만들기 위해 17년간 나와 함께한 수많은 사람들에게 감사의 말을 전한다.

그레그, 신디 모스, 낸시 쉽코트, 바바라 나미언, 메리 그레이스 갤빈, 벱 타케다, 잭 스미스. 이들은 '자존감 키우기 프로그램'을 아이들에게 적용할 때 옆에서 직접적 도움을 준 특별한 동료들이다. 크리스 넬슨과 수잔 허스트는 끊임없이 샘솟는 새로운 아이디어로, 캐롤 프리덴버그는 번뜩이는 조언으로 내가 이 길을 걸어가는 데 지치지 않게 도왔다.

잭 캔필드, 하노크 맥카티, 로버트 리즈너는 이 책뿐만 아니라 자존감 프로젝트 전반에 걸쳐 나에게 도움을 주었다. 그들의 귀중한 아이디어, 섬세한 배려, 유머에 다시 한번 감사드린다.

콘그레스 스프링스와 브라우넬 학교의 학생들, 내겐 아주 특별한 존재인 그 아이들은 내가 새로운 아이디어를 끊임없이 만들 수 있게 한 보물창고였다. 언제나 겸손을 몸소 실천하셨던 교장 선생님과 내게 잊지 못할 첫 번째 가르침을 주신 에일린 프리드릭슨 선생님은 현장에서 자존감 키우기를 어떻게 적용해야 할지를 가르쳐 주신 분들이다.

이 책의 출판인인 브래들리 윈치에게도 감사의 말씀을 전한다. 그는 자존감 키우기라는 프로젝트에 헌신적으로 참여했고, 때로는 과감한 제안도 해주었다. 그리고 담당 편집자인 마이클 헤일펀은 내가 상상했던 대로 너무나 만족스럽게 책을 만들어주었다. 그들은 내 원고가 책의 모습을 갖추도록 정리하고 귀중한 피드백을 주었으며 원활하게 일을 처리해 주었다. 모든 사람들의 놀라운 능력과 비전에 경의를 표한다.

조셉 거즈키, 마이클 굿맨, 니콜라스 레이더는 심리학자로서 이 책에 나오는 자존감 평가서와 여러 양식을 점검해주었다.

그리고 나와 함께 세미나를 통해 자존감 키우기 프로젝트에 필요한 아이디어와 새로운 기법들을 공유한 수백 명의 일선 교사들과 학부모님들께도 감사드린다. 어니스트와 로렌 보바가 보여준 격려와 도움에도 감사드린다.

부모님이자 진정한 의미의 자존감 키우기 전문가인 다니엘과 트레바 웅가로는 본능적으로 무엇을 어떻게 해야 하는지를 체득하고 실천하셨던 분들이다. 그분들의 지칠 줄 모르는 열정과 사랑 그리고 도움은 내 양식이자 모델이 되었다. 내가 나 자신을 믿도록 가르침을 주신 데 대해 감사드린다.

그리고 내 남편 크레이그에게 감사드린다. 창조적인 아이디어의 원천이자 자존감 키우기 개인 과외 선생님이라고 할 만큼 하루하루를 격려와 사랑으로 채워주었고 내가 늘 새로운 내일을 생각하게끔 해주었다. 마지막으로 나의 아들 제인슨, 아담, 제커리에게 이 책을 바친다. 아이들이 존재는 내 삶의 의미이자, 끊임없는 기쁨의 원천이다.

이들과 함께 했다는 것, 그 자체가 나에게는 놀라운 축복이 아닐 수 없다.

먹구름을 뚫고 나온
한줄기 빛처럼

학생들의 행동은 물론, 학업 성취도를 개선하는 데 있어 가장 핵심적 요소는 바로 자존감이다. 수많은 교사들이 이 부분에 대해 관심을 가지고 있지만, 효과적인 프로그램이 없어 실행에 어려움을 겪는 것이 현실이다. 나는 이 책을 이런 일선 교사들의 고충을 해결하기 위해 만들었다.

이 책은 자존감 향상에 관한 17년간의 연구와 조사, 그리고 이를 통해 만들어진 프로그램이 담겨져 있다. 나는 캘리포니아 사라토가에 위치한 콘그레스 스프링 초등학교(Congress Spring School)에서 교사로 재직하면서 연구를 진행해왔다. 당시 나는 아이들에게 직접 뭔가를 가르치기 보다는 행동관리 전문가 혹은 상담 교사라는 역할에 더 비중을 뒀다. 만약 내가 학생들의 행동 때문에 벌어지는 수많은 논쟁에 수업 계획을 조정해가면서까지 끼어들지 않았더라면, 아마 지금까지 '아마추어 상담 교사' 라는 타이틀을 달고 학생들에게 '너는 할 수 있어' 라는 공허한 말만 되풀이하고 있었을 것이다.

어느 날 나는 학교의 연구실에 앉아 내게 닥친 문제들을 곱씹으며 생각에 잠겨 있었다. 그러다 어느 교육 잡지에서 본 소논문 한 편이 번뜩 떠올랐다. 그 논문은 학생들이 '자신', '학습 활동', '행동' 에 대해서 어떻게 느끼고 판단하는지, 그 상관관계를 서술한 것이었다. 그 논문을 떠올리며 순간적으로 나도 모르게 "맞았어! 바로 그거야"라고 소리쳤다. 그 순간부터 내 목적은 현장에서 보고 겪은 연구결과를 토대로 학교나 교실에서 학생들의 자존감을 키워줄 수 있는 교육활동과 전략들을 세워나가는 것이 되었다. 결과적으로 가장 성공적이었던 것은 남편 크레이그와 공동 저술한 2권 분량의 연구서, 《자존감 Self Esteem》일 것이다. 그 책은 아직도 전 세계 일선 교사들과 교육학자들이 애독하고 있으며, 지난 6년간 캐나다 전역을 돌며 개최한 자존감 키우기 세미나의 자료로도 활용했다.

이 책은 바로 자존감 세미나에 참석했던 여러 선생님들이 내게 준 귀중한 피드백에 의해 만들어졌다고 해도 과언이 아니다. 캐나다 전역의 교육자들의 도움과 현장경험을 통한 피드백이 없었다면 이 책은 결코 세상에 나올 수 없었을 것이다.

이 책의 영감을 제공한 사람은 친구이자 동료인 로버트 리즈너라는 사실을 밝혀둔다. 로버트는 자신의 저작인 《자존감을 키워주자 Building Self-Esteem》에서 자존감이 넘치는 사람들의 공통점을 안정감, 자기정체성, 소속감, 목적의식, 성취욕구라는 5가지 요소로 규정한 바 있다. 필자 역시 그동안의 연구를 통해 리즈너의 연구와 동일한 결과에 도달했음을 밝힌다. 따라서 '자존감 키우기 프로그램'을 구성하는 기본 요소인 안정감, 자아관, 우호성, 목적의식, 성취욕구는 리즈너의 개념들과 거의 일치한다. 그만큼 리즈너의 선행 연구는 내 프로그램에 중대한 영향을 미쳤던 것이다.

이 책에 포함될 프로그램의 개괄적인 형태를 마련한 다음, 나는 실제 현장인 교실에서 그 효과를 증명해내야 하는 과제에 봉착했다. 이 책에서 구사한 모든 전략들은 지난 20여 년간 7만여 개의 학급에서 학생들의 다양한 능력과 기술을 두루 다루고 실행하고 검증한 것들이다.

자존감 키우기 프로그램은 공립, 사립, 정규 수업반, 특수반, 우수반의 구별 없이 연령도 유치원 아동에서부터 중학교, 고등학교 교과과정에까지 두루 적용되고 실행되어 왔다. 뉴질랜드, 홍콩, 핀란드, 영국은 물론 전 세계적으로 2백만 명이 넘는 학생들이 이 프로그램에 등장하는 다양한 교과활동의 수혜자가 되었다. 그 결과 학생들은 자존감 프로그램을 통해 어떠한 활동에서도 상호 협력적인 태도를 익혀나가게 된 것이다.

오늘날 학생들의 모습은 어떠한가? 너무나 많은 학생들이 교육자의 관심이 미치지 못하는 어두운 그늘에 방치돼 있다. 그들의 잠재력과 능력은 열등감과 자존감 부족으로 세상에 채 나오기도 전에 말라죽고 있다. 더 심각한 문제는 이러한 그늘은 아이들의 인격 형성에도 심각한 악영향을 미친다는 사실이다. 패배 의식을 가진 학생들이 가정에서는 문제가 되지 않는다 하더라도, 학교 문을 들어서 '지식주입'이라는 편향된 교육 환경 속에 노출되면 그 문제점은 확연히 드러나게 된다.

그렇다고 난 아이들의 미래를 비관적으로 바라보지 않는다. 먹구름 사이를 뚫고 나온 한줄기 햇살이 더 빛나는 법이 아니던가? 이 책이 주고자 하는 것이 바로 이것이다. 사랑하는 우리 아이들의 자존감을 북돋아주는 프로그램을 개발하고, 그럼으로써 학교 안은 물론, 학교를 떠나서도 행복을 누릴 수 있는 기회를 제공하자는 것이다. 이런 기회가 많아질수록 우리 아이들은 스스로 자신의 미래를 위해 긍정적이고 적극적인 노력을 기울이게 될 것임을 나는 확신한다.

'자존감 키우기 프로그램'의 성공 여부는 바로 당신에게 달려 있다. 교육자인 당신은 학생들이 스스로 '가능성 있는 존재'라는 사실을 깨닫게 해줄 수 있는 위치에 있는 사람이다. 놀랍지 않은가? 또한 책임감이 느껴지지 않은가? 교사는 피교육자인 학생들이 자신의 잠재력을 깨닫고 실현하도록 도와줌으로써 한 개인의 인생을 완전히 새로운 방향으로 전환시켜 줄 수 있는 사람이다. 그런데 이때 꼭 염두에 두어야 할 한 가지 원칙이 있다. '자존감은 긍정적인 방향으로 개선될 수도 있고, 반대로 부정적인 방향으로도 변할 수도 있다'는 점이다. 자존감 향상을 도와주는 선생님은 부정과 긍정의 향방을 결정하는 아주 중요한 역할을 하는 셈이다. 헨리 아담스*Henry Adams*의 금언은 아마도 선생님의 이런 어마어마한 역할과 중요성을 가장 잘 표현한 말이 아닌가 싶다.

"선생님의 영향력은 불멸에 가깝다. 선생님 스스로 어디까지 학생에게 영향을 미칠지 가늠하지 못할 정도다."

멈추어서는 안 된다. 힘들더라도 포기하지 말고 이 길을 같이 걸어가보자.

미셸 보바
팜 스프링스, 캘리포니아
2006년 1월

자존감 키우기 통합 프로그램 보고서

자존감 키우기 프로그램이 학생들의 인성 발달에 어떠한 영향을 미치는지 측정하기 위해 지난 17년간 광범위한 연구가 진행되었다. 천여 명의 학생들을 대상으로 자료를 수집했고, 라이트 주립대학의 통계 컨설턴트의 도움을 받아 아래와 같은 결과를 산출해냈다.

1 공격적이고 상스러운 어휘 사용 경향

▌상스러운 어휘 사용 빈도 : 46% 감소
▌공격적인 어휘 사용 빈도 : 39% 감소
▌신체적인 폭력 사용 빈도 : 41% 감소

2 자기 주도적인 학습 태도 증가

▌새로운 과제를 수행하려는 자발성 증가
▌의사를 결정하고 새로운 목표를 설정하려는 태도 증가
▌타인의 비판이나 충고를 수용하는 태도 증가
▌또래끼리의 친밀감 증가
▌모둠 활동에서 리더로 나서는 빈도 증가
▌긍정적인 자기 표현 증가
▌자신의 의견을 적극적으로 개진하려는 시도 증가
▌여러 활동에서 주도적이고 독립적인 경향 증가
▌모르는 게 있으면 적극적으로 질문하기 시작
▌실수나 실패에 대해 두려움 감소
▌학급 활동과 관련한 새로운 아이디어 계발 증가

3 친사회적 행동의 증가(100% 중 비율)

▌예전보다 긍정적으로 이야기함 : 100%
▌타인에게 먼저 양보하는 모습을 보임 : 95%
▌타인을 배려하고 협력적인 관계를 구축함 : 93%
▌예의바르게 행동하려고 노력함 : 91%
▌문제해결 능력과 갈등조정 능력이 향상됨 : 89%

자존감을 형성하는 기본 요소들

1 안정감 *Security*

정서적으로 강한 확신을 가지는 상태. 편안하고 안정된 상태로서 자신이 무엇을 해야 하는지를 인지하며 다른 사람이나 상황에 의존하는 법도 배운다. 그리고 규칙과 금기사항을 이해한다.

▍자존감 키우기 도우미의 역할
- 신뢰관계를 구축하라
- 합리적인 규칙과 제한을 정해서 일관되게 지켜라
- 긍정적이고 편안한 환경을 조성한다

2 자아관 *Selfhood*

자신의 정체성을 느끼는 상태. 주어진 역할과 그 역할의 속성 그리고 신체적인 특징과 관련해서 정확하고 현실적으로 자아상을 구축해 나간다.

▍자존감 키우기 도우미의 역할
- 정확한 자아상을 그려나가도록 한다.
- 자아관에 영향을 미치는 중요 요소를 발견할 수 있는 기회를 제공한다.
- 자신만의 독특한 개성을 인지하게 하라.
- 자신의 감정과 입장을 정리하고 표현하는 능력을 향상시켜라.

3 우호성 *Affiliation*

타인으로부터 인정받고 소속감을 느끼는 상태. 중요하다고 생각되는 사람과 관계맺는 것을 돕고 다른 사람으로부터 인정받고 존중받고 있다는 사실도 느끼게 한다.

▍자존감 키우기 도우미의 역할
- 모둠별·또래별 상호 존중과 인정의 개념을 증진시킨다.
- 다른 사람의 관심, 능력 그리고 개인적인 사항에 대해서 알 수 있는 기회를 제공한다.
- 우정을 가꾸어 나가는 기술을 향상시킨다.
- 또래 친구들과의 협력 관계를 증진시킨다.

4 목적의식 *Mission*

자신이 무엇을 위해 살아야 하는지를 인식하는 상태. 현실적이고 실현가능한 목표를 설정함으로써 자부심을 느끼고 자신이 한 의사결정에 따른 결과를 책임지려는 모습을 보인다.

▎자존감 키우기 도우미의 역할
- 아이들이 스스로 의사결정을 하고, 대안을 찾고 행동의 결과를 가늠해볼 수 있는 능력을 향상시킨다.
- 현재, 과거의 학습 성과와 행동발달 상황을 차트로 만들 수 있도록 돕는다.
- 성공적인 목표설정으로 이끌어주는 단계를 가르친다.

5 성취욕구 *Competence*

뭔가 중요하거나 가치 있는 일이라고 생각되는 일을 성취했을 때 느끼는 성취감. 자신의 능력과 힘을 인식하고 또 한편으로 약점도 받아들일 수 있다.

▎자존감 키우기 도우미의 역할
- 성취욕구와 자신의 장점을 인지할 수 있는 기회를 제공한다.
- 자신의 발달 과정을 기록하고 평가하는 법을 가르친다.
- 실패를 통해서 어떤 이득을 얻을 수 있는지 피드백해준다.
- 자신이 이룬 성취를 스스로 칭찬하는 것이 얼마나 중요한 것인지를 가르친다.

아이들의 자존감과
인격 형성을 위한 기초 작업

자존감은 우리 인생 모든 부분에 막강한 영향을 미치는 가장 강력한 요소다.

● 나다니엘 브랜든 *Nathaniel Branden*

자존감 키우기 심리학

　새로운 학년이 시작될 때마다 '최고의 학생들로만 구성된 학급을 맡았으면…' 하는 바람을 한 번이라도 가져보지 않은 교사는 아마 드물 것이다. 즉 이런 바람은 지극히 자연스러운 것이기도 하다는 말이다.

　교사들이 생각하는 '최고의 학생'은 바로 자신이 최고라는 자부심을 가짐과 동시에 늘 활기가 넘치는 학생일 것이다. 이런 아이들은 내적인 동기가 충만하며, 늘 열정적이며, 여러 가지 아이디어와 의견을 제시하고 또 거기에 능동적으로 반응한다. 게다가 자신의 일에 항상 책임을 지려는 자세도 갖추고 있다.

　하지만 한번 냉정히 주위를 둘러보자. 우리가 바라는 이상적인 학생의 수는 안타깝게도 우리의 바람만큼 흔하지 않다. 이 사실을 알고 있는지 모르는지, 교사들은 이렇게 말한다. "학생들이 예전 같지 않아요", "아이들에게 새로운 지식을 가르치는 시간보다 태도를 바로잡는 데 더 많은 시간을 써요", "애들이 도대체 하고자하는 의욕이 없어요", "집에서 그렇게 행동하는 아이를 어떻게 학교에서 바꿀 수 있겠어요?" 현실 속 아이들은 우리가 꿈꾸는 이상적인 모습과 거리가 멀다.

　저마다 독특한 개성과 특기로 무장한 아이들은 교사들에게 결코 만만한 상대가 아니다. 오늘날의 경제 · 사회적 환경이 아이들을 과거와는 전혀 다른 개인으로 만들어내고 있기 때문이다. 현재 미국 학생들의 현 주소를 적나라하게 알려주는 통계자료를 한번 보자.

▎난폭성 ▎ 전미학교심리학자(National Association of Psychologists)들의 연구에 따르면 7명 중 1명은 학교 폭력의 주범이거나 희생자라고 한다. 그리고 전미교육협회(National Education Association) 자료에 따르면 매일 16만 명의 아이들이 친구들의 폭력에 시달려 학교를 결석한다. 전미학교안전센타(The National School Safety Center)는 학교 폭력을 "고 질적인 문제이면서도 상대적으로 그 심각성이 간과되어 왔다"라고 진단하고 있다.

▎약물 남용 ▎ 술과 마약 남용이 청소년 사이에서 크게 증가하고 있다. 최근 한 연구 조사에 의하면 초등학교 5학년의 22%, 그리고 중학교 2학년의 70% 이상은 적어도 한 번 이상 술을 마신 경험이 있고, 대마초를 처음 경험한 평균 연령대도 12세 정도로 낮아지고 있다고 한다.

▎폭력 ▎ 현재 미국은 26개 선진국 가운데 청소년 자살율과 살인율이 가장 높다. 실제 미국 청소년의 범죄율은 또래 캐나다 청소년들의 10배 이상이며, 미국 10대의 절반 이상이 한 시간 이상 총을 지녀본 적이 있다. 게다가 고등학생 4명 중 1명은 적어도 한 번 이상 무기를 학교에 가져 가 본 적이 있다고 대답했다.

▎미성년자 성경험 ▎ 10대 300만 명(4명 중 1명 비율)이 매년 성 접촉으로 인한 질병을 앓고 있다. 미국 청소년의 10대 임신율 역시 다른 선진국들에 비해 월등하게 높다(알랜 거트마허 연구소).

▎절도 ▎ 10대 청소년의 절도 범죄가 22% 증가했다. FBI는 절반 이상의 중고생이 가게에서 물건을 훔친 경험이 있다고 보고했다. 그 중 25%의 학생은 적어도 2번 이상의 절도 경험이 있다고 털어놓았다(조셉슨 윤리연구소).

▎시험시 부정 행위 ▎ 1969년 이래 고등학생들의 시험 부정이 34%에서 68%로 증가했다. 〈U.S. News & World Report〉 조사에 따르면 대학생의 84%가 사회에서 남들보다 앞서려면 부정 행위를 해서라도 학점을 높이고 싶다고 대답했다.

▎거짓말 ▎ 92%의 고등학생들이 일년 동안 부모님에게 거짓말을 한 적이 있다고 대답했다. 4명 중 1명 이상이 직업을 얻기 위해서는 거짓말도 서슴지 않을 것이라고 대답했다(조셉슨 윤리연구소).

▎의욕저하 ▎ 고등학생 2만 명을 상대로 10년 동안 연구 조사한 결과에 따르면 30%이상은 학교에 적응하지 못하고 겉돌았으며 수업을 주기적으로 빼먹고 학습에 별다른 노력도 기울이지 않아 진도를 제대로 따라가지 못한다는 사실이 드러났다.

▌자살과 우울증의 증가 ┃ 지난 50년간 미국 청소년의 자살률은 최고 400% 증가했고 우울증은 1,000% 증가했다.

현재의 미국의 교육시스템은 다음과 같이 요약될 수 있다.

▌수능 성적의 하락　　　　　　　▌학생들의 약물과 술 의존도 증가
▌학습 동기 부족　　　　　　　　▌학교 내 폭력과 파괴적 행동 증가
▌행동발달 상 문제 증가　　　　　▌학교 안팎의 범죄 증가
▌학생들의 정서적인 건강 붕괴　　▌인성 파괴
▌역량 있는 일선 교사들의 이직률 증가

학생 중심적인 문제해결 접근

미국 정부는 역사상 그 어느 때보다 교육에 많은 투자를 함에도 불구하고 그 결과는 참담하다. 교육의 목적, 체크리스트, 진도 차트, 시험 성적 외에 뭔가가 빠져 있기 때문이다. 그것은 바로 '학생' 이다.

최근 들어 많은 교육자들이 학생들의 학습 태도가 학습 과정과 더 이상 무관하지 않다는 점을 인식하고 있다. 가장 강력한 힘은 자아에 대한 건강한 신념, 자신의 개성에 대한 이해와 연관된 지식과 기술을 아우를 수 있는 능력에서 나온다고 할 수 있다. 수많은 학생들이 자존감이 결여된 채 그저 공허하게 학교 정문을 들어서고 있다. 안정감, 자아관, 우호성, 목적의식, 성취욕구가 제대로 마련되지도 못한 상태로 학교만 왔다갔다 할 뿐이다. 그런데 이런 자존감 부재는 끊임없이 악순환하면서 아이들의 인성을 점점 황폐하게 만든다. 하지만 나는 아래 제시된 명제들을 보면서 다시 희망을 가져본다.

▌자존감과 인성발달은 연령에 상관없이 변화가 가능하다.
▌학생들이 교실에서 보내는 시간 동안 안정감, 자아관, 우호성, 목적의식, 성취욕구의 요소들을 키우고 가정에서 겪은 부정적인 경험을 바꿔 새로운 삶의 기회를 가질 수 있도록 해 줘야 한다.
▌자존감과 건강한 인성은 학습을 통해 이룰 수 있다. 그러므로 교사인 당신이 그들을 가르칠 수 있다.

교사들은 학생들이 자존감을 키우고 안정적인 인성을 형성하는 데 도움이 될 수 있는 환경을 만들어야 한다. 자존감 키우기 프로그램은 학생들이 건강한 자존감을 키우고 확고한 인성을 갖추는 데 큰 도움이 될 것이다.

1

자존감의 구성요소들

전체 밑그림을 보라

자존감 키우기 도우미의 역할

- 교사는 아이들에게 특별한 존재가 돼야 한다.
- 자존감을 키워주는 환경
- 자존감을 구성하는 5가지 요소들

아이들의 자존감을 키워주는 일은 지속적이고 단계적으로 이루어져야 하는 과정이다.

● 로버트 리즈너 *Robert Reasoner*

아이들이 자라면서 여러 가지 경험을 쌓아나감에 따라 내면에 그리는 그림도 함께 확장되어 간다. 이런 내면의 그림이 바로 자아관으로서 자신이 누구인지를 스스로 인지하고 설명하는 기준이 된다. 아이들의 자존감을 높여주는 5가지 요소는 안정감, 자아관, 우호성, 목적의식, 성취욕구다.

아이들이 이 5가지 요소 각각을 어떻게 체험하는 것은 아주 중요하다. 각각의 요소가 자아 평가의 기초가 되기 때문이다. 그런데 그 기초는 긍정적으로 또는 부정적으로 형성될 수 있다. 자아 평가의 과정 혹은 내면의 자아관을 판단하는 과정을 바로 '자존감'이라고 부른다. 그것은 한 개인이 자신을 어떻게 느끼는가를 의미한다. 그러므로 아이들의 자존감을 키워줄 도우미는 아래와 같은 점을 염두에 두어야 한다.

1 아이들이 정확한 자아관을 형성할 수 있도록 도와준다. 자존감이 저조한 아이들은 일반적으로 부정확한 자아관을 갖고 있기 마련이다. 그러므로 자존감 키우기 도우미는 아이들이 5가지 요소와 관련해서 스스로 현실적인 자아관을 그려갈 수 있도록 여러 기회를 제공해주고 구체적인 사례를 제시해주어야 한다.

2 자존감 키우기 도우미는 5가지 자존감 요소와 관련된 긍정적, 성공적, 성취 가능한 체험의 기회를 제공해야 한다. 특정한 요소가 부족한 학생에게는 더욱 절실한 과제라고 할 수 있다.

 교사는 아이들에게 특별한 존재가 돼야 한다

아이들을 둘러싸고 있는 외적인 요인은 그들의 자존감을 형성하는 주요 원인이 된다. 반복된 형태와 경험(부정적이든 긍정적이든)은 아이들의 자아관을 형성하는 데 영향을 미친다. 타인이 아이들의 자존감 정도를 변화시킬 수 있느냐 없느냐는 그 개인이 아이에게 얼마만큼 비중이 있고 중요한 사람이냐에 달려 있다. 그러므로 '특별한 존재' 또는 자존감 키우기 도우미가 됨으로써 교사는 아이들의 자존감 확장에 결정적인 역할을 할 수 있게 된다.

'자존감 키우기 도우미'는 바로 다음과 같은 사람을 말한다.

▌아이들의 자존감을 더욱 향상시킬 수 있는 능력을 가지고 있는 사람
▌자존감 형성에 지대한 영향력을 행사하는 사람
▌아이들에게 중요하고 소중한 사람

그러므로 교사는 아이들에게 신뢰와 존경을 받아야 한다. '자존감 키우기 도우미'로서 교사는 아이들의 긍정적인 자존감을 이끌어내고 키워나가야 한다. 아이들의 자아관을 개선하는 데 도움을 주고자 하는 사람이라면 아래와 같은 조건을

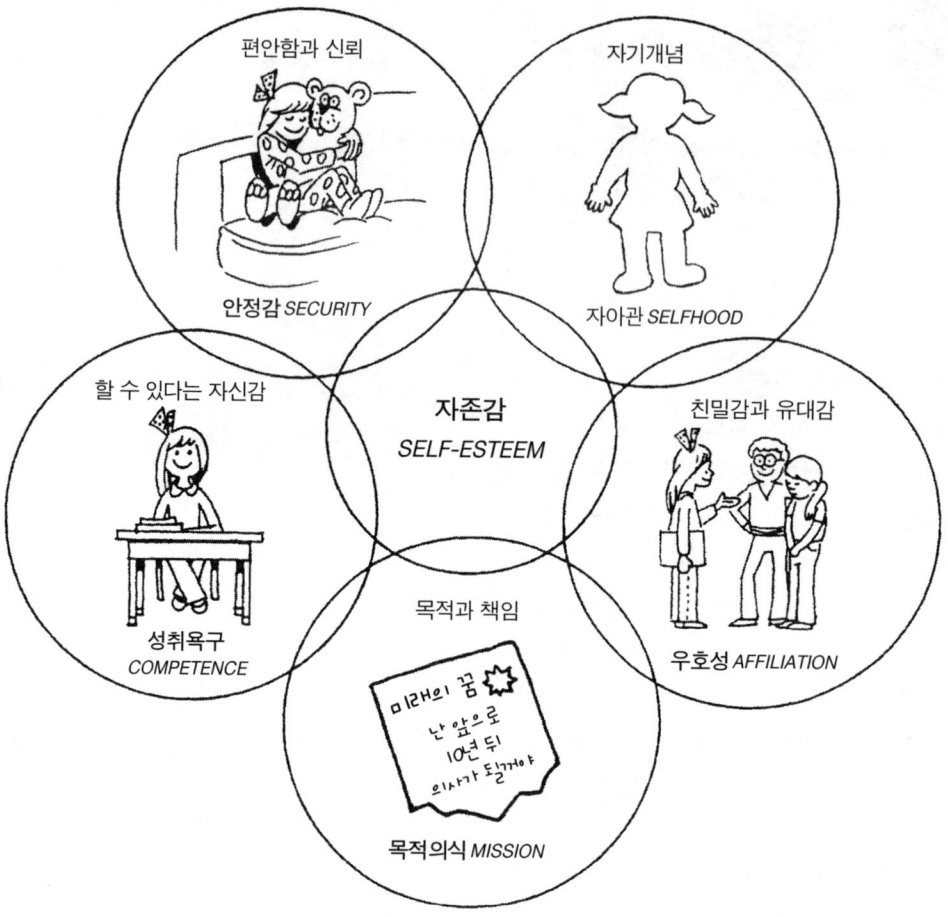

편안함과 신뢰

안정감 *SECURITY*

자기개념

자아관 *SELFHOOD*

할 수 있다는 자신감

성취욕구 *COMPETENCE*

자존감 *SELF-ESTEEM*

친밀감과 유대감

우호성 *AFFILIATION*

목적과 책임

목적의식 *MISSION*

갖추어야 한다.

┃아이들에 대한 성실하고 진지한 관심
┃아이들이 자신을 소중하고 중요한 사람이라는 것을 일깨워줄 수 있는 친밀감
┃아이들 개개인의 긍정적 자질을 알아보는 안목
┃아이들의 자아관은 얼마든지 변화 가능하다는 믿음을 갖고 아이들과 상호관계를 맺을 수 있는 능력
┃아이들이 자신을 더 나은 사람으로 느끼도록 기꺼이 시간과 노력을 투자하려는 의지
┃열린 마음으로 아이들에게 개인적인 경험과 관계를 공유할 수 있는 능력

┃아이들에게 신뢰하고 의지할 수 있는 사람이라고 인정 받을 수 있는 자질
┃스스로 내면을 들여다보고, 자존감 키우기 도우미의 역할 모델은 '아이들의 자존감 향상에 아주 결정적' 이라는 것을 인식하는 능력

자존감을 키워주는 환경

아이들 인생에 특별한 의미를 지닌 자존감 키우기 도우미는 아이들이 긍정적인 자존감을 키워나갈 수 있는 환경을 만들어내야 한다. 긍정적인 환경이 마련되어야 자존감 키우기 활동이 제대로 효

과를 낼 수 있기 때문이다. 아무리 많은 활동이라도 적절한 환경이 조성되지 않으면 아무 소용이 없다. 긍정적인 자존감을 키워주는 환경은 다음과 같다.

안전, 개방, 신뢰, 격려, 안도, 긍정, 온화, 포용.

🐝 쿠퍼스미스의 발견

캘리포니아 대학의 아동 심리학자 스탠리 쿠퍼스미스Stanley Coopersmith는 평생을 인간의 자아관 연구에 바친 학자다. 그의 책 《자존감에 선행되어야 하는 조건들The Antecedents of Self-Esteem》은 이 분야의 기념비적인 연구서다. 쿠퍼스미스의 연구 목적 가운데 하나는 아이들의 자존감을 높일 수 가정 환경은 어떤 것인지를 알아내는 것이었다. 그와 연구팀은 1,700명이 넘는 남자 아이와 그 가족들을 대상으로 연구를 진행했고, 그 결과 남자 아이들의 태도는 부모님이나 후견인이 아이들을 어떻게 생각하고 있는지, 혹은 어른들이 자신을 이런 사람으로 판단하고 있을 거라는 아이들의 추측에 따라 각기 다르게 형성되는 것으로 나타났다. 쿠퍼스미스의 연구 결과, 자존감이 넘치는 아이들이 자라는 가정은 아래와 같은 3가지 공통점을 가지고 있었다.

1 자존감이 높은 아이들은 부모에게 존경과 관심 그리고 인정을 듬뿍 받은 아이들이었다. 자신의 장점과 특기는 물론, 약점과 한계를 인정받고 있었던 것이었다. '조건 없는 사랑'의 환경이 자존감 넘치는 아이를 만든 셈이다.

2 자존감이 높은 아이들의 부모는 자존감이 낮은 아이들의 부모보다 아이들의 응석을 잘 받아주지 않는 편이었다. 즉 이들의 가정 환경에는 일정한 규율과 기준이 있고 그 결과 아이들은 높은

안정감을 느끼는 것으로 나타났다.

3 자존감이 높은 아이들의 가정은 대개 민주적인 분위기다. 아이들은 부모님과의 토론에서 자신의 생각과 의견을 표현하는 데 주저하지 않는다.

결과적으로 자존감을 향상시키고 자아관을 긍정적으로 형성시키는 환경은 아이들과 학생들이

▌가족 구성원간에 사랑과 정을 느끼고
▌실패에 대한 두려움 없이 새로운 일을 시도할 수 있도록 정서적 안정감을 제공하고
▌한 개인으로서 존중받으며
▌자신만의 생각과 의견을 제시해도 좋다는 격려를 받고
▌분명하고 명확한 규칙과 제한이 있다는 것을 배우고
▌합리적이고 일관되게 적용되는 기준과 규칙을 지키며
▌자기 수준에서 뭔가 성취할 수 있는 기회를 가지며
▌조건 없이 현재 그대로의 모습으로 인정받는 것이다.

 자존감을 구성하는 5가지 요소들

자존감을 구성하는 5가지 요소(안정감, 자아관, 우호성, 목적의식, 성취욕구) 라는 개념은 로버트 리즈너의 저서들을 반복해서 읽고 고안해낸 개념들이다. 이 요소들은 이 책의 자존감 키우기 활동의 뼈대가 된다. 이 5가지 요소는 다음과 같은 기준에 토대를 둔 자존감 향상의 초석이라고 할 수 있다.

5가지 구성요소는 |
▌자존감이 높은 개개인들이 일반적으로는 느끼는 정서적인 특징이 되어야 한다.
▌자존감 평가조사에서 실체화 될 수 있는 요소여야 한다.
▌자존감 키우기 도우미가 잘 짜여진 계획과 역할을 이용해 향상시킬 수 있는 것이어야 한다.

쿠퍼스미스는 긍정적인 자존감이란 이 5가지 정서적인 요소들로 형성될 수 있다고 보았다. 일반적으로 5가지 정서적인 요소들이 개선되면 될수록 자존감 역시 전방위적으로 개선될 수 있다. 그런 결과를 얻기 위해서는 아래와 같은 것을 주의할 필요가 있다.

1 안정감은 나머지 다른 요소들에 선행되어야 하는 요소다. 자아관, 우호성, 목적의식, 성취욕구는 안정감이 갖추어진 다음에 따라오는 것들이다. 그러나 가끔 특정한 요소의 향상을 위해 다른 자존감 요소를 위한 활동을 차용할 필요도 있다. 예를 들면, 우호성을 증진시키기 위해 반 아이들이 서로를 더욱 잘 알게 해주는 활동은 교실 내 안정감을 구축하는 활동으로도 이상적일 수 있다. 그러므로 교사는 유연성 있게 여러 가지 활동을 실행할 수 있다.

2 아이들의 변화는 천천히 다가온다. 그러므로 하룻밤 사이에 드라마틱한 변화가 오리라고 기대하지는 말아야 한다. 아이들이 자신만의 자아관을 형성하는 데 수 년이 걸릴 수 있다는 것을 명심하라.

3 일관성이야말로 결정적인 요소다. 자존감 키우기 도우미는 매일 아이들이 자신에 대해서 긍정적인 감정을 갖고 이를 계발하도록 노력을 기울여야 한다.

4 자존감 키우기 도우미의 태도와 주변 환경은 아이들이 좀더 긍정적인 자아관을 갖도록 하는 데 중요한 역할을 한다.

자존감 형성의 구성요소가 갖는 특징들

안정감(Security) | 정서적으로 탄탄한 안정감을 갖고 있는 아이들은 확신이 강하고 커다란 두려움 없이 변화를 받아들이며 즉흥적인 상황도 잘 감당할 수 있다.

이들은 자신이 신뢰하고 믿을 수 있는 사람들이 있다는 데 안정감을 느낀다. 교실 환경에서는 일반적으로 교사를 신뢰하고 의지할 수 있다는 확신을 갖고 학급의 규칙과 금지사항을 이해할 때 아이들은 정서적인 안정감을 느낀다. 정서적인 안정감을 느끼는 학생들은 아래와 같은 표현을 즐겨 쓴다.

▌학교의 규칙은 꼭 필요하고 공정한 거야.
▌우리 선생님은 믿을 수 있어.
▌우리 학교 교장 선생님은 내가 하는 말을 잘 들어주셔.
▌나는 우리 반이 좋아. 학교 가는 게 정말 좋아.

반대로 안정감을 느끼지 못하는 아이들의 경우는 이런 표현을 쓴다.
▌나는 OOO선생님이 싫어!
▌내 일기에 비밀스런 이야기를 절대 안 쓸 거야. 선생님이 다른 아이들한테 말할지도 몰라
▌도대체 어떻게 하라는 건지 모르겠어. 어떤 때는 엄하고 또 어떤 때는 안 그렇고.

심리학자인 에릭 에릭슨*Erik Erikson*과 에이브러

햄 머슬로 *Abraham Maslow*는 바람직한 정서 계발의 토대를 마련하는 데 안정감이 얼마나 중요한 강조하고 있다. 아이들에게 가장 필요한 것은 자존감을 키워주려는 어른에 대한 신뢰다. 이것이 곧 안정감이다. 그래야 자존감 키우기 도우미는 다음 단계 과정을 효과적으로 수행해 나갈 수 있다.

자아관(Selfhood) | 자아 인식이 긍정적으로 형성될 때 아이들은 자신의 역할과 특징에 대해 현실적이고 정확한 개념을 갖게 된다. 긍정적인 자아관을 가진 아이들은 자기만의 개성을 가지고 자긍심을 갖는다. 이런 아이들이 쓰는 표현은 아래와 같다.

▌ 사람들은 새로워진 내 모습이 멋지다고 해!
▌ 나는 남자고, 축구 선수, 부모님의 아들, 할아버지 할머니의 손자, 사랑하는 동생의 형, 미술을 잘하는 사람이야.
▌ 나는 검은색 머리에 키는 1m 50cm, 주근깨가 있는데 웃는 모습이 예뻐. 내게는 멋진 친구들이 많이 있고 다른 사람을 돕는 것을 좋아해.
▌ 영화 배우만큼 잘생기진 않았지만 내가 웃는 모습은 내가 봐도 정말 멋져.

반대로 자아관이 긍정적이지 못한 아이들의 언어 표현은 이와 같다.

▌ 윗도리를 벗지 않을 거야. 몸매가 형편없거든.
▌ 거울을 보고 싶지 않아. 예쁜 데라고는 한 군데도 없어.
▌ 다른 사람이 뭐라고 하든지 상관 안 해. 도대체 나한테는 좋은 일이라고는 하나도 없어. 다른 사람들은 내 생각을 눈곱만큼도 안 해.

자존감 키우기 도우미가 아이들이 자신만의 독특한 개성과 특별한 장점을 인지하도록 도와주면, 아이들은 저마다의 밝고 긍정적인 자아관을 견고하게 만들어나갈 수 있다.

우호성(Affiliation) | 사회적인 관계맺음을 긍정적으로 체험하고 느끼는 아이들은 일반적으로 다른 사람이 자신을 인정해주고 자신 또한 그들과 통한다고 생각한다. 이런 아이들은 그냥 타인과의 관계맺음에서 그치는 게 아니라 우정으로까지 발전시켜 나간다. 또한 타인에 대해서 동감을 표시하는 것은 물론 서로 감정을 공유하고 협력적인 태도를 보인다. 이런 아이들은 대개 아래와 같은 언어표현을 구사한다.

▌ ○○도 함께 놀 수 있을까?
▌ 나는 가족들과 있는 시간이 아주 즐겁고 재밌어.
▌ 나에게는 좋은 친구들이 아주 많아.
▌ 사람들은 나를 좋아해.
▌ 학교는 아주 재미있어. 친구도 많고.
▌ ○○가 넘어져서 팔이 다쳤을 때 아주 속상했어.
▌ 내 연필과 지우개를 써도 괜찮아.

반대로 우호성이 부족한 아이들의 경우는 언어표현이 다르다.

▌ 왜 매일 학교에 가야 되지? 아무도 날 안 좋아하는데.
▌ 나랑 같이 놀아주는 친구도 없어. 나는 외톨이야.
▌ 이번 휴일에는 너랑 같이 안 놀 거야. 만나기만 하면 우린 싸우잖아.
▌ 쟤랑 왜 얘기해야 해? 쟤는 날 안 좋아하는데.
▌ ○○하고 놀고 싶지 않아. 나보다 뭐든지 잘하잖아.

또래 친구들은 아이들이 자신을 규정하는 데

지대한 영향을 미친다. 아이들은 우정을 통해서 상호작용한다. 아이들은 또래 공동의 문제, 즐거움, 체험을 공유한다. 그리고 동등하게 다른 사람과 관계맺는 법을 배운다. 자존감을 구성하는 다른 요소와 마찬가지로 우호성을 개선시키기까지는 여러 가지 긍정적인 성공 체험이 필요하다. 자존감 키우기 도우미는 아이들이 또래 집단에서 성공적인 상호작용을 체험할 수 있도록 많은 기회를 제공해야 한다. 이 역시 긍정적인 자존감 형성에 결정적으로 중요한 일이라고 할 수 있다.

목적의식(Mission) ㅣ 목적의식이 뚜렷한 학생은 현실적이고 성취 가능한 목적을 설정할 줄 아는 것은 물론 계획을 세우고 이를 지킬 줄 안다. 이렇게 진취적인 아이는 자신의 행동에 대해 책임을 지고, 문제가 생기면 대안을 찾고 예전의 활동을 평가할 줄 안다. 이처럼 동기 부여가 된 아이들은 다음과 같은 유형의 표현을 즐겨 한다.

▌어제는 받아쓰기에서 20개 중 15개 맞췄어. 내일은 17개 맞아야지.
▌지금은 축구를 잘하지 못하지만 앞으로는 더 잘할 수 있을 거야.
▌올해는 스케이트보드 기술 2가지를 더 배워야지.
▌하루에 10분 정도만 방 청소해도 방이 깨끗해질 거야.

반면, 목적의식과 방향성이 모자란 아이들의 경우 언어 표현법이 다르다.

▌사는 건 재미없어. 뭘 해도 그럴 거 같아.
▌내 인생을 마음대로 할 수 없는데 왜 신경 써야 하지?
▌오늘 받아쓰기에서 5개 밖에 못 맞추다니. 내일은 20개 다 맞춰야지.

현실적인 목표를 설정하는 아이들은 대개가 목표한 바를 이룬다. 이것은 다시 동기를 자극하고 또 다른 목표를 추구할 수 있는 자발성을 증가시켜 준다. 그러나 완전한 의미의 성취욕구를 갖추기 전에는 자신이 무엇을 성취하고 싶은지, 그 목표를 위해서 겪어야 할 과정이 무엇인지를 인지해야만 한다. 그러므로 목적의식은 다음 구성 요소인 성취욕구를 향상시키기 위해 앞서 경험하고 완성해야 하는 선행 요소다.

성취욕구(Competence) ㅣ 아이들이 목적한 바에서 성공을 경험하면 일반적으로 다른 사람과 의견과 생각을 공유하는 것은 물론 어려운 과제에 기꺼이 도전하려는 의지와 '할 수 있다' 는 자신감을 갖게 된다. 그런데 이때 아이들이 겪는 성공은 아이들 스스로 가치 있고 중요하다고 생각하는 일이어야 효과가 배가 된다.

성취욕구를 가진 아이들은 자신의 장점과 강인함은 물론 자신의 단점과 약점까지도 인정하고 받아들인다. 이런 아이들에게 실패는 중요한 문제가 아니다. 실수나 실패란 또 다른 배움의 수단이 된다고 인식한다. 성취욕구가 있는 아이들의 언어 표현법을 보면 다음과 같다

▌가끔 마지막 순간에 놓치는 것도 있지만, 나는 잘하는 것이 많아.
▌나는 아주 빨리 배워.
▌물론, 한번 해볼게요.
▌지난번 망쳤을 때, 어떻게 해야 하는지 알게 됐어.

그러나 잦은 실패를 경험하거나 자신의 성공에 대해 미처 인지하지 못하는 아이들의 경우 구사하는 표현이 다르다.

▌나는 왜 다른 애들처럼 공부를 못할까?

▌앞장서서 안 할 거야. 보나마나 또 실수할 건데 뭐.
▌나는 제대로 할 줄 아는 게 하나도 없어.
▌다른 애들과 하는 건 싫어. 내가 꼭 바보같이 보여.

　이런 아이들은 자신은 할 수 없다는 감정을 가지고 있다. 그러므로 기꺼이 뭔가를 시도해보려고 하지도 않고 첫 번째 고난의 신호가 보이면 금방 포기해버린다. 따라서 '뭔가 해냈다'는 느낌은 자존감과 긍정적인 행동발달을 위해 아주 중요하다.

　이상 5가지 요소 중 맨 마지막 성취욕구라는 정서적 요소가 성취되면 아이들은 으쓱해진다. 아이들은 이제 내면적으로 자신을 통제할 수 있고 자신의 성취를 인지하기 시작한다.

2 자존감 통합 프로그램을 어떻게 이용할 것인가?

자존감 키우기 도우미의 역할

- 실행
- 자존감 키우기 도우미의 태도
- 이 책의 프로그램 계획

교육의 역할은 아이들의 잠재 능력을 실현하도록 도와주는 것이다.

◉ 에리히 프롬 *Erich Fromm*

이 책은 학생들의 자존감을 향상시키는 데 도움이 되는 통합 프로그램을 제공하고 있다. 자존감 키우기 활동은 학생들은 물론 교사의 요구와 필요에 따라 이루어질 수 있다. 각 영역의 활동은 현장 연구와 조사에 기초해 고안된 활동으로 교사가 재량껏 실행할 수 있도록 현장 검증을 마친 것들이다. 이 책은 다양한 상황과 연령대의 학생들을 위해 고안한 것인데 특히,

▌학급 · 학교 전체와 지역 공동체
▌특수 학생들을 위해 개인별 자존감 향상 지도
▌학급 전체
▌가정 내 자존감 향상

에 유용할 것이다.

약어 ㅣ 이 책의 활동과 연간 계획표와 자료에 나오는 자존감 구성 요소는 다음과 같이 약어로 표시된다.

S (Security)	안정감
SH (Selfhood)	자아관
A (Affiliation)	우호성
M (Mission)	목적의식
C (Competence)	성취욕구
CC (Concept Circles)	주제별 모둠 활동
J (Journal Writing)	일기쓰기
SW (School-wide)	학교차원의 활동

연령 ㅣ 이 책이 다루고 있는 여러 가지 영역의 활동들은 유치원부터 초등학교까지의 다양한 연령대를 다루다보니 편의를 위해 특정한 활동마다 그에 적합한 학년 수준을 표기해 두었다(미국의 경우 초등학교 과정에서 유치원 과정이 포함된 8학년으로 학제가 구성되어 있다. 이를 한국 상황에 맞게 유치원(이하 유) 2년, 초등학교(이하 초) 6년으로 나누어서 표기하겠다—옮긴이 주). 더 복잡한 과정을 필요로 하는 고학년 학생들에게 적합한 활동도 있다. 학년이 낮아서 쓰고 읽는 데 어려운 아이들을 위해서는 그림을 이용해 활동하거나 대답을 교사가 받아적는 식으로 구성되어 있다. 아이들의 반응을 기록하는 것은 선택사항이다.

각 활동을 수월하게 진행하기 위해서 각 장을 자존감 구성요소별로 구성하고 학년별 활동과 관련 과목을 목록으로 제시했다. 교사는 상황에 맞는 활동을 선택할 수 있을 것이다.

소품 ㅣ 여러 가지 활동에는 동기부여를 위해서 소품들이 필요할 수도 있다. 하지만 이런 소품 사용은 저학년 아이들을 위해 고안된 것이므로 고학년의 경우 사용하지 않아도 무방하다.

자료 ㅣ 주변에서 쉽게 조달할 수 있는 것들로 구성했으며 학년별로 얼마든지 새롭게 대체할 수 있다.

모둠 구성 | 일선교사들의 경험에 따르면 학생들을 5명에서 6명 정도의 모둠으로 구성해 일관되게 유지해나가는 것이 구성원을 자주 바꾸는 것보다 훨씬 더 효과적이다. 모둠으로 나누는 목적 중 하나는 구성원들 간의 우호성을 증진시켜 결과적으로 아이들이 안정감을 느끼게 하는 것이기 때문이다.

쟌느 깁스*Jeanne Gibbs*의 책에 나오는 한 가지 제안에 따라 학생들에게 같은 모둠에 들고 싶은 친구들의 이름을 6명 정도 쓰게 한 다음 아이들이 적은 메모지를 모아서 슬레빈*Slavin*의 협력 학습에 관한 리서치에 나오는 지침에 따라 모둠을 균형 있게 구성한다. 슬레빈의 협력 학습의 지침은 다음과 같다.

| 모둠별 남녀의 성비를 맞춘다.
| 각 모둠에 주도적인 학생을 한 명 배치한다.
| 모둠별로 자존감이 저조한 학생들을 골고루 배치한다. 행동발달상 산만하고 사회적으로 고립되고 심하게 수줍음을 타는 아이들을 골고루 섞는다.

각 모둠은 4명에서 6명으로 구성하는데 적어도 아이들이 선택한 친구가 한 명 들어가도록 구성한다. 모둠 활동에 대한 자세한 사항은 8장의 주제별 모둠 활동을 참조할 수 있다. 일단 모둠이 만들어지면 다음과 같이 활용하라

| 자존감 활동 | 이 책에 나오는 모든 활동은 모둠별 자존감 키우기 활동으로 실행할 수 있다. 아이들이 한 모둠에 지속적으로 속해 있으면 상호간에 장점, 관심사, 개성을 발견하게 되고 상호 우호성이 증가한다.

| 과제 | 첫 번째 모둠 활동 중 하나는 모둠 구성원들 간의 전화번호 교환이다. 만약 누군가 결석을 하게 되면, 같은 모둠 친구에게 전화를 걸어 자기 몫의 숙제를 물어볼 수 있다(유치원생의 경우는 다소 어려운 활동이다).

| 질문 | 모둠별로 자존감 키우기 프로그램을 진행하는 많은 교사들이 공통적으로 정하는 규칙이 한 가지 있다. 의문사항이 있으면 선생님께 물어보기 전에 같은 모둠 친구에게 먼저 물어볼 것! 이 규칙은 교사가 일일이 응답해주어야 하는 질문의 양을 감소시켜줄 뿐만 아니라 아이들 개개인에게 더 많은 책임감을 부여해줄 수 있는 장점이 있다.

| 확인 | 모둠 구성원 상호간에 우호적 관계가 형성되면 아이들은 서로에게 관심을 갖기 시작한다. 이때야말로 자존감 향상을 위해서 모둠의 응집력이라는 이점을 최대한 활용할 시점이다. 모둠 구성원들로 하여금 다른 친구의 장점을 적어보게 하거나 특별한 경우에는 직접 카드를 보내도록 한다(이사, 질병, 축하, 고마움 표시 등). 그리고 서로 자존감을 북돋아 줄 수 있는 긍정적인 말들을 표현하도록 격려한다.

실행(The Implementation)

| 평가 | 자존감 키우기 프로그램의 활동들 중 상당수는 특정한 자존감 구성 요소의 발달 상황을 측정하고 평가할 수 있도록 돼 있다. 특정한 요소에 관한 활동을 시작할 때 학생들로 하여금 해당 워크시트*Work Sheet*를 날짜와 함께 작성하도록 한다. 교사는 학생들이 작성한 워크시트를 보관한다. 가능하면 학생들이 이를 어떻게 완성했는지 관찰한 내용을 기록한다. 이런 기록

은 학생들의 자존감 평가서(B-SET)가 될 수 있다(부록 참고).

모든 계획서, 활동 평가서 등을 봉투에 넣어 보관하도록 한다. 한 가지 요소에 관한 활동이 끝나면 앞서 작성한 것과 동일한 활동 보고서를 다시 한번 작성하게 한다. 만약 자존감 향상이 이루어졌다면 앞선 보고서와 마지막 보고서는 분명 괄목할 만한 차이를 보일 것이다.

자존감 발달상황 관찰 | 부록에 나와 있는 '자존감 인지 계획표(Self-Esteem Prescriptive Plan)'를 이용해 학생들의 자존감 발달 정도를 기록해야 한다. 학생별로 이 양식을 똑같이 구비해놓고 교사만의 학생 개개인에 대한 '자존감 파일'을 만들어 놓아야 한다. 교사가 학생의 자존감 발달 정도를 관찰하고 기록할 때는 자존감의 5가지 구성요소에 기초해 기록한다. 이외 교사는 학생의 행동, 학부모 면담, 학생 신문 기사들, 학생과의 면담과 학생들의 활동 보고서에 나타난 성과에 기초해서 평가할 수 있다(이런 양식은 자존감을 갖고 기록해야 한다. 이런 활동은 학생뿐만 아니라 교사를 위해서도 아주 유익하다).

교사를 위한 체크리스트 | 이 책에는 자존감의 5가지 구성 요소에 대한 '자존감 키우기 행동'이라는 체크리스트가 있다. 3~7장 그리고 10장의 초반에 등장한다. 교사는 각 양식을 개인적으로 채울 수도, 다른 교사까지 참여하는 활동으로 만들 수도 있다. 교사가 학생의 자존감 향상 진행 상황을 평가하기 위해서는 각 체크리스트를 1년에 2번 이상 점검해야 한다.

주요 자료들 | 대부분의 경우 이 책에 등장하는 활동들은 일반적으로 교실에서 쉽게 구할 수 있는 자료들로 실행할 수 있다. 책 이외의 자료가 필요한 활동에 대해서는 목록으로 준비물을 설명해 놓았다. 교사라면 누구나 풍부한 자료를 교실에 비치해 두고 싶을 것이다. 필요한 자료와 소재들은 아래와 같다.

연필, 가위, 크레파스, 풀, 사인펜, 종이, 물감, 도화지, 붓, 공작 종이, 레이스, 단추, 마카로니, 씨앗, 반짝이 가루, 스티커, 도장, 장신구, 금속, 잡지, 달력, 그림 등.

많은 교사들이 이런 수업 부교재와 자료들을 손쉽게 주변에 두고 활동을 할 수 있도록 공간을 따로 마련하기도 한다. 위에 든 자료들을 일일이 다 구하기 힘들 때는 학부모들께 협력을 요청해도 무방하다. 학부모들은 언제라도 학급 활동에 필요한 부수적인 자료들을 기꺼이 협력할 용의가 있다고 보면 된다. 필요한 자료의 목록을 만들어서 아이들의 알림장에 넣어 보내 협력을 요청하면 좋다.

재주 뽐내기에 대한 시상 | 이 책에 나와 있는 많은 활동들은 그 성과에 대해서 시상을 하는 부분이 있다. 이런 활동은 물론 여러 가지 방식으로 진행할 수 있지만, 가장 단순한 것이 가장 좋은 것이라는 점을 일러두고 싶다. 교사는 현재 교실에서 쉽게 사용할 수 있는 것을 우선적으로 생각하는 것이 좋다. 그리고 지역 공동체의 협찬과 학부모가 도움을 줄 수 있는 일을 목록으로 만들어야 한다. 아이디어는 물론 물질적인 도움이 충분히 된다.

활동 시상

아래와 같은 활동 시상은 학생들의 성취도와 행동발달에 좋은 영향을 미친다.

건전한 정신과 태도에 대한 시상 | 정신력, 긍정적인 자세 그리고 모범적인 행동에 대한 시상

성취도에 대한 시상 | 아이들의 성취도와 노력 또는 성공적인 활동에 대한 시상

Ⓓ 자존감 키우기 도우미의 태도

자존감이란 학습으로 얻어질 수 있는 것이므로 몸소 자존감 있는 태도를 보여주는 교사가 그렇지 않은 교사보다 학생들의 자존감을 향상시키는 데 더욱 적합하다는 것은 너무나 자명하다. 자존감이 높은 선생님이 더 효과적으로 학생들의 자존감을 향상시킨다는 것은 우연이 아니다. 자존감이 넘치는 교사만이 다른 사람에게 내재되어 있는 자존감을 밖으로 이끌어낼 수 있다. 자존감 키우기 도우미인 교사 스스로 그런 자존감을 가지고 있기 때문이다. 이런 교사는 아이들이 목표를 설정하고 자신만의 진정한 잠재력을 발휘하도록 옆에서 동기부여를 하고 도전 정신을 불어넣어준다. 왜냐하면 교사 자신이 이미 그렇게 해 본 경험이 있는 사람이기 때문이다. 그러므로 자존감이 넘치는 자존감 키우기 도우미 또는 일선 교사야말로 학생들에게 아주 효과적인 역할 모델이 된다.

교사 자신이 자존감이 부족하다면 얘기는 달라진다. 교사가 자존감이 부족하면 안정적이지 못

하고 다른 사람과의 상호작용에서 부정적인 감정과 정서를 드러낼 수도 있다. 결과적으로 이런 유형의 교사나 교직원은 학생들에게 부정적인 영향을 미치게 된다. 자존감 키우기 프로그램에서 가장 일차적인 것은 학생을 도와주는 일선 교사나 교직원의 자존감이 먼저 충만한 상태로 있어야 한다는 것이다.

이런 과제는 학생들의 자존감을 향상시키는 일과 똑같은 형식을 띤다. 담임교사나 상담교사의 태도를 개선시키고자 하는 학교 책임자라면 이 책에서 누누이 강조하는 자존감의 5가지 요소를 교직원들 사이에게 진작시키는 일부터 시작해야 할 것이다.

 함께 하는 자존감 키우기 프로그램

학교 당국 혼자서 교사들의 자존감을 개선시키려고 노력하는 일은 불가능하지는 않지만 어려운 일임에는 틀림없다. 괄목할 만한 자존감 향상이라는 결과는 대개 혼자보다는 함께하는 그룹 활동에서 나온다. "함께라면 우리는 더 많은 것을 해낼 수 있습니다"라는 말은 이를 잘 보여준다. 이 책에서 소개하는 '함께 하는 자존감 키우기 프로그램 활동'은 실제 일선 학교에서 교직원들의 자존감을 효과적으로 개선시킨 예에 속한다. 교사나 학교 당국은 각 교실과 학교에 맞는 아이디어를 골라서 실행할 수 있을 것이다.

학부모 도우미 | 학교 당국과 적절한 조율이 뒷받침된다면 학부모의 협력은 학생들의 자존감 키우기 프로그램에 아주 유익할 수 있다. 교사가 일일이 모든 아이들에게 관심을 기울이고 돕는 데 드는 엄청난 수고와 시간을 절약할 수 있을 뿐만 아니라, 교사 혼자서 감당하기 힘든 특별 프로젝트를 수행하는 데도 학부모의 협력이 있다면

한결 수월해진다. 학부모의 협조와 도움은 그 자체만으로도 큰 도움이 될 수 있다는 것이 현장에서 검증되고 있다. 필요하다면 학부모에게 특별한 협력을 요청하는 것이 좋다. 모두가 놀라운 결과를 경험하게 될 것이다. 학부모의 협조를 구할 때 참고할 수 있는 지침이 몇 가지 있다.

1 학급에서 이루어지는 활동에 대해 점차적으로 협조를 요청하는 것이 최선이다. 다만 선택적으로 협조를 요청해야 한다. 즉, 교사가 편한 마음으로 도움을 청할 수 있는 학부모 도우미를 고르는 것이다. 학부모의 협조는 학생들의 자존감이 더욱 넘치게 하는 데 유용하다. 어떤 학부모가 적절할지 알 수 없다면 시험지를 채점한다든가 교육용 교재를 만드는 것과 같은 일을 부탁해보는 것도 좋다. 이는 굳이 학교에 나오지 않고도 가정에서 얼마든지 할 수 있는 일들이다.

2 물론 학부모의 도움과 참여는 교사가 학부모에게 무엇이 필요한지를 분명하게 밝힐 때 더욱 효과적일 수 있다. 학부모를 만나서 교육 방침, 방법, 교실 규칙을 상세하게 설명하라. 그리고 학급 내 물품이 비치되어 있는 곳을 상세하게 안내해서 교사 나름의 규칙과 기준을 인지하도록 한다.

3 교실 내의 자존감 키우기 프로그램을 심도 있게 설명한다. 학부모의 참여와 도움이 학생들에 대한 교사의 발언권에 얼마나 큰 힘을 실어주는지를 알게 하라. 교사는 학부모들에게 '친구를 으쓱하게 해주는 말' 리스트를 보여주고 아이들과 교사 간에 어떤 식으로 상호 언어소통을 하는지 그 형식을 인지하도록 한다. 그런데 이것은 평소 교사의 긍정적인 언어 구사행태만으로도 충분히 설명되는 경우가 많다. 교사들은 때때로 학부

모들에게 도움을 청하면서 자신의 교과과정을 침이 마르도록 설명했을 것이다. "학부모님께서 이 수업에서 아주 중요한 분이라는 것을 기억해주십시오. 여기서 하실 수 있는 가장 중요한 일은 아이들과 함께 활동하시면서 무엇보다 긍정적이고 자존감을 높여주는 말씀을 하시는 겁니다. 긍정적인 칭찬의 말은 아이들의 자존감을 키워주는 데 커다란 효과가 있습니다."

언니 · 오빠 선생님(Cross-Age Tutors) | 자존감 향상에 효과적이었던 또 다른 프로그램은 바로 다양한 연령대의 언니 · 오빠 선생님 활동이라고 할 수 있다. 두세 살 위 학년 언니 · 오빠들이 후배 학생들에게 선생님이 되어주는 것이다. 언니 · 오빠 선생님은 수업 보조자로서 역할을 충분히 수행할 수 있을 뿐만 아니라, 이들이 가르치는 후배 학생들의 자존감을 향상시키는 데 큰 도움이 된다. 이런 식의 프로그램을 운영하는 학교의 많은 일선 교사들의 보고서를 보면 한 학기 동안 활동이 진행되는 동안 언니 · 오빠 선생님과 후배 학생 사이의 유대관계가 아주 돈독해지고, 보는 사람들까지 즐겁게 해준다고 한다. 어린 학생들은 형이나 언니 또래의 선배 선생님들을 선망과 존경심을 담은 눈빛으로 보는데 그 내용이 다양하다. 그리고 자신도 존경과 선망의 대상이 될 수 있다는 것을 처음 경험하는 아이들도 많다. 이런 프로그램을 실행하려면 먼저 다음과 같은 몇 가지 사항을 염두에 두어야 한다.

1 '언니 · 오빠 선생님' 활동을 위한 특별 공간 배치가 우선되어야 한다. 교실 안에 특별 공간을 마련하고 언니 · 오빠 선생님이 필요한 자료를 언제라도 수월하게 이용할 수 있도록 한다. 언니 · 오빠 선생님이 작성해야 하는 평가 양식서라든가 학생을 위한 특별 메모 자료들을 구비해둔다. 교

사가 언니 · 오빠 선생님에게 일일이 설명해줄 만큼 시간이 충분하지 않을 수도 있다. 그러므로 메모가 필수다.

2 이 프로그램을 시작하기 전에 훈련기간이 필요하다. 먼저 '언니 · 오빠 선생님' 이 될 학생들의 담임 선생님과 의견을 조율해 20분 이내에서 서로 수업 시간을 바꾸도록 해야 한다. '언니 · 오빠 선생님' 의 담임교사는 이 활동을 시작할 교사가 자기 학생에게 요구하는 사항에 관심을 갖게 귀를 기울이게 된다. 먼저 그들에게 프로그램을 실행할 교사가 자신의 방침을 설명하고 문제가 발생했을 때 어떻게 대처할 것인지에 대해 사전에 충분한 정보를 주어야 할 것이다. 무엇보다도 중요한 것은 이 활동이 자존감 키우기 활동이라는 것을 분명하게 밝혀야 한다. 언니 · 오빠 선생님에게 비품과 수업 교재와 자료들이 있는 곳을 숙지시키고 어느 곳에 무엇이 있는지를 점검할 수 있게 한다.

3 방과 후 실습 시간을 고려해 본다. 방과 후 실습은 '언니 · 오빠 선생님' 들이 후배 학생들의 학습을 도와주는 데 필요한 토론일 수도 있고, 교사가 아이들의 행동발달상 특별히 염두에 두는 목표에 관한 것일 수도 있고, 새로운 학습 자료의 배치에 관한 일 일수도 있다. 이 기회에 '언니 · 오빠 선생님' 은 후배들을 가르치는 방법에 대해서 궁금한 것을 직접 물어볼 수 있는 귀중한 시간이 될 수 있다.

4 '언니 · 오빠 선생님' 프로그램의 목적은 자존감 키우기 프로그램을 수행하면서 교사가 얻은 전략과 기술을 더욱 강화시키려는 것이다. '언니 · 오빠 선생님' 들이 학기 중에 후배 학생들과 함께 할 수 있는 게임 방법을 가르쳐라. 이들이

종종 새로운 게임을 창안해내기도 할 것이다. 그러므로 '언니·오빠 선생님' 들이 자신들의 기술을 확장시킬 수 있는 다양한 활동들을 고안하도록 격려하라. 그러나 새로운 게임 전략을 사용하기에 앞서서 늘 교사와 먼저 상의하도록 해야 할 것이다.

5 '언니·오빠 선생님' 들과 교사는 주기적으로 대화의 시간을 마련한다. 명심할 것은 칭찬에 인색하지 말아야 하며 그들의 질문에 성실하게 답변하고 그들이 현재 겪고 있는 문제에 대해 토의한 후 다음 학기의 '언니·오빠 선생님' 프로그램에 대비해 그들에게 건설적인 대안들을 주어야 한다.

6 마지막으로 '언니·오빠 선생님' 은 다소 자존감이 저조한 학생을 선발하는 것을 고려해보는 것이 좋다. 일선 교사들은 종종 긍정적인 태도를 가진 모범적인 학생을 주로 선발해서 보내지만 여러 연구 자료에 의하면 이 프로그램은 '언니·오빠 선생님' 이 된 학생의 자존감 향상에도 크게 기여한다고 한다. 1학년 수준의 읽기 능력을 가진 6학년 학생이 소리 언어에만 익숙한 유치원생에게 읽기를 가르친다고 생각해보라. 얼마나 멋진 일인가? 이런 프로그램은 유치원생뿐만 아니라 이제 막 자신을 특별하고 개성 있는 존재로 여기기 시작하는 고학년 학생들의 경쟁심을 유발하는 데도 더할 나위 없이 유익하다. 스탠포드 대학의 필립 짐바르도 *Philip Zimbardo* 는 아이들의 수줍음과 관련된 연구에서 수줍음을 많이 타는 아이들의 자존감을 향상시켜주는 최고의 방법은 그보다 더 어린 아이들을 짝으로 붙이는 방법이라고 지적했다. '언니·오빠 선생님' 프로그램을 활용하고자 하는 일선 교사라면 참고할 만할 것이다.

할아버지·할머니 선생님 | 부모는 물론이지만, 아이가 할머니 할아버지 밑에서 크는 경우라면 할머니 할아버지도 또한 훌륭한 도우미가 될 수 있다. 일반적으로 부모보다 시간적으로 여유가 있기 때문에(특히 은퇴했을 경우에는 더욱) 주기적이며 오랜 시간 동안 학교 프로그램에 협조할 수 있다. 많은 일선 교사들은 할머니·할아버지는 인내심이 강하고 애정이 넘치는데다가, 많은 경우 아이와 더 끈끈한 유대관계를 형성하기 때문에 아이의 자존감을 형성하는 데 매우 유익한 도우미가 된다고 말한다.

교직원과 학생의 자매결연 | 교사와 직원을 적절하게 사용할 수 있는 가능성을 결코 간과해서는 안 된다. 여러 학교에서 '교직원과 학생의 자매결연' 프로그램을 아주 성공적으로 수행하고 있다. 각 교직원들은 자존감이 아주 저조해서 특별 자존감 프로그램 내지 특별한 관심이 필요한 학생들과 자매결연을 맺는다. 즉 교직원들은 자기와 결연한 학생을 어떤 식으로든 도와주고 응원해주는 것이다. 처음에는 짧은 시간 따로 만나 안부 정도 묻는 사소한 일부터 시작할 수 있다. 하지만 시간이 지나면 별도의 시간을 내서 개인적인 접촉을 갖는 등의 매우 긍정적인 결과를 가져오기도 한다. 자존감이 아주 저조했던 '위험 수위' 의 아이들은 이 활동을 통해 새롭게 변했다. 자신에게 관심을 가져주는 누군가가 있다는 사실이 아이들을 기운 나게 했던 것이다. 이런 프로그램은 학생 수가 많아서 아이들이 익명성 속에 쉽게 묻혀 버리는 학교에서 실행하면 아주 효과적이다.

동료 교사들 | 학생 자매결연 프로그램에 덧붙여서 일선 교사는 이외 특정한 동료 교직원의 도움을 구할 필요도 있을 것이다. 특별한 재능이

나 전문적인 자질을 가진 교사가 개인적으로 학생들에게 도움을 줄 수 있도록 하는 것이다. 다음과 같은 교사는 직원들은 자존감이 저조한 학생들에게는 멘토와 같은 역할을 할 수 있다.

▎**미술 선생님 ▎** 예술적 잠재력을 가지고 있는 학생들의 능력을 일깨워줄 수 있다.

▎**사서 ▎** 독서에 특히 뛰어난 능력을 발휘하는 학생이라면 도서관에서 보조 일을 하면서 자신의 능력을 향상시킬 수 있다. 저학년들에게 책읽어주는 일을 부탁하는 것도 좋은 방법이다.

▎**체육 선생님 ▎** 활동성이 뛰어난 학생이라면 새로운 운동 기술을 익히게 함으로써 자신도 또래들보다 더 잘할 수 있는 뭔가가 있다는 자부심을 느끼게 할 수 있다.

▎**교장 선생님 ▎** 누구라도 교장 선생님이 어깨를 두드리며 칭찬한다면 좋아하기 마련이다. 교장 선생님이 용이한 시간에 학생을 교장실로 보내 칭찬과 격려를 받게 한다.

이외에도 우리가 학교에서 실행해볼 수 있는 일들은 무궁무진하다. 일선교사들끼리 서로 가진 경험과 정보들을 교환하고 응용한다면, 이런 환경에서 아이들의 자존감은 효과적으로 향상될 것이다.

이 책의 프로그램 계획

이 책은 여러 가지 방식으로 사용할 수 있도록 고안되었다.

▎일별 혹은 월별 기준으로 자존감이 아주 저조한 '위험수위'의 아이들을 위한 활동. 학교나 지역사회가 학생들의 자존감을 고양시킨다는 거시적인 목표를 설정하고 수행하는 활동.

▎1주별 혹은 2주별로 담임 교사에 의해 수업이 진행되는 경우, 다른 과목 선생님이나 외부 초빙 강사에 의해 이루어지는 경우.

▎한 학기 기간으로 위의 활동들을 보충교제를 사용해 수행하는 경우

간단하게 부언하자면 이 책은 요일별 수업이 사전에 정해져 있다. 물론 이런 구성은 가능한 여러 가지 구성 중 하나에 지나지 않으므로 참고하면 될 것이다. 교사가 자신의 판단력과 직관력을 믿고 프로그램을 구성해도 무방하다. 많은 학생들의 경우 5가지 요소 중 특히 어느 한 가지 요소가 아주 저조한 경우가 많으므로 특별한 요소에 더 많은 시간을 집중하는 것이 필요할 수도 있다. 만약 교사가 프로그램을 천천히 진행할 필요성을 느낀다면, 그렇게 해야 한다. 가장 중요한 사항은 학생들이 얼마만큼 프로그램을 받아들이고 변화하느냐의 문제이지, 프로그램의 내용을 하나부터 열까지 곧이곧대로 따라하는 것은 아니라는 점이다. 교사의 목표는 우선 학생들의 요구와 필요에 귀 기울이는 것이다.

자존감을 키워주는 과제는 지속적이고 단계별로 이루어져야 하는 과정이다. 그러므로 새로운 단계로 나아가기 전 각각의 기초 구성 요소들이 만족할 만큼 향상되어야 한다. 그러나 어떤 구성 요소들 한두 개는 특정한 활동이나 상황에서 동시적으로 효과를 보여주기도 한다. 예를 들어 '목적의식' 향상을 위한 활동을 '자아관' 확립을 위한 활동으로 차용해서 수행할 수도 있다. 만약 교사가 '주제별 모둠 활동'을 학년 초에 실시하고자 한다면 '우호성'을 위한 여러 활동이 아이들 모둠 관계를 돈독하게 하는 데 아주 유용할 수 있다. 그러나 대부분의 경우 자존감을 구성하는 5가지 요소는 한 가지가 끝나면 다른 것이 뒤따라 나

오도록 구성되어 있다. 이 구성 요소들을 전체의 '파워 사이클' 처럼 생각해야 한다. 즉 학생들이 한 번 이상 반드시 통과해야 하는 그런 사이클로 생각해야 한다. 교사가 이 사이클을 한 번 통과할 때마다 아이들의 자존감은 더 높아질 것이다. 말하자면 이 파워 사이클은 나선형으로 상승한다.

만약 교사가 '자존감 키우기 프로그램' 을 요일별 혹은 주당 특정한 요일별로 실행하고자 계획한다면, '자존감 키우기 계획' 이 요일별 교과 과정 속에서 활동들이 어떻게 진행되어야 하는지 모델을 제시해줘야 할 것이다. 차트는 학생이 주어진 어떤 시점에서 꼭 해야 할 일을 정해놓은 것이 아니므로 그저 하나의 아이디어로 참고하면 된다. 견고한 자존감 키우기 교과 과정이란, 학생들의 개인적인 필요와 요구에 관계된 개인별 계획표라고 할 수 있다. 교사가 자신의 교실·학교 상황을 염두에 둔다면 학생들에게 적합한 자존감 키우기 계획표를 만들 수 있을 것이다. 계획을 세우기에 앞서 먼저 서론을 읽고 5가지 구성 요소를 숙지하고 책을 전반적으로 훑어볼 것을 권하고 싶다. 그리고 나서 '안정감' 에 관한 3장을 통독하면 첫 번째 구성요소 '안정감' 에 대해 어떤 계획을 세울지 나름대로 준비가 될 것이다.

당신이 일선 교사라면 의외로 상당수의 학생들이 정서적인 '안정감' 이 아주 낮다는 것에 동의할 것이다. 뿐만 아니라 많은 학생들이 자신의 감정을 표현할 수 있는 기회를 얻지 못하고, 다른 사람에게 자신의 의견을 제대로 피력하지 못한다는 것을 알고 있을 것이다. 모둠별 혹은 소그룹 활동을 아주 불편해하는 학생들도 상당수 있다. 교사는 이런 상황들을 일일이 체크해놓아야 할 것들이다. 먼저 프로그램을 시작할 때부터 분명한 가이드라인을 설정하고 일관되게 학생들을 관

찰할 수 있는 지침을 설정해놓아야 한다. 무엇보다도 학생들로 하여금 자신이 신뢰받고 있다는 사실을 의식할 수 있도록 하라. 물론 이런 신뢰감을 갖기까지는 시간이 필요하다. 그러나 절대 서둘러서는 안 된다. 그래서 사전 계획이 필요한 이유가 여기에 있다. 학생들이 안정감과 신뢰감을 가질 수 있도록 가능한 많은 시간을 할애한 계획이 되어야 할 것이다.

 ## 자존감 키우기 계획 제안

먼저 일주일간의 계획을 짜보는 것부터 시작하라고 권하고 싶다. 그 다음날을 위해 무엇을 계획했는지 매일매일 점검하길 바란다. 많은 학생들의 경우, '자존감 키우기 계획' 에 나와 있는 기간보다 더 많은 기간을 투자해서 각 자존감 요소에 집중해야 할 할 필요성이 있다는 것을 알게 될 것이다. 그러므로 교사는 자신만의 방향을 설정해야 한다. 어린 학생이나 자존감이 저조한 학생들의 경우는 그에 맞는 응용 계획이 필요하다.

이런 유형의 학생들과는 피상적인 수준에서부터 활동을 시작하는 것이 좋다. 학년이 높거나 안정감이나 자아관이 어느 정도 확립되어 있는 경우라면 아주 빠르게 자존감 프로그램을 수행해나갈 수 있다. 이런 학생들을 위한 계획은 다소 달라야 할 것이다.

 ## 개인별 계획

특히 자존감이 저조한 학생들을 위해서는 먼저 개인별 맞춤 계획을 짜야 할 것이다. 부록에 나와 있는 '자존감 기술 계획표(Self-esteem Prescriptive Plan)' 를 이용해서 특정한 자존감 요소에 적용시켜라. 자존감이 저조한 학생들은 교실에서 이루어지는 치밀하게 짜여진 자존감 키우기 프로그램

을 따라가지 못할 수도 있다.

 지속적인 활동

이 책에 나오는 몇 가지 활동들은 지속적으로 이루어져야 하는 활동들이다. 이것은 전 학년전체를 통해 매일 혹은 주간별로 실행되는 활동임을 의미한다. 이것은 어떤 요소와 관계있느냐 하는 것과는 상관없다. C10을 예로 든다면, 이 활동은 전 학년이 매주 그 주에 자신이 가장 잘했다고 생각하는 교실에서의 학습활동의 일부분을 기록하는 활동이다. 이 활동을 통해서 학생들은 성취감을 느끼게 되지만, 만약 이런 프로그램이 '자존감 키우기 계획'에 '성취욕구' 활동으로 학기 초에 수행하는 것으로 배정되어 있다고 해서 학기 초에만 수행하고 만나면 크게 향상되는 것은 없을 것이다. 월별로 테마를 정해 자존감 키우기 활동을 계획하려면 월별 계획표를 사용하면 좋다. 학기가 시작될 때 실행해서 꾸준하게 이어나갈 활동들은 다음과 같은 것들이 있다.

성취도 향상

A31	우정 목표
C6	친구들의 장점 1
C7	친구들의 장점 2
C9	발달과정 녹음하기
C10	좋아하는 과목 폴더
C11	금요일은 글쓰기 날
C13	알쏭달쏭 친구
C14	종이 고리
C19	학업성취도 차트
J10	글쓰기 센터
M13	문제 · 해결 보고서
M19	오늘의 목표설정
M20	금주의 목표설정
M22	목표 바퀴
M23	목표 기록장

M28	이달의 목표
S1	교사 · 학생 편지 교환
SW26 · 27	자존감 책

자긍심 쌓기

A11	VIP 센터
A13	우정의 편지
A14	오늘의 왕 · 여왕
A15	사자 만들기
A35	우정 센터
C32	프라이드 센터
S37	한 달 동안 고운 말하기
S38	교실에서 일어난 행복한 일
SH19	마음의 창
SW1	자존감 티켓
SW3	모범상
SW8	종이 돈 놀이
SW9	자존감 나무
SW14	좋은 소식 보고서
SW15	금주의 학생
SW19	생일 축하
SW20	교장 선생님 주관 생일 파티
SW21	생일 축하 포스터
SW22	교장 선생님이 준비하는 생일 카드
SW23	생일 축하 연필
SW25	코알라 상장

긍정적인 자세

A35	우정 센터
C34	자신감 센터
S37	한 달 동안 고운 말하기
S38	교실에서 일어난 행복한 일
SW1	자존감 상장
SW8	종이 돈 놀이
SW14	좋은 소식 보고서

주간별 자존감 키우기 프로그램 실행

만약 일주일에 한두 번 정도만 자존감 키우기 프로그램을 실행하고 싶다면 '자존감 키우기 계획' 이 훨씬 더 유용하다. 자존감의 5가지 요소가 달마다 주제로 정해진다. 자존감 키우기 계획 가이드' 에 등장하는 교사는 그 주에 반 아이들과 할 수 있는 활동 한두 가지만을 골라도 좋다. 만약 당신이 '가정에서 자존감 키우기(Home Esteem Builders)' 를 이용한다면 매주 집에서 실행할 활동을 숙제로 내줄 수 있다.

각 활동의 주기적인 수행

교사가 간헐적으로 프로그램 활동을 실행하는 경우라도 순서대로 각 요소별 활동들을 제시하고자 할 것이다. 모든 활동들은 각 요소별로 자존감 키우기 단계별로 연속적으로 짜여져 있다. 시간이 허락한다면 더 많은 활동들을 교사의 프로그램 속에 편입시켜라.

주별 '자존감 키우기 계획'

'자존감 키우기 계획' 에서 소개하는 월별 계획에는 요일별 자존감 키우기 제안들이 들어 있다. 5가지 자존감 구성 요소의 경우 두 달 동안 실행할 수 있는 전략과 계획표 제안이 소개되어 있다. 여러 활동들은 서로 다른 학급별 소모둠 형식에 맞도록 적절하게 짜여 있어 교사들은 유동적으로 사용할 수 있을 것이다. 각 주마다 요소별로 등재되어 있는 여러 가지 활동들에 덧붙여서 다음과 같은 것들이 포함되어 있다.

▌두개의 '주제별 모둠 활동'
▌학교 차원의 여러 활동들

각 계획에는 또한 학교 차원의 자존감 향상 프로그램이 들어 있고 그 달 동안 수행할 수 있는 교직원 자존감 향상 아이디어가 들어 있다. 이런 활동들은 학교차원, 학급별, 모둠별, 짝 등의 여러 형식에 따라 실행될 수 있다. 활동 절차는 다음과 같은 두 가지 범주로 나뉘어진다.

▌자존감 구성 요소를 개선시키기 위한 전체 그룹 활동
▌학생들 자신들이 사용할 아이디어 혹은 개별화된 학습 프로그램의 일부가 될 만한 학습 아이디어

	월요일	화요일	수요일
1 주	**자존감 키우기 #1 :** **신뢰관계를 구축하라.** S15 : 우리 반 규칙 A11 : VIP센터를 어떻게 만들지 구상해봐라. 그리고 나서 새로운 친구들끼리 짝을 만들어준다. S1 : 교사 · 학생 편지교환 : 아이들 노트에 개인적인 메시지를 적어준다. S17 : 친구들끼리 교제의 시간을 준다. 교사는 매일 교문에 서서 등교하는 아이들과 인사를 나눈다.	CC1 : 모둠활동 시작 (반짝이 이름표 만들기) S15 : 정해 놓은 규칙을 재점검한다. S1 : 올해 학교에 바라는 것을 말해 보기. 교사는 교실의 규칙을 게시판에 눈에 띄게 붙였는지 확인한다.	SW10 : 학교 차원의 우정 협회 프로그램을 시작한다. S1 : "내가 여름에 가장 좋아하는 것은…" 아이들에게 교실에 들어올 때 교사와 안거나, 악수하거나, 하이파이브를 하는 것 3가지 중에 하나를 고르게 한다.
2 주	**자존감 키우기 #2 : 합리적인** **규칙과 제한을 정해서 일관되게 지켜라.** S16 : 학생용 지폐(Scholar Dollar)를 학생들에게 소개한다. A11 : VIP센터를 설치한다. S1 : "선생님한테 한 가지 바라는 게 있다면 ~다." 학생들과 지속적으로 신뢰관계를 구축하는 노력을 멈추지 않는다.	CC2 : 서로 인사하기 S16 : 학생용 지폐로 급우들끼리 서로의 물건들을 구매한다. S1 : "혼자 있을 때, 제일 좋아하는 일은 ~다." 오늘 나를 가르치는 사람은 내 평생의 아버지가 된다. —중국속담	S22 : 관심사항 알아보기 또는 S23 : 친구 찾기 S16 : 학생용 지폐로 급우들끼리 서로의 물건들을 구매한다. S1 : "나는 학교생활 중에서 ~을 이해하지 못하겠어." 교사는 가정 방문을 고려해본다.
3 주	S16 : 학생용 지폐로 급우들끼리 서로의 물건들을 구매한다. A11 : VIP 센터에 전시한다. S1 : "내가 제일 좋아하는 TV 프로그램은 ~다." 교사가 학생에게 관심을 두고 있다는 것을 어떻게 인지시킬 것인가?	CC3 : 내 말 좀 들어봐. S16 : 학생용 지폐로 급우들끼리 서로의 물건들을 구매한다. S1 : "내가 제일 좋아하는 책은 ~ 고 이유는 ~ 다." 학생들 가정에 긍정적인 메시지가 담긴 서신을 보낸다. S2, S3, S4, S5참조	S18 : 이름 맞추기 또는 S20 : 친구 알아보기 S16 : 학생용 지폐로 급우들끼리 서로의 물건들을 구매한다. S1 : "내가 좋아하는 배우는 ~고 그 이유는 ~다." 하루에 한 아이의 집에 전화를 걸어 아이의 좋은 점 한 가지씩을 부모들에게 칭찬해준다.
4 주	**자존감 키우기 #3 : 긍정적이고** **편안한 환경을 조성한다.** S14 : 내게 소중한 사람들의 얼굴을 그려본다. 저학년을 위해서는 색판지를 이용한다. S16 : 학생용 지폐로 급우들끼리 서로의 물건들을 구매한다. A11 : VIP센터에 전시 S1 : "선생님과 함께 나누고 싶은 것은 ~다." 교사 VIP 활동도 고려해본다.	CC2 : 서로 인사하기 S16 : 학생용 지폐로 급우들끼리 서로의 물건들을 구매한다. S1 : "선생님이 우리 부모님께 했으면 좋은 말은 ~다." 저널 주제 아이디어 상자 활동을 시작하거나 게시판에 해당란을 마련해서 아이들이 주제 아이디어를 써 넣도록 한다.	S13 : 내가 의지하는 사람들 S16 : 학생용 지폐로 급우들끼리 서로의 물건들을 구매한다. S1 : "교장 선생님께 묻고 싶은 질문 한 가지는 ~이다." 동료 교사에게 자존감을 북돋아주는 메시지를 하나 보낸다.

학교 차원의 활동
[SW10-우정위원회] 일년간 생일 축하 활동 : SW19.SW20, SW21, SW22, SW23. 학생 한 명을 활동 도우미로 선정한다.
일관된 학생 포상 활동 : SW12, SW13. S16활동을 학교 차원의 활동으로 고려해본다.

목요일	금요일	참고 · 계획
모둠활동을 위한 규칙을 점검한다. CC1 : 좋아하는 TV 프로그램이 뭐지? S1 : 학교생활 중 가장 즐거운 날은 ~다. 교사는 주제별 모둠 활동의 규칙 리스트를 붙여놓는다.	S18 : 이름 맞추기, 혹은 S21 : 인터뷰 A11 : 아이들에게 자신이 생각하는 VIP에 대해 발표하고, 그것들을 가지고 학생들과 대화 나누기 A12 : 학부모에게 VIP 활동 안내장을 보낸다. 모자에서 학생들의 이름이 적힌 쪽지를 무작위로 뽑아서 다음 주의 VIP로 선정한다. S1 : "이번 주 학교생활에서 가장 좋은 것은 ~이다."	**안정감** : 강한 확신. 편안한 정서와 안전하다고 느끼는 정서상태. 무엇을 해야 하는지 알고 있고 타인과 상황에 의존할 줄 알며 규칙과 제한을 이해한다. S1 : 아이들마다 교사 · 학생 편지교환에 사용할 종이를 여러 장 묶어서 철해놓도록 한다(J2, J3, J13 참조). 일년 동안 첫 번째 정서적 안정감을 위한 활동을 실행한다. 정서적 안정감은 자존감의 기본 토대가 된다.
주제별 모둠 활동 : 규칙을 점검한다. CC1 : 좋아하는 색깔 S16 : 학생용 지폐로 급우들끼리 서로의 물건들을 구매한다. S1 : "우리 반에 바라는 것은 ~이다." 참여하고 싶지 않은 학생들의 의견도 존중해준다. 다만 모둠 가까이 서 있게 한다.	SW11 : 이름표 교환(이름표를 만든다) S16 : 학생용 지폐로 급우들끼리 서로의 물건들을 구매한다. A11 : VIP 센터에 전시한다. A12 : VIP 활동에 관해 학부모들에게 안내장을 보낸다. S1 : "우리 반이 마음에 드는 것은 ~ 때문이다." 개인적으로 가능한 많은 아이들과 인사를 나눈다.	**지속적인 활동** 이름 알기 활동 : 아이들이 많은 친구들의 이름을 알도록 도와준다 – S17, S18, S19, S20, S22, S23. S16 학생용 지폐 활동을 시작한다. 필요한 시기만큼 활동을 계속한다. 다음 달 학교 생활이 수월할 수 있도록 돕는다. 학교 차원에서 활동해도 좋다. C10 : 좋아하는 과목 폴더 – 아이들이 일년간 학업 상 어떤 성취를 하고 발전해나가는지 알 수 있도록 하려면 학생별 폴더를 구비한다. 아이들은 저마다의 폴더에 과목 중 가장 점수를 많이 맞은 시험지를 끼워넣는다. 고학년 학생들은 스스로 하게 하고 성적을 합산하는 시기에 교사에게 제출하게 한다(C9, C11, C12, C18, C19 참조).
S16 : 학생용 지폐로 급우들끼리 서로의 물건들을 구매한다. 주제별 모둠 활동 : 인터뷰 (S21) S1 : "내가 좋아하는 장소는 ~다." 어떤 학생이라도 교사와 함께 교실 문 앞에서 다른 친구들과 인사하는 걸 돕게 한다.	SW10 : 우정위원회를 조직한다. S16 : 학생용 지폐로 급우들끼리 서로의 물건들을 구매한다. C10 : 좋아하는 과목에 표지를 디자인 해본다. A11 : VIP 센터에 전시 A12 : VIP 활동에 관한 학부모 안내장 S1 : "내가 좋아하는 사람은 ~이다." 학생들이 교사와 개인적인 일로 면담하고 싶을 때 어느 때 찾아와야 할지 알고 있는가?	**모두가 다 VIP** 매주 말이 되면 다음주 VIP 학생을 뽑는다. 집으로 A12 양식을 보내서 프로그램의 취지를 설명한다. 월요일이 되면 그 주의 VIP 학생이 자신을 소개할 만한 물건을 가져와 전시한다. 포스터, 게시판, 칸막이도 좋고 책상 위에 그냥 물건을 늘어놓아도 좋다. 금요일이 되면 VIP 학생이 물건들을 말로 설명해준다. 고학년의 경우는 자서전 형식으로 글을 써도 좋다.
S16 : 학생용 지폐로 급우들끼리 서로의 물건들을 구매한다. 주제별 모둠 : "내가 의지할 수 있는 사람은 ~이고 그 이유는 ~다." S13 : 양식을 참조하게 한다. S1 : "올해 우리가 배웠으면 하는 것은 ~다." 자존감이 저조한 문제 학생의 발달사항을 기록한다.	S19 : 이름 알아보기 S16 : 학생용 지폐 C10 : 좋아하는 과목 폴더(샘플 폴더를 구비하고 있는가) A11 : VIP센터에 전시 A12 : VIP 활동에 관한 학부모 안내장 보내기 S1 : "이 달 학교생활에서 가장 좋았던 것은 ~다." 학생들의 성취도를 자료로 남기고 있는가?	**긍정적인 행동을 하는 학생들** | 이름	내용 | |---|---| | | | | | | | | |

교직원 자존감 키우기

금주의 '선생님' 란을 게시판에 마련한다. 매주 한 선생님을 선정해서 상을 준다. 규모가 큰 학교라면 매주 선정하는 선생님의 수를 늘린다.

	월요일	화요일	수요일
5주	SW3 : 모범상(달을 넘겨서 활동을 지속한다) A11 : VIP 센터에 전시 S37 : '한 달 동안 고운 말하기' 운동을 아이들에게 설명한다. 아이들 각자와 신뢰 관계를 구축해나 간다.	주제별 모둠 활동 : 아이들이 긍정적인 행동을 할 수 있는 방법을 브레인스토밍하도록 한다. 모둠별로 포스터로 디자인하게 한다(그림이나 문구). SW3 : 모범상 S37 : 한 달 동안 고운 말하기 과목 영역별 아이들의 개선 정도에 대해 특별한 피드백을 제공한다.	S14 : 내게 소중한 사람들 SW3 : 모범상 S37 : 한 달 동안 고운 말하기 그날 혹은 그 주에 칭찬받을 만한 학생을 세워놓고 박수를 쳐주는 시간을 갖는다.
6주	S27 : 비밀 친구(소개하고 모델을 제시한다 암호는 안녕) A11 : VIP센터에 전시 SW3 : 모범상 S37 : 한 달 동안 고운 말하기 학생들 개인별로 학급 규칙과 규칙을 어겼을 때 결과를 인지하는지 확인한다.	CC6 : 내 몸 그리기(모둠 중 한 명) S27 : 비밀 친구 SW3 : 모범상 S37 : 한 달 동안 고운 말하기 말을 할 때와 조용히 할 때를 초록색과 빨간색 종이에 글자로 적어서 정한다(빨간색 = 조용!, 초록색 = 말하기).	S27 : 비밀 친구 SW3 : 모범상 S37 : 한 달 동안 고운 말하기 각 학생들과 5분 면담을 계획한다. 아이들마다 특별한 발달 사항과 개선되어야 할 방법을 함께 의논한다.
7주	S12 : 내게 특별한 사람은 S25 : 스마일 북(소개) A11 : VIP 센터(전시) SW3 : 모범상 S37 : 한 달 동안 고운 말하기 자존감이 저조한 학생은 '언니·오빠 선생님'을 배정한다.	CC6 : 내 몸 그리기 S25 : 스마일 북(소개) SW3 : 모범상 S37 : 한 달 동안 고운 말하기 반마다 모토, 슬로건 혹은 상징 색깔을 정해본다.	S10 : 내게 중요한 사람에게 편지쓰기 S25 : 스마일 북 SW3 : 모범상 S37 : 한 달 동안 고운 말하기 다른 교직원들과 모든 학생들이 저마다의 특기로 상을 받을 수 있는 기회를 제공하고 있는지 토론한다.
8주	S8 : 내게 중요한 사람이 살아온 길 S9 : 내게 중요한 사람 소개하기 S27 : 비밀 친구(암호, 안녕?) A11 : VIP 센터(전시) SW3 : 모범상 S37 : 한 달 동안 고운 말하기 아이의 시험지를 채점할 때 정답은 노란색 형광펜으로 크게 강조해준다.	주제별 모둠 활동 : 내게 중요한 사람에 대해서 알게 된 것을 소개하기 S9 : 내게 중요한 사람 소개하기 S27 : 비밀 친구 SW3 : 모범상 S37 : 한 달 동안 고운 말하기 다른 사람의 인생에 따뜻한 햇볕을 내리 쬐는 사람은 ?	S8 : 내게 중요한 사람이 살아온 길 S9 : 내게 중요한 사람 소개하기 S27 : 비밀 친구 SW3 : 모범상 S37 : 한 달 동안 고운 말하기 다른 사람의 허물을 마치 내 것처럼 덮어줘라. - 중국속담

학교 차원의 활동
SW12 : 새로운 친구는 누구?   SW13 : 친구 소개   생일 축하 활동 : SW19, SW20, SW21, SW22, SW23
SW9 : 정신의 나무를 교무실이나 눈에 잘 띄는 곳에 설치해둔다(중학교의 경우게시판에 전시해둔다). 나무열매나 잎에 모범적인 학생의 이름을 적어서 붙여둔다.

목요일	금요일	참고·계획
CC5 : 짝 인터뷰(새로운 짝으로 바꾼다) SW3 : 모범상 S37 : 한 달 동안 고운 말하기 학생들에게 감사해야 할 선생님들에게 개인적인 편지를 쓰도록 한다.	S10 : 내게 중요한 사람에게 편지쓰기 SW3 : 모범상 A11 : VIP 센터에 전시 A12 : VIP 활동에 관한 학부모 안내장 보내기. S37 : 한 달 동안 고운 말하기 C10 : 좋아하는 과목 폴더 '우리 반 축하하는 날'로 정해 팝콘을 먹거나, 영화를 보거나 가까운 공원엘 간다.	**안정감** 강한 확신. 편안한 정서와 안전하다고 느끼는 상태. 무엇을 해야 하는지 알고 있고 타인과 상황에 의존할 줄 알며 규칙과 제한을 이해한다. **지속적으로 진행되어야 하는 활동들** C10 : 좋아하는 과목 폴더 A11 : VIP 센터-VIP학생 선정, 프레젠테이션 S15 : 학급 규칙을 다시 한번 짚검한다. S16 : 학생용 지폐-필요하다고 판단되면 계속 진행한다. C21, C22 : 저학년들의 독서일지를 기록.
CC6 : 내 몸 그리기 SW3 : 모범상 S37 : 한 달 동안 고운 말하기 아이들이 성공의 체험을 할 수 있는 기회들을 제공하고 있는가?	S27 : 비밀 친구 A11 : VIP 센터(전시) A12 : 학부모 안내장 S37 : 한 달 동안 고운 말하기 학교를 상징하는 색깔로 옷 입기	**긍정적인 학급 활동** 매일 아래의 활동을 소개하고 지속적으로 해 나간다. S31 : 우리 반 기분 도우미1 S34 : 친구에게 보내는 특별 편지 S37 : 한 달 동안 고운 말하기-아이들마다 한 달 동안 교실에서 베푸는 친절한 행동을 기록하게 한다.
CC6 : 내 몸 그리기 S25 : 스마일 북(소개) SW3 : 모범상 S37 : 한 달 동안 고운 말하기	S7 : 내게 중요한 사람 인터뷰하기 : 반마다 질문지를 마련한다. 숙제로 인터뷰를 해오게 한다. S25 : 스마일 북(소개) A11 : VIP 센터(전시) SW3 : 모범상 S37 : 한 달 동안 고운 말하기 C10 : 좋아하는 과목 폴더 사람은 억지로 한다고 되는 게 아니라 격려와 칭찬을 받을 때 기대만큼 성장한다. — 스커더 파커 *Scudder Parker*	**저널쓰기** S1 교사·학생 편지교환 활동을 계속한다. 주제에 관해서는 J14를 참조한다. **중요한 타인을 인지하기** S8 : 내게 중요한 사람이 살아온 길 아이들은 신에게 중요한 사람이 살아온 이야기와 정보를 수집해서 전기문 양식에 맞게 기록한다. S9 : 내게 중요한 사람 소개하기-특정한 날을 정해서 아이들마다 각자 자신에게 중요하다고 생각하는 사람과 연관된 물건을 준비해오게 한다. 반에 초대를 할 수도 있다.
S8 : 내게 중요한 사람이 살아온 길 (각자 쓴 원고를 모둠 구성원이나 짝에게 보여준다) S9 : 내게 중요한 사람 소개하기 S27 : 비밀 친구 SW3 : 모범상 S37 : 한 달 동안 고운 말하기 사람들을 만나면 약점이 아니라 장점을 찾아보려고 노력하라. 악이 아니라 선한 면을 찾아보라. 우리는 찾고자 하는 것만 보게 될 것이다. — 익명	S8 : 내게 중요한 사람이 살아온 길 S9 : 내게 중요한 사람 소개하기 S27 : 비밀 친구 A11 : VIP 센터 A12 : VIP센터 안내장 SW3 : 모범상 C10 : 좋아하는 과목 폴더 S37 : 한 달 동안 고운 말하기 '제멋대로 모자쓰기 날'을 정해 아이들이 자신만의 개성이 듬뿍 담긴 모자를 만들어서 쓰게 한다.	**긍정적인 행동을 하는 학생들** | 이름	내용 | |---|---| | | |

교직원 자존감 키우기
교사는 자신만의 연구실이나 교실에 '교사의 프라이드 게시판'을 만들 수 있다. 현재 교실에서 실행되고 있는 특별 프로젝트나 활동을 전시하거나 홍보해놓는다.

월요일	화요일	수요일
자존감 키우기#1 : 정확한 자아관을 그려나가도록 한다. SH3 : 자화상 J8 : "내 모습에서 가장 마음에 드는 것은 ~이다." A11 : VIP 센터 SW1 : 자존감 티켓(긍정적인 행동) 칭찬은 구체적으로 해야 한다는 것을 명심한다.	CC8 : 이름 또는 CC9-로고를 디자인 해본다. J8 : "내 모습 중에서 가장 바꾸고 싶은 것은 ~다." SW1 : 자존감 티켓 인간은 빵보다는 신념으로 산다. 　　　- 빅토르 위고 *Victor Hugo*	SH2 : 나에 대한 수수께끼 SH4 : 나는 누구일까요 CC10 : 나를 닮은 가방-숙제로 내주거나 집에서 꾸며서 오도록 한다. J8 : "거울을 볼 때 마다 ~느낌이 든다." SW1 : 칭찬 티켓 학급 규칙(S15)을 다시 점검한다.
자존감 키우기#2 : 자아관에 영향을 미치는 중요 요소를 발견할 수 있는 기회를 제공한다. SH14 : 중요한 사건일지 SH8 : 나만의 책 A11 : VIP 센터 SW1 : 자존감 티켓 남들 앞에서 칭찬을 듣는 걸 어색해 하는 아이들은 개인적으로 불러서 칭찬해준다.	주제별 모둠 활동 주제 : S28, S35(먼저 소모둠으로 실행해본다) S28 : 스마일 파일 S35 : 칭찬과 격려 한마디 긍정적이고 자존감 넘치는 행동을 보여주는 학생 이름을 게시판에 쓴다.	S28, S35 SH15 : 내 인생을 담은 영화 SH14 : 중요한 사건일지에서 몇 가지 굵직한 일에 집중하게 한다(초 3~6). SW1 : 자존감 티켓 3일 동안 책을 한 권 골라 읽어준다.
SH6 : 내 모습 인형 만들기 SH24 : 나만의 센터 SH25 : 나와의 약속 SH26 : 영사기 만들기 자서전 쓰기를 시작한다. A11 : VIP 센터 SW1 : 자존감 티켓 학생들은 교사의 기대치를 분명하게 인지하고 있는가?	S28, S35 CC12 : "내 인생을 다시 되돌릴 수 있다면 하고 싶은 것은~다." (초 2~6) SH26 : 영사기 만들기 자서전 써오기 숙제 SW1 : 자존감 티켓 자신을 아는 사람만이 남을 이해할 수 있다. 　　- 찰스 갈렙 콜튼 *Charles Caleb Colton*	S28, S35 SH6 : 내 모습 인형 만들기 SH16 : 나를 소개합니다 SH27 : 친구에게 편지쓰기 자서전 쓰기 활동을 계속한다. SW1 : 자존감 티켓 학교 규칙을 포스터로 만들어 붙였는지 확인한다.
자존감 키우기#3 : 자신만의 독특한 개성을 인지하게 하라. SH18 : 나를 알리는 갑옷 SH30 : 나를 재어보기 A11 : VIP센터(프레젠테이션) SW1 : 자존감 티켓A 자존감이 저조한 학생과 저학년 후배를 짝지어주는 활동을 고려해본다.	S28, S35 CC12 : 주제(소모둠 혹은 짝끼리 '나를 알리는 갑옷' 활동을 한다) SH31 : 마스크 SW1 : 자존감 티켓 아이들이 정확한 자아관을 가질 수 있도록 특별한 피드백을 제공해준다.	S28, S35 SH20 : 내가 좋아하는 것 SH32 : 내 이야기 SW1 : 자존감 티켓 긍정적인 행동을 하는 아이들의 행동 양식을 기록으로 남긴다.

학교 차원의 활동들

SW1 : 자존감 티켓(긍정성을 강조한다) – '언니 · 오빠 선생님' 프로그램을 진행한다. 처음 시작한다면 교직원, 학생들을 위해 '설명회'를 마련하고 활동을 자세하게 설명해준다. SW12, SW13의 학생 포상 활동을 지속하고 SW19~SW23의 생일 축하 활동도 병행한다. SW9 : 계절별로 적당한 주제를 골라 나무나 게시판 전시를 활용한다.

목요일	금요일	참고 · 계획

목요일	금요일	참고 · 계획
CC10 : 나를 닮은 가방 J8 : "내가 ~이라면 좋을 텐데…" SW1 : 칭찬 티켓 아이들마다 각자 포커스를 둘 만한 신체적인 특징을 찾아내도록 한다.	SH6 : 내 모습 인형 만들기 J11 : 내 생각, "TV 광고에서 말하는 육체적인 아름다움은 무엇일까?" J8 : "내 모습을 세 글자로 묘사한다면?" C10 : 좋아하는 과목 폴더 A11 : VIP 센터 A12 : VIP 활동 안내장 SW1 : 칭찬 티켓 내면의 아름다움이라는 개념을 강조한다.	**자아관** 개별적인 정서. 역할, 개성, 신체적 특징과 관련된 현실적이고 정확한 자아관을 획득해 나간다. 이 책에서 자아관을 다루는 장을 충분히 숙독한다. 정서적 안정감 부분에서 더 많은 활동을 필요로 하는 아이들도 있을 수 있다. 저학년의 경우 '자존감 키우기 #1'의 활동에 충분한 시간을 할애한다. SH1~SH13의 활동을 재량껏 추가한다. S28, S35 활동의 준비 : 아이들이 충분히 숙달될 때까지 매일 반복한다.
CC12 : 자기소개(각자의 인생에서 가장 기억에 남는 것을 소개한다) CC11 : 거울아, 거울아 주제 : 가장 가보고 싶은 곳을 소개하기. SH9의 손가락인형을 이용해서 말하게 한다. SW1 : 자존감 티켓 주제별 모둠이나 저널쓰기 활동이 끝날 즈음에는 아이들이 마무리하는 말로 한 번 정리하고 맺도록 한다. "나는 ~을 새로 배웠습니다", "오늘 ~한 사실을 새로 알게 되었습니다."	SH15 : 내 인생을 담은 영화 SH5 : 나를 재보자 C10 : 좋아하는 과목 폴더 A11 : VIP 센터 A12 : VIP 활동 안내장 SW1 : 자존감 티켓 아이들이 '칭찬하는 말' 목록을 지속적으로 만들어 나가도록 한다. S28, S35 활동중간에 저마다 칭찬하는 말을 해보게 한다.	A11 : VIP센터(주간 활동으로 지속한다) A12 : VIP 활동 안내장(매주 금요일마다 다음주 VIP로 선정된 학생의 집에 안내장을 보낸다) J5 : 저널쓰기 주제(매일 저널쓰기나 모둠 활동의 주제를 목록으로 만들어 놓는다) SH24, SH25 활동에 필요한 센터를 준비한다. 아이들은 모둠이나 개인별로 활동할 수 있다. 매일 저학년이나 고학년 학생에게 적당한 활동을 골라서 수행한다.
S28, S35 CC15 : 자서전의 내용을 친구들에게 소개한다. SH6 : 내 모습 인형 만들기 SH16 : 나를 소개합니다 SH28 : 모빌 놀이 SW1 : 자존감 티켓 교육의 비결은 바로 제자를 존중하는 데 있다. – 랄프 왈도 에머슨 Ralph Waldo Emerson	S28, S35 C10 : 자서전을 완성한다. SH29 : 나를 광고해요 A11 : VIP센터(프레젠테이션) A12 : VIP 활동 안내장 SW1 : 자존감 티켓 칭찬받을 만한 아이들에게 칭찬을 아끼지 않는다.	아이들은 처음 2가지 자존감 키우기 활동에 기초해서 자서전을 쓸 수도 있다. 저학년의 경우 구술로 설명하게 하고 SH8을 참고하게 한다. C10 : 좋아하는 과목 폴더 : 매주 금요일마다 수행한다.
S28, S35 CC12 : 주제 – 자기소개 SH33 : 배너 만들기 SW1 : 자존감 티켓 아이들이 서로에게 할 수 있는 칭찬의 말을 제안하고 목록을 만들게 한다(S28, S35 활동).	C10 : 좋아하는 과목 폴더 SH18, SH20 : 큰 포스터로 만들거나 사인펜으로 색칠해 오려서 게시판에 전시한다. SH34 : 자신을 콜라주로 표현해본다. A11 : VIP센터(프레젠테이션) A12 : VIP 활동 안내장 교사는 지혜를 주는 것이 아니라 신념과 사랑을 주는 사람이다. – 칼릴 지브란 Kahlil Gibran	**긍정적인 행동을 하는 학생들**

긍정적인 행동을 하는 학생들 표:

이름	내용

교직원 자존감 키우기
학교 · 교실 차원에서 선생님들의 돋보이는 활동이나 노력을 강조할 수 있도록 스크랩을 만들어나간다.

	월요일	화요일	수요일
13주	S28 : 스마일 파일 S35 : 칭찬과 격려 한마디 SW5 : 자존감 티켓(친절이라는 덕목을 강조하고 친절한 행동 목록을 게시판에 붙여서 아이들이 언제라도 새로운 항목을 덧붙이도록 한다) A11 : VIP센터(설치) S15 : 학급 규칙을 점검하면서 새로 필요한 것은 첨가하고 필요 없는 것은 삭제한다. 	SW5 : 칭찬 티켓 S28, S35 CC14 : 나를 소개하는 가방 SH36 : 내 꿈 인간은 행동을 통해서 배운다. 　　　　　　　－ 아리스토텔레스	SW5 : 칭찬 티켓 S28, S35 SH17 : 자서전 만들기 SH19 : 마음의 창 SH37 : 광고 자존감이 저조한 학생에게 활동의 적정 수준을 맞춘다.
14주	SW5 : 칭찬 티켓 S28, S35 SH17 : 자서전 만들기 SH19 : 마음의 창 SH40 : 타임캡슐 A11 : VIP 센터 인간은 습관적으로 생각하는 대로 만들어지는 존재이다. 　　　　－ 조지 러셀 George Russell	SW5 : 칭찬 티켓 S28, S35 CC12 : "나는 ~"으로 시작하는 문장을 완성한다(SH17). SH41 : 나는 이런 사람이에요 교사는 아이들의 긍정적 행동발달사항을 꾸준히 기록한다.	SW5 : 칭찬 티켓 S28, S35 SH17 : 자서전 만들기 SH21 : 포스터 SH42 : 걸이 인형 지난 시간 우리가 무엇을 생각하며 살았느냐가 현재 우리의 모습을 결정한다. 　　　　　　－ 불타 Buddha
15주	SW : 칭찬 티켓 S28, S35 **자존감 키우기#4 : 자신의 감정과 입장을 정리하고 표현하는 능력을 향상시킨다.** SH45 : 감정 사전 SH47 : 내 기분 전하기 A11 : VIP 센터(설치) 기억할 것 : 교사는 특별한 존재다!	SW5 : 칭찬 티켓 S28, S35 CC18 : 행복·슬픔 가방, "가장 행복했던 때" SH45 : 감정 사전 친구를 기분좋게 하는 말의 목록을 만든다.	SW5 : 칭찬 티켓 S28, S35 SH47 : 내 기분 전하기-모둠별 활동으로 소개한다. SH45 : 감정 사전 한 모둠 당 선생님한테 질문 한 가지만 할 수 있다는 점을 사전에 알린다.
16주	SW5 : 칭찬 티켓 S28, S35 SH44 : 자아의 선물 A11 : VIP 센터(설치) 인간은 스스로 자긍심을 갖는 만큼 가치 있는 존재가 된다 　－ 프랑수와 라블레 Francois Rabelais	SW5 : 칭찬 티켓 S28, S35 **주제별 모둠 활동 : SH23 내 취미와 관심사항** SH23 : 내 취미와 관심 CC19 : 내 기분 모자 가정에 긍정적인 메시지를 전하는 전화를 한다.	SW5 : 칭찬 티켓 S28, S35 SH45 : 감정 사전 모둠 별 혹은 짝과 함께 감정을 표현하는 말들을 생각해보게 한다. 누가 이렇게 그럴싸한 칭찬을 해줄 수 있는가? 당신 말고 또 누가 있는가? 　　　　　－ 윌리엄 셰익스피어 　　　　　William Shakespeare

학교 차원의 활동들
SW5 : 칭찬 티켓, SW1 : 자존감 티켓(강조점은 친절) 활동을 소개한다. SH23 활동을 이용해서 학교 차원의 '취미의 날(C1)'을 가져본다. SW12, SW13의 학생 포상 활동을 지속하고 SW19~SW23의 생일 축하 활동도 병행한다.
SW9 : 정신의 나무나 게시판 전시를 활용한다 : 계절별로 적당한 주제를 고른다(계절별 파일이나 상징 등).

목요일	금요일	참고 · 계획

목요일	금요일	참고 · 계획
SW5 : 칭찬 티켓 S28, S35 CC14 : 나를 소개하는 가방 SH38 : 기운나게 하는 말들 남들 앞에서 칭찬받는 걸 어색해하는 아이들은 집으로 칭찬 쪽지를 보낸다.	SW5 : 칭찬 티켓 S28, S35 C10 : 좋아하는 과목 폴더 SH17 : 자서전 만들기 A11 : VIP 센터 A12 : VIP 활동 안내장 SH39 : 특별한 사람들 아무도 함부로 당신을 열등한 존재로 느끼게 할 수는 없다. – 엘리너 루즈벨트 *Eleanor Roosevelt*	**자아관** 개별성의 정서. 역할, 개성, 신체적 특징과 관련된 현실적이고 정확한 자아관을 획득해 나간다. 이 책에서 자아관을 다루는 부분을 정독한다. 많은 학생들 특히 저학년이나 자존감이 저조한 학생들은 '자존감 키우기#4' 활동을 학년 동안 지속적으로 수행하게 해서 자신의 감정을 제대로 이해하고 표현하는 능력을 키우게 한다. 아이들이 개념을 확실하게 익힐 때까지 S28, S35 활동을 계속한다.
SW5 : 칭찬 티켓 S28, S35 CC12 : "나는 ~이다"로 시작하는 문장을 완성하게 한다(SH17 : 자서전 만들기). SH22 : 이력서를 만든 후, 모둠 혹은 짝끼리 그 내용을 가지고 대화한다. SH43 : 나를 알리는 포스터를 제작해본다. 교사가 학생에 대해서 새로 발견한 개성과 특징을 알리는 편지를 보낸다.	SW5 : 칭찬 티켓 S28, S35 SH17 : 자서전 만들기 SH19 : 마음의 창 SH22 : 이력서(양식)을 완성한다 C10 : 좋아하는 과목 폴더 A11 : VIP 센터 A12 : VIP 활동 안내장 SH24 : 모든 학생이 다 참여할 때까지 '나만의 센터' 활동을 계속한다. 학생 자체가 아니라, 학생의 구체적인 행동을 지목해서 칭찬한다.	**지속적으로 수행해야 할 활동들** A11 : VIP 센터(아이들이 직접 센터를 설치하고 프레젠테이션 한다) S15 : 필요한 규칙을 점검한다. C10 : 좋아하는 과목 폴더(금요일마다 과제물이나 시험지 샘플을 모아두는 일을 계속하게 한다. 고학년의 경우 서로서로 '내 감정 알리기' 활동을 지속적으로 할 기회를 주고 화가 났을 때 이를 적절하게 다스리고 말로 표현할 수 있는 적절한 전략들을 제한된 시간에 가능한 많이 생각해내도록 하고 또한 이를 실천할 수 있도록 한다) J8–문장완성 주제들(자아관) : 발표하거나 기록하게 한다.
SW5 : 칭찬 티켓 S28, S35 **주제별 모둠 활동 주제** SH47 : 내 기분 전하기. 짝과 함께 자기가 가장 슬펐던 때를 주제로 삼아 활동하게 한다. SH45 : 감정 사전 학부모에게 긍정적인 메시지를 담은 전화를 한다.	SW5 : 칭찬 티켓 S28, S35 C10 : 좋아하는 과목 폴더 SH23 : 내 취미와 관심 SH45 : 감정 사전 A11 : VIP 센터(프레젠테이션) A12 : VIP 활동 안내장 아이들마다 저마다의 취미와 관심을 소개할 물건을 전시하도록 한다.	
SW5 : 칭찬 티켓 S28, S35 CC5 : 짝 인터뷰 교사는 자기 반 학생들 중에서 빠진 학생 없이 적극적으로 그들의 행동을 인정하고 눈여겨 보았는지를 다시 한번 점검해본다.	SW5 : 칭찬 티켓 S28, S35 C10 : 좋아하는 과목 폴더(모둠별로 화가 났을 때는 어떤 식으로 적절하게 표현할 수 있는지 즉석 아이디어 제안을 하도록 한다) A11 : VIP 센터(프레젠테이션) A12 : VIP 활동 안내장 속상한 감정을 적절하게 표현할 수 있는 방법의 목록을 학생들 스스로 만들어 보도록 한다.	**긍정적인 행동을 하는 학생들** | 이름	내용 | |---|---| | | | | | | | | | | | |

교직원 자존감 키우기

교직원들에게 "나는 특별한 사람입니다", "가르치는 게 자랑스러워요" 혹은 "교사는 아이들의 인생에 아주 중요한 사람"이라는 문구가 새겨진 버튼이나 배지를 준다.

	월요일	화요일	수요일
17주	자존감 키우기#1 : 모둠별·또래별 상호 존중과 인정의 개념을 증진시킨다. SW8 : 종이돈 놀이(학교 차원의 활동으로 소개한다) J1 : 저널 표지 만들기 J8 : 문장완성 주제들 : 우호성 A11 : VIP 센터 A1 : 소속감을 키워주는 독서(적절한 책을 골라서 양식에 따라 우호성과 관련된 질문에 대답하게 한다) 아이들을 4명 정도의 모둠으로 구성해서 서로 우호적으로 대하게 한다.	주제별 모둠 활동 : A4 : 짝 이름 콜라주 CC35 : 안경 모둠 J5, J8 : 저널 주제, 주제별 문장 완성 친절한 행동 목록을 게시판에 붙여놓는다.	A2 : 공통점 J5, J8 : 저널 주제, 주제별 문장완성 친구를 사귀는 비법은 자신 스스로 그들의 친구가 되어주는 것이다. – 엘버트 허버드 Elbert Hubbard
18주	자존감 키우기#2 : 다른 사람의 관심, 능력 그리고 개인적인 사항에 대해서 알 수 있는 기회를 제공한다. A11 : VIP 센터 A5 : 우리 반을 알려주는 책 J5, J8 : 저널 주제, 주제별 문장 완성 모둠으로 활동해도 좋다.	CC31 : 수수께끼 A5 : 우리 반을 알려주는 책 J5, J8 : 저널 주제, 주제별 문장 완성 학생들로 하여금 다른 사람과 이야기할 때는 가능한 눈을 맞추도록 격려한다.	A10 : 우정 수수께끼 A5 : 우리 반을 알려주는 책 J5, J8 : 저널 주제, 주제별 문장 완성 주기적으로 학생들에게 "오늘 나에게 친절한 행동을 한 사람은 누구고 어떤 행동이었나요?"라는 질문을 던진다.
19주	A6 : 수수께끼 A9 : 알쏭달쏭 친구 A11 : VIP 센터 J5, J8 : 저널 주제, 주제별 문장 완성 사람들은 서로 간에 다리를 잇는 것이 아니라, 벽을 쌓기 때문에 외로운 것이다 – 조셉 뉴튼 Joshep Newton	A19 : 친구 인터뷰 J5, J8 : 저널 주제, 주제별 문장 완성 학교 차원의 '스마일 경연대회'를 연다. 멋진 미소를 짓는 학생이나 교직원의 사진을 게시판에 붙인다.	A6 : 수수께끼 A9 : 알쏭달쏭 친구 J5, J8 : 저널 주제, 주제별 문장 완성 아이들이 서로 간에 대화를 시작할 수 있는 한두 마디의 인사말을 가르친다.
20주	자존감 키우기#3 : 우정을 가꾸어 나가는 기술을 향상시킨다. A17 : 우정의 행동 A11 : VIP 센터 J5, J8 : 저널 주제, 주제별 문장 완성 상대방 칭찬에 적절하게 화답하는 방법을 가르친다.	주제별 모둠 활동 : A18 : 서로 돕기 J5, J8 : 저널 주제, 주제별 문장 완성 다름 사람을 풍요롭게 해주지 않고서는 자신 역시 풍요로워질 수 없다. – 앤드루 카네기 Andrew Carnegie	A20 : 친구란 무엇인가?- 저학년의 경우 반 전체의 활동으로 시작한다. 친구의 조건을 적은 목록을 가지고 '친구란 무엇인가?'라는 제목의 포스터를 만들어서 게시판에 붙인다.

학교 차원의 활동들

SW8 : 종이돈 놀이(학생 상호간의 긍정적인 관계를 유도한다)   SW5 : 칭찬 티켓 또는 SW1 : 자존감 티켓

SW19~SW23 : 생일 챙겨주기, 또는 A24 말로 하는 선물   SW9 : 자존감 나무   SW12 : 우리 반에 새로운 친구

가 누구지? 또는   SW13 : 우리 아이 만나기

목요일	금요일	참고 · 계획
CC25 : 햇살 J5, J8 : 저널 주제, 주제별 문장 완성 경쟁심은 최고의 결과를 만들어내지만 인간관계는 최악으로 만든다. – 데이비드 사노프 David Sarnoff	A3 : 친구를 알려주는 바퀴 A11 : VIP 센터 A12 : VIP 활동 안내장 C10 : 좋아하는 과목 폴더 J5, J8 : 저널 주제, 주제별 문장 완성 친구란 당신이 자신에게 줄 수 있는 선물이다.　 –로버트 루이스 스티븐슨 Robert Louis Stevenson	**우호성** 소속감. 중요하다고 여기는 관계에서 인정받고 있다는 느낌. 타인에게 인정받고 존중받고 있다는 정서. 이 책에서 우호성을 다루는 부분을 정독한다. **저널쓰기 또는 구술기록** J1~J4를 이용해서 매일 우호성에 관한 저널을 완성하게 한다. **교실 안에서의 긍정적인 행동** S24, S26~S35, A38와 같은 활동을 이용해서 아이들의 상호 협력의 정신을 키워준다. 이 중 한가지를 선택해서 지속적으로 수행한다. 긍정적인 행동의 모델을 제시해주고 특별한 아이디어를 제공하는 것이 활동의 효과를 최대화할 수 있는 관건이다.
CC29 : 퍼즐 A5 : 우리 반을 알려주는 책 J5, J8 : 저널 주제, 주제별 문장 완성 학생들 각자의 저널에 매일 자신이 목격한 친절한 행동을 기록하게 한다.	A5 : 우리 반을 알려주는 책 J5, J8 : 저널 주제, 주제별 문장 완성 A11 : VIP 센터 A12 : VIP 활동 안내장 C10 : 좋아하는 과목 폴더 A5 : 우리 반을 알려주는 책 J5, J8 : 저널 주제, 주제별 문장 완성 서로를 아는 것은 머리가 아니라 진심 어린 마음의 눈을 통해서다. – 마크 트웨인 Mark Twain	**지속적인 월간 교실 활동들** A11 : VIP 센터(프레젠테이션) A12 : VIP 활동 안내장 C10 : 좋아하는 과목 폴더 A5 : 우리 반을 알려주는 책 만들기 A9 : 알쏭달쏭 친구 A10 : 우정 수수께끼
CC27 : 배너 J5, J8 : 저널 주제, 주제별 문장 완성 우정이란 휴식할 수 있는 나무와도 같은 것이다.　 –사무엘 테일러 콜리지 Samuel Taylor Coleridge	A6 : 수수께끼 A9 : 알쏭달쏭 친구 J5, J8 : 저널 주제, 주제별 문장 완성 A11 : VIP 센터 A12 : VIP 활동 안내장 C10 : 좋아하는 과목 폴더 J5, J8 : 저널 주제, 주제별 문장 완성 아이들에게 종이끈을 나누어주고 반에서 친한 친구의 이름을 적도록 한 다음, 끝을 붙여 고리로 연결한다.	
주제별 모둠 과제 : A19 : 친구 인터뷰 A37 : 우정의 매듭 J5, J8 : 저널 주제, 주제별 문장 완성 학생들에게 각각 밧줄이나 끈을 주어서 의자나 등받이에 묶어 두도록 한 다음, 친절한 행동을 한 번 할 때마다 매듭을 한 번 묶게 한다.	A21 : 우정의 비법(저학년의 경우 반 전체가 참여한다) A11 : VIP 센터 A12 : VIP 활동 안내장 C10 : 좋아하는 과목 폴더 J5, J8 : 저널 주제, 주제별 문장 완성 친구 한 명은 50명의 적과 맞설 수 있다.　 – 아리스토텔레스 Aristotle	**긍정적인 행동을 하는 학생들** | 이름	내용 | |---|---| | | | | | | | | | | | |
교직원 자존감 키우기 교사들에게 동료 교사들의 장점에 대해서 쓰게 한다.		

	월요일	화요일	수요일
21주	A38 : 줄줄이 칭찬걸이, 또는 매일 같이 교실에서 할 수 있는 자존감 키우기 활동들(참고 · 계획을 보라) A22 : 우정의 수레바퀴 A11 : VIP 센터(설치) 아이들이 긍정적인 행동을 보이는 순간을 놓치지 말고 칭찬하고 기록한다.	A38 : 줄줄이 칭찬걸이, 또는 매일 같이 교실에서 할 수 있는 자존감 키우기 활동들(참고 · 계획을 보라) A22 : 우정의 수레바퀴(아침에 학교에 오면 우정의 수레바퀴를 돌려 화살표가 가리키는 친절한 행동 항목에 맞는 행동을 친구에게 베푼다) A25 : 일주일간 지속적으로 활동한다. 주제별 모둠 주제 : 친구 베푼 친절한 행동을 보고한다.	A38 : 줄줄이 칭찬걸이(참고 · 계획을 보라) A22 : 우정의 수레바퀴 A21 : 우정의 비법 친구란 당신에 대해서 모든 것을 알면서도 여전히 좋아하는 사람이다. – 엘버트 허버드 Elbert Hubbard
22주	A38 : 줄줄이 칭찬걸이(참고 · 계획을 보라) A28 : 착한 행동 기록하기 A11 : VIP 센터 우정에 관한 책읽기 주간을 설정해서 우정에 관한 책만 집중해서 읽는다.	A38 : 줄줄이 칭찬걸이(참고 · 계획을 보라) 주제별 모둠 활동 – A23 : 우정의 열쇠 A23 : 우정의 비법(저학년용) CC26 : 반짝이 상자 일관된 실행이 중요하다.	A38 : 줄줄이 칭찬걸이(참고 · 계획을 보라) A31 : 우정 목표 손바닥도 마주쳐야 소리가 난다. – 말레이시아 속담
23주	**자존감 키우기#4 : 또래 친구들과의 협력 관계를 증진시킨다.** A38 : 칭찬릴레이(참고 · 계획을 보라) A33 : 배려하는 말 A11 : VIP 센터 가능하면 자주 긍정적인 말과 행동을 하도록 유도한다.	CC33 : 말로 하는 선물 CC34 : 말의 힘 A38 : 줄줄이 칭찬걸이(참고 · 계획을 보라) 자존감이 저조한 학생의 행동을 주의 깊게 관찰하면서 자주 격려하고 칭찬해준다.	A38 : 줄줄이 칭찬걸이(참고 · 계획을 보라) A32 : 우정의 햇살 A31 : 우정 목표 긍정적인 행동을 보여주는 모범적인 학생들을 교장실로 보내 칭찬받게 한다.
24주	A38 : 줄줄이 칭찬걸이(참고 · 계획을 보라) A37 : 우정의 매듭 A39 : 내가 쓴 글씨 A11 : VIP 센터 새로운 아이들이 서로 우호적인 관계를 맺도록 계획한다.	A38 : 칭찬릴레이(참고 · 계획을 보라) CC38 : 칭찬가방 아이들을 칭찬할 때는 구체적으로 한다.	A38 : 칭찬릴레이(참고 · 계획을 보라) CC39 : 이름 포스터 모둠별로 활동한다. 아이들의 성취도 개선사항을 정확하게 알려준다.

학교 차원의 활동
SW14 : 좋은 소식 보고서(아직 시작하지 않았으면 바로 실행한다. SW1, SW5, SW8 활동을 이용해서 우호적인 행동에 대해서 상을 준다)
SW19~23, SW12, SW13 활동을 계속적으로 수행한다.
SW9 : 자존감 나무(우호성)

목요일	금요일	참고 · 계획
A38 : 줄줄이 칭찬걸이(참고 · 계획을 보라) A22 : 우정의 수레바퀴 A18 : 서로 돕기(점검)	A38 : 칭찬 릴레이(참고 · 계획을 보라) A22 : 우정의 수레바퀴 A21 : 우정의 비법(완성된 양식) A11 : VIP 센터 A12 : VIP 활동 안내장 C10 : 좋아하는 과목 폴더	**우호성** 소속감. 중요하다고 여기는 관계에서 인정받고 있다는 느낌. 타인에게 인정받고 존중받고 있다는 정서. **저널쓰기 또는 구술 기록** J8 양식을 이용해서 매일 우호성에 관한 불완전 문장을 완성하게 한다.
아이들에게 특정한 행동에 대해 칭찬을 자주 한다.	긍정적인 힘을 주는 에너지를 아이들에게 제안하게 한다.	**교실 안에서의 긍정적인 행동** CC41, S24, S26~S35, A38와 같은 활동을 이용해서 아이들의 상호 협력의 정신을 키워준다. 이 중 한 가지를 선택해서 지속적으로 수행한다. 긍정적인 행동의 모델을 제시해주고 특별한 아이디어를 제공하는 것이 활동의 효과를 최대화할 수 있는 관건이다.
A38 : 줄줄이 칭찬걸이(참고 · 계획을 보라) A31 : 우정 목표(주제별 모둠 활동에서도 실행한다) CC33 : 말로 하는 선물 CC34 : 말의 힘	A38 : 줄줄이 칭찬걸이(참고 · 계획을 보라) A11 : VIP 센터 A12 : VIP 활동 안내장 C10 : 좋아하는 과목 폴더	**지속적인 월간 교실 활동들** A11 : VIP 센터(프레젠테이션) A12 : VIP 활동 안내장 C10 : 좋아하는 과목 폴더 A22 : 우정의 바퀴 A35 : 우정 센터 A36 : 모둠 센터 · 상장
학교의 규칙을 점검한다.	자존감 있고 긍정적인 행동을 하면 집으로 안내장을 보낸다.	
A38 : 줄줄이 칭찬걸이 CC37 : 친구를 소개하는 가방	A38 : 줄줄이 칭찬걸이(참고 · 계획을 보라) A11 : VIP 센터 A12 : VIP 활동 안내장 C10 : 좋아하는 과목 폴더	
당신의 진정한 친구를 두 손으로 꼭 잡아주어라.　　　－나이지리아 속담	학급의 성취도 향상을 축하해준다.	
A38 : 줄줄이 칭찬걸이(참고 · 계획을 보라) CC38 : 친구를 칭찬하는 가방	A38 : 줄줄이 칭찬걸이(참고 · 계획을 보라) CC40 : 칭찬(모둠별 혹은 반 전체가 같이 실행한다) A11 : VIP 센터 A12 : VIP 활동 안내장 C10 : 좋아하는 과목 폴더	**긍정적인 행동을 하는 학생들**
매일 다른 아이의 행동을 살펴 칭찬거리를 찾는다.	상호 협력적인 태도와 행동을 더욱 강화시킨다.	이름 / 내용 (표)

교직원 자존감 키우기
'비밀 친구' 활동으로 시작한다. 교직원들끼리 상자에서 이름이 적힌 쪽지를 한 장 뽑아서 그 선생님의 '비밀 친구'가 되어 눈에 띄지 않게 친절한 행동을 한다. 이 활동은 특정한 기간을 정하지 않고 지속적으로 한다.

	월요일	화요일	수요일
25주	자존감 키우기#1 : 아이들이 스스로 결정을 하고, 대안을 찾고 행동의 결과를 가늠해볼 수 있는 능력을 향상시킨다. SH6 : 내 모습 인형 만들기1 M1 : 변화시키고 싶은 내 모습 A11 : VIP 센터 학교 청소하기 활동을 해본다.	주제별 모둠 활동주제 : M1 (변화시키고 싶은 내 모습) 교사는 자기 반만의 모토나 배너를 전시해두고 있는가?	M2 : 내가 겪는 문제들 모둠별로 학교 차원의 문제에 대한 가능한 대안을 만들어내게 한다. 반 차원에서 문제해결을 위한 단계를 모색해본다. 꿈을 꾸는 인간만이 이룰 수 있다. – 스티븐 리콕 Stephen Leacock
26주	M3 : 문제·해결 보고서 M4 : 그림으로 보는 문제·해결 보고서 – 학생들에게 활동 양식을 소개한 다음 작성하도록 한다. A11 : VIP 센터(설치) 비전이란 눈에 보이지 않는 것을 보는 능력이다. – 조나단 스위프트 Jonathan Swift	주제별 모둠 활동 CC44 : 브레인스토밍 해결법 – 'Dear Abby' 의 문제해결법을 참조하라 규칙을 정하라. 집에다 한 번 전화로 부정적인 말을 했다면 두 번 긍정적인 말을 하도록 하라.	M7 : 목적의식 향상을 위한 책들 목적 : 한자리에 앉아서 끝까지 읽을 수 있는 책을 선택해서 아이들에게 읽어주라. 목표달성을 위한 첫 걸음이 얼마나 중요한지 일깨워주라.
27주	자존감 키우기#2 : 현재, 과거의 학습 성과와 행동발달 상황을 차트로 만들 수 있도록 돕는다. CC44 : 문제해결 브레인스토밍 – 문제 상자를 소개하고, 인덱스 카드를 하나씩 아이들에게 주라. 아이들에게 익명으로 해야 할 것을 주지시켜주라. A11 : VIP 센터(만들기) M10, M11, M12 또는 M13 가끔 예기치 못한 선물들을 주라.	CC44 : 문제해결 브레인스토밍 – 모둠별로 문제 상자에서 문제 종이끈을 하나 선택한 다음 해결책을 브레인스토밍한다. 교사는 새로운 문제를 계속 상자에 채워넣는다. M10, M11, M12, M13 교사가 보기에 학생이 바람직하다고 생각되는 행동을 하면 따로 시간을 내서 인정하고 칭찬해준다.	M5 : 브레인스토밍(모둠별) M10, M11, M12, M13 꿈을 잃지 말라. 만약 꿈이 죽으면 인생은 날개가 부러져 날 수 없는 새와 다름없다. – 랭스톤 휴즈 Langston Hughes
28주	M10, M11, M12, M13 J2, J3 : 저널쓰기(학생은 저마다 발달 진도 차트 중 하나를 골라서 매일 저널에 발달정도를 분석하는 글을 쓴다. "어제는 받아쓰기를 ~개 맞았는데, 오늘은 ~개 맞겠다.") A11 : VIP 센터(설치) 교사의 교원 자격증을 액자에 넣어서 전시한다.	M10, M11, M12, M13 J2, J3 : 저널쓰기("어제는 수학을 ~개 맞았는데, 오늘은 ~개 맞겠다.") 목적이 더 성공적이려면 변화가 있어야 한다. – 익명	M10, M11, M12, M13 J2, J3 : 저널쓰기("어제는 친절한 말을 ~번 했는데, 오늘은 ~번 하겠다.") 교사는 학생의 긍정적인 행동이 반복되면 매번 칭찬하지 말고 간헐적으로 한다.
	학교 차원의 활동들 SW14 : 좋은 소식 보고서 SW24 : 학교 문제 보고서 SW25 : 코알라 상장		

목요일	금요일	참고 · 계획
CC43 : 더 좋아하는 것(초 1) **주제별 모둠 활동 주제** : (초 2~6) M2 : 내가 겪는 문제들 : 모둠별로 브레인스토밍에 필요한 활동을 수행한다 (M5). 우리 앞에 놓인 과제는 그 뒤에 숨은 영광만큼 크지 않다. – 랄프 왈도 에머슨 *Ralph Waldo Emerson*	M2 : 내가 겪는 문제들 – 학생들은 수요일부터 수행해 온 활동을 중간 점검하면서 양식을 이용해 브레인스토밍을 실행한다(M5). A11 : VIP 센터(프레젠테이션) A12 : VIP 활동 안내장 C10 : 좋아하는 과목 폴더 학생들 스스로 문제해결책을 찾도록 격려한다.	**목적의식** 삶에서 갖는 목적과 동기. 현실적이고 성취가능한 목적을 설정하는 자기 원동력이며 의사결정에 따른 결과를 책임지려는 의지. 목적의식에 관한 장을 정독한다. **지속적인 활동들** C10 : 좋아하는 과목 폴더 A11 : VIP 센터(학생들이 설치, 프레젠테이션 한다) S15 : 규칙들(필요하다면 점검한다) A12 : VIP 활동 안내장
CC44 : 문제해결 브레인스토밍 화요일부터 시작된 활동을 5~6단계를 연관지어 계속 실행한다. 학생들에게 문제해결을 위한 대안들을 브레인스토밍하는 법을 가르친다.	M8 : 독후감 M9 : 문제지도 M7에 있는 문제들을 이용하라. 학생들은 개인적으로 문제를 해결하거나, 새로운 책을 이용해서 문제를 찾고 해결하려는 시도를 해야 한다. A11 : VIP센터 A12 학부모에게 VIP 활동 안내장 보내기 C10 좋아하는 과목 폴더 가능하다면 학생들을 의사결정 과정에 참여시켜라.	**문제해결** 저학년들은 특히 문제해결력을 키울 수 있는 기회가 많이 주어져야 한다. 실제 생활과 연관된 문제를 해결하는 능력을 향상시킨다. 필요한 만큼 제안된 여러 과제를 수행하라. 어떤 활동은 일주일 이상 수행해야 하는 것도 있을 것이다. 이때 문제해결 단계를 모델화해야 한다. 저학년의 경우 그림을 통해 활동을 응용해도 좋다.
CC44 : 문제해결 브레인스토밍 : 해결 그래프 M10, M11, M12 또는 M13 아이들에게 브레인스토밍을 제외한 다른 문제해결 방법도 있음을 가르쳐라.	M6 : 문제해결 결과 전략 시트 A11 : VIP 센터(프레젠테이션) A12 : VIP 활동 안내장 C10 : 좋아하는 과목 폴더 M10, M11, M12, M13 실천했다고 늘 행복만 찾아오는 것은 물론 아닐 것이다. 그러나 실천 없는 행복은 불가능하다. – 벤자민 디스레일리 *Benjamin Disraeli*	**성취도 차트** 아이들이 일 년간 자신의 성취도를 차트화했어도 이 장에서 소개하는 활동들은 아이들이 자신의 이전 성과를 다시 한번 되돌아볼 수 있는 기회를 주기 위해 고안된 것들이다. 교사는 개별 학생들과 면담을 위해 따로 시간을 마련한다. 학생들은 일 년 동안 행동발달사항, 학업 성취도를 꾸준히 차트화한다(M10, M11, M12, M13).
M10, M11, M12, M13 J2, J3 : 저널쓰기("어제는 숙제를 다 하지 못했는데, 오늘부터는 미루지 않고 하겠다.") 학생의 문제 행동을 지적해줄 때는 한 번에 한 가지에만 집중한다.	M10, M11, M12, M13 J2, J3 : 저널쓰기("어제는 친구의 마음을 상하게 하는 말을 한 번 했는데, 오늘은 한 번도 하지 않겠다.") A11 : VIP 센터(프레젠테이션) A12 : VIP 활동 안내장 C10 : 좋아하는 과목 폴더 교사는 학생들 앞에서 화내는 모습을 보이지 않는다.	**학급 내 긍정적 활동들** 매주 하루를 선택해서 아이들의 긍정적인 행동을 상을 통해 인정해준다 : S33 : 스마일 책, S34 : 친구에게 보내는 특별 편지

교직원 자존감 키우기
교직원 수만큼 색판지로 하트를 오려서 5분간 서로에게 자존감을 줄 수 있는 '따뜻한' 말을 쓴다. 완성된 하트를 서로의 등에 붙여준다(제시된 활동은 하나의 예에 불과하므로 학교 재량껏 자존감 활동을 실행한다).

긍정적인 행동을 하는 학생들

이름	내용

	월요일	화요일	수요일
29주	**자존감 키우기#3 : 성공적인 목표 설정에 필요한 단계를 가르친다.** M14 : 단계별 목표설정(차트 이용) J8 : 주제별 문장완성-목적의식 A11 : VIP 센터(설치) 지금보다 더 큰 희망을 품어라. -랄프 왈도 에머슨 *Ralph Waldo Emerson*	M15 : 모둠별 목표설정 J8 : 주제별 문장완성 : 목적의식 학교·학급의 규칙을 점검하면서 필요한 걸 더하고 불필요한 것은 뺀다.	M15 : 모둠별 목표설정 J8 : 주제별 문장완성 : 목적의식 성공을 위한 공식은 이렇다. "깊이 생각하고 행동으로 헤쳐나가라." -에드워드 리켄배커 *Edward Rickenbacker*
30주	M16 : 목표설정(차트 구성, 완성된 M1 양식을 이용한다) A11 : VIP 센터 M27 : 목표달성 일지 칭찬을 할 때는 구체적으로 지적해 준다.	**주제별 모둠 활동 주제 : M6** (모둠별 아이들에게 2분 동안 각자 생각해 낸 목표를 모둠 구성원에게 소개한다. 그런 다음 다시 2분간 모둠 구성원 모두가 목표를 성공적으로 달성하기 위해서 필요한 접근 방법과 필요한 사항을 브레인스토밍하게 한다). 학생들에게 '메시지'를 전하는 방법을 가르친다.	M17 : 장애물 극복 전략을 세워나갈 수 있는 아이디어를 제공한다.
31주	M19 : 오늘의 목표설정 M22 : 목표 바퀴 A11 : VIP 센터 목표설정과 관련된 적절한 책을 읽어 준다.	CC46 : 내 목표 소개하기 M19 : 오늘의 목표설정 M22 : 목표 바퀴 만약 자신이 어디로 가고 있는지 알 수 없다면, 전혀 이상한 곳에 이르게 될 가능성이 크다. -로버트 F. 메이거 *Robert F. Mager*	M19 : 오늘의 목표설정 M22 : 목표 바퀴 부정적인 행동을 하면 행동을 구체적으로 지적해준다.
32주	M20 : 금주의 목표설정 M23, M24 : 목표 기록장 A11 : VIP 센터(설치) 학생 개인이 아니라, 행동을 칭찬한다.	CC48 : 목표달성 M20 : 금주의 목표설정 M23·24 : 목표 기록장 행동은 상황에 따라서 영향을 받는 점을 학생들에게 주지시킨다.	M20 : 금주의 목표설정 M23·24 : 목표 기록장 학생들에게 "칭찬받을 만한 행동을 한 자신에게 스스로 '잘했어'라고 칭찬해주는 거 잊지 마세요"라고 자주 말해준다.
	학교 차원의 활동들 SW24 : 학교 문제 보고서 SW25 : 코알라 상장 SW14 : 좋은 소식 보고서(SW19~SW23, SW12, SW13)		

목요일	금요일	참고 · 계획

M15 : 모둠별 목표설정
J8 : 주제별 문장완성(목적의식)

학교차원의 독서 운동을 전개한다.

M15 : 모둠별 목표설정
J8 : 주제별 문장완성 : 목적의식
A11 : VIP 센터
A12 : VIP 활동 안내장
C10 : 좋아하는 과목 폴더

오늘날의 문제는, 간단한 해결책은 넘쳐나지만 간단한 문제는 별로 없다는 것이다. – 시러큐스 헤럴드 Syracuse Herald

목적의식
삶에서 갖는 목적과 동기. 현실적이고 성취가능한 목적을 설정하는 자기 원동력이며 의사결정에 따른 결과를 책임지려는 의지. 목적의식에 관한 장을 정독한다.

지속적인 활동들
C10 : 좋아하는 과목 폴더
A11 : VIP 센터(학생들이 설치, 프레젠테이션 한다)
S15 : 규칙들(필요하다면 점검한다)
A12 : VIP 활동 안내장

CC45 : 더 잘할 수 있는 일

목적이 절대적으로 동기부여에만 영향을 미치는 것이 아니다. 목적은 우리를 진정 깨어있게 하는 본질적인 것이다. – 로버트 슐러 Robert Schuller

M17 : 장애물 극복(점검)
A11 : VIP 센터
A12 : VIP 활동 안내장
C10 : 좋아하는 과목 폴더

하루 중 부정적인 말과 긍정적인 말을 어느 정도로 듣게 되는지 대차대조표를 만들도록 한다.

목표설정 활동들
목표설정 절차를 소개한다. 목표설정 단계 활동인 M14를 하나의 예로 삼아서 활동해본다. 자존감이 저조한 학생들은 자신의 발달상황을 현실적으로 평가하지 못하고 때론 성취 불가능한 목표를 설정하기도 한다는 점을 염두에 둔다. 이 활동이 성공적이려면 교사는 학생들이 자신의 발달상황을 기록하도록 꾸준히 도와주어야 한다.
M10, M11, M12, M13 활동을 지속적으로 수행한다.
M29 : 목표달성 상장 : 목표를 달성한 학생을 인정하고 보상해준다.
M27 : 목표달성 일지 : 속지를 여러 장 철한 다음에 성공적인 목표달성을 기록하게 한다. 2달 간 지속적으로 실행한다.
M25 : 목표 결과 : 성공적인 목표달성을 기록하는데 도움이 필요한 학생들과 함께 실행한다.

CC47 : 목표달성 비법 공개
M19 : 오늘의 목표설정
M22 : 목표 바퀴

학생들과 따로 개인적인 대화를 나눈다.

M19 : 오늘의 목표설정
M22 : 목표 바퀴
A11 : VIP 센터
A12 : VIP 활동 안내장
C10 : 좋아하는 과목 폴더

학생들로 하여금 의사결정과 관련된 기사를 오려서 철해놓도록 한다.

학급 차원의 긍정적인 활동들
매일 학생의 긍정적인 행동을 인정하고 칭찬해준다.
CC40 : 칭찬
CC41 : 칭찬 걸이
S31 : 우리 반 기분 도우미

CC48 : 목표달성
M20 : 금주의 목표설정
M23 · 24 : 목표 기록장

학교 환경미화의 날로 정해서 활동해 본다.

CC48 : 목표달성
M20 : 금주의 목표설정
M23 · 24 : 목표 기록장
A11 : VIP 센터
A12 : VIP 활동 안내장
C10 : 좋아하는 과목 폴더

가고자 하는 곳으로 바람을 등지고 가려면 목표하는 지점을 알아야만 한다. – 세네카 Seneca

긍정적인 행동을 하는 학생들

이름	내용

교직원 자존감
교장 혹은 교감 선생님들은 교직원들에게 기분좋은 상표가 붙은 초코바 팩에 메시지를 담아준다.

	월요일	화요일	수요일
33 주	자존감 키우기#1 : 성취욕구와 자신의 장점을 인지할 수 있는 기회를 제공한다. C1·2 : 내 취미소개(각자의 취미를 소 개한다) M28 : 이달의 목표 A11 : VIP 센터 인간이 진심으로 이해하고 믿는 것은 이루어지게 되어 있다. – 데이비드 사노프 David Sarnoff	C3 : 내 장점 프로필 (개별적으로 시작한다) M28 : 이달의 목표 교사와 학생이 함께 학교의 발달을 평가할 수 있는 특별한 시간을 마련 한다.	C6 : 친구들의 장점(소개) M28 : 이달의 목표 자신을 믿는 순간, 어떻게 살아야 할 지 알게 된다.　　– 괴테 Goethe
34 주	C7 : 친구들의 장점2 C6 : 친구들의 장점1 M28 : 이달의 목표 A11 : VIP 센터 학생들의 시험지를 채점하면서 잘된 부분에 대해서는 가능한 자주 특별한 메시지를 전한다.	주제별 모둠 활동 주제 : C1·2 (내 친구소개) C6 : 친구들의 장점1 M28 : 이달의 목표 실패란 더 똑똑하게 새롭게 시작할 수 있는 기회일 뿐이다. – 헨리 포드 Henry Ford	SH24 : 나만의 센터 C6 : 친구들의 장점1 M28 : 이달의 목표 자기 신뢰는 성공의 첫 번째 비밀이다. – 랄프 왈도 에머슨 Ralph Waldo Emerson
35 주	자존감 키우기#2 : 자신의 발달 과정을 기록하고 평가하는 법을 가르친다. C16 : 나는 할 수 있다1 C15 : 새로운 성공 C6 : 친구들의 장점1 M28 : 이달의 목표 A11 : VIP 센터(설치) 교사 자신이 긍정적인 자기 암시의 모델이 되어야 한다.	C15, C16 주제별 모둠 활동 주제 : C1·2 (내 친구소개) CC58 : 나는 할 수 있다. C6 : 친구들의 장점1 M28 : 이달의 목표 학교 생활에서 매일 달성하는 한 가 지 일을 써보게 한다.	C15, C16 C6 : 친구들의 장점1 M28 : 이달의 목표 당신의 정신을 위대한 생각으로 살찌 우라 – 벤자민 디즈라엘리 Benjamin Disraeli
36 주	C15, C16 C6 : 친구들의 장점1 M28 : 이달의 목표 A11 : VIP 센터 인간은 절대 실패를 계획하지 않는 다. 다만 성공을 이루는 계획을 짜는 데 실패할 뿐이다. – 윌리엄 A. 워드 Willam A. Ward	C15, C16 주제별 모둠 활동 주제 : C10 활동 양 식에서 한 페이지를 소개한다. C6 : 친구들의 장점1 M28 : 이달의 목표 교장 선생님에게 "우리 학교에 다니는 게 정말 자랑스러워요. 그 이유는 ~" 라고 시작하는 편지를 써보게 한다.	C15, C16 C6 : 친구들의 장점1 M28 : 이달의 목표 교사는 자존감 넘치는 활력을 유지 한다.

학교 차원의 활동들
SW14 : 좋은 소식 보고서
SW24 : 학교 문제 보고서
SW26·27 : 자존감 책(소개), SW25 : 코알라 상장 활동을 계속한다.

목요일	금요일	참고 · 계획
주제별 모둠 활동 주제 : C1 · 2 (내 취미 소개) C6 : 친구들의 장점	CC36 : 햇살(학급 활동) C6 : 친구들의 장점 A11 : VIP 센터(학생들이 설치, 프레젠테이션 한다) A12 : VIP 활동 안내장 C10 : 좋아하는 과목 폴더	**성취욕구** 가치 있다고 여기는 일과 관련해서 얻는 성공, 성취감. 장점에 대해 인지하는 것은 물론 자신의 약점도 받아들인다. 성취욕구에 관한 장을 정독한다.
서로 성공적으로 수행한 일에 대해서 이야기를 나누면서 활동을 시작한다.	성공이냐 실패냐는 지적인 능력보다는 정신적인 태도에 의해 좌우된다." – 월터 스콧 _Walter Scott_	**지속적인 활동들** C10 : 좋아하는 과목 폴더 A11 : VIP 센터(학생을 선정한다) S15 : 규칙들(필요하다면 점검한다) A12 : VIP 활동 안내장
주제별 모둠 활동 주제 : C1 · 2 (내 친구소개) C6 : 친구들의 장점1 M28 : 이달의 목표	C8 : 장점 바벨 C6 : 친구들의 장점1 M28 : 이달의 목표 A11 : VIP 센터(프레젠테이션) A12 : VIP 활동 안내장 C10 : 좋아하는 과목 폴더	**목표설정 활동들** M28 : 이달의 목표(초 1~6) M27 : 목표성취 저널(계속) M29 : 목표달성 상장(계속)
위대한 일을 이루기 위해서는 행동뿐 아니라 꿈이 필요하고, 꿈에 대한 믿음도 필요하다. – 아나톨 프랑스 _Anatole France_		**장점 인지** C3 : 내 장점 프로필(각각 학생들의 장점과 핵심역량을 꾸준히 파악한다) C1 · 2 : 내 취미소개 – 자신의 취미를 다른 학생들과 서로 공유한다. C4 · 5 : 장점을 시상한다. C6 : 친구들의 장점 찾기.
C15, C16 주제별 모둠 활동 주제 : C1 · 2 (내 친구소개), CC58(나는 할 수 있다) C6 : 친구들의 장점1 M28 : 이달의 목표	C15, C16 C6 : 친구들의 장점1 M28 : 이달의 목표 A11 : VIP 센터(프레젠테이션) A12 : VIP 활동 안내장 C10 : 좋아하는 과목 폴더	**교실 내에서 긍정적인 활동하기** 매일 매일을 활기차게 보낼 수 있는 활동들을 골라서 실행해보자. S37 : 한 달 동안 고운 말하기. S38 : 교실에서는 어떤 행복한 일이 일어났을까요?
아이들이 친구를 칭찬하는 말을 노래로 만들어 즐겁게 하도록 한다.	이제까지의 활동을 점검하는 날로 한다.	
C15, C16 CC49 : 장점 책 C6 : 친구들의 장점1 M28 : 이달의 목표	C6 : 친구들의 장점1 M28 : 이달의 목표 A11 : VIP 센터(학생들이 설치, 프레젠테이션 한다) A12 : VIP 활동 안내장 C10 : 좋아하는 과목 폴더	**긍정적인 행동을 하는 학생들**
학생들 개개인에 대해 교사가 갖고 있는 특별한 기억에 대해서 개인적인 메시지를 보낸다.	학생들에게 교사는 아주 특별한 존재라는 점을 명심한다!	

이름	내용

교직원 자존감 키우기
(교장 혹은 교감 선생님이)종이로 만든 커다란 달걀을 하나 준비한다. 매주 칭찬받을 만한 교사에게 달걀을 상으로 준다. 이때 교사의 성공적인 수행 활동을 상장으로 준비해서 함께 수여한다.

	월요일	화요일	수요일
37주	자존감 키우기#3 : 실패를 통해서 어떤 이득을 얻을 수 있는지 피드백을 준다. C32 : 프라이드 센터(소개) A11 : VIP 센터 C18 : 성취도 일지 할 수 있다고 믿는 자만이 성취한다. – 존 드라이든 *John Dryden*	CC50 : 칭찬하는 시간 C32 : 프라이드 센터 C18 : 성취도 일지 학생들의 장점을 목록으로 작성해서 구비해둔다.	C25 : 장점과 단점들 C32 : 프라이드 센터 C18 : 성취도 일지 학생들이 일정한 성취를 할 때마다 칭찬한다.
38주	C26 : 성취 배너 C18 : 성취도 일지 C32 : 프라이드 센터 A11 : VIP 센터 아이들이 저마다의 장점과 특기를 소개할 수 있는 기회를 자주 준다.	CC55 : 자기 광고 C18 : 성취도 일지 C32 : 프라이드 센터 아이들이 저마다의 수집품을 소개할 수 있도록 '수집품의 날' 을 갖는다.	C26 : 성취 배너 C18 : 성취도 일지 C32 : 프라이드 센터 사다리를 오르려면 처음부터 차근차근 올라가야 한다. – 영국 속담
39주	자존감 키우기#4 : 자신이 이룬 성취를 스스로 칭찬하는 것이 얼마나 중요한 것인지를 가르친다. C27 : 자기 암시 C18 : 성취도 일지 C30 : 푸른색 리본 책 C32 : 프라이드 센터 자존감이 저조한 학생의 경우는 한두 가지 장점에 맞춰 칭찬해준다.	CC59 : 자기소개 CC57 : 내가 할 수 있었던 일 C18 : 성취도 일지 C32 : 프라이드 센터 원래부터 좋거나 나쁜 일은 없다. 생각이 그렇게 만들 뿐이다. – 윌리엄 셰익스피어 *William Shakespeare*	C18 : 성취도 일지 C32 : 프라이드 센터(한 해 동안 자신이 이룬 특별한 성취를 칭찬해주는 상장을 학생 스스로 만들어 갖도록 한다) 성공적인 일에 대한 보상은 그 일을 이룬 것이다. – 랄프 왈도 에머슨 *Ralph Waldo Emerson*
40주	A39 : 내가 쓴 글씨 C18 : 성취도 일지 C32 : 프라이드 센터 교사가 갖는 힘의 비밀은 바로 인간은 누구나 변화가능하다는 것을 믿는 데 있다. – 랄프 왈도 에머슨 *Ralph Waldo Emerson*	주제별 모둠 활동 주제 : C10에서 가장 자랑스러운 과제물 혹은 시험지를 소개한다. A39 : 내가 쓴 글씨 C18 : 성취도 일지 C32 : 프라이드 센터 내가 어떤 사람으로 보이느냐가 중요한 게 아니라, 진정 어떤 사람인지가 중요하다. – 퍼블리우스 사이러스 *Publilius Syrus*	A39 : 내가 쓴 글씨 C18 : 성취도 일지 C32 : 프라이드 센터 자신을 아는 사람만이 남을 이해할 수 있다. – 찰스 칼렙 콜튼 *Charle Caleb Colton*

학교 차원의 활동들
SW14 : 좋은 소식 보고서
SW24 : 학교 문제 보고서
SW26 · 27 : 자존감 책(소개), SW25 : 코알라 상장 활동을 계속한다.

목요일	금요일	참고 · 계획
CC54 : 내 자랑 한 가지 C32 : 프라이드 센터 C18 : 성취도 일지 '탐색자'를 한 명 선정해서 그날그날 아이들의 긍정적인 행동을 주의깊게 보고 나중에 발표하도록 한다.	C32 : 프라이드 센터 C18 : 성취도 일지 A11 : VIP 센터 A12 : VIP 활동 안내장 C10 : 좋아하는 과목 폴더 위대한 일들은 능력만 가지고서 이루어진 것이 아니라 인내를 통해 이루어졌다. – 사무엘 존슨 Samuel Johnson	**성취욕구** 가치 있다고 여기는 일과 관련해서 얻는 성공, 성취감. 장점에 대해 인지하는 것은 물론 자신의 약점도 받아들인다. 성취욕구에 관한 장을 정독한다. **지속적인 활동들** C10 : 좋아하는 과목 폴더 A11 : VIP 센터(학생을 선정한다) A12 : VIP 활동 안내장 S15 : 규칙들(필요하다면 점검한다)
CC56 : 내가 자랑스러워 C18 : 성취도 일지 C32 : 프라이드 센터 나에게 네 성공을 말하지 말라. 나를 약하게 할 뿐이다. 내게 네 문제를 가져오라. 문제가 나를 더욱 강인하게 만든다. – 찰스 케터링 Charles F. Kettering	C41 : 성취욕구를 향상시키는 도서 목록 C18 : 성취도 일지 C32 : 프라이드 센터 A11 : VIP 센터 A12 : VIP 활동 안내장 C10 : 좋아하는 과목 폴더 특별한 이벤트를 갖는다.	**장점 인지** C32 : 프라이드 센터(소개) C18 : 성취도 일지(한 달 동안 자신의 행동상, 학업상 발달정도를 기록하게 한다. 충분한 정도의 속지로 제본해 놓게 해서 학교생활이 아니더라도 저널쓰기 활동을 계속할 수 있도록 한다. J8참조) C41 : 성취욕구를 향상시키는 도서목록 : 책을 읽고나서 토론한 다음, 저널에 기록하게 한다.
CC52 : 푸른 리본 CC50 : 칭찬하는 시간 C18 : 성취도 일지 C32 : 프라이드 센터 학교 · 학급 생활에서 기억에 남는 것을 콜라주로 만들어 모둠별로 모아두게 한다.	C18 : 성취도 일지 C32 : 프라이드 센터 C10 : 좋아하는 과목 폴더 잠재력은 이미 거기에 있다. 단지 그것을 끌어내기만 하면 된다. – 글렌 반 에커른 Glenn Van Ekeren	**교실에서의 긍정적인 활동들** S35 : 칭찬과 격려 한마디 S30 : 친구를 기분 좋게! 두 가지 중 하나를 매일 학급 차원에서 자존감을 키우는 활동으로 실행한다.
A39 : 내가 쓴 글씨 C18 : 성취도 일지 C32 : 프라이드 센터 **주제별 모둠 활동 주제** : 학생들 각자 좋아하는 주제를 고르게 한다. 한 학년 동안 학교생활에서 가장 특별했던 기억을 서로 소개하게 한다.	A39 : 내가 쓴 글씨 C18 : 성취도 일지 C32 : 프라이드 센터 C10 : 좋아하는 과목 폴더 인생이란 완성되어 가는 생생한 과정 자체다. – 더글라스 맥아더 Douglas MacArthur	**긍정적인 행동을 하는 학생들** | 이름	내용
---	---

교직원 자존감 키우기
A38 : 양식을 응용해서 '줄줄이 칭찬' 게시판을 마련해서 교사들이 서로 서로 자존감을 주는 메시지를 주고받도록 한다.

월간 계획표

짝 · 모둠 : _____

자존감 요소 : _____

주제 : _____

목적 :

학교 차원의 활동 :

교실에서의 활동 :

- 읽기 · 문학

- 수학

- 사회 · 과학

- 기타

참고 :

1 주

2 주

3 주

4 주

③ 정서적 안정감 구축

자존감 키우기 도우미의 역할

- 신뢰관계를 구축하라.
- 합리적인 규칙과 제한을 정해서 일관되게 지켜라.
- 긍정적이고 편안한 환경을 조성한다.

정서적 안정감에 대한 개요

정의 | 견고한 정서적인 안정감. 편안하고 안정적인 정서적인 상태. 자신이 무엇을 해야 하는지를 이해하고 타인과 상황에 기댈 줄 알며, 공동체의 규칙과 제한을 이해한다.

 ### 관련 자료들

일반적으로 정서적으로 안정되어 있는 아이들이 건강하게 자란다. 그러므로 우리는 정서적인 안정감을 위해 필요한 것이라면 무엇이든 갖춰야 한다."
– 에이브러햄 모슬로우 *Abraham Maslow*, 《Toward a Psychology of Being, 1968》

아이의 태도는 실질적으로 개인의 동기부여에 커다란 영향을 미친다.
– 스탠리 쿠퍼스미스 *Stanley Coopersmith*, 《The Antecedents of Self-Esteem, 1967》

정서적 안정감은 긍정적인 자존감을 갖게 하는 데 있어 무엇보다 앞서 갖추어야 할 조건이다. 아이들이 자신을 현실적으로 바라보고 실패를 감수할 수 있으려면 먼저 정서적 안정감을 갖추고 있어야 한다.
– 로버트 리즈너 *Robert Reasoner*

교사의 태도는 물론 교사가 하는 모든 일은 곧 아이들이 그에 대해 어떤 방식으로든 상호작용하도록 되어 있다. 그리고 아이들의 반응은 어떤 식으로든 아이들의 태도를 형성하게 된다.
– 존 듀이 *John Dewey*, 《How We Think, 1933》

교사가 학생에 대해 갖는 생각과 개념은 곧 아이들이 스스로에 대해서 내리는 판단이 된다.
– C.H 패터슨 *Patterson*, 《Humanistic Education, 1973》

 ### 자존감 키우기 도우미의 역할

▌신뢰관계를 구축한다.
▌합리적인 규칙과 제한을 설정해서 일관되게 실행되도록 한다.
▌긍정적이고 안정적인 환경을 조성한다.

정서적인 안정감이 부족한 아이들이 보여주는 행동상의 징후들

▎자기 주변의 상황과 환경을 회피한다.

▎아는 사람과의 친근한 신체적인 접촉에도 움츠러든다.

▎다른 사람을 신뢰하지 못한다. 친근한 인간관계를 맺는 데 주저하거나 회피한다.

▎불안감과 스트레스의 증상을 보인다(손톱 물어뜯기, 엄지손가락 빨기, 머리카락 꼬기, 이빨 갈기, 다리 흔들기, 특정한 이유 없이 소리 지르기 등).

▎권위에 도전한다.

▎과도한 혹은 근거 없는 두려움을 표시한다.

▎새로운 경험을 두려워한다.

▎누구를 신뢰하고 따라야 하는지에 대한 지식이 부족하다.

 정서적인 안정감이 있는 아이들이 보여주는 행동상의 특징들

▎누구를 신뢰하고 의지해야 하는지 알고 있다.

▎대개 안정적이고 안전하다고 느낀다.

▎불안감과 스트레스 증세를 잘 보이지 않는다.

▎중요한 의미를 갖는 타인과 신뢰관계를 맺는다.

▎아는 사람들의 신체적인 접촉을 편안하고 친근하게 받아들인다.

▎상대적으로 편안한 마음으로 도전하고, 즉흥적인 상황에도 의연하게 대처한다.

　　물론 모든 학생들이 위에 소개한 것과 똑같은 행동을 하지는 않을 것이다. 어떤 부분에서는 아주 비슷하고 어떤 부분에서는 다소 다를 수도 있다. 학생이 어느 정도로 정서적인 안정감을 느끼는지를 알고자 한다면 학생 자존감 평가서, 부록(B-SET)를 작성해야 한다. 이 평가서는 아이들의 자존감의 발달정도를 측정하는 방식으로 주기적으로 업데이트될 수 있다. 이 평가서는 또한 어떤 활동이 자신의 학급에 적당한지 결정하는 데도 유용할 것이다.

 ## 정서적 안정감 활동 목록

코드	학년	제목	사회	과학	쓰기	읽기	수학	미술	문학
S1	유~초4	교사 · 학생 편지 교환			○				
S2	유~초6	친구를 위한 한마디			○				
S3	유~초6	친구에게 전하는 한마디			○				
S4	유~초6	특별 상장			○				
S5	유~초6	친구에게 주는 말			○				
S6	유~초6	가족소개	○		○	○			
S7	유~초6	내게 중요한 사람 인터뷰	○		○	○			
S8	유~초6	내게 중요한 사람이 살아온 길	○		○				
S9	유~초2	내게 중요한 사람 소개하기				○			
S10	유~초6	내게 중요한 사람에게 편지쓰기			○				
S11	유~초6	내게 중요한 사람이 읽었던 책			○				○
S12	초1~초6	내게 특별한 사람은?			○	○			
S13	유~초6	내가 의지하는 사람들			○				
S14	유~초6	내게 소중한 사람들			○	○		○	
S15	유~초6	우리 반 규칙	○		○				
S16	유~초6	학생용 지폐			○		○		
S17	유~초6	시간별 친구			○		○		
S18	유~초3	이름 맞추기			○	○			
S19	유~초6	이름 알아보기			○	○		○	
S20	초2~초6	친구 알아보기			○	○			
S21	초1~초6	친구 인터뷰			○	○			
S22	유~초1	친구의 관심사항 알아보기			○	○		○	
S23	초1~초6	친구를 찾아라			○	○			
S24	유~초6	반짝반짝 기운나는 말들			○	○		○	
S25	유~초6	스마일 북	○		○	○	○	○	
S26	유~초4	칭찬을 담은 상장			○	○			
S27	유~초6	비밀 친구			○				
S28	유~초2	스마일 파일			○	○		○	
S29	유~초2	스마일 캔			○	○		○	
S30	초1~초6	친구를 기분 좋게!			○	○			
S31	유~초2	우리 반 기분 도우미1			○	○		○	
S32	유~초2	우리 반 기분 도우미2			○	○			
S33	유~초1	스마일 책			○	○		○	
S34	유~초6	친구에게 보내는 특별 편지			○				
S35	초1~초6	칭찬과 격려 한마디			○				
S36	유~초2	스마일 박스			○	○		○	
S37	유~초6	한 달 동안 고운 말하기			○		○		
S38	유~초4	교실에서 일어난 행복한 일			○				

학생들이 서로를 더욱 더 잘 알게 해주는 우호성 증진 활동들

코 드	학 년	제 목
A1	유~초6	소속감을 키워주는 독서
A2	유~초6	공통점
A3	유~초6	친구를 알려주는 바퀴
A4	유~초6	짝 이름 콜라주
A5	유~초4	우리 반을 알려주는 책
A6	유~초2	수수께끼
A7	유~초1	우정 그래프
A8	유~초1	좋아하는 책
A9	유~초4	알쏭달쏭 친구
A10	유~초6	우정 수수께끼

 아이들에게 긍정적이고 안락한 환경을 제공하는 우호성 증진 활동들

코 드	학 년	제 목
A23	초2~초6	우정의 열쇠
A24	유~초2	말로 하는 선물
A33	유~초6	배려하는 말

 아이들의 정서적인 안정감을 향상시키는 주제별 모둠 활동들

코 드	학 년	제 목	모 둠
CC1	유~초6	모둠 구성	전학생
CC2	유~초6	안녕	전체 · 모둠
CC3	유~초6	내 말 좀 들어봐	전체 · 모둠
CC4	유~초1	동그란 베개 돌리기	전체 · 모둠
CC5	유~초6	짝 인터뷰	전체 · 모둠
CC6	유~초6	내 몸 그리기	모둠
CC7	유~초6	10원 인터뷰	짝

아이들의 정서적인 안정감을 증진시켜줄 학교 차원의 활동들

코 드	학 년	제 목	기여하는 요소
SW1	유~초6	자존감 티켓	안정감
SW2	유~초6	자존감 상장	안정감

 ## 뛰어난 우정

코 드	학 년	제 목	기여하는 요소
SW3	유~초6	모범상	안정감
SW4	유~초6	모범상2	안정감
SW5	유~초6	칭찬 티켓	안정감
SW6	유~초2	상장 양식	안정감 · 자아관
SW7	유~초6	모범 학생상	안정감 · 자아관
SW8	유~초6	종이 돈 놀이	안정감
SW9	유~초4	자존감 나무	안정감 · 자아관
SW10	유~초6	우정위원회	안정감 · 우호성
SW11	유~초6	이름표 교환	안정감 · 우호성

아이들의 정서적인 안정감을 증진시키기 위한 교사의 행동 체크리스트

방향 | 학생들의 안정감을 향상시키는 데 있어 교사의 기술과 능력을 평가하기 위한 것으로 다음과 같은 항목에 답하시오.

교사로서	전혀	가끔	종종	항상
1 나는 교사로서 학생들이 자신이 환영받고, 인정받고 있으며 자신은 아주 소중한 사람이라는 느낌이 들도록 하는가?	☐	☐	☐	☐
2 나는 교사로서 나만의 생각과 느낌을 학생들과 나누고 있는가?	☐	☐	☐	☐
3 아이들의 말을 들어줄 시간을 마련하고 있는가?	☐	☐	☐	☐
4 아이들의 사적인 부분을 존중하고 그들과의 비밀을 지켜주는가?	☐	☐	☐	☐
5 학생들에게의 현실적이고 합리적인 기대를 하고 있는가?	☐	☐	☐	☐
6 학생들은 나를 신뢰하고 의지해도 좋을 만한 사람으로 믿고 있는가?	☐	☐	☐	☐
7 나는 학생들과의 관계를 인간적인 것으로 만들려고 노력하고 있는가? (개인적인 쪽지, 전화, 학생들에게 개별적으로 인사하기)	☐	☐	☐	☐
8 교실에서 합리적인 규칙과 행동상의 제약을 설정하고 있는가?	☐	☐	☐	☐
9 학생들은 그 규칙과 제약을 분명하게 이해하고 있는가? 행동의 결과 · 보상을 이해하고 있는가?	☐	☐	☐	☐
10 학생들에 대한 나의 태도는 긍정적인 말과 행동의 모델이 될 만한가?	☐	☐	☐	☐

● 교사로서 아이들의 정서적인 안정감을 높이는 데 개선해야 될 점은 무엇인가?

일반적으로 정서적으로 안정되어 있는 아이들이 건강하게 자란다. 그러므로 우리는 정서적인 안정감을 위해 필요한 것이라면 무엇이든 갖추어 주어야 한다.

● 에이브러햄 모슬로우 *Abraham Maslow*

학생의 자존감을 향상시키는 첫 번째 단계는 자아 태도에 긍정적인 힘을 줄 수 있는 환경을 조성하는 것이다. 여기에 가장 본질적인 요소는 바로 정서적인 안정감이다. 정서적인 안정감이 없는 강하고 건강한 자아발달은 한계가 분명하기 때문에 정서적인 안정감을 구축해주는 것이 무엇보다도 중요한 일이라고 하겠다. 아이들이 자존감을 높이기 위해서는 자신이 속한 환경에서 안정감을 느끼고 편안한 곳이라는 확신을 가져야만 한다. '내가 자라고 배울 수 있는 곳'은 전혀 위협적이지 않은 환경이라는 것을 인지시켜야 한다. 이런 정서적인 안정감을 확고하게 가질 때 아이들은 새로운 경험을 받아들이고 도전거리에 대처하고 질문을 하고 실패를 두려워하지 않게 되는 것이다.

이런 정서적인 안정감의 필요성은 여러 심리학자들에 의해서 강조되어 온 것으로 그 중 에이브러햄 모슬로우는 '자아실현 이론'에서 이를 강하게 피력했다. 모슬로우의 인성이론의 기본적인 주장은 바로 인간에게 필요한 5가지 요소로 이루어진 '필수 요소 피라미드'라는 것이다. 피라미드의 맨 아래쪽은 다음 단계로 올라가기 위해서 먼저 충족되어야만 하는 기초적인 것이다. 아이들이 자연스럽게 성장해가는 방식은 바로 바닥에서 꼭대기로 순차적으로 올라가는 것으로 피라미드의 위쪽에는 자존감, '자아실현'이 자리 잡고 있다.

모슬로우는 3가지 하부 조건들, 즉 기본적인 의식주, 안정감, 소속감이 먼저 충족되어야 한다는 데 동의하고 있다. 이 3가지 요소는 교육자가 학습 환경을 만들어낼 때 꼭 염두에 두어야 할 것으로 이런 조건들은 아이들이 건강한 자아관을 형성하고 나아가 효과적인 학습자가 되도록 하는데 주춧돌 같은 역할을 하기 때문이다.

 모슬로우의 자아실현 이론

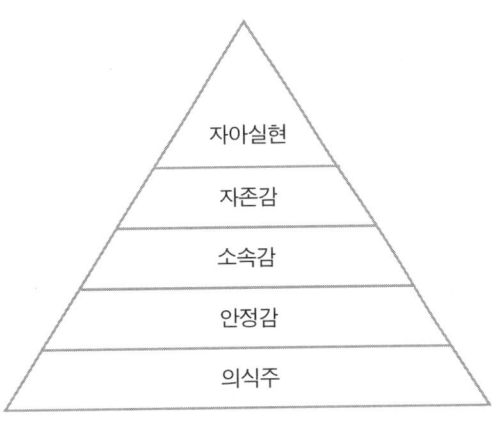

▌피라미드 상층부 : 자아실현, 즉 미(美)를 알고 이해하고 창조하고 감상할 줄 아는 능력(자존감, 성취욕구, 독립심 그리고 자신에 대한 가치를 느끼는 능력)

▌피리미드 하단부 : 소속감과 사랑, 가족과 여타 공동체에 속해 사랑하고 사랑받는 것, 안정감,

고통을 피하고 두려움에서 벗어나 안정감을 갖는 것, 물질적인 우선 조건들(먹을 것, 물, 공기 그리고 안락한 장소에서 살아가는 것).

만약 학생이 정서적인 안정감을 느끼지 못하고 불안해한다면 대개 아래와 같은 행동을 보인다.

▌ 자기 주변의 상황과 환경을 피한다.
▌ 심지어 아는 사람과의 신체적인 친근한 접촉에 움츠러든다.
▌ 다른 사람을 신뢰하지 못한다. 친근한 인간관계를 맺는 데 주저하거나 회피한다.
▌ 불안감과 스트레스의 증상을 보인다(손톱 물어뜯기, 엄지손가락 빨기, 머리카락 배배꼬기, 이빨 갈기, 다리 흔들기, 특정한 이유 없이 소리 지르기 등)
▌ 권위에 도전한다.
▌ 과도한 혹은 근거 없는 두려움을 표시한다.
▌ 새로운 경험을 두려워한다.
▌ 누구를 신뢰하고 따라야 하는지에 대한 지식이 부족하다.

이런 행동은 학생들의 학습 능력을 현저하게 떨어뜨린다.

반대로 정서적 안정감이 안정적으로 구축된 아이들의 경우는 아래와 같은 행동상의 특징을 보여준다.

▌ 누구를 신뢰하고 의지해야 하는지를 안다.
▌ 대개 안정적이고 안전하다고 느낀다.
▌ 불안감과 스트레스 증세를 잘 보이지 않는다.
▌ 중요한 비중을 갖는 타인들과 신뢰 관계를 맺을 수 있다.
▌ 아는 사람들과 친근한 신체적인 접촉을 편안하게 받아들인다.
▌ 상대적으로 편안한 마음으로 도전거리와 즉흥

적인 상황에 대처한다.

 ## 요약

정서적인 안정감은 자존감을 형성하는 다른 모든 요소들에 앞서서 필요한 선결조건이 되므로 교사는 아이들이 정서적으로 최고의 안정을 누릴 수 있는 환경을 만들어야 한다. 아이들의 자존감 키우기 도우미가 학생들의 정서적인 안정감을 향상시키기 위해서 필요한 3가지 단계는 다음과 같다.

▌ 신뢰관계를 구축한다.
▌ 합리적인 규칙과 제한을 설정해서 일관되게 실행하도록 한다.
▌ 긍정적이고 안정적인 환경을 조성한다.

자존감 키우기 #1
신뢰관계를 구축하라

교사의 일은 인간 존재에 대해서 가르치는 것이지 점수를 측정하는 것이 아니다.
● 로버트 리즈너 *Robert Reasoner*

학생 · 교사 혹은 자존감 키우기 도우미와의 온정적이고 신뢰적인 관계는 학생의 자존감을 향상시킬 뿐만 아니라, 학업 성취도 향상에도 크게 기여한다. 이런 신뢰 관계를 위해서 자존감 키우기 도우미는 학생 자신이 환영받고 존중받고 있다고 느끼게 해주고, 학생이 현실적으로 실현할 수 있는 기대치를 제시해 주어야 한다.

인정(Acceptance)

쿠퍼스미스의 조사결과를 보면 학생 개개인에

대한 인정은 긍정적인 자아관 발달에 필요한 3가지 주요 조건들 중 하나에 해당한다. 참된 의미의 인정이란 아이의 장점은 물론 약점까지도 인정하고 받아들여주는 것을 의미하므로 교사와의 관계는 아이들이 억지와 강제를 느끼지 않는 그런 관계여야 한다. 다른 사람에게 인정받음으로써 아이는 제대로 성장할 수 있는데, '내가 어떤 사람이어야 되기 때문에'가 아니라 '저 사람들은 있는 그대로의 나를 좋아해'라고 인지하기 때문이다. 이런 환경 속에서 아이는 새로운 행동 양식과 변화에 필요한 정서적인 안정감을 갖게 되는 것이다.

존중(Respect)

쿠퍼스미스의 연구는 또한 일반적으로 자존감이 있는 아이들의 경우 대개가 어른들이 그 말에 귀를 기울여주고 존중해주는 환경에서 자란다는 것을 보여주고 있다. 그렇다고 교사는 반드시 학생들의 의견이나 생각을 언제라도 받아들여야 한다는 것을 의미하는 것은 아니다. 물론 학생들의 의견을 가볍게 취급해서는 안 된다. 아이를 존중하는 태도로 대하면 '내 생각이나 의견이 중요하구나'라는 메시지를 전달받게 되고, 또 그에 따라 자존감을 키워나갈 수 있기 때문이다.

아이를 존중하는 데 있어 중요한 요소 중 하나는 바로 자존감 키우기 도우미가 학생들의 사적인 부분까지 존중해주는 것이다. 어른들이 아이들의 의견에 귀를 기울여주고 자존감을 높여주는 말을 해줌으로써 자신의 의견이 중요하다는 자부심을 가질 기회가 아이들에게는 필요하다. 자존감을 줘야 한다. 이런 단계로 진입하는 데 상당히 오랜 시간이 걸리는 아이들도 물론 있다. 그러나 자존감 키우기 도우미와 학생 간의 신뢰에 금이 가는 일이 절대로 있어서는 안 된다.

진정성(Realness)

심리학자인 칼 로저스 *Carl Rogers*는 학생들의 학습을 촉진시키는 본질적인 요소 중 하나는 자존감 키우기 도우미가 '진정성'을 가지고 있다는 것을 아이들이 느끼게끔 하는 것이라고 피력한 바 있다. 이런 신뢰는 교사·학생 간의 관계를 더욱 효과적으로 만들어준다. 신뢰관계를 구축하기 위해서는 먼저 교사들이 아이들에게 자신을 기꺼이 내어 주어야 한다. 마음을 열고 우리의 진정한 모습과 감정을 학생들에게 보여주는 것이다. 그럴 수 있는 기회는 학생들과 겪는 여러 가지 상황에서 발생할 수 있다. 실제 자존감 키우기 프로그램 활동에서 일어날 수 있고 교사가 자신의 의견과 느낌을 적극적으로 공유하는 가운데, 혹은 학생들의 말에 관심을 갖고 주의를 기울이는 가운데 생길 수도 있다. 어떤 활동, 어떤 상황이든 자존감 키우기 도우미인 교사가 자신들에게 진지하고 순수한 관심을 보여주고 있다는 것을 피부로 느끼도록 해야 한다. 그러고 나서야 아이들은 더욱 더 마음을 열고 신뢰를 보내게 될 것이다.

현실적인 기대치(Realistic Expectations)

교사가 자기 학생들은 학업 성취도가 좋을 거라든가, 아이들이 멋지게 해낼 것이라고 믿는 경우, 학생들의 성과가 놀라울 정도로 향상된다는 분명한 증거와 자료들이 있다. 이런 경우 학생들은 다음과 같은 메시지를 받는다. '너는 내 수업을 진지하게 듣고 있고, 네가 잘 듣기 때문에 나는 더욱 열심히 가르칠 거야.' 이처럼 교사의 기대감은 학생에게는 자기 만족의 전조(前兆)가 된다. 즉 아이들은 교사가 어느 정도 기대하는지에 따라 아이들의 학습양이 정해진다는 말이다.

교사가 학생에게 갖는 현실적 기대치가 아이들

에게 얼마나 지대한 영향을 미치는가를 우리는 다음 연구를 통해서 알 수 있다. 로버트 로젠탈*Robert Rosenthal*과 레노어 제이콥슨*Lenore Jacobson*은 사회, 경제적인 수준이 다소 낮은 지역의 유치원생부터 5학년 학생의 그룹을 상대로 학습 능력을 테스트한 적이 있다.

조사 결과, 새로운 교사들 각각에게 테스트 표본 그룹에서 5~6명의 학생들을 배정해주고 그 학년에서 학습 성취도가 놀라울 정도로 향상될 가능성을 가진 아이들이라고 말해주었다. 테스트 결과, 의도적으로 '잠재력이 높은' 학생들이라고 소개된 아이들은 실제 뛰어난 학습 능력을 보여주었다. 잠재력이 높은 학생들이라고 소개한 학생들은 전적으로 무작위로 추출되었는데도 말이다. 물론 새로운 교사는 이 사실을 알지 못했다. 학년이 끝날 즈음 학생들을 다시 테스트한 결과 놀라운 결과가 나왔다. 교사가 '뛰어난 학습 능력'을 가진 아이들이라고 생각했던 아이들이 실제 놀라운 학습력 향상을 보여주었고 지능 지수도 15에서 27이상 정도 증가했다. 연구자들과 인터뷰를 하면서 이 교사들은 또한 '잠재력이 높은' 아이들은 호기심이 더 많았으며, 적응도 잘했으며 보통 다른 아이들보다 애정이 넘쳤고, 미래에 더 성공적인 사람이 되고자하는 의지를 가졌다고 증언했다.

예전과의 차이점이라고는 학생들에게 대한 교사의 기대치가 변했다는 것 하나뿐이었다. 신참 교사들일수록 아이들에 대해서 더 많은 걸 기대하기 때문에 나선적인 상승 효과가 생겨나게 된 것이다. 그리고 '잠재력이 높은 아이들'로 인식된 아이들은 자신 스스로에 대해서 더 많은 능력을 요구했던 것이다. 교사의 믿음과 학생에 대한 기대감에 찬 태도는 학생들이 자신을 더욱 성공적이고 능력 있고 가치 있는 즉 '커다란 잠재력을 지닌' 사람으로 자각하게끔 하는 환경을 제공한

것이다.

그러므로 학생에 대한 교사의 태도는 아이들 자아관에 변화를 가져오는 데 아주 강력한 요인이 된다. 이처럼 긍정적인 자아관을 만드는 것이 가능하듯이 부정적인 자아관으로 변화시키는 것도 가능하다는 것을 늘 명심해야 한다. 긍정적인 자존감을 북돋아 주는 도우미는 늘 합리적인 기대치를 견지해야만 한다.

긍정적인 자존감을 길러 주는 도우미가 해야 할 기능 중 하나는 칭찬에 인색하지 않아야 한다는 것이다. 아이의 일에 칭찬해주고 진지하게 대해주는 것은 아이들의 자존감을 키워주는 효과적인 기술이다. 일반적으로 가장 효과적인 칭찬은 다음과 같은 특징이 있다.

효과적인 칭찬은
- 칭찬받을 만한 일일 때
- 바로 그 자리에서
- 행동을 중심으로
- 개인적으로
- 특별하게
- 동일한 행동에 대해 반복적으로
- 계획적이 아닌 즉각적인 행동에 대해서 해야 한다.

---

1 칭찬은 아이들이 칭찬받을 일을 했을 때만 한다 | 학생들은 아주 눈치가 빠르고 자신들이 진짜 칭찬을 받았는지 어쨌는지 잘 알고 있다. 그러므로 교사가 칭찬을 할 때는 아이가 꼭 칭찬받을 만한 일을 했을 때 칭찬을 해야지 그렇지 않은 경우라면 교사에 대한 신뢰가 떨어질 수 있다.

2 즉각적이어야 한다 | 최적의 칭찬 시기는 바로 행동이 이루어진 그 자리에서 하는 것이다. 칭찬을 늦추면 늦출수록 칭찬의 효과는 더욱 감

소한다. 나이 어린 학생이나 자존감이 저조한 학생들은 자신이 칭찬받을 만한 일을 했어도 그 순간이 지나가면 금방 잊어버릴 수 있기 때문에 가능하면 칭찬받을 만한 행동이 일어난 순간에 칭찬을 해야 한다.

3 행동 중심적으로 칭찬해준다 | 먼저 교사는 칭찬받을 만한 바람직한 행동의 범위를 제시해 주어야 한다. 그리고 학생들이 보여주는 행동을 주시한다. 자존감이 저조한 학생에게 '귀엽다', '예쁘다', '멋지다' 라는 칭찬은 아이에게 맞지 않을 수 있고, 결과적으로 아이의 불신으로까지 이어질 수 있다. 이런 학생들에게는 구체적인 행동과 관련지어서 칭찬을 하는 것이 중요하다. 먼저 한두 가지 행동 범주에 있는 것들을 칭찬하는 것이 좋다. 그 이상으로 범주가 늘어나면 칭찬의 무게와 의미를 반감시킬 수 있다.

4 개인적으로 한다 | 가장 효과적인 칭찬은 개인적으로 하는 것이다. 많은 학생들이 칭찬을 쉽사리 받아들이지 못한다. 오히려 당황해하거나, 거부하거나, 수줍어하거나, 무시하는 듯한 태도를 보이면서 불편한 마음을 표현하기도 한다. 이런 학생들에게는 말 대신, 조그만 쪽지 편지를 쓰거나 학급 신문에 공지 형식으로 알리는 것이 좋다.

5 구체적인 행동에 대해 칭찬하라 | 가장 효과적인 칭찬은 아주 분명하게 말함으로써 아이들이 정확하게 자신이 무엇을 잘했는지 알도록 하는 것이다. 아이가 칭찬받을 만한 행동을 하는 걸 보게 되면 '잘했어' 라고 말하지 말고 구체적으로 말해주는 것이 좋다. "오늘은 받아쓰기를 아주 잘했구나. 줄도 안 삐뚤어지고 칸에 잘 맞춰서 썼네." 이처럼 구체적으로 제시해주는 칭찬은 학

생으로 하여금 자신이 무엇을 잘했는지 인지하게 하고, 결과적으로 그런 행동을 반복하고 싶게 동기를 부여한다.

6 동일한 행동을 반복적으로 한다 | 칭찬을 한두 번으로 끝내는 것은 특히 자존감이 저조한 아이들에게는 충분하지 않다. 이런 아이들의 내면적 자아관은 아주 깊게 뿌리박혀 있기 때문에 칭찬의 메시지가 아이의 마음속에 각인되고 받아들여질 때까지, 비슷한 행동에 대해서는 반복적으로 칭찬해 줘야 한다.

7 계획적이 아닌 즉각적인 행동에 대해서 칭찬한다 | 칭찬이 갖는 효과의 키워드가 '반복' 이긴 하지만, 그렇다고 해서 똑같은 행동이 일어날 때마다 반복적으로 칭찬을 하는 것도 그리 권장할만한 일은 못된다. 예를 들어 교사가 숙제를 잘해오는 학생을 매번 칭찬한다면 아이는 그 칭찬을 아주 당연한 것으로 받아들여 언제라도 그런 칭찬을 기대하게 될 것이다. 만약 동일한 행동에 대해서 교사가 간혹 즉흥적으로 칭찬을 하면 (즉, 가끔은 그 행동에 대해서 칭찬하지 않는 경우도 있다면), 그때의 칭찬의 효과는 배가 될 것이다.

🌀 자존감 키우기 도우미의 신뢰도를 증진시키기 위한 지침

1 새 학년이 시작되면 아이들에게 다음과 같은 메시지가 담긴 편지를 보내라. "나는 네가 보고 싶어서 견딜 수가 없다." 개인적으로 선생님한테 받는 메시지는 아이들의 기분을 밝게 고양시킨다.

2 매일 아침 아이들을 맞을 때 교실 문에 서서 "어서와, 만나서 반가워" 하는 표정을 지어라.

3 일 년에 적어도 한 번은 가정방문을 해서 부모와 상담하라.

4 구두 상자 크기의 상자를 구비해서 뚜껑에 구멍을 낸다. 예쁘게 꾸민 다음 '나만의 편지함'이라고 쓰고 학생들로 하여금 선생님에게 보내는 편지나 카드를 써서 넣어두게 한다. 이때 꼭 개별적으로 아이들에게 답장을 보내야 한다. 어떤 경우 학생들은 이런 편지함을 통해 자신의 감정, 생각 혹은 문제 거리를 상세하게 표현해 교사에게 보내기도 한다. 물론 편지에 대한 비밀보장은 필수다.

5 필요할 때마다 학부모와의 전화상담을 수시로 갖고 필요한 소식을 가정에 보내도록 한다. 나이가 어린 학생들의 경우, 매일 아이의 책상을 바꿔가며 플라스틱 전화기를 놓고 아이들의 활동을 칭찬하고 엄마에게 칭찬 전화를 하겠노라고 말해준다.

6 학생들이 특별한 노력을 했거나, 특별한 일이 있을 때 이를 인지하도록 학생들에게 수시로 메모와 편지를 보낸다. 생일, 이사, 건강의 회복, 축하할 일, 새로 전학 온 학생 등등의 특별한 경우도 기억해 둔다. 특별한 메시지 문구를 복사해서(S2~S5) 아이들에게 나누어주는 것도 좋은 방법이다.

7 교사도 함께 한다. 학생들과 자존감 키우기 프로그램을 진행하면서 교사 자신도 자존감을 향상시키도록 노력한다. 교사가 참가하면 학급 전체의 자존감 향상에 좋은 계기가 될 것이다.

8 학생들과 교사의 감정을 공유하라. 만약 교사가 그날 프로그램에 참가할 학생들의 이름을 칠판 한쪽에 써 넣는다면, 교사의 이름도 함께 써 넣어보라.

9 아이들이 자신의 이야기를 충분히 할 수 있도록 기회를 준다. '1분 동안 자유롭게 말하기'라고 규칙을 정해놓아도 좋다. 그러면 학생들은 다른 사람이 자신들의 이야기를 듣는다는 점을 인식하게 된다. 물론 이야기의 주제나 범위도 정해준다.

10 학생들로 하여금 교사의 책상 앞은 교사와 학생이 서로 이야기 나누고 의견을 교환하는 장소라는 점을 확신시켜 준다. 특정한 방식으로 교사·학생 간 상담시간을 정한다(칠판에 써도 좋고, 선생님 책상 위에 종이를 비치해 놓아도 좋다).

11 학생을 선생님의 점심에 초대하라. 식당에 갈 필요는 없다. 도시락을 함께 먹는 것으로도 충분하다. 중요한 것은 서로를 위해 시간을 낸다는 점이다.

12 교사는 자기 학생들을 위해 개인적인 목표를 설정하라. 즉 학습이나 행동발달상 성취 가능한 목적을 설정하라. 이때 아이들의 능력을 과소평가해서도 안 되지만 과도한 짐을 지워서도 안 된다. 그리고 아이들이 이루는 성취에 대해서 칭찬을 아끼지 말라.

ⓓ 활동 l

자존감 키우기 도우미로서 교사가 학생 개개인들과 신뢰관계를 구축하는 것보다 더 중요한 역할은 없다. 교사가 학생의 자아관을 변화시킬 수 있느냐 없느냐는 것은 이 첫 번째 전제조건에 달

려있다고 해도 과언이 아니다. 학생들과 신뢰관계를 구축하고 친밀한 관계를 유지할 수 있는 방법은 끝도 없이 많다. 그러나 그런 활동들은 복잡해서는 안 되고 시간만 잡아먹는 일이어서도 안 된다. 학생들과 무슨 활동을 하든 중요한 것은 교사가 학생들 개인에게 관심을 갖고 보살핀다는 메시지를 전달하는 것이다.

아래와 같은 활동들은 교사·학생 간의 친밀하고도 신뢰할 수 있는 관계를 만드는 데 도움이 된다.

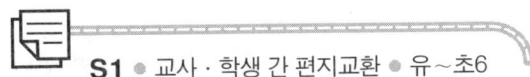

S1 ● 교사·학생 간 편지교환 ● 유~초6

목적 | 교사·학생 사이의 꾸준한 대화의 기회를 제공한다.

교사가 부딪히는 가장 큰 어려움 중 하나는 바로 학생들과 매일 개별적인 접촉을 유지하는 일이다. 학급의 규모가 커지면서 교사의 이런 과제는 적당한 선에서 충족시키기가 더욱 더 어려워졌다. 그런 환경에서 일부 교사들이 발견한 유용한 기법 중 하나가 바로 '교사·학생 간 편지 교환' 이다.

학급 신문과 마찬가지로, 학생들은 매일같이 교사와 꾸준히 개인적인 대화를 이어가면서 여러 가지 주제들에 대해서 글을 쓸 수 있다. 하루하루의 편지 교환 주제에 대해서는 9장 학급 신문 만들기에 나오는 '함께 편지를 써봐요'를 참조하면 좋다.

S2·3·4·5 ● 특별한 상장들 ● 유~초6

목적 | 학생들이 이루는 특정한 활동상의 성취와 성과를 인정하고 교사·학생 간의 의사소통을 증진시킨다.

자료 | 4가지 종류의 상장

활동 | 4가지 종류의 상장을 여러 장 준비한다. 상장 도안을 밝은 색깔의 색판지 위에 놓고 가장자리를 따라 자른다. 학교 생활에서 칭찬받을 만한 행동을 하거나, 성적이 좋거나, 어떤 활동에서 좋은 성과를 내면 상장에 아이의 이름을 적어서 준다. 누구에게 상장을 주어야 할지 교사가 늘 염두에 두기 때문에 학생들마다 한두 개 정도의 상장을 받을 기회가 돌아간다.

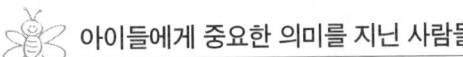 **아이들에게 중요한 의미를 지닌 사람들**

안정감 있는 아이들이 보여주는 두드러지는 특징 중 하나는 자신들이 신뢰하고 믿을 수 있는 사람이 있다는 것을 알고 있다는 점이다. 아래 활동들을 통해 학생들은 자신의 인생에 영향을 미치는 사람들을 탐색해보는 기회를 갖게 된다.

S6 ● 가족 소개 ● 유~초6

목적 ┃ 학생들로 하여금 가족 구성원의 역할에 대해서 생각해보도록 한다.

자료 ┃ 각자 집에서 가족 사진이나 물건을 가져오게 한다.

활동 ┃ 학생들에게 가족 구성원(아니면 내게 중요한 사람) 각각에 대해서 생각해보도록 한다. 가족을 생각하면 떠오르는 물건은 무엇인지 생각하게 하고 특정한 날을 정해 집에서 그 물건을 가져오게 한다. 사진도 좋고 물건도 좋다. 반 친구들에게 그 물건을 '왜 가져왔는지' 서로 대화를 나누게 한다.

활동 이후 ┃ 학생들로 하여금 '가족 소개' 책자에 자신의 이야기를 적도록 한다(나이가 어린 아이들의 경우는 교사에게 구술하도록 해서 기록해둔다).

S7 ● 내게 중요한 사람 인터뷰 ● 유~초6

목적 ┃ 학생들에게 '나에게 중요한 사람'에 대한 이야기를 나누도록 한다. 다른 사람에게 묻고 질문하는 인터뷰도 실행해본다.

자료 ┃ 학생들의 인터뷰 대상에 대한 질문 목록을 일괄적으로 복사해서 아이들에게 나누어준다.

활동 ┃ '중요한 사람'이란 어떤 사람인지 먼저 토론하게 하고, 각자 자신에게 중요한 사람이 누구인지를 생각하게 한다. 그런 다음 각자에게 중요한 사람과 인터뷰를 하고 그들에게 질문할

목록을 적어오도록 한다. 질문 목록에는 다음과 같은 것들이 들어갈 수 있다.

┃ 자라온 과정은?
┃ 자라온 곳은?
┃ 예전의 학교 생활은 요즘과 어떻게 달랐는가?
┃ 가장 좋아했던 선생님은(그 선생님에 대한 이야기를 듣는다)?
┃ 학창 시절 가장 좋아했던 일은 무엇인가? 그리고 지금 좋아하는 일은?

인터뷰 질문지에 대답을 적어서 '내게 중요한 사람이 살아온 길(Significant Other Biographies, S8)' 활동의 기본 자료로 사용하라. 나이가 어린 학생들의 경우는 인터뷰를 녹음하게 해서 프로그램을 진행해도 좋다.

S8 ● 내게 중요한 사람이 살아온 길 ● 유~초6

목적 ┃ 내게 중요한 사람이 살아온 길에 대해 알게 한다.

자료 ┃ S7에서 완성된 인터뷰 질문지

활동 ┃ 학생들은 전기문 양식에 자신이 인터뷰하면서 알게 된 내용들을 적는다. 질문지와 양식 내용의 길이와 난이도는 시간적 여유와 학년 수준에 따라 달라질 것이다. 전기문의 개념을 이해하도록 위인전을 구비해서 읽게 하면 더욱 효과적이다.

S9 ● 내게 중요한 사람 소개하기 ● 유~초2

목적 ㅣ 학생들 각자에게 중요하다고 생각되는 사람에 관해 서로 이야기를 나누게 한다.

자료 ㅣ 편지나 전화를 통해 학생 개개인이 선택한 인물에게 프로그램의 취지를 설명하고 방문하기 편한 날짜와 시간을 정한다.

과정 ㅣ 학생들은 각자 중요한 인물을 모셔온다. 초대되는 손님은 가능한 정해진 시간에 방문토록 한다(시간적으로 촉박하지 않아야 한다). 나머지 학생들도 자신들이 선택한 중요 인물을 반으로 초대해서 특별한 경험, 직장 이야기, 취미, 자신이 살아온 길에 대해 이야기를 들려줄 수 있도록 독려한다.

S10 ● 내게 중요한 사람에게 편지쓰기 ● 유~초6

목적 ㅣ 아이들이 자신의 인생에서 중요 인물의 역할을 정의하도록 돕는다.

자료 ㅣ 종이와 필기구

활동 ㅣ 아이들은 저마다 자신에게 아주 특별하다고 생각하는 사람을 선택한다. 그러고 나서 왜 그 사람을 선택했는지 생각해보도록 한다. 어떤 면에서 그 사람은 내게 특별하고 중요한 걸까?(S12 참조) 학생들은 일정한 형식이 갖추어진 편지를 자신이 선택한 사람에게 개인적으로 보낸다. 왜 그들이 자신에게 특별하고 중요한지를 설명하고 표현하는 데 중점을 두도록 유도한다.

S11 ● 내게 중요한 사람이 읽었던 책들 ● 유~초6

목적 ㅣ 중요 인물의 삶에 특별한 영향을 미친 책은 과연 어떤 것인지 학생들이 알게 한다.

자료 ㅣ 《What Mary Jo Shared, Janice May Udry》, 《Guess who my favorite person is?》, 《In Grandpa's House, Philip Sendak》

활동 ㅣ 위인들에 관한 책을 읽도록 한다. 위에 예로 든 책들은 토론과 다른 자존감 키우기 활동에 많은 도움이 된다.

S12 ● 내게 특별한 사람은? ● 초1~초6

목적 ㅣ 아이들이 자신에게 특별한 사람을 더욱 잘 알도록 한다.

자료 ㅣ S12 양식을 아이들에게 나누어준다.

활동 ㅣ 아이들은 자신에게 특별한 의미를 지니는 사람을 생각해보고 형식에 맞게 보고서를 채운다. 그리고 반 아이들 혹은 짝과 '내게 특별한 사람'에 대해 쓴 내용을 토대로 이야기를 나눈다.

S13 ● 내가 의지하는 사람들 ● 유~초6

목적 ㅣ 아이들 자신이 신뢰할 수 있는 사람이 누군지 인식하도록 도와준다.

자료 ㅣ S13 양식.

활동 | 학생들은 자신이 신뢰하고 의지하는 사람들의 이름을 적는다. '신뢰할 수 있는 사람'이란 언제라도 믿고 따를 수 있는 사람이라는 정의를 미리 아이들에게 해줄 필요도 있을 것이다. 즉 우리가 언제라도 도움을 필요로 할 때 우리를 도와주거나, 비밀을 지켜주거나, 도움을 청해도 좋을 만한 사람이라는 정의를 하고 아이들과 함께 토론을 시작한다. 이름 밑에 왜 그 사람이 자신에게 중요한지 이유를 적어보게 한다. 저학년 어린이나 읽지 못하는 어린이는 구술하는대로 교사가 받아적는다.

S14 ● 내게 소중한 사람들 ● 유~초6

목적 | 자신에게 소중한 의미를 지닌 사람들이 성장 과정에서 어떤 것에 가장 많은 영향을 받았는지 알게 한다.

자료 | S14 양식.

활동 | 학생들과 먼저 '중요한 사람'의 개념에 대해서 토론한다. 중요한 사람이란 아이들이 의지하고 신뢰할 만한 사람이며, 아주 특별해서 그들과 함께 있으면 기분이 좋아지는 그런 사람이라는 정의를 내린다. 교사가 자신의 삶 속에서 중요한 역할을 한 인물을 예로 들어주며 설명하면 더욱 좋다. 아이들은 가운데 원에 자신의 이름을 적고 나를 둘러싼 원에 중요 인물의 이름을 적는다.

저학년 | 먼저 화려하고 밝은 색종이로 5개의 원을 오려서 두꺼운 마분지 위에 풀로 붙인다. S14 형식과 똑같게 만든다. 동그라미 안에 자신에게 중요한 인물의 모습을 크레파스나 펜으로

그리게 한다.

자존감 키우기 #2
합리적인 규칙과 제한을 정해서 일관되게 지켜라

상대방을 격려하라. 그렇다면 상대방은 당신의 격려대로 점차 변할 것이다. 어떻게 하라고 성가시게 간섭한다고 되는 게 아니다.

● 스커더 파거 *Scuder N. Parker*

스탠리 쿠퍼스미스*Stanely Coopersmith*는 어떠한 환경적인 조건이 아이들의 자존감을 키워주고 향상시키는지를 연구한 결과, 아이들의 신체적 안전과 정서적인 안정감을 위해서는 무엇보다도 행동의 기준과 제약이 분명하게 정해져야 한다는 것을 밝힌 바 있다. 그러나 이런 규칙과 제약이 효과를 발휘하려면 자존감 키우기 도우미인 교사는 그 제약과 규칙을 일관되게 적용해야 한다.

쿠퍼스미스의 연구에 의하면 아이들에게 자존감 환경을 만들어주기 위해 규칙을 정할 때는 몇 가지 지침이 필요하다.

1 합리적이고 현실적인 바탕 위에 규칙을 정해야한다.
2 한 번에 몇 가지 제약만을 정한다. 그래야 강제적으로 크게 부담을 주지 않으면서 규칙을 수월하게 준수할 수 있다.
3 일관성과 확신을 가지고 규칙의 한도를 정해야 한다.
4 규칙의 제한선을 넘을 때 그 행동에 따른 결과가 무엇인지를 사전에 분명하게 일러둬야 한다. 아이들은 규칙과 금지사항을 시험해보고 싶어하므로 규칙과 제약을 분명하게 정하고 집행한다.
5 규칙을 어겼을 때 신체적인 제약을 가해서는

안 된다. 아이를 무시하거나 위협적이어서도 안 된다.

6 아이들이 규칙과 그에 따른 제약을 수긍하고 받아들이게 하려면 규칙과 제약 자체가 교사에게도 의미 있는 것이어야 한다. 자존감 키우기 도우미로서 교사는 진실되게 규칙들이 실현되고 지켜지기를 기대하고 또 믿어야만 한다.

7 규칙과 제약 안에서 모범적으로 행동하는 아이에게는 상을 주는 체제를 만들어야 한다.

ⓛ 활동 2

아래 소개할 활동들은 규칙에 의한 제약을 인식하게끔 고안된 것이다. 학급 내 규칙과 그에 따른 벌칙 등은 한 학년 동안 간헐적으로 환기시켜주어야 한다. 덧붙여 학교차원의 자존감 향상 활동인 SW1~SW9는 아이들이 긍정적이고 모범적인 행동이 무엇인지를 인지하도록 하는 데 응용될 수 있다(10장 '학교차원의 자존감' 참조).

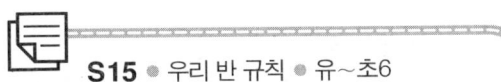

S15 ● 우리 반 규칙 ● 유~초6

목적 | 학생과 학부모가 학교, 학급의 규칙을 인지하고 익숙해지도록 한다.

자료 | S15 양식을 이용한다. 저학년의 경우, 커다란 게시판이나 차트에 규칙을 적어둔다. 이런 활동은 모둠별로 학급 내의 규칙으로 무엇이 적절하고 필요할지 서로 토론하고 의견을 제시할 때 더욱 효과적으로 준수된다.

활동 | 많은 연구자들은 학생들로 하여금 자신에게 적용될 규칙에 대해 적극적인 역할을 하게 하는 것이 가장 중요하다고 한다. 이런 식으로 규칙에 대해 학생 스스로가 능동적인 역할을 맡게 되면 학급 내부 혹은 학교 차원의 규칙은 아이들의 것이 되는 것이다. 이런 활동을 통해 학생들은 자신의 행동에 지침이 될 학급의 규칙을 만들어내게 된다. 교육 상담자인 로버트 엘링턴*Robert Ellington*은 학교의 규칙을 만들 때 고려해야 할 5가지 일반적인 개념을 다음과 같이 정의했다.

> 1. 진실 2. 신뢰 3. 책임감 4. 아이들의 의견 존중
> 5. 저항과 반발 최소화

교사는 재량껏 자신의 교육 환경에서 중요하다고 생각되는 것을 추가로 덧붙일 수 있다. 학생들로 하여금 각 개념을 이용한 규칙에는 무엇이 있는지 스스로 고안해내도록 한다. 제시된 규칙을 칠판이나 커다란 차트에 크게 적어놓는다(커다란 게시판에 학급 규칙을 적은 차트를 붙여놓고 자주 상기하도록 한다).

학생들은 5가지 개념마다 가장 적절하다고 생각하는 규칙을 투표로 결정하고 저마다의 '규칙' 양식에 적도록 한다(저학년이나 글씨를 못 쓰는 학생들이라면 교사가 양식을 채운다). 학생들이 각자 교사 앞으로 와서 규칙을 간단하게 암기해서 설명하는 시간을 갖는 것도 좋다. 만약 아이들이 규칙을 제대로 이해하고 있다는 생각이 들면 함께 규칙 양식에 서명한다. 학생은 그 규칙 양식을 집으로 가져가서 부모님 혹은 보호자와 함께 토론하고 서명을 받게 한다. 완성된 양식을 개인 폴더에 보관하게 한다.

규칙을 만드는 데 두 번째로 중요한 점은 규칙을 어겼을 때 어떤 결과가 오는가를 이해시키는 것이다. 위의 과정을 똑같이 반복해도 좋지만, 이번 경우에는 규칙이 지켜지지 않았을 때의 결과

를 분명하게 목록으로 만든다. 단, 부정적인 것보다 긍정적인 것을 통해서 아이들의 행동을 변화시키는 게 훨씬 더 쉽다는 것을 기억하라. 아이들이 규칙을 잘 준수할 때 자주 상을 준다. S16 활동은 아이들의 긍정적인 행동을 강화시키는 데 도움이 된다.

S16 ● 학생용 지폐 ● 유~초6

목적 ㅣ 아이들이 학교·교실 내의 규칙에 익숙해지도록 한다. 또 규칙을 잘 지켰을 때 분명한 보상을 받을 수 있는 바람직한 행동을 강화시킨다.

자료 ㅣ S16 지폐 패턴. 여러 장 복사해서 오려서 돈 상자에 넣어둔다. 규칙을 적는 포스터는 12×18cm 크기로 준비한다. 굵은 사인펜으로 규칙에 일련번호를 적는데, 이때 눈에 잘 띄게 해야 한다. 저학년의 경우는 삽화형식으로 그린다. 그림과 사진이 좋다.
아이들마다 색판지로 지갑을 만들어서 돈을 넣어두게 한다.
여러 가지 종류의 '상품'을 마련해놓고 아이들이 학생용 지폐(School dollar)로 살 수 있도록 한다. 상으로 줄 물건에는 가격표를 붙여놓는다. 가격을 정할 때는 아이들에게 얼마 정도의 지폐를 나눠줄 것인지를 고려해 그 한도 내에서 살 수 있도록 가격을 정한다.

활동 ㅣ 학생들과 다시 한번 교실 내 규칙에 대해서 토론한다. 정해진 규칙을 잘 보이는 곳에 크게 써서 붙여놓는다. 교사는 아이들이 그 규칙을 따르는지 지켜보겠다는 것을 분명하게 말한다. 아이들이 규칙을 제대로 지킬 때마다 학생용 지폐를 준다. 이를 통해 학생들은 어떤 규칙을 지켜

야 하는지 제대로 이해하고 인지하게 된다. 교사에게 상으로 종이 돈을 받은 학생은 자신이 어떤 행동으로 종이 돈을 상으로 받았는지 규칙 게시판을 다시 한번 참조해서 교사에게 받은 종이 돈 가운데에 규칙과 이름을 쓴다.
상으로 받은 종이 돈은 각자 종이 지갑에 넣도록 한다(저학년의 경우, 선생님에게 지갑을 맡기도록 한다). 편리한 때를 정해 각자 받은 종이 돈을 합산하고 평가하는 시간을 갖는다. 지금까지 얼마나 벌었는지 다른 친구들에게 설명하고, 어떤 규칙을 지켜서 종이 돈을 받게 되었는지 이야기한다. 교실 안에 마련된 미니 가게에서 종이 돈으로 물건을 살 수 있을 때까지 잘 간직한다. 교사는 특별한 날을 장보는 날로 정해 아이들이 종이 돈으로 물건을 살 수 있게 한다.

━━━━ 자존감 키우기 #3 ━━━━
긍정적이고 편안한 환경을 조성한다

만약 당신이 긍정적인 생각을 하면, 결과도 긍정적일 것이다.

● 노만 빈센트 필 *Norman Vincent Peale*

학생들의 정서적인 안정감과 안도감은 긍정적인 환경에서만 실현가능하다. 긍정적인 환경이란 아이들이 자신은 환영받고 있다고 느끼고 남들이 자신을 인정해준다고 느끼는 환경을 말한다. 그런 환경에 대해 아이들은 애착을 느낀다. 그리고 그곳이 바로 '내 교실'이라고 느낄 것이다. 교실은 바로 아이들이 보호받고 소속되어 있는 곳이다. 아이들의 이런 정서적인 감정은 학습에 긍정적인 영향을 미친다. 아이들의 학습 태도는 교육과 무관할 수가 없다. 왜냐하면 교육이란 학습을 유도하는 강력한 요소인 정서적인 안정감과 긍정

적인 환경의 결합이기 때문이다.

아이들이 긍정적인 태도를 일관되게 유지하도록 하는 것은 물론 쉬운 일이 아니다. 특히 교사가 부정적인 태도의 학생을 다룰 때는 더욱 그렇다. 아무리 교사가 긍정적인 자세를 보여도 부정적인 태도를 가진 아이들을 쉽게 견인하기가 어려운 이유 중 하나는, 아이의 부정적인 태도(~하고 싶지 않아, 나는 바보야, 이건 못하겠어)의 뿌리가 매우 깊기 때문이다. 부정적인 태도는 '도미노 효과'와 같다. 부정성은 부정적인 말을 할 때마다 더욱 강화된다. 똑같은 이유로 긍정적인 말 역시 전염성이 높다. 그러므로 긍정적인 모델들이 주변에 많이 있어야 긍정적인 환경을 만들기가 수월하다.

인간이 자아관과 자신만의 의견을 개진해나가는 여러 방식 중 하나는 '바로 자신에 관해 표현하는 것'이다. 그렇기 때문에 부정적인 말이나 자기표현은 자존감에 끼치는 손상 정도가 클 수밖에 없다. 부정적인 자기표현(나는 제대로 할 수가 없어, 나는 못생겼어)이 계속되면 자아에 대한 긍정적인 태도를 이끌어낼 수가 없다. 그렇다면 교사는 어떻게 하면 이런 부정적인 언어를 바꾸어서 아이들이 좀더 긍정적인 자기표현을 구사하도록 유도하고 교육환경도 긍정적인 분위기로 바꿀 수 있을까? 아래 소개하는 몇 가지 아이디어는 교육현장의 자존감과 분위기를 점검하는 데 유용할 것이다.

 긍정성을 강조하기 위한 전략들

긍정적인 것을 강조하라
1. 모델이 될 만한 긍정적인 언어를 제시한다.
2. 긍정성을 강조한다.
3. 자존감을 키워주는 말이 무엇인지 아이들에게 인지시켜 준다.
4. 자존감을 키워주는 적절한 언어를 수준별로 분류해놓는다.
5. 긍정적인 언어사용을 독려, 강화한다.
6. 교실 안에서 긍정적인 말과 행동의 기술을 실천한다.
7. 칭찬을 받아들이는 방법을 가르친다.

부정성을 제거하라
1. 부정성에 대한 자각을 키워준다.
2. 부정적인 것이 무엇인지 분류해놓는다.
3. 한번 부정적인 말을 하면 곧바로 긍정적인 말을 한마디 하는 것을 규칙으로 정한다.
4. 긍정적인 자기 암시를 가르친다.

 긍정적인 것을 강조하는 전략과 단계들

1 모델이 될 만한 긍정적인 언어를 제시한다 | 먼저 교사는 자신이 학생들에게 미칠 수 있는 영향력에 대해서 잊지 말아야 한다. 학생들에게 역할 모델로서 갖는 영향력을 결코 간과해서는 안 될 것이다. 그러므로 아이들 앞에서 교사는 자기 표현법에 주의를 기울여야 한다. 교사는 의도적으로 긍정적인 자기 표현을 사용할 수 있다. "오늘은 정말 기뻐요. 오늘 수업은 아주 좋았어요.", "선생님은 게시판이 아주 마음에 들어요. 선생님이 저걸 얼마나 열심히 만든 줄 다들 알죠?"

2 긍정성을 강조한다 | 어떤 환경에서도 확고한 규칙을 세운다. "여러분은 자신에 대해서 부정적으로 말해서는 안 돼요." 이런 내용의 말을 시의적절하게 표현하면 된다. 이런 내용의 문구를 눈에 잘 띄는 문, 칠판 혹은 게시판에 붙여둔다.

3 자존감을 키워주는 말이 무엇인지 아이들에게 알려준다 | 어떤 학생의 경우는 무엇이 긍정적인 언어 표현인지 모르는 경우도 있다. 그러므로 이런 학생들은 긍정적인 언어표현력을 가르쳐야 한다. 모둠별로 커다란 종이 위에 자신에 대한 긍정적인 표현을 적도록 한다. 새로운 표현이 떠오르면 계속해서 첨가해놓게 한다. 그러다 보면 아이들은 긍정적인 표현들을 자연스럽게 언어 생활 속에서 사용하게 된다.

4 자존감을 키워주는 적절한 언어를 수준별로 분류해놓는다 | 적절한 언어와 파괴적인 언어의 차이점을 구별하지 못하는 학생들이 적잖이 있는 것이 현실이다. 너무나 자주 부정적인 표현들을 사용했던 경험 때문에 은연중에 자신을 부정적으로 표현하는 아이들도 많이 있다. 그러므로 교사는 학생들을 위해 적절한 표현과 부정적인 표현을 분류할 수 있도록 지도해야 한다. 남을 기운나게 하는 칭찬, 격려 등은 적절한 표현에 속하지만, 남의 기분을 상하게 하거나 위협하는 표현은 파괴적인 언어 표현에 속한다는 것을 인지하게 한다. 각 범주에 드는 단어를 제시해서 아이들이 깊이 인지하게 하고 남의 기분을 좋게 하고 으쓱하게 하는 표현은 자주 생활 속에서 사용하도록 격려한다. "지금 네가 한 말은 아주 부정적인 표현이란다" 또는 "그렇지, 그런 말은 친구를 아주 기분 좋게 하는 말이란다"라는 식으로 그때그때 주지시켜 준다.

5 긍정적인 언어를 사용하도록 독려한다 | 아이가 긍정적인 표현을 하면 그 점을 부각시키고 혹여 부정적인 표현을 하더라도 교사는 짐짓 모른 체한다. 부정적인 행동과 표현을 집중적인 관심을 주기보다 긍정적인 표현과 활동에 더 큰 관심을 보이면 아이의 행동을 더 쉽게 변화시킬 수 있다. 때론 교사의 사기를 무참히 꺾어버리는 학생들도 있을 수 있다. 그러나 이때 교사는 아이들이 일종의 게임처럼 교사를 시험하고 있다는 것을 잊지 말고, 아이의 긍정적인 행동과 표현에 계속해서 초점을 맞추도록 노력해야 한다. 교사는 학생의 긍정적인 언어와 행동에 지속적으로 초점을 맞추면서 말에서 그치기보다는 등을 두드려 준다거나 집에 전화를 걸어서 부모에게 칭찬을 받도록 하는 등의 다양한 방법을 사용한다. 긍정적인 메시지가 담긴 쪽지를 건네주는 것도 좋은 방법이다(S2, S3, S4, S5 참조). 이때 아이들을 칭찬할 만한 문구를 여러 개 만들어서 준비해둔다. 물론 아이들은 교사의 그런 사소한 쪽지에도 기분 으쓱해한다. 교사가 만들어가는 긍정적인 교실 환경은 또래 아이들을 금세 긍정적으로 전염시키는 강력한 힘이 된다.

6 교실 안에서 긍정적인 말과 행동을 실천한다 | 긍정적인 표현, 남을 기분 좋게 하는 말들을 적어 게시판에 붙여두는 것은 유용한 방법 중 하나지만, 학생의 태도를 전적으로 바꾸기에는 다소 부족하다. 아이들에게는 긍정적인 행동을 실행할 수 있는 여러 번의 기회를 주어야 한다. 이 책에 나오는 여러 가지 활동들은 바로 이런 목적을 위해 고안된 것이다. 긍정적인 표현을 불편하게 여기는 아이들도 있다는 점을 잊지 말아야 한다. 이런 아이들을 위해서는 다소 완화된 표현을 제시하고 격려해준다. "안녕", "잘 지냈어?" 하는 정도의 표현이나 미소, 혹은 눈 맞추기 정도로 시작하는 것이 좋다. 긍정적인 표현을 유도하는 것은 좋은 일이지만, 강제적으로 이루어질 때는 오히려 역효과가 날 수도 있다는 것을 명심해야 한다.

7 칭찬을 받아들이는 방법을 가르친다 | 마지막으로 긍정적인 표현의 수혜자가 되는 학생들이 상대방의 칭찬과 격려를 어떻게 받아들여야 하는지를 가르친다. 칭찬을 받았을 때 어떻게 대답하고 응답할 수 있는지에 대한 응답을 목록으로 만든다. "고마워요", "알아주서서 감사합니다", "칭찬을 들으니 기분이 좋은데요"와 같은 표현으로 시작한다. 학생들은 누군가 자신을 칭찬하면 그에 알맞은 응답을 '선택'할 수 있다.

 부정성을 제거하는 방법들

학생이 자신 혹은 타인에 대해서 부정적인 태도를 가지고 있다면 아래와 같은 전략을 참고한다.

1 부정성에 대한 자각을 이끌어내라 | 학생들이 교사의 지도에도 불구하고 계속 부정적인 방향으로 나아간다고 해도 그 아이를 부정적으로 대하지 않으려고 노력해야 한다. 이렇게 한 번 이야기하라. "이거 하나만 약속할까? 우리는 우리 자신에 대해서 긍정적이고 좋은 면만 이야기하는 거야, 어때?" 라고 말이다. 그리고 다른 친구들이 사용하는 긍정적인 표현을 예로 든다. 어떤 교사는 학생들과 자신들만 아는 은밀한 암호나 표시로 상호작용을 하기도 한다. 특정한 표현이나 몸짓을 정해놓고 만약 학생이 부정적인 표현을 사용하면 약속한 표현이나 몸짓을 사용해 아이의 행동에 대해 주의를 환기시켜준다.

학생들은 자신들이 얼마나 많은 부정적인 말들을 하고 있는지 의식하지 못할 때가 많다. 그러므로 교사는 아이들의 부정적인 표현을 숫자로 표시해서 자각하게 한다. 종이에 숫자나 막대로 표시하면 좋다. 긍정적인 표현에 대해서 막대 하나, 부정적인 표현에 대해서 또 막대 하나, 이런 식으로 쉽게 알아볼 수 있도록 만들면 충분하다.

학생들이 긍정적인 표현을 할 때마다 이를 칭찬해주는 방법으로는 공기 돌, 포커 칩 혹은 땅콩과 같은 자잘한 물건을 사용하는 활동이 있다. 먼저 저마다 왼쪽 주머니에 자잘한 물건을 넣어두게 한 다음 긍정적인 표현 한 번에 왼쪽 주머니에 있는 물건을 오른쪽 주머니로 옮기게 하는 것이다.

2 부정적인 것이 무엇인지 분류해놓는다 | 학생들로 하여금 만약 누군가 부정석인 표현을 하면 바로 그 자리에서 그래서 안 된다는 암호를 대거나 특별한 소리를 내도록 한다. 이 활동을 위해서는 우선 반 전체가 어떤 소리나 몸짓을 암호로 할 것인지를 정한다. 예를 들어, '앗!', '우~' 와 같이 별 의미는 없지만 금방 환기시킬 수 있는 소리를 암호로 정한다. 부정적인 표현을 한 아이는 순간적으로 자신이 잘못된 표현을 했다는 것을 알게 된다.

3 규칙 | 한 번 부정적인 말을 하면 곧바로 긍정적인 말을 한마디 하게 한다.

자신을 비하하는 표현은 교실 안에서 해서는 안 된다는 것을 하나의 규칙으로 삼는다. 만약 부정적인 표현이 나오면 아이에게 이 규칙을 상기시키고 그 자리에서 긍정적인 표현으로 바꾸어 말하도록 한다. 어떤 학교에서는 부정적인 표현을 할 때마다 3번 긍정적인 표현을 하도록 유도하는 등 아주 엄격히 적용하기도 한다. 그러나 그 횟수보다는 규칙이 일관되게 지켜지는 것이 중요하다.

4 긍정적인 자기 암시를 가르친다 | 부정적인 태도를 가진 학생에게는 긍정적인 표현과 태도란 무엇이고 어떤 특징이 있는지를 가르쳐야 한다. 이때 교사는 학생에게 지적해주는 '긍정적인 표현의 특징' 이 아주 중요한 것이라는 점을 인식

시킨다. "현숙, 오늘 쓰기를 아주 잘했어요. 글씨도 깨끗하고 칸도 정확하게 지켰네. 어때, 자랑스럽지? 너 스스로 잘했다고 칭찬해줘" 라는 식으로 말이다.

그러면 현숙은 긍정적인 자기 표현을 되새겨보게 된다. 교사와 학생 둘만의 이런 상호작용을 수행하라. 자존감이 저조한 아이는 무슨 일이든 쉽게 창피함을 느끼므로 만약 다른 아이들 앞에서 이런 칭찬을 하고 요구하면 소극적인 아이의 태도가 더 악화될 수가 있다.

D 활동 3

이제 소개할 여러 가지 활동들은 긍정적이고 안정적인 환경을 조성함으로써 학생들의 긍정적인 행동을 강화시키기 위한 것이다. 여기에는 또래들끼리 서로 이름과 관심 사항을 알도록 하는 활동도 포함되어 있는데, 반 아이들이 서로를 친근하게 느끼는 교실은 그 자체로 긍정적인 환경이라고 할 수 있다.

주의 | 5장, 우호성(Affiliation)에도 학생들의 학습활동을 도와주는 활동이 있는데 그 중 A1~A10은 아이들이 모둠이나 학급 안에서 소속감을 갖도록 하는 데 유용하다. 모둠이나 학급이 아이들의 정서적인 안정감을 확장시켜주는 환경이 되도록 도울 것이다.

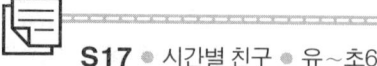

S17 ● 시간별 친구 ● 유~초6

목적 | 학생들 개개인이 상호작용하도록 한다.

자료 | S17 '친구를 위한 시간' 표와 필기도구

활동 | 종이 시계의 시침마다 반 친구들의 이름을 각각 적는다. 그리고 서로 소개하는 시간을 정하도록 한다. 예를 들어, "안녕, 내 이름은 ○○ 야, 너는? 몇 시에 함께 이야기할 수 있니?" 교사는 먼저 아이들에게 어떻게 자신을 소개하는지 예를 들어 설명해준다.

그러고 나서 학생들은 친구가 편리한 시간에 이름을 써넣고, 상대 아이도 자신의 시간표에 그 시간을 소개시간으로 정한 상대 친구의 이름을 적는다. 시간표가 다 찰 때까지 진행한다. 반 아이들 모두 정해진 시간에 만나야 할 친구를 갖게 된다. 교사는 이 자료를 모둠을 만들 때와 활동별로 짝을 맞출 때 유용하게 사용할 수 있다. "오늘 모둠 활동은 각자 8시 짝과 함께 하는 거예요." 이 자료를 사용하면 모둠을 구성하는 것이 아주 쉬워진다.

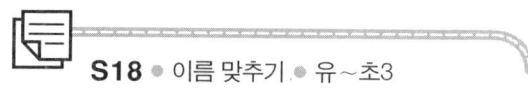

S18 ● 이름 맞추기 ● 유~초3

목적 | 이들이 서로의 이름을 기억하고 자기를 소개하는 기술을 습득하도록 한다.

자료 | 아이들의 이름이 크게 적힌 3×5cm 정도의 이름표
┃이름표 만들기 | 학생 수 만큼의 네모칸(가로 세로 1cm)을 종이에 인쇄한다. 각 칸마다 학생 이름을 적고 맨 위에 '이름 맞추기' 라고 적는다.

활동 | 반 아이들에게 이름 맞추기 게임을 할 것을 알린다. 종이를 학생들에게 나눠주고 왼쪽 위에 자신의 이름을 적도록 한다. 학생수 외에 남는 칸에는 가위표하게 한다. 학생들은 칸마다 다른 친구의 이름을 적는다. 돌아다니면서 친구의 이름을 물어 적은 다음 아래쪽에 사인하게 한다.

'내 이름을 알려주고 친구의 이름 알아내기'를 하나의 규칙으로 정한다. 그런 다음 이름 맞추기 게임을 한다. 교사는 학생의 이름을 불러주고 네모 칸에 기록한 것에 가위표하게 한다. 이 양식을 다시 이용하고자 한다면 콩이나 종이 쪽지를 위에 올려놓고 표시하게 한다. 교사가 불러주는 친구의 이름 중 4개 혹은 5개가 격자 무늬로 한 줄이 되는 아이가 승자가 된다.

응용 | 만약 학생들이 또래의 이름에 어느 정도 익숙해지고, 알고 있다면 '취미 맞추기'로 프로그램을 약간 변형시킨다. 아이들은 어떤 친구가 어떤 취미와 흥밋거리를 가지고 있는지를 조사한다.

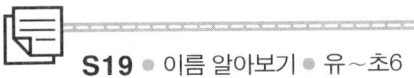

S19 ● 이름 알아보기 ● 유~초6

목적 | 아이들이 서로의 이름을 익히도록 한다.

자료 | S19의 이름 교환 양식, 밝은 색깔의 종이로 양식을 만든다. 크레파스, 사인펜.

활동 | 학생들에게 양식을 나누어준다. 한가운데에는 자신의 이름을 적도록 하고 이름 글자를 색연필로 장식한 다음에 여백에 자신의 장점, 흥밋거리, 좋아하는 장소, 취미 등을 간단하게 그림으로 그리게 한다. 이때 사각형 내부만 장식하고 이름이 들어간 공간은 색칠하지 않게 한다. 이렇게 장식한 각자의 이름표에 적힌 내용을 서로 읽어가며 이름을 익히게 될 거라고 아이들에게 주지시킨다. 이 활동의 목적은 각자의 이름 카드에 마련된 친구를 위한 칸에 친구의 이름을 쓰는 것이다. 교사는 아이들에게 어떻게 시작하는지 시범을 보여준다. 아이들은 잠시 동안 카드에 적

힌 그림을 보며 설명하는 시간을 갖는다. 자신의 소개가 끝나면 다른 친구의 이름 카드를 보며 반 친구들에게 소개해준다. 그러면 소개받은 친구는 자신을 소개한 친구의 이름을 해당 칸에 적는다. 카드의 칸이 다 채워질 때까지 이 활동을 계속해 나간다. 아이들이 완성한 카드는 제본해서 비치해두고 다음 활동을 위해 참조한다.

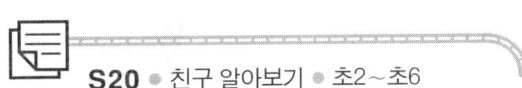

S20 ● 친구 알아보기 ● 초2~초6

목적 | 아이들이 서로를 인지하도록 한다. 다른 친구들의 관심 사항을 알아본다.

자료 | 가로 세로 3.5cm짜리 인덱스 카드에 1에서 44까지 숫자 중에서 무작위로 뽑은 숫자 3개를 왼쪽에 적는다. 학생당 카드 한 장과 S20 양식을 나누어준다.

활동 | 먼저 학생들은 인덱스 카드 한 장과 설문지 한 장을 받는다. 그리고 나서 질문지에 있는 3가지 질문에 나름대로의 대답을 적는다(예를 들어 한 학생이 9, 10, 15번이 적혀진 카드를 받았다면 아이는 질문지의 9, 10, 15번 질문에 대답해야 한다. 대답을 적으면 학생은 카드 뒤에 자신의 이름을 사인하고 교사에게 제출한다).

응용 | 질문지를 복사해서 학생에게 나누어준 다음 짝을 고르게 한다. 정해진 시간에 아이들은 가능한 많은 질문에 대답을 쓴 다음 짝과 교환한다. 4명에서 6명 이내에서 교사가 모둠을 정해도 좋다.

우선 인덱스 카드에 쓰여진 대답을 참고해서 또 다른 설문지를 한 장으로 만든다(예를 들어, 만약 한 아이가 자신이 가장 좋아하는 가수란에 이효리

라고 썼다면 새로운 질문지에 "이효리를 가장 좋아하는 친구는 누구일까요?"라는 항목을 만들어본다). 그러고 나서 아이들에게 새로운 질문지를 나누어준다. 모둠별로 작성할 수도 있다.

S21 ● 친구 인터뷰 ● 유~초6

목적 I 아이들이 서로를 인지할 수 있도록 도와준다.

자료 I S21 양식, 필기도구

활동 I 학생 각각에게 짝을 정해주거나, S17 '시간별 친구' 활동에서 정해진 짝을 이용해도 좋다. 아이들에게 인터뷰 양식을 주고 인터뷰 설문지에 기초해서 짝을 인터뷰하도록 한다. 일정한 시간을 정해줘도 좋다. 인터뷰가 끝나면 돌아가면서 다른 아이들에게 자신이 인터뷰한 친구를 소개한다.

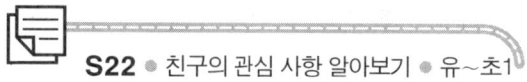

S22 ● 친구의 관심 사항 알아보기 ● 유~초1

목적 I 아이들이 서로를 이해하고 친숙해지도록 하고 서로의 관심과 흥밋거리를 알아볼 수 있도록 한다.

자료 I S22 '흥밋거리 탐색' 양식, 필기도구

활동 I 양식 중 왼쪽에 있는 '내가 좋아하는 것들'을 읽고 가운데 칸에 이에 대한 대답을 적거나 그리도록 한다. 그리고 자신이 좋아하는 것과 똑같은 것을 작성한 친구를 찾기 위해 반 아이들을 인터뷰한다. 만약 한 아이가 자신의 기호와 성

향이 같은 친구를 찾게 되면 아이는 마지막 칸에 그 친구의 이름을 적는다. 각 카테고리마다 동일한 과정을 반복한다.

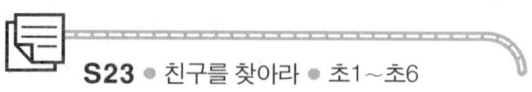

S23 ● 친구를 찾아라 ● 초1~초6

목적 I 아이들이 반 친구들에 대해서 좀더 많은 것을 알 수 있도록 한다.

자료 I S23 양식, 필기도구

활동 I 학생들은 왼쪽 칸에 있는 카테고리 중 적어도 한 가지에 해당하는 반 친구를 찾는다. 그리고 그 친구의 관심거리를 인터뷰한다. 관심사항이 같은 친구를 찾으면 해당 항목란에 이름을 적는다. 각 카테고리 당 해당하는 친구들을 가능한 많이 찾아서 인터뷰하도록 한다.

S24 ● 반짝 반짝 기운나는 말들 ● 유~초6

목적 I 다른 사람의 기분을 좋게 해줄 수 있는 말이 무엇인지 알아본다.

자료 I S24 양식, 사인펜, 긴 마분지

활동 I 다른 사람에게 긍정적인 말을 건네기 위해서 먼저 어떤 말이 과연 긍정적이고 다른 사람의 기분을 좋게 하는지 배워야 한다. S24 양식을 아이들에게 나누어준다. 일회성으로 그치지 않도록 게시판에 늘 게시해도 좋다.
게시판, 출입문 또는 열람석에 마분지를 붙여 거기에 적어 붙여놓는다. 아이들에게 우리가 서로 해주는 말들은 우리의 기운을 북돋아주기도

하지만, 좌절하거나 슬프게 할 수도 있는 커다란 힘을 가졌다는 점을 주지시킨다. 그런 말과 표현을 일러 '기운 나게 하는 말', '칭찬', '격려' 등으로 부른다고 설명해준다(교사 재량껏 아이들의 연령에 맞추어서 용어를 선택한다). S24 양식을 마분지에 그려서 활용할 수도 있다. 학생들이 긍정적인 말, 기운이 쑥쑥나는 말을 들을 때마다 교사나 학생은 마분지에 적힌 항목에 추가한다. 교실 외에 현관, 매점, 체육관, 교무실 등에도 붙여놓고 학교 차원에서 긍정적인 표현을 권장해도 좋다.

S25 ● 스마일 북 ● 유~초3

목적 | 미소가 얼마나 중요한지 알게 하고 다른 사람에게 자연스럽게 미소지을 수 있도록 유도한다.

자료 | S25 양식. 아이들이 각 과제를 완성하면 교사나 보조교사에게 확인을 받고 과제를 마쳤다는 표시로 숫자에 색칠하게 한다.
스마일 북 | 가로 세로 12×9cm의 색종이를 사이에 두고 여분으로 5장의 종이를 끼운다. 종이를 반으로 접고 접힌 부분에 스테이플을 찍는다. 종이 앞뒤에 번호를 적는다. 스마일 북을 각 과제의 결과를 적는 데 사용한다.

활동 |
1 학생들에게 풀, 가위, 잡지 등의 책자를 준비하게 한 다음 잡지를 훑어보고 마음에 드는 미소를 고른다. 미소짓는 사람의 사진을 오린 다음 각자의 스마일 북 표지에 붙인다. 검은 사인펜으로 표지에 '스마일 북' 이라고 적고 각자 이름을 적는다. 그냥 '스마일 북' 이라고 제목만 적어도 좋다.

2 각자 집에서 미소짓는 모습의 사진을 가져오거나 미소짓는 모습을 그리게 한다. 교사가 교실에서 아이들이 웃는 모습을 즉석 카메라나 디지털 카메라로 찍어줘도 좋다. 2쪽에는 학생들의 사진이나 그림을 붙인다. 그 다음 쪽에는 자신이 그렇게 미소짓고 있었던 이유나 사건에 대해서 적도록 한다.

3 자와 필기도구를 준비한 다음, 학생들에게 각자 3명의 친구를 고르도록 한다. 모든 사람이 짝을 지을 수 있도록 이름표가 들어 있는 상자에서 3장씩 뽑도록 해도 좋다. 아이들에게 친구의 미소 짓는 입술 모양의 길이를 재보도록 한다. 4쪽이나 5쪽에 그 결과를 적게 한다.

4 신문, 연필, 풀을 준비하고 신문을 읽으면서 흐뭇한 사건이나 내용을 찾도록 한다. 그리고 해당 기사를 오려서 6쪽에 붙이고 7쪽에는 왜 그 사건이나 기사에 미소를 지었는지 이유를 적게 한다.

5 학생들은 학교에서 가장 마음에 드는 미소를 짓는 사람 4명의 이름을 적는다. 이때 4가지 카테고리에 맞도록 인물을 고르게 한다. 남자 어른, 여자 어른, 남학생, 여학생. 아이들은 각자 선택한 사람들의 이름을 적고 8쪽이나 9쪽에 왜 그 사람을 선택했는지 쓴다.

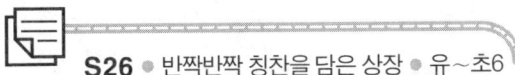

S26 ● 반짝반짝 칭찬을 담은 상장 ● 유~초6

목적 | 아이들이 긍정적인 말과 표현이 얼마나 중요한 것인지 인식하도록 한다.

자료 | S26 양식을 밝은 색상의 종이로 만들어서 나누어준다. 색판지를 이용한다.

활동 | 여러 가지 상장 양식을 마련해놓는다. 아이들이 다른 사람에게 긍정적이고 고운 말을

쓸 때마다 칭찬 문구가 적힌 상장을 준다.

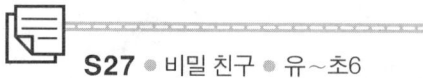

S27 ● 비밀 친구 ● 유~초6

목적 ┃ 반 분위기를 긍정적으로 개선시킨다.

자료 ┃ S26 양식, SW6 또는 SW7 양식(10장 참조), 배지는 두꺼운 마분지로 만든다. 배지에는 "안녕, 나는 오늘의 비밀 친구였어" 라는 문구를 새긴다.

활동 ┃

1 교사는 한 아이를 그날의 비밀 친구로 정한다. 이때 '오늘의 비밀 친구' 로 정해진 학생은 다른 친구들에게 그 사실을 알리지 않게 한다. 그리고 '오늘의 비밀 친구' 는 그날 하루 동안 반 친구들이 자신에게 건네는 친절한 말과 인사를 센다. 안녕, 반가워, 멋지다 등등의 말도 좋다.

2 교사는 반 아이들에게 '오늘의 비밀 친구' 가 반 친구들이 자신에게 몇 번이나 긍정적이고 친절한 말을 하는지 세고 있다고 말해준다. 이때 반 아이들에게 오늘 주제가 되는 표현이 무엇인지 말해준다.

주의 ┃ 모든 아이들이 이 프로그램에 참가하는 걸 큰 불편함 없이 받아들이도록 가볍고 즐겁게 시작한다. 만약 긍정적인 표현을 하는 것이 아이들에게 어려운 일이라면 행동으로 표현하는 것을 허용한다. 친구의 등을 두드려준다거나, 악수를 하거나, 미소를 짓거나, 눈 인사를 하는 정도도 좋다.

3 만약 숫자상 다섯 번째 친구가 '오늘의 비밀 친구' 에게 긍정적인 표현을 하면 비밀 친구는 반

아이들에게 비밀을 밝힌다. 비밀을 밝히는 방법에는 여러 가지가 있을 수 있다.

┃ 비밀 친구는 앞서 정한 암호를 말하거나, 그냥 "잠깐!" 이라고 말한다.
┃ 칠판에 오늘의 코드를 쓴다.
┃ "내가 오늘의 비밀 친구야" 라고 알린다.

4 그러면 교사는 "안녕, 나는 오늘의 비밀 친구였어" 라는 글귀가 새겨진 배지를 주고 그날 하루 동안 배지를 달고 있도록 한다. 그리고 그날 친절한 말을 다섯 번째 한 학생은 S26, SW6, SW7 문구가 새겨진 상장을 받는다. 더 많은 아이들이 참가하도록 교사는 10명에서 15명의 인사를 받으면 비밀 친구를 밝히도록 규칙을 정할 수도 있다.

5 다음날 비밀 친구를 새로 정한다. 그날의 암호를 새롭게 정하고 새로운 긍정적인 표현이나 몸짓을 정한다. 아이들은 다른 반 아이들에게 이 프로그램을 자랑하거나 소개하기 마련이어서 더러는 학교 차원의 프로그램으로 번지기도 한다.

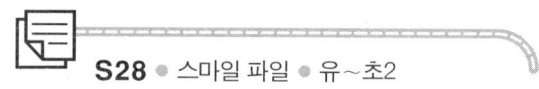

S28 ● 스마일 파일 ● 유~초2

목적 ┃ 아이들에게 긍정적인 태도를 키워준다.

자료 ┃ S28 양식 중 두 쪽을 복사해서 바깥 면끼리 닿게 하드보드지에 붙인다. 양식에 찍힌 점선을 따라 접는다. '안', '밖' 의 바깥쪽 가장자리에 스테이플을 박아서 주머니를 만든다. 가로 세로 1×5cm로 두툼한 색종이를 오려 종이끈을 만들어 놓는다. 아이들마다 똑같은 숫자의 종이끈을 나누어주고 각자의 이름을 써서 자료 파일 안쪽에 끼워넣게 한다.

활동 ┃ 아이들마다 자신의 스마일 파일을 들

고 있게 한 다음 '안'에서 3개의 종이끈을 꺼내게 한다. 아이들은 '안' 주머니에서 뽑은 3개의 종이끈에 적힌 이름을 읽고 '밖' 주머니에 넣는다. 이 때 읽은 이름은 비밀로 한다. 아이들은 그날 하루 동안 자신이 뽑은 이름의 친구에게 적어도 한 번, 자존감을 북돋아 주는 말을 해준다.

긍정성이라는 것을 아이들은 구체적인 모델을 통해서 배우므로 교사는 자신이 활용할 수 있는 여러 모델링을 준비해 두어야 한다. 하루가 다 지나면 학생들에게 어떤 학생이 누구의 이름을 뽑았을지 알아 맞추게 한다.

▌○○가 네 이름을 뽑았는지 어떻게 알았지?
▌그 친구가 너에게 해준 친절한 말은 무엇이었지?
▌여러분이 오늘 친구에게서 들었던 좋은 말 중에 내일 다른 친구에게 쓰고 싶은 말이 있다면 무엇인가요?

그리고 다음 날이 되면 똑같이 새로운 3개의 종이끈을 뽑게 해서 반 아이들이 활동에 다 참가하게 될 때까지 활동을 계속한다.

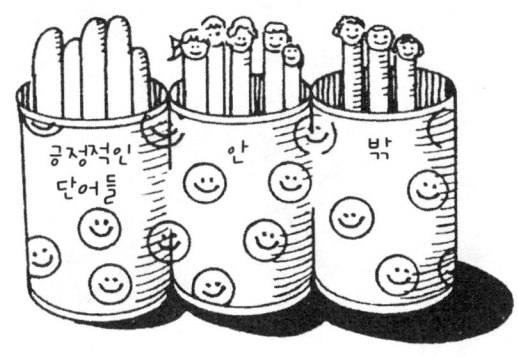

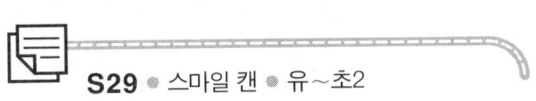

S29 ● 스마일 캔 ● 유~초2

목적 ▌ 아이들이 긍정적인 말을 일상화하도록

해서 적어도 한 번은 칭찬을 받도록 한다.

자료 ▌ 3개의 주스 캔(똑같은 크기의 것을 깨끗하게 씻어서 윗부분은 없앤다), 아이스크림 막대기(학생 한 명 당 한 개씩 그리고 여벌 15개씩), 풀, 가위, 접착제 혹은 두툼한 종이, 검정, 빨강 유성펜, 학급 사진(학생 한 명 한 명을 동그라미 친 것-글씨를 못 읽거나 나이가 어린 학생들에게 적합)

참고 ▌ 스마일 캔 활동은 반 아이들 모두가 준비하거나 학급당 하나씩 마련해 전체 활동에 사용할 수 있다. 먼저 아이들이 이 활동에 익숙해지도록 모둠별로 하다가 나중에는 개인별로 하나씩 갖게 해 활동에 변화를 준다.

활동 ▌ 접착제와 색판지를 이용해서 빈 캔 3개를 감싸 붙인다. 유성 펜으로 '안', '밖', '스마일 표현'이라고 3개의 캔 각각에 적는다. 아이스크림 막대기에 학생의 이름을 세로로 적는다. 글자를 읽지 못하는 저학년 아이들을 위해서는 막대 끝에 아이들의 사진을 작게 오려서 붙일 수도 있다. 아이들의 이름이나 사진이 붙은 막대를 '안'에 넣는다. 긍정적인 문구를 나머지 15개의 막대기에 유성펜으로 적는다. 아이들에게 어떤 말이 좋을지 물어도 좋다. 단, 특정한 아이를 지칭하는 말이 아니라('네 갈색 구두 정말 멋있구나'와 같이 특정한 친구의 물건을 거론하는 등의 말), 누구에게 해줘도 좋을 말로 정하도록 한다. 즉 모든 사람들의 얼굴에 미소짓게 할 수 있는 말이어야 한다고 설명해준다. 친절한 문구가 적힌 막대기에 가볍게 색깔을 입힌다. 색색의 유성펜을 사용해도 좋은데, 이름 막대기와 혼동되지 않도록 색깔을 달리한다.

친절하고 긍정적인 말로는 다음과 같은 것이 있을 수 있다.

▌만나서 반가워.

▌같은 반이어서 정말 기뻐.

▌난 네가 좋아.

▌넌 좋은 친구야.

▌넌 멋진 생각을 했구나.

▌잘 지내.

▌너 정말 재미있는 친구구나!

▌네가 우리 반이어서 정말 좋아.

▌같이 놀자.

▌고마워.

　이런 문구가 쓰인 막대기를 '스마일 캔' 속에 넣어둔다.

　활동 ｜ 무작위로 날마다 한 학생을 뽑아서 '안' 이라고 적힌 캔에서 1~3개의 막대기를 뽑도록 한다. 아이는 자신이 뽑은 막대에 적힌 친구에게 그날 '기분 좋은 말' 을 해준다. '기분 좋은 말' 통에서 막대기를 뽑아 한 가지 표현을 그날 동안 쓸 수도 있다. 뽑은 친구 이름 막대기를 '밖' 캔에 넣는다. '안' 캔에 더 이상 이름 막대기가 남아 있지 않게 되면 다시 '밖' 에 있는 이름 막대기를 '안' 에 옮겨와 처음부터 다시 시작한다.

　응용 ｜

　1 아이들마다 각자의 스마일 캔을 가지게 한다. 매일 '안' 에서 이름 막대기 하나를 뽑아서 '밖' 캔에 옮겨놓고 자신이 뽑은 막대에 적힌 친구에게 그날 동안 '기분 좋은 말' 을 해준다.

　2 '안' 캔에서 이름 막대기를 하나 꺼낸 다음 읽고 '밖' 캔에 옮겨놓는다. 이때 아이들은 그날 자신의 비밀 친구가 누구인지 밝히지 않는다. 이렇게 되면 매일 매일 반 아이들 전체가 다른 친구에게 '기분 좋은 말' 을 해주는 사람이자, 누군가의 비밀 친구로서 '기분 좋은 말' 을 듣게 되는 사람이 된다.

　3 위에 예로 든 활동을 응용해보자. 친구의 이름 막대기를 뽑으면 그 친구의 기분을 좋게 할 말을 적거나 그림을 그린다. 스마일 캔에 여러 가지 메시지가 담긴 막대기를 모아놓고 학생들이 활동 중에 사용하도록 하면 좋다.

S30 ● 친구를 기분좋게! ● 초1~초6

　목적 ｜ 아이들이 서로 간에 듣기 좋은 긍정적인 말들을 많이 하도록 유도한다.

　자료 ｜ S30 양식

　활동 ｜ 학생들의 이름을 양식의 왼쪽 칸에 적은 종이를 나누어준다. 아니면 학생들이 직접 친구들의 이름을 적도록 한다. 매일 왼쪽 칸에서 한 친구를, 오른쪽 칸에서는 '기분 좋은 말' 을 선택한다. 그리고 그날 하루 동안(또는 정해진 시간에) 아이들은 자신이 고른 친구에게 '기분 좋은 말' 을 건넨다. 이 활동은 모든 학생들이 반 친구들 하나하나와 모두 '기분 좋은 말' 을 주고받을 수 있을 때까지 계속한다. 다른 친구한테 새로운 말을 듣거나 더 좋은 말이 생각나면 양식에 채워놓도록 한다.

S31 · 32 ● 우리 반 기분 도우미 ● 유~초2

목적 | 상대를 기분 좋게 하는 말이 얼마나 중요한지 시각적으로 상기시켜준다.

자료 | 남을 기분 좋게 할 문구가 적힌 종이를 매달 수 있도록 줄(끈이나 낡은 털실, 클립, 빨래집게) S31의 남자, 여자 인형. 색판지, 색연필, 크레파스, 풀, 가위, 하드보드지, 쇠 집게나 클립, S32 양식 여러 장.

활동 | 아이들에게 자신의 기호에 따라 자기 모습을 만들게 한다.

1 남자와 여자 인형 모양을 색판지 위에 그리고 오린다.

2 색종이나 자잘한 장신구와 크레파스로 인형을 장식한다.

3 인형에 학생의 이름을 적는다(아주 얇은 유성펜으로 적게 한다).

4 완성된 인형을 줄에 붙이거나 클립이나 빨래집게로 걸어놓는다.

실제 칭찬하는 행동은 여러 가지 방식으로 이루어질 수 있다. 다음과 같은 모델에 따라 친구를 기분 좋게 할 문구를 양식에 따라 적고 상대 친구의 인형 옆에 매달아준다(글을 쓸 수 있는 학년을 대상으로 한다).

1 매일 반 아이들의 이름이 적힌 카드가 들어 있는 상자에서 한 장을 뽑는다(스마일 캔을 이용할 수도 있다. S29 참조). 각자 뽑은 친구를 위해 그날 중 언제라도 칭찬하는 말 혹은 기분 좋게 해줄 수 있는 말을 카드에 적어 친구의 인형 옆에 갖다 붙이거나 걸어놓는다.

2 자신에게 친절한 말을 했거나 행동을 한 친구에게 개인적으로 카드를 매달아주어도 좋다.

3 그날그날 친절한 인사말을 받을 친구를 정해서 활동을 해도 좋다. 선택한 친구에게 보내는 칭찬 메시지를 써서 친구의 인형 옆에 걸어준다. 하루 수업이 다 끝나면 그날 하루 받은 메시지를 모은다.

4 학생들로 하여금 친구의 특별한 날에 메시지를 보내도록 격려한다(고마워, 생일 축하해, 병이 다 나아서 축하해, 보고 싶었어 등).

S33 ● 스마일 북 ● 유~초1

아이들이 긍정적이고 상대방을 기분 좋게 하는 말에 어느 정도 익숙해지면 모둠별로 서로 더욱 긍정적이고 친절한 말을 주고받도록 한다. 이때 '스마일 북'이 필요하다.

목적 | 아이들이 서로 긍정적인 말을 주고받도록 한다.

자료 | 노란색 색판지, 가위, 펀치, 24cm 길이의 털실, 종이

활동 | 색판지로 앞 뒤 표지를 만든다. 아이들이 쓸 종이를 학생수에 맞게 똑같은 모양으로 잘라놓는다. 매일 '스마일 북'의 수혜자가 될 학생을 한 명 정한다. 반 친구들은 그 친구를 칭찬하는 말이나 표현을 쓰거나 그린다. 수업이 다 끝나면 아이들이 적은 종이를 모아서 준비해둔 표지를 씌우고 스테이플을 찍는다. '스마일 북'을 받은 친구는 양쪽에 구멍을 내서 24cm의 정도의 끈으로 묶어둔다.

S34 ● 너에게 보내는 특별 편지 ● 유~초6

목적 ㅣ 다른 반 친구들에게 긍정적이고 기분좋은 말을 하는 기회를 제공한다.

자료 ㅣ S34 양식 앞장과 겉장 모양을 똑같이 만든 두꺼운 종이

활동 ㅣ 고학년이나 쓰기에 좀더 숙달된 학년들은 이 활동을 더 즐거워할 수도 있다. 학생들은 매일 편지를 받을 친구를 고른다. 교사는 아이들에게 카드를 나누어주고 자신의 이름과 선택된 친구에게 하고 싶은 특별한 말을 쓰게 한다. 친구들로부터 특별한 카드를 받은 아이는 카드를 모아 집으로 가져가게 한다.

S35 ● 칭찬과 격려 한마디 ● 유~초6

목적 ㅣ 학생들이 서로 칭찬을 자주 하게 한다.

자료 ㅣ S35 양식.

활동 ㅣ 매일 오늘의 '칭찬받을 친구' 를 정해준다. 이 활동 역시 특별한 일을 겪은 학생을 우선으로 정해서 한다. 생일이나 병이 나은 경우 등이 여기에 해당된다. 정해진 시간에 돌아가면서 양식에 자기 이름과 친구에게 주는 칭찬과 격려 한마디를 쓰게 한다.

S36 ● 스마일 가방 ● 유~초2

목적 ㅣ 기분좋은 말과 표현을 가능한 많이 인

지하게 하고 다른 사람에게서 기분좋은 말을 자주 듣게 한다.

자료 ㅣ 점심 도시락 크기의 종이 가방, S33, S32 양식을 색판지 위에 그려서 준비한다. 풀, 가위, 크레파스

활동 ㅣ
1 학생들은 저마다 자신의 스마일 종이 가방의 앞쪽을 다양한 그림을 그리거나 장식한다. 각자 책상 옆에 종이 가방을 붙이거나 게시판에 아이들 눈높이로 고정시켜 놓는다.
2 매일 친구들로부터 칭찬을 받을 한 명 또는 여러 명의 학생을 정한다.
3 반 아이들은 인사말이나 칭찬을 적은 쪽지를 친구의 스마일 가방에 넣는다.
4 메시지를 받는 친구는 말 또는 쪽지로 '고맙다' 는 표현을 하도록 한다.

S37 ● 한 달 동안 고운 말하기 ● 유~초6

목적 | 학생들이 긍정적이고 친절한 말과 행동을 꾸준히 하도록 한다.

자료 | S37 양식.

활동 | 아이들은 한 달짜리 달력에 날짜를 써 넣는다. 단, 쓸 수 있는 여백이 있도록 만들게 한다. 그날 수업이 끝날 즈음, 하루 동안 자기 자신이나 남에게 긍정적인 말이나 행동을 한 것이 있는지 점검하도록 한다. 아이들은 그날 자신의 말과 행동을 해당 칸에 적는다. 쓰는 데 숙달되지 않은 저학년이면 웃는 모양, 찡그린 모양으로 그날 하루의 행동을 점검하도록 한다.

S38 ● 교실에서 일어난 행복한 일 ● 유~초4

목적 | 교실 안에서 일어나는 아주 기분 좋은 일에 대해서 아이들이 인지하고 또 감사하는 마음을 갖게 한다.

자료 | S38 여러 장, 겉장으로 쓸 두툼한 종이, 스테이플

활동 | 매주 한 학생을 선정해 서기(書記)로 임명한다. 그 주 동안 서기는 그날 교실에서 일어난 기분 좋은 일들을 기록한다. 서기의 기록을 모아서 반 소식지로 묶는다(9장 참조).

응용 | 학생들 개인적으로 '나에게 일어난 행복한 일'을 기록하는 것도 좋다.

너에게 하고 싶은 말

이름 : _____

날짜 : _____

이것만은 꼭 알고 싶어

이름 : _____

날짜 : _____

너만이 가지고 있는 특별함

To. _____

For. _____

축하해요!

이름 : _____

날짜 : _____

난 너의 이런 점이 좋아

이름 : _____

날짜 : _____

특별한 사람

당신의 인생에서 가장 특별한 존재는 누군가요?
잠시라도 없으면 보고 싶은 그런 사람 말이죠.
그 사람에 대해서 한번 써봅시다.

내 인생에서 가장 특별한 사람은 ＿＿＿＿＿＿＿＿＿＿＿＿＿＿＿ 이다.

그 사람을 안 지 벌써 ＿＿＿＿＿＿＿＿＿＿＿＿＿＿＿＿ 의 시간이 흘렀다.

그 사람을 처음 만난 적은 ＿＿＿＿＿＿＿＿＿＿＿＿＿＿ 이다.

처음 만났을 때 느낌은 ＿＿＿＿＿＿＿＿＿＿＿＿＿＿ 이었다.

그렇게 느꼈던 이유는 ＿＿＿＿＿＿＿＿＿＿＿＿＿＿＿＿＿＿＿＿

＿＿＿＿＿＿＿＿＿＿＿＿＿＿＿＿＿＿＿＿ 이었다.

그 사람은 나에게 아주 특별한 사람이다. 왜냐하면 ＿＿＿＿＿＿＿＿

＿＿＿＿＿＿＿＿＿＿＿＿＿＿＿＿＿＿＿＿＿＿＿＿＿＿＿

＿＿＿＿＿＿＿＿＿＿＿＿＿＿＿＿＿＿＿＿＿＿＿＿＿＿＿

그 사람과 소중한 추억은 ＿＿＿＿＿＿＿＿＿＿＿＿＿＿＿＿＿＿

＿＿＿＿＿＿＿＿＿＿＿＿＿＿＿＿＿＿＿＿＿＿＿＿＿＿＿

＿＿＿＿＿＿＿＿＿＿＿＿＿＿＿＿＿＿＿＿＿＿＿＿＿＿＿

＿＿＿＿＿＿＿＿＿＿＿＿＿＿＿＿＿＿＿＿＿＿＿ 이다.

그 사람을 좋아하는 3가지 이유는 ＿＿＿＿＿＿＿＿＿＿＿＿＿＿

＿＿＿＿＿＿＿＿＿＿＿＿＿＿＿＿＿＿＿＿＿＿＿＿＿＿＿

＿＿＿＿＿＿＿＿＿＿＿＿＿＿＿＿＿＿＿＿＿＿＿ 이다.

내가 의지하는 사람들

여러분이 가장 믿고 신뢰하는 사람이 누구죠? 여러분이 힘들고 지칠 때, 비밀을 말하고 싶을 때, 언제나 생각나고 함께하고 싶은 사람 말이죠. 그 사람들을 떠올려보세요.

방향 | 여러분이 의지하는 사람들의 리스트를 만들어보세요. 이름을 쓰고 그 사람들이 여러분에게 특별했던 이유를 쓰세요. 왜 여러분은 그 사람들에게 의지했나요?

1. _____
   _____
   _____

2. _____
   _____
   _____

3. _____
   _____
   _____

4. _____
   _____
   _____

5. _____
   _____
   _____

6. _____
   _____

내가 진심으로 의지했던 사람들!

특별한 사람들

'특별한 사람들'은 여러분에게 소중한 의미로 다가오는 사람을 뜻합니다.
여러분이 힘들고 지칠 때, 비밀을 말하고 싶을 때, 언제나 생각나고 함께하고 싶은 사람 말이죠.
여러분 삶에 지대한 영향을 주고 있는 소중한 사람들,
자, 그 사람들을 이제 하나하나 떠올려봅시다.

방법 | 동그란 원 안에 특별한 타인들의 이름을 적어봅시다.
그 중에서도 가장 특별한 사람 몇 명에게는 별표를 표시해 구분하는 것이 좋겠죠.

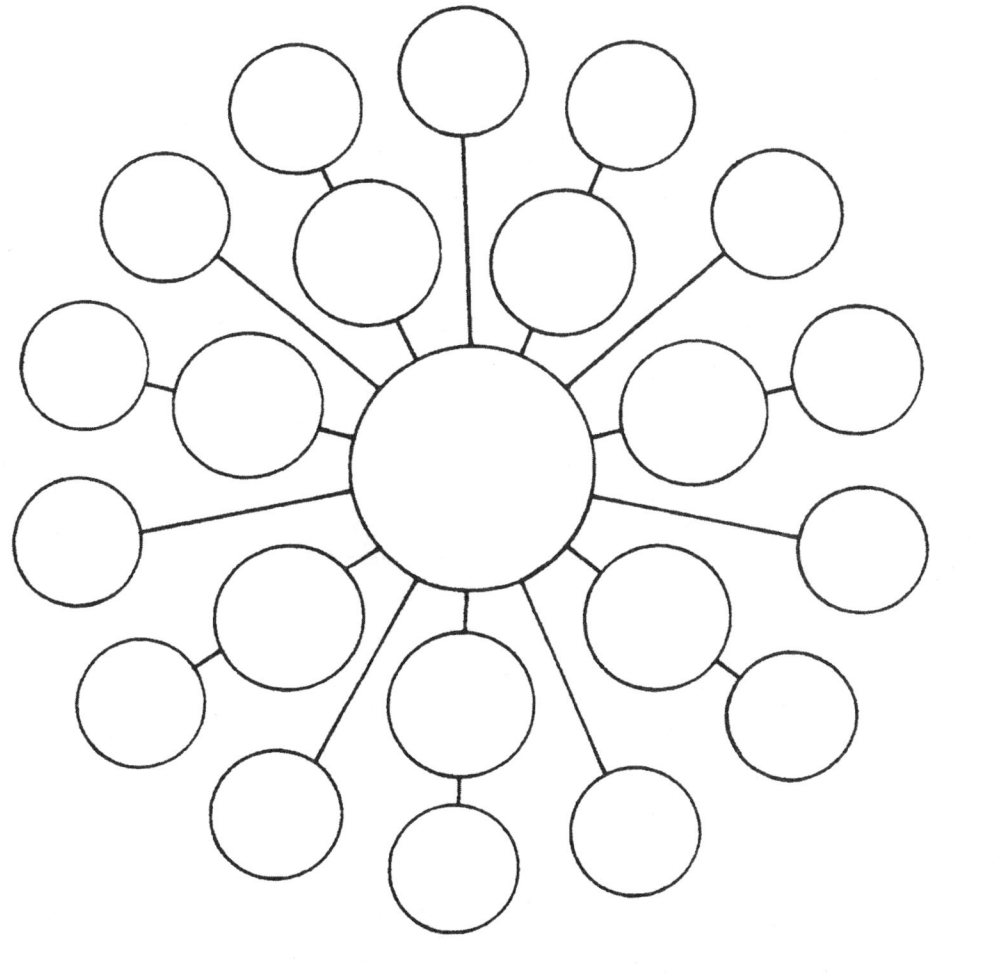

우리가 정한 규칙들

_____

_____

_____

_____

_____

학생 _____

교사 _____

부모 _____

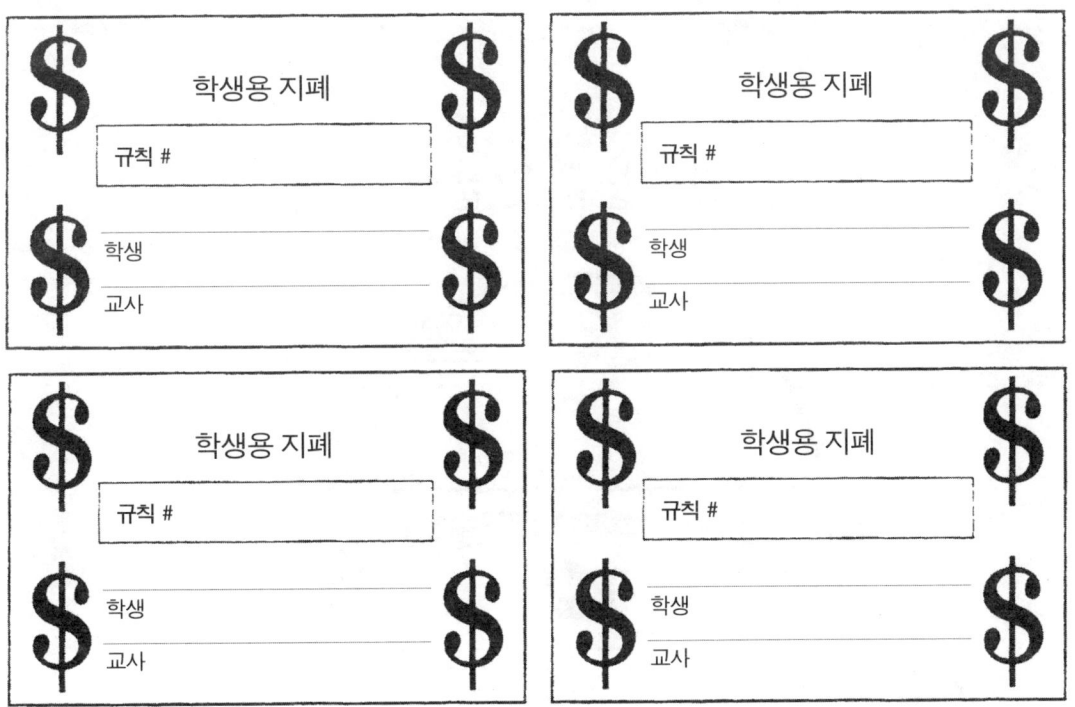

	학생용 지폐		학생용 지폐

규칙 #

학생
교사

규칙 #

학생
교사

규칙 #

학생
교사

규칙 #

학생
교사

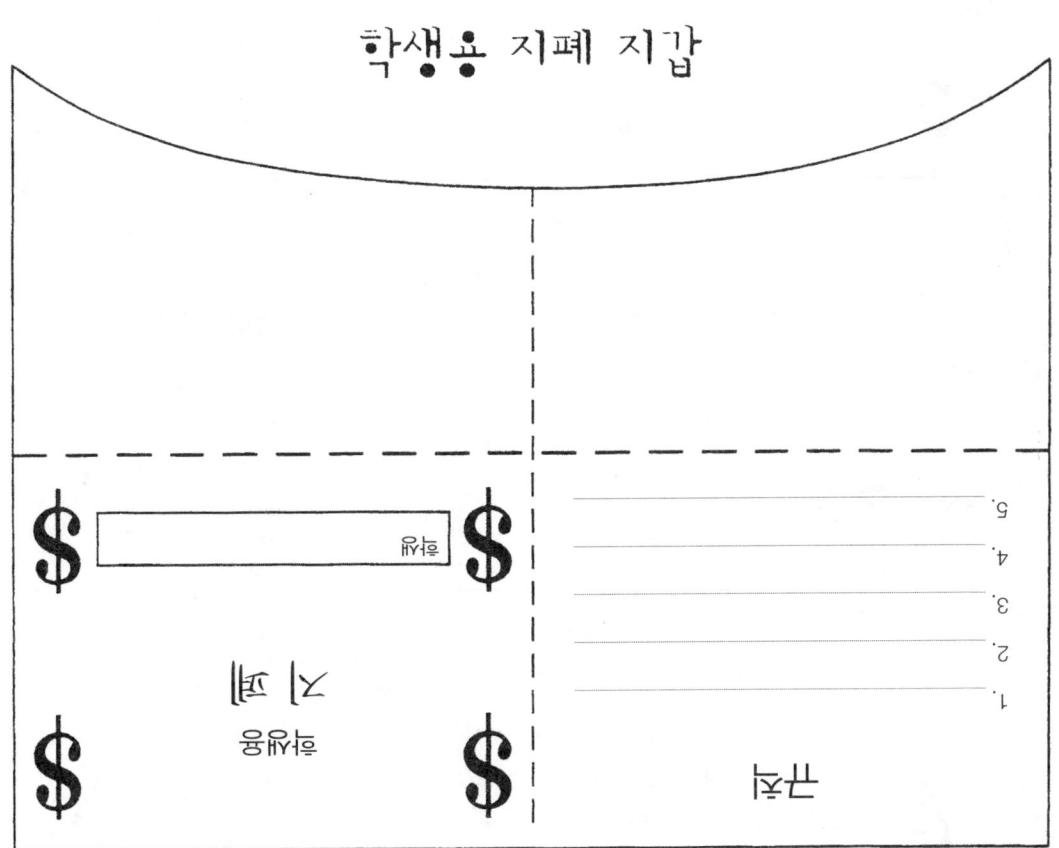

학생용 지폐 지갑

학생용
지 폐

규칙

1.
2.
3.
4.
5.

친구들을 만날 시간

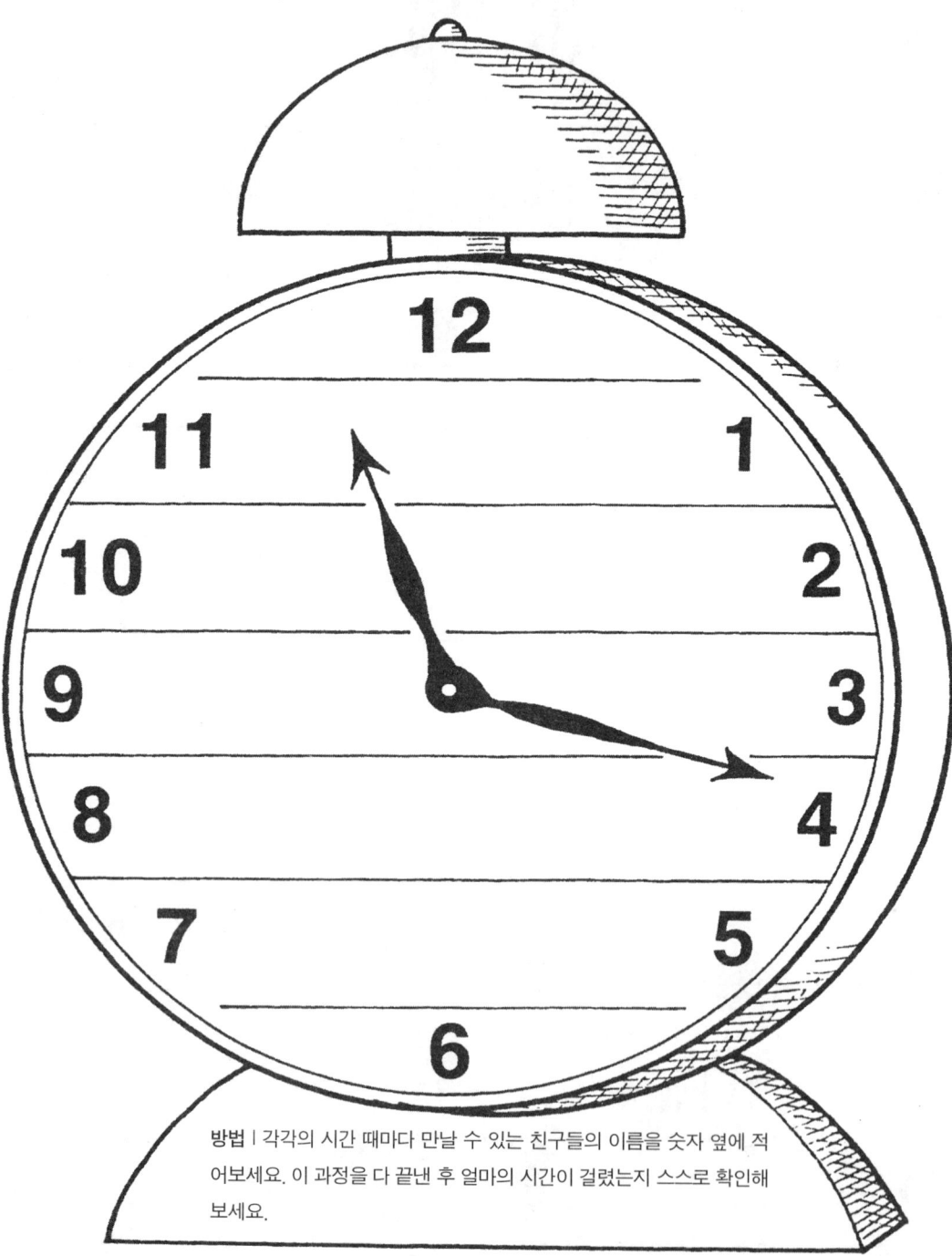

방법 | 각각의 시간 때마다 만날 수 있는 친구들의 이름을 숫자 옆에 적어보세요. 이 과정을 다 끝낸 후 얼마의 시간이 걸렸는지 스스로 확인해보세요.

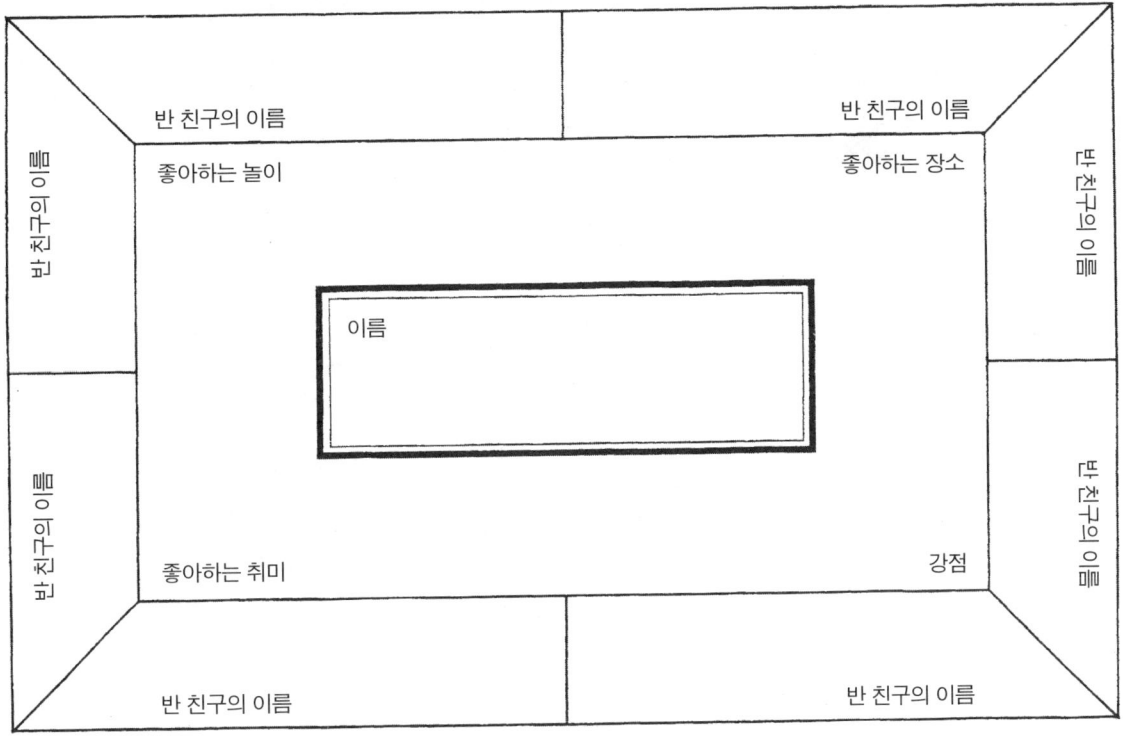

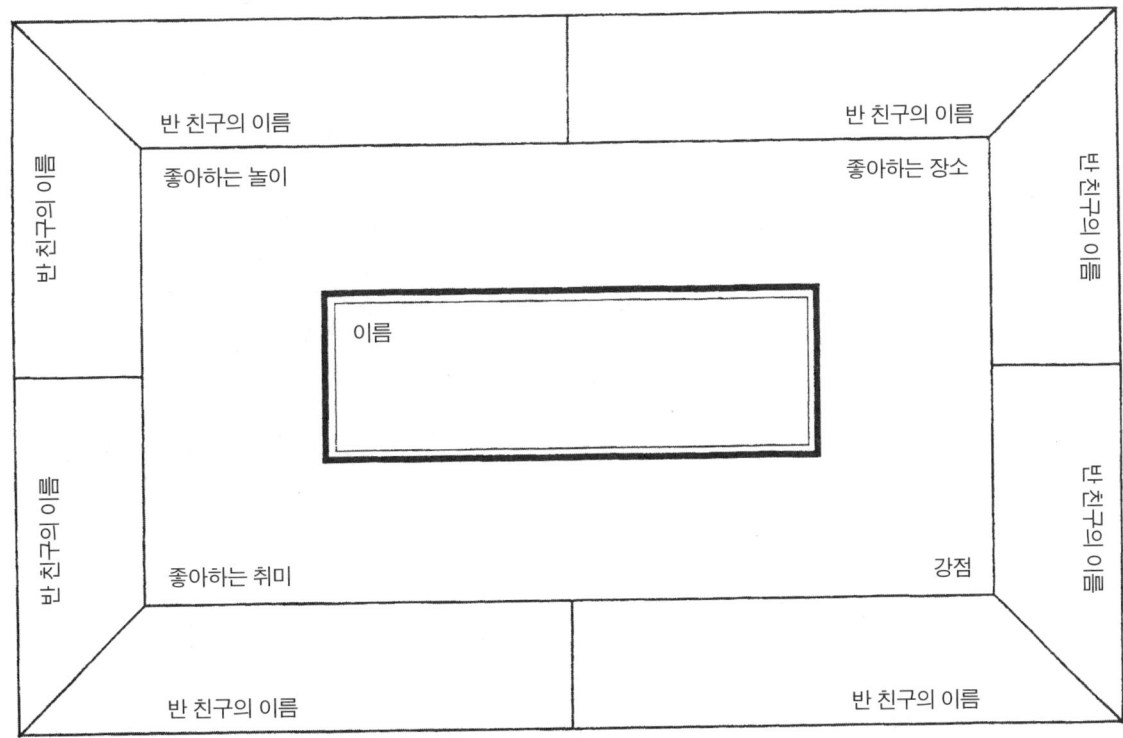

인터뷰

인터뷰어가 돼서 옆 친구를 인터뷰해봅시다.
새롭게 발견한 여러 가지 사실들을 적어봅시다.

- 친구의 이름 :
- 생년월일 :
- 태어난 곳 :
- 형제, 자매의 수 :
- 좋아하는 텔레비전 프로그램 :
- 감명 깊게 읽은 책 :
- 이전에 살던 곳 :
- 좋아하는 과목 :
- 좋아하는 노래 :
- 좋아하는 영화 :
- 친구의 취미와 관심사 :

- 친구를 가장 잘 표현할 수 있는 별명 :

- 이 사람과는 꼭 한번쯤 이야기해보고 싶다 :

- 난 이런 사람이다. 3가지 단어로 표현하기 :

- 인터뷰를 마치면서 이 친구에 대해서 새롭게 알게 된 사실 :

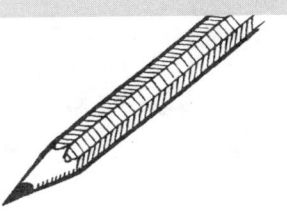

관심사 발견하기

1. 맨 왼쪽에 있는 질문에 해당하는 답을 '내가 좋아하는 것' 란에 적어보세요.

2. 여러분의 답과 같은 친구의 이름을 맨 오른쪽에 적어보세요.

분류	내가 좋아하는 것	친구의 이름
색깔		
책		
TV 쇼		
영화		
숫자		
아이스크림		
실내 게임		
운동		

친구 찾기

이런 친구	친구 이름
외동아들 또는 딸이다.	
외국에 나가본 적이 있다.	
컴퓨터를 잘 다룬다.	
매운 음식을 잘 먹는다.	
2명의 누이가 있다.	
3월에 태어났다.	
트로피를 받은 적이 있다.	
스키를 탈줄 안다.	
나랑 키가 거의 같다.	
악기를 잘 다룬다.	
깁스를 해본 적이 있다.	
새를 키운다.	
집에서 장남 또는 장녀다.	
나랑 신발 크기가 같다.	
남자 형제가 있다.	
생선을 좋아한다.	
휘파람을 잘 분다.	
고양이를 키운다.	
나랑 같은 달에 태어났다.	
야구를 좋아한다.	
춤을 배우고 있다.	

반짝반짝 기분 좋은 말들

너는 멋져.

우리 같이 놀자.

너를 알게 되어서 기분이 좋아.

너, 오늘 멋있어 보이는데.

넌 좋은 친구야.

우리 함께 할래?

널 알게 되서 아주 좋아.

너랑 함께 공부하는 일은 참 근사해.

너랑 더 친해지고 싶어.

네 성격 마음에 들어.

너 같은 친구가 있어서 좋아.

넌 정말 _____ 을 잘하는구나.

지난 번 _____ 일은 정말 고마워.

너랑 같이 함께 하는 건 정말 좋아.

함께 앉을까?

같이 나눠 쓸까?

너를 알게 되서 아주 자랑스러워.

아주 잘했어.

오늘 여기 있어서 아주 기뻐.

난 네가 웃는 모습이 좋더라.

너 때문에 오늘 하루 기분이 좋아.

넌 내겐 특별한 친구야.

함께 해줘서 고마워.

너랑 같은 반이어서 정말 좋아.

우리가 친구라서 너무 좋아.

안녕!

고마워.

넌 참 잘하는구나.

넌 친절하구나.

네가 잘하길 바래.

오늘 우리가 함께 했으면 좋겠다.

오늘 하루 잘 보내.

우리 서로 도우며 지내자.

네가 지난 번 _____ 했을 때 정말 고미웠어.

너랑 같이 있으면 참 재미있어.

오늘 옷이 아주 근사한데.

네가 곁에 있으면 기분이 좋아지더라.

네가 자랑스러워.

넌 날 기분 좋게 해.

너 땜에 자꾸 웃게 돼.

내 얘기 들어줘서 고마워.

넌 참 근사한 녀석이야.

네가 참 좋아.

널 알게 되서 기뻐.

네 옆에 앉게 되서 좋은데.

너는 좋은 모둠원이야.

오늘 하루 잘 보내.

나랑 함께 놀래?

넌 특별해.

너랑 친하게 지내고 싶다.

네 생각했어.

넌 참 좋은 녀석이야.

좋은 아침!

난 너의 _____ 점이 참 좋더라.

너를 알게 되어서 참 기분이 좋아.

우리 서로 잘 지내보자.

오늘이 너한테 근사한 날이 되기를 바란다.

고마워.

또 만나고 싶어.

너랑 같은 팀이어서 참 좋다.

너는 이런 일에 칭찬받을 만해.

스마일 북 만들기

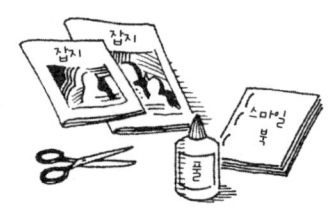

1 잡지를 쑥 훑어보게 한다. 그 중 웃는 모습이 멋진 사람의 사진을 찾아서 오려 각자의 스마일 북 표지에 붙이게 한다. 완성된 책을 보고 기분이 어떤지 자유롭게 말하게 한다.

2 집에서 자신의 어렸을 적 사진을 찾아보고 그 중 가장 크고 환하게 웃는 사진을 가져오게 한다. 각자의 스마일 북 2쪽에 사진을 붙이고 당시 그렇게 환하게 웃고 있었던 일에 대해서 그 다음 쪽에 쓰게 한다.

3 아이들은 3명의 친구를 고른다. 친구들의 미소짓는 입모양 길이를 재고 그 결과를 각자의 책 4, 5쪽에 적는다.
어떤 친구들인가?
친구가 미소짓는 입 모양의 길이는?
친구가 미소짓는 입 모양의 세로 길이는?

4 학생들은 신문을 자세히 읽으면서 흐뭇한 기사가 있는지 찾는다. 해당 기사를 오려서 스마일 북에 붙인다. 그리고 왜 그 이야기를 선택했는지, 어떤 부분에서 미소를 지었는지, 그 이유를 6, 7쪽에 쓴다.

5 학교 주변에서 누가 가장 멋진 미소를 짓는지 알아본다. 여자, 남자, 여자 어른, 남자 어른 별로 누가 제일 미소가 근사하고 환한지 고르고 8, 9쪽에 각자 고른 사람의 미소에 대해서 왜 그 사람의 미소가 특별하게 느껴졌는지를 기록한다.

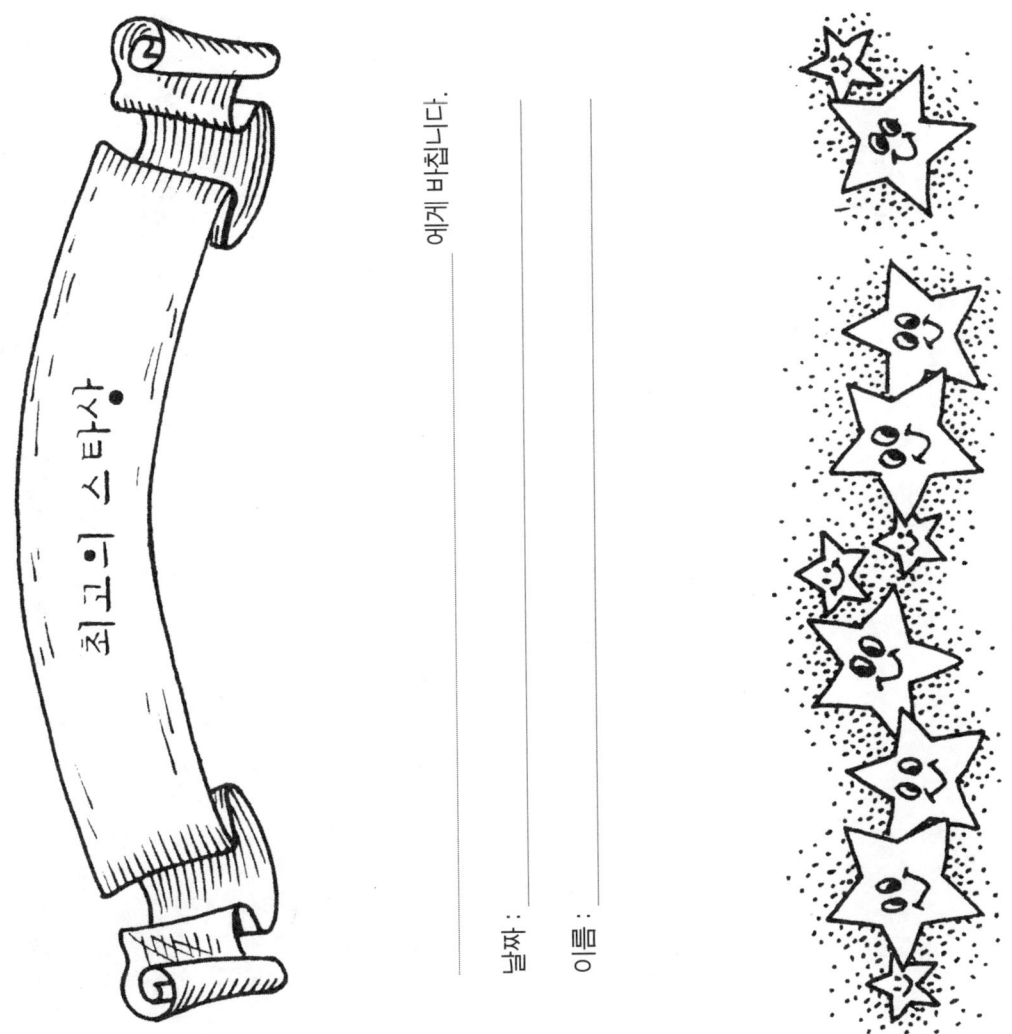

최고의 스타상

_____ 에게 바칩니다.

날짜 : _____

이름 : _____

나의
음파일

환한 얼굴로 '안녕', 이러고 인사 해봐요

안녕!
반가워!
나는 널 좋아해.
잘 지냈지?
너는 정말 좋은 친구야.
너 참 행복해보여.
우리 친구하자.
넌 정말 멋있어.
너랑 친구가 되서 엄마나 기쁜지 몰라.
도와줘서 고마워.
넌 정말 특별해.
네가 도와줄 일이 뭐 없니?

(접으세요)

(접으세요)

친구를 행복하게 만들기

반 친구들 얼굴에 행복한 미소가 가득할 수 있게 여러분이 할 수 있는 일은?

방법 | 왼쪽 칸에 반 친구의 이름을 적어보세요. 매일 한 명의 친구를 골라 행복하게 만들 수 있는 말들을 해봐요. 오른쪽에는 여러분이 선택할 수 있는 여러 가지 말들입니다.

친구의 이름	행복한 말들
	안녕!
	좋은 하루되길 바래!
	잘 지내지?
	네가 와서 너무 기뻐.
	난 널 좀더 알고 싶어
	넌 알면 알수록 재밌는 친구야.
	난 네가 정말 좋아.
	너와 함께 놀고 싶어.
	넌 정말 유쾌해.
	만나서 반가워.
	행복한 시간이었어.
	너 정말 대단하다.
	좋은 아침이야!
	넌 날 행복하게 해.
	넌 정말 최고야.
	너랑 있으면 시간가는 줄 몰라.
	어쩜 그렇게 멋있니?
	넌 정말 멋있어.
	다음에도 꼭 같이 놀자.

최고의 반짝반짝 스타 남·녀

여자 그림

남자 그림

최고의 반짝반짝 스타 :

메시지 :

로 부터

최고의 반짝반짝 스타 :

메시지 :

로 부터

최고의 반짝반짝 스타 :

메시지 :

로 부터

최고의 반짝반짝 스타 :

메시지 :

로 부터

반짝반짝 스타 책 표지

우리 모두에게 넌
반짝반짝 최고의 스타야!

To : --

From : --

날짜 : --

이름 :

날짜 :

메시지

너에게 전하는 나의 특별한 메시지

사인

칭찬 릴레이

이 종이의 주인인 친구를 칭찬하는 말을 빈 종이에 써봅시다.
칭찬을 쓰고 나서 옆 친구에게 돌려요.
밝게 웃고 있는 이 친구에게 종이를 돌려줘요.

한 단 한 달 긍정적으로 보내기

매일매일 여러분이 한 긍정적인 마음을 적어보세요. 친구 얼굴에 환한 미소를 짓게 하기 위해 여러분은 어떤 말들을 했나요?

월요일

화요일

수요일

목요일

금요일

즐거웠던 기억

월요일

화요일

수요일

목요일

금요일

④ 자아관 형성

자존감 키우기 도우미의 역할

- 정확한 자아관을 그려나가도록 한다.
- 자아관에 영향을 미치는 중요 요소를 발견할 수 있는 기회를 제공한다.
- 자신만의 독특한 개성을 인지하게 하라.
- 자신의 감정과 입장을 정리하고 표현하는 능력을 향상시킨다.

자아관(Selfhood)에 관한 개요

정의 ┃ 자기 자신의 여러 가지 역할과 개성 그리고 신체적 특징에 관한 현실적이고 정확한 인식을 구축해나가는 것.

 ### 관련 자료들

제대로 된 자아관과 자기 정체성을 가지고 있어야 이 사회에서 살면서 겪을 수 있는 심리적인 스트레스를 효과적으로 관리하고 대처할 수 있는 전략을 세울 수 있다.
–데이비드 엘킨드 *David Elkind*, 《All Grown Up and No Place to Go, 1984》

아이들은 타인의 개성과 권리 그리고 차이를 존중하는 법을 배우기 전 자신을 이해하고, 동시에 자기 존엄성과 자기 존중을 익혀야 한다.
–버지니아 엑슬린 *Virginia Axline*, 《Dibs : In Search of Self, 1964》

자존감이란 아이들이 자신만의 정서를 갖고 긍정적인 만족감을 경험할 때 얻을 수 있는 것이다. 이것은 스스로 자신만의 개성과 개인적인 특징을 인정하고 존중하며 타인 역시 이를 인정하고 존중해줄 때 가능해진다.
–해리스 클레메스 *Harris Clemes* & 레이놀드 빈 *Reynold Bean*, 《Self–Esteem : The Key to Your Child's Well Being, 1977》

많은 논문과 연구서들이 제시하듯, 자기 신체에 대해서 부정적인 생각을 가진 사람은 자신에 대해서도 부정적인 생각을 갖기 마련이어서 자존감도 저조할 수밖에 없다.
–토마스 야키 *Thomas Yawkey*, 《The Self–Concept of the Young Child, 1980》

 ### 자존감 키우기 도우미의 역할

┃ 정확한 자아관을 그려나가도록 한다.
┃ 자아관에 영향을 미치는 중요 요소를 발견할 수 있는 기회를 제공한다.
┃ 자신만의 독특한 개성을 인지하게 하라.
┃ 자신의 감정과 입장을 정리하고 표현하는 능력을 향상시킨다.

자아관이 미약한 아이들이 보여주는 행동상의 특징들

▌자기 자신이나 타인에 대해서 부정적인 표현을 자주 사용한다.

▌쉽게 당황하고 남들의 비판에 과도하게 반응한다.

▌신체적인 자아와 그 나이에 가져야 할 능숙한 신체적 활동에 대한 자신이 없으므로 다소 정교한 신체적인 기술을 필요로 하는 활동에 참가하기를 꺼려한다.

▌어른에 의존적이며 그들의 마음에 들기 위해 전전긍긍한다.

▌칭찬에 어떻게 대응할지 모른다. 자신은 그런 칭찬을 받을 자격이 없다고 부정하거나, 과소 평가하고 무시하고 때론 칭찬 앞에 당황스러워한다.

▌다른 사람을 모방하고 따라하지만, 자신만의 방식으로 표현하고 남들과 다른 것을 시도하기는 꺼려한다.

▌부정적인 성격이나 특징을 남들이 받아주길 바란다.

▌신체적 특징, 개성, 역할에 대해 잘못된 정보와 이해를 가지고 있다.

▌남들의 관심을 끌기 위해 아니면 신체적 특징을 감추기 위해 극단적인 방식으로 옷을 입는다.

 ## 건전한 자아관을 가진 아이들이 보여주는 행동상의 특징들

▌정교하고 다소 속도감이 붙는 신체적인 활동을 즐긴다.

▌자신만의 개성과 개별성을 표현하며 남들과 다르다는 점을 기꺼이 받아들인다.

▌신체적 특징, 자신의 능력과 역할 그리고 태도에 대해서 올바른 자아관을 가지고 있다.

▌자신이나 타인에 대해서 긍정적인 표현을 한다.

▌자신의 정서나 감정을 적절하게 표현한다.

▌타인의 칭찬에 기뻐하고 이를 받아들인다.

　물론 모든 아이들이 위에 적은 대로 행동하진 않을 것이다. 어떤 부분에서는 그 정도가 더 심할 수도 있고 다른 부분에서는 다소 약한 형태로 나타날 수도 있다. 아이가 자아관에 대해서 어떻게 느끼는지를 가늠하려면 부록에 나오는 자존감 평가서(B-SET)를 작성하도록 한다. 이 평가서는 주기적으로 작성하거나 아이의 발달정도를 측정하는 방식으로 업그레이드될 수 있다. 이 평가서와 차트는 또한 교사가 재량껏 적합한 활동을 정하는 데도 아주 유용하다.

자아관 형성을 위한 활동 목록

코드	학년	제목	사회	과학	쓰기	읽기	수학	미술	문학
SH1	유~초1	나의 몸		○	○	○		○	
SH2	유~초1	나에 대한 수수께끼		○	○			○	
SH3	유~초6	자화상		○	○	○		○	
SH4	유~초2	나는 누구일까요		○	○			○	
SH5	유~초4	나를 재보자		○			○		
SH6	유	내 모습 인형 만들기 1		○				○	
SH7	유	내 모습 인형 만들기 2		○				○	
SH8	유~초1	나만의 책		○	○	○		○	
SH9	유~초1	손가락 인형		○		○		○	
SH10	유	막대기 인형	○	○		○		○	
SH11	유	헝겊 인형		○		○		○	
SH12	유	종이가방 인형		○		○		○	
SH13	유~초2	인형		○		○		○	○
SH14	유~초6	중요한 사건 저널	○		○		○		
SH15	유~초3	내 인생을 담은 영화			○			○	
SH16	유~초6	나를 소개합니다			○				
SH17	유~초3	자서전 만들기			○			○	
SH18	유~초6	나를 알리는 갑옷			○	○		○	
SH19	유~초6	마음의 창			○			○	
SH20	유~초6	내가 좋아하는 것			○			○	
SH21	유~초6	포스터			○			○	
SH22	초3~초6	이력서	○		○	○			
SH23	초1~초6	내 취미와 관심	○	○	○	○			○
SH24	초1~초3	나만의 센터	○	○	○	○	○	○	○
SH25	초1~초3	나와의 약속			○			○	
SH26	초1~초3	영사기 만들기						○	
SH27	초1~초3	친구에게 편지 쓰기			○				
SH28	초1~초3	모빌 놀이			○			○	○
SH29	초1~초3	나를 광고해요			○	○			
SH30	초1~초3	나를 재보기					○		
SH31	초1~초3	마스크						○	
SH32	초1~초3	내 이야기			○	○		○	
SH33	초1~초3	배너 만들기			○			○	

코드	학년	제목						
SH34	초1~초3	친구로서 나는		○			○	
SH35	초1~초3	인형 가방			○		○	
SH36	초1~초3	내 꿈		○			○	
SH37	초1~초3	광고		○				
SH38	초1~초3	기운나게 하는 말들					○	
SH39	초1~초3	특별한 사람들	○	○		○	○	
SH40	초1~초3	타임 캡슐	○	○			○	
SH41	초1~초3	나는 이런 사람이예요		○		○	○	
SH42	초1~초3	걸이 인형		○		○	○	
SH43	초1~초3	나를 알리는 포스터		○			○	
SH44	유~초1	자아의 선물	○	○			○	○
SH45	유~초1	감정 사전		○	○			○
SH46	유~초1	감정의 바퀴			○		○	
SH47	초1~초6	내 기분 전하기	○		○			
SH48	유~초6	나를 키우는 책						○

아이들의 자아관을 확립시켜주는 학교 차원의 활동들

코 드	학 년	제 목	기여하는 요소
SW13	유~초4	친구소개	자아관 · 우호성
SW14	유~초6	좋은 소식 보고서	자아관
SW15 · 16	유~초4	금주의 학생	자아관
SW17 · 18	유~초6	금주의 시민	자아관
SW19	유~초6	생일축하	자아관

자아관을 증진시켜주는 주제별 모둠 활동들

코 드	학 년	제 목	모둠여부
CC8	유~초4	이름	짝 · 모둠
CC9	유~초6	로고 디자인	모둠
CC10	유~초6	나를 닮은 가방	전체 · 모둠
CC11	유~초2	거울아, 거울아	전체
CC12	유~초6	자기소개	전체 · 모둠
CC13	유~초1	나만의 개성	전체
CC14	유~초6	나를 소개하는 가방	전체 · 모둠

CC15	유~초6	나는 멋진 사람	전체 · 모둠
CC16	유~초4	소개 걸이	전체 · 모둠
CC17	유~초3	내 기분 그리기	모둠
CC18	유	행복-슬픔 가방	전체
CC19	유	내 기분 모자	전체
CC20	유~초1	기분 체온계	전체
CC21	유~초1	개인별 기분 체온계	전체
CC22	유~초1	기분 마스크	전체
CC23	유~초2	소원을 들어주는 우물	전체
CC24	초1~초6	내 꿈	전체 · 모둠

 ## 아이들의 자아관을 발달시키는 교사의 행동 체크리스트

방향 | 학생들의 자아관을 향상시키는 데 있어 교사의 기술과 능력을 평가하기 위한 것으로 다음과 같은 항목에 답하시오.

교사로서	전혀	가끔	종종	항상
1 학생들이 자신의 가치를 느끼고 이를 확장시킬 수 있도록 개성이나 특징을 자주 말해주는가?	☐	☐	☐	☐
2 나는 교사로서 학생들이 자신의 관심사항과 태도, 역할, 신체적인 특징을 발견할 수 있도록 충분한 기회를 주고 있는가?	☐	☐	☐	☐
3 학생들이 자아관을 형성하는 데 중요한 영향을 미쳤던 혹은 미치고 있는 요소에 대해 생각해 볼 수 있는 시간을 마련하고 있는가? 그런 환경은 아이들의 자아관 형성에 어떤 역할을 했는가?	☐	☐	☐	☐
4 학생들이 자신만의 개성을 표현하고 남들과 다른 점을 긍정적으로 받아들일 수 있도록 격려하고 있는가?	☐	☐	☐	☐
5 학생들 자신이 무엇을 가치 있다고 여기는지 인지할 수 있는 태도나 감정을 탐색하도록 돕고 있는가?	☐	☐	☐	☐
6 학생들이 긍정적인 표현을 배우고 남의 칭찬을 긍정적으로 받아들일 수 있도록 도와주고 있는가?	☐	☐	☐	☐
7 교사로서 학생들의 개성을 있는 그대로 받아들이고 있는가?	☐	☐	☐	☐

8 교사로서 학생들이 자아관의 목록을 계속 늘려나갈 수   □   □   □   □
  있도록 기회를 제공하고 있는가?

9 학생들이 자신만의 독특한 개성에 대해 자랑스러워하도록   □   □   □   □
  격려하고 있는가?

10 학생들의 학업과 활동을 그들의 자아 가치와 동일시하는   □   □   □   □
   우를 경계하고 있는가?

● 교사로서 아이들의 자아관을 발달시키는 데 개선해야 할 점은 무엇인가?

인간의 자아란 가지고 태어나는 것이 아니라, 성장하면서 만들어지는 것이다.

● 애쉴리 몽태뉴 *Ashley Montagu*

아이들의 정서적인 안정감이 견고하게 형성되었다면, 교사는 자존감 키우기에 다음 활동을 시작해야 한다.

자아라는 개념에 대해서 여러 가지를 정의할 수 있지만 자존감 키우기 모델에서는 대략 3가지 정도로 요약할 수 있다.

▌자아란 아이들이 자신을 ‘나’ 라는 일인칭 대명사로 지칭하고 표현하는 일반적인 의미이다.

▌자아란 자기 자신에 대한 개인적인 인지와 지식이다.

▌자아란 자기 자신에 대한 개인적인 구속력 혹은 지향점이다.

자아관이란 자아에 대한 가치판단이 아니라, 자신이 수행하는 역할이나 개성에 기반을 둔 내면적인 생각들이다. 아이들이 갖고 있는 자아관은 실제 모습을 반영하지 않을 수도 있고 비현실적일 수도 있다. 자신이 어떤 사람이라는 개인적인 생각들은 아이들 자존감에 결정적인 역할을 하는데 이것은 자기 평가의 토대가 되기도 한다.

아이들은 자기 자신에 대한 온갖 예상치 개념과 자아관을 가지고 학교에 들어선다. 지금 당장은 그런 종류의 자아관을 가지고 있지 않다 하더라도 아이들은 아주 빨리 나름의 자아관에 대해 가격표를 붙이고 평가하기 시작한다.

모든 아이들은 너무나 자주 자신의 개인 가격표를 ‘아주 귀중한 상품’ 이라고 여기기보다 ‘다소 손상된 제품’ 이라고 평가하고 붙인다. 이런 태도는 교실 안에서 이루어지는 성과나 행동을 통해 부정적으로 반복된다. 그러므로 긍정적인 자아관으로 개선시키기 위한 첫 번째 주춧돌은 아이들이 정확한 자아관을 계발하도록 이끌어나가는 것이다. 여러 활동을 통해 아이들은 자신에 대해서 좀더 깊이 있고 정확하게 생각하고 이해하게 될 것이다.

자아관이 미약한 아이들은 대개 아래와 같은 행동상의 특징을 보여준다.

▌자기 자신이나 타인에 대해서 부정적인 표현을 자주 사용한다.

▌쉽게 당황하고 남들의 비판에 대해 과도하게 반응한다.

▌신체적인 자아와 그 나이에 가져야할 신체적인 능숙함에 대한 자신이 없으므로 다소 정교한 기술을 필요로 하는 활동에는 참가하기를 꺼려한다.

▌어른에 의존적이며 어른들의 마음에 들기 위해 전전긍긍한다.

▌칭찬에 어떻게 대응할지 불편해한다. 자신은 그런 칭찬을 받을 자격이 없다고 부정하거나, 과소평가하고 무시한다.

▌다른 사람을 모방하는 것은 좋아하지만, 자신만의 방식으로 표현하고 남들과 다른 것을 시도하는 것은 꺼린다.

▌신체적 특징, 개성, 역할에 대해 잘못된 정보와 이해를 가지고 있다.
▌남들의 관심을 끌거나 아니면 신체를 아예 감추는 등, 극단적으로 옷을 입는다.

반대로 건전한 자아관을 가진 아이들은 대개 아래와 같이 행동한다.
▌정교하고 다소 속도감이 붙는 신체적 활동을 즐긴다.
▌개성을 표현하며 남들과 다른 것을 기꺼이 받아들인다.
▌신체적 특징, 자신의 능력과 역할, 태도에 관해 올바른 자아관을 가지고 있다.
▌자신이나 타인에 대해서 긍정적인 말을 한다.
▌자신의 정서나 감정을 적절하게 표현한다.
▌다른 사람 칭찬에 기뻐하고 이를 긍정적으로 받아들인다.

요약

그러므로 학생들과 함께 생활하는 자존감 키우기 도우미인 교사는 아래와 같은 점을 염두에 두어야 한다.
1 아이들이 정확한 자아관을 만들 수 있도록 유도한다.
2 아이들이 자아관을 형성하는 데 결정적인 영향을 미치는 요인들을 찾아낼 수 있도록 기회를 준다.
3 자신만의 독특한 개성을 알아차릴 수 있도록 한다.
4 자신의 감정과 태도를 표현하는 능력을 길러 준다.

자존감 키우기 #1
정확한 자아관을 그려나가도록 한다.

우리는 아이들에게 그 어떤 것도 가르치진 못한다. 다만 그들이 내부에서 그것을 발견하도록 도와줄 뿐이다.
● 갈릴레오 *Galileo*

아이들이 자신에 대해서 붙이는 가치의 가격표 중 가장 높은 가격이 매겨지는 것은 다름 아닌 신체적인 매력이다. 어른들은 "아름다움은 보는 사람 눈에 달려 있어", "중요한 건 얼굴이 아니라, 마음이야"라고 말하고 싶겠지만, 아이들은 어른들의 상상을 초월할 만큼 신체적인 매력에 큰 비용을 둔다. 아주 어릴 때부터 자신과 다른 사람을 구별하는 자아관을 외면적인 아름다움에 기초해서 형성하기 시작하며, 다른 사람의 어디가 매력적이고 어디가 못생겼는지 구분하기 시작한다. 이런 신체적인 개념은 자신과 타인을 판단하고 생각하는 데 큰 기준으로 작용한다.

많은 교육학자들은 자신의 신체에 대해서 부정적인 시각을 가지고 있는 사람은 자신에 대해서도 부정적인 태도를 갖기 쉬우며, 이것은 곧 자존감이 저조해지는 결과로 나타난다고 한다. 어떤 연구결과를 보면, 아이들에게 "자신을 생각할 때, 가장 먼저 떠오르는 것은 무엇인가요?"라는 질문을 던지자, 대부분의 아이들이 자신의 신체적 특징, 즉 외모라고 대답했다.

스태너 *Stenner*와 카젠마이어 *Katzenmeyer*의 연구에 의하면, 초등학교 1학년에서 3학년까지의 3,700명의 어린이들에게 "자신의 외모가 멋지다고 생각하는가?"라고 물었더니 1학년 학생 중 25%, 2, 3학년 학생의 50% 정도가 부정적으로 대답했다고 한다. 로젠버그의 연구 또한 이와 유사한 결과를 보여준다. 학생들에게 "자신에 대해 가장 자랑스럽게 느끼는 것은 무엇인가요?"라는 질문에 많은 수의 학생들이 자신의 신체적 특징, 즉 외모를 꼽았다.

그러므로 외모에 대한 관심은 아이들의 하루 생활 중 아주 많은 부분을 차지한다고 할 수 있다. 자신은 못생겼다고 느끼는 아이는 모든 형태의 행동을 통해 이를 그대로 드러낸다. 의기소침함은 자신의 외모에 자신이 없다는 것을 보여주는 단서가 되기도 한다. 어떤 아이들은 학교에서 무슨 과제를 할 때마다 책상 위에서 어떻게든 얼굴을 가리려 한다. 아무리 날씨가 더워도 웃옷을 절대 벗지 않으려는 성향의 아이들이 생겨난다고 한다. 스탠리 쿠퍼스미스는 이와 반대되는 행동 역시 아이가 극단적으로 인정받고 싶어 하는 욕망을 드러내는 행동일 수 있고, 튀게 옷을 입는 것 역시 외모에 특히 자신 없어하는 행동의 표현이라고 언급한 적이 있다.

여러 논문과 연구서들을 보면 아이들이 외모에 대해 갖는 개념은 아이의 사회적인 인간 관계에도 큰 영향을 미친다는 사실을 알 수 있다. 심지어는 3살 때부터 외모에 따른 선입견을 갖게 된다고 한다. 무수한 조사와 연구가 보여주듯이, 외모가 잘난 또래 아이들은 그렇지 못한 아이보다 더 긍정적인 방식으로 평가받는 것도 사실이다. 아무튼 신체적인 매력은 어린 아이들이 자신과 다른 사람에 대해 생각하고 판단하는 데 큰 영향을 미치는 요소임에 틀림없다.

그러므로 아이들은 인생의 초기부터 신체적인 자아관을 형성해나간다. 사실 이런 경향은 아주 어렸을 때, 자신의 신체적인 특징을 발견하게 된 경험과 관련 있을 수도 있다. 아무튼 신체적인 특징은 학생들의 전반적인 관심 사항을 점령했다고 해도 과언이 아니다.

외모를 지나치게 강조하는 사회 분위기도 아이들에게 '얼짱', '몸짱'이 되고픈 욕망을 부추긴다. 현실적이지 않다고 해도 사실이 그러하다. 어른들이 "금발미녀가 훨씬 더 잘 나간다"라는 광고에 반대한다고 해도, 심지어 "하얀 치아가 더 섹시하게 보여요"라는 치약 광고에 반대해도 아이들은 오히려 어른들의 설교를 현실적으로 느끼지 않는다.

그러나 안타깝게도 '외모 자체가 그 사람의 판단기준이다'라는 믿음은 당분간 변하지 않을 것 같다. 자존감 키우기 도우미는 아이들이 사람들의 신체적인 특징을 인지하고 그들의 장점과 단점을 보면서 좀더 자신의 외모를 자연스럽게 받아들이고 자랑스러워할 수 있는 자아관을 갖도록 최선을 다해 도와야 한다.

ⓛ 활동 1

이제 소개할 활동들은 자아에 대한 인식을 넓히고, 자신의 신체적 특징에 대해 일차적으로 관심을 갖도록 유도한다.

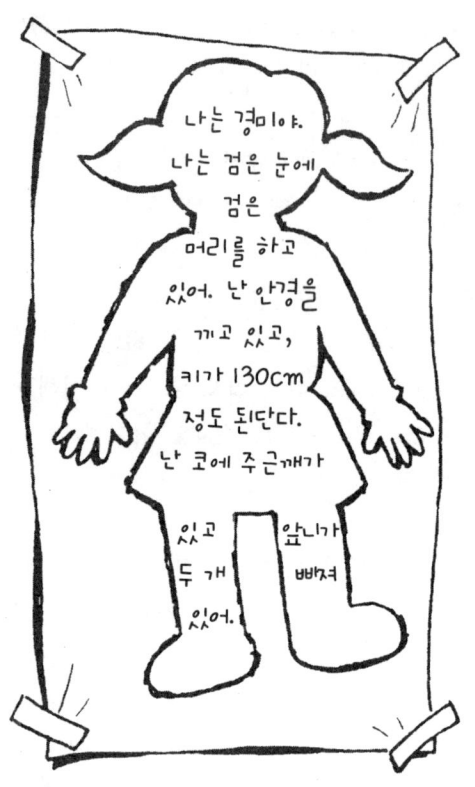

나는 경미야.
나는 검은 눈에
검은
머리를 하고
있어. 난 안경을
끼고 있고,
키가 130cm
정도 된단다.
난 코에 주근깨가

있고   없니까
두 개   빠져
있어.

응용 ㅣ
┃ 신체 각 부위별로 정확한 명칭을 표시하게 한다.
┃ 자신의 모습을 그려서 2장 오린 다음 머리 부분
만 남기고 나머지는 스테이플로 찍는다. 머리
부분을 통해 신문지를 구겨서 채워 넣는다. 도
톰하게 만들어지면 마지막 공간도 스테이플로
찍는다.
┃ 포스터 보드에 내 몸 그림을 붙인 다음 나중에
'나에 대한 수수께끼' 프로그램에 쓸 수 있도록
스테이플로 찍는다.
┃ 아이들은 내 몸 부분에 나에 대한 간단한 소개
와 재밌는 에피소드를 적는다.

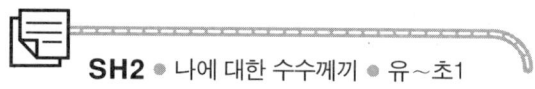

SH2 ● 나에 대한 수수께끼 ● 유~초1

목적 ㅣ 아이들이 자신의 신체적인 특징과 능
력에 대해서 느끼고 알도록 한다.

자료 ㅣ 다양한 크기의 마분지, 어린 시절 사진,
풀, 가위, 색연필

활동 ㅣ 나는 누구인가? 라는 질문지에 내 신체
적인 특징을 중심으로 자신에 대한 설명을 그리
거나 기록한다. 그림을 오려서 마분지 첫 장 뒷면
에 붙인다. 내 사진이나 그림이 보일 수 있도록
마분지 앞쪽을 문처럼 오린다(사진 역시 뒷장에 붙
일 것).

SH3 ● 자화상 ● 유~초6

목적 ㅣ 아이들이 자신의 신체적 특징에 대해
서 인지하도록 한다.

SH1 ● 나의 몸 ● 유~초1

목적 ㅣ 아이들이 자신의 신체적인 특징과 능
력에 대해서 느끼고 알도록 한다.

자료 ㅣ 갈색 마분지 봉투, 필기도구

활동 ㅣ 갈색 마분지를 펼쳐 놓고 자신의 몸을
그리게 한다.
학생들은 거울을 보면서 자신이 입고 있는 옷
이나 신체적인 특징을 점검하면서 현재의 모습을
그리거나 색칠한다. 그림을 오려서 신체 각 부분
에 자신만의 특징을 적는다.

자료 | SH13 양식, 크레파스나 사인펜, 거울.

활동 | 아이들은 거울을 들여다보며 자신의 모습을 그리고 짤막한 소개를 쓴다. 유아나 저학년 학생들의 경우, 구술하면 교사가 받아쓴다. 아이들끼리 모둠을 만들어해도 무방하다. 한 친구가 말하면 다른 친구는 거울을 들어주거나 받아적는다.

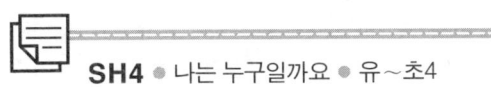

SH4 ● 나는 누구일까요 ● 유~초4

목적 | 자신의 몸의 특징에 대해서 인지하도록 한다.

자료 | SH4 나를 집중해주세요 양식, 자, 거울, 필기도구, 크레파스, 사인펜.

활동 | 아이들은 양식에 있는 질문사항에 답을 채운다(저학년의 경우 교사나 보조교사가 받아적는다). 몇 가지 질문에 대해서는 대답하기 전에 먼저 거울을 들여다보게 한다.

SH5 ● 나를 재보자 ● 유~초1

목적 | 아이들이 자신의 신체상의 특정 부위의 치수를 알도록 한다.

자료 | SH5양식, 줄자, 연필

활동 | 줄자를 이용해서 아이들은 몸의 특정한 부위를 재고 그 결과를 양식에 기록한다. 친구끼리 서로 도와주도록 한다.

SH6 ● 내 모습을 닮은 인형 만들기 ● 유

목적 | 아이들이 자신의 신체적 특징을 인지하도록 한다.

자료 | SH6 남여 인형 모양, 가로 · 세로 12×18cm 색판지, 벽에 붙일 종이나 천, 실이나 끈, 단추, 레이스, 금속 장식, 깃털, 물감, 사인펜, 크레파스, 가위, 풀

활동 ㅣ 아이들에게 먼저 교사가 시범적으로 만든 남녀 인형 모양을 보여준다. 사인펜, 크레파스, 물감 혹은 스티커를 이용해서 자신의 신체적 특징을 그리고 설명하게 한다. 종이 인형에 붙일 수 있는 털실(머리카락, 입모양), 단추(눈, 옷의 단추), 목걸이 장식, 레이스, 금속 핀, 깃털(옷을 위한 액세서리), 벽지나 옷감을 준비한다.

이 활동을 위해서 손거울을 준비한다. 인형은 앞뒤 옷을 다 입혀서 만든다.

응용 ㅣ 각자의 성별에 따른 인형 본을 2개 떠서 옷을 만들어 입힌 다음 스테이플로 찍는다. 머리 부분만 남기고 신문지 조각을 구겨 넣어 도톰하게 만든다. 역시 스테이플로 찍어서 마무리한다.

교사의 지도 ㅣ SH6 인형 모양을 색판지에 등사한다. 인형 안의 점선 부분은 활동 SH8을 위한 공간이다.

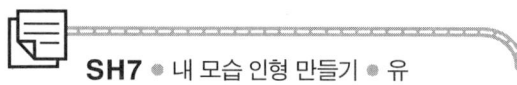

SH7 ● 내 모습 인형 만들기 ● 유

목적 ㅣ 아이들이 자신의 신체적 특징을 인지하도록 한다.

자료 ㅣ SH7의 남녀 인형 모양, 커다란 갈색 봉투(안팎을 뒤집어 준비한다), 물감, 붓, 연필, 사인펜, 가위, 펀치, 풀, 신문지, 45cm짜리 끈, 헝겊, 벽지, 옷으로 만들 색판지 조금.

활동 ㅣ 활동 SH6의 응용에 해당하는 것으로 아이들은 먼저 남녀 인형 본을 보고 갈색 봉투에 똑같이 2개를 그린다. 자신의 특징을 덧붙여서 옷을 입힌다. 나머지는 SH6과 같다. 다 완성되면 펀치를 이용해서 가장 자리를 따라 0.25cm의 구멍을 뚫는다. 구멍끼리의 간격은 0.5cm 혹은 1cm가 되도록 한다. 인형 패턴 속에 신문지를 구겨 넣고 끈이나 긴 털실로 꿴다. SH6과 SH7 활동을 통해 만든 인형은 교실을 아주 밝게 만드는 효과가 있다. 인형의 머리에 구멍을 내 끈을 꿰어 천정에 붙여 늘어뜨린다.

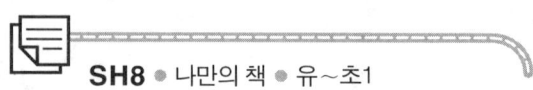

SH8 ● 나만의 책 ● 유~초1

목적 ㅣ 아이들이 자신의 신체적 특징을 인지하도록 한다.

자료 ㅣ 색판지, 필기구, 스테이플, 두꺼운 색종이, 벽지, 풀, 가위, 사인펜.

활동 ㅣ 아이들마다 남녀 인형 본을 색판지 위에 놓고 그리게 한다. 인형 가장자리를 따라 오린 다음, 활동 SH6, SH7처럼 인형 옷을 입히고 속을 채워서 완성시킨다. 교사는 SH6의 패턴에 있는 대로 점선으로 그려진 도형의 본을 만든다. 아이들은 점선으로 그려진 사각형을 색종이로 오려둔다(인형의 옷은 아이들이 고르거나 장식한다). 이것을 책의 뒤쪽 표지로 만든다.

똑같은 도형 본을 여러 장 준비해서 한꺼번에 스테이플로 찍는다. 완성된 책에 아이들은 자신의 이야기를 쓰거나 그림으로 자신에 관한 일을 묘사한다. 자기에 관한 수수께끼를 내도 좋다. 예를 들면, "나는 키가 1m 20cm 이고 검은 눈에 검은 머리카락입니다. 나는 파란색 옷을 좋아하고 앞니가 2개 빠졌습니다. 나는 누구일까요?"

 **손가락 인형!**

손가락 인형 역시 아이들이 자신의 신체적 특징을 아주 효과적으로 인지하고 동일시할 수 있는 재미난 도구가 된다.

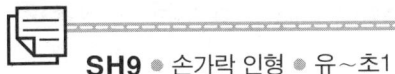
SH9 ● 손가락 인형 ● 유~초1

자료 l SH9 양식, 학생들의 사진, 풀, 가위, 사인펜, 벽지, 색판지, 포장지

활동 l 아이들마다 SH9 양식을 나누어준 다음 자신만의 신체적인 특징을 사인펜, 포장지, 벽지, 크레파스 등으로 그리고 장식하게 한다. 얼굴 부분에는 사진을 붙인다. 손가락 인형의 팔을 점선에 따라 접는다. 인형이 걷는 것처럼 하려면 구멍 속에 집게 손가락과 나머지 손가락을 집어넣어 움직인다.

SH10 ● 막대기 인형 ● 유

자료 l 가로 세로 3×5cm의 사진, 아이스크림 막대기, 풀, 가위

활동 l 학생이 가져온 사진을 막대기에 붙인다.

응용 l 학생들은 가족사진을 가져와서 식구 수대로 사진이 붙은 막대기를 만들 수도 있다.

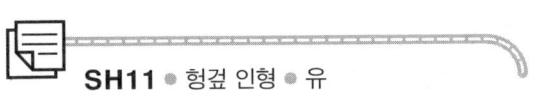
SH11 ● 헝겊 인형 ● 유

자료 l SH13 양식, 도화지, 천 크레파스, 핑킹

가위, 하얀 종이 혹은 헝겊, 다리미와 간이 재봉틀

활동 l SH13의 인형 모양을 헝겊(직물) 크레용을 이용해서 색칠하는 데 가능한 크레용이 종이에 압착되도록 많이 칠하게 한다. 뒷면을 다 칠하기 전까지는 글씨를 쓰지 않는다. 인형의 가장자리도 역시 크레용으로 굵게 그린다. 오래된 하얀 종이 위에 색칠한 면이 닿도록 놓고 온도를 낮게 맞춘 다리미로 위아래를 다려준다. 색칠한 인형이 하얀 종이에 나타날 때까지 계속한다.

▌맞추기 l 새로운 종이위에 압착된 인형 패턴을 핑킹 가위로 오린다. 똑같은 모양을 다른 종이로 하나 더 오려둔다. 두 면을 0.25cm 간격으로 가장자리를 따라 바느질하거나 박는다. 밑바닥은 손가락을 넣을 수 있도록 남겨둔다.

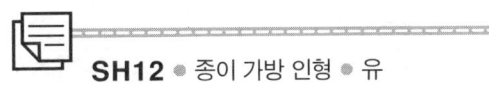
SH12 ● 종이 가방 인형 ● 유

자료 l 점심 도시락용 갈색 봉투, 사인펜, 혹은 크레파스, 가위, 풀, 두꺼운 연주홍 색종이.

활동 l SH12의 얼굴 본을 두꺼운 연주홍 색종이 위에 놓고 본을 뜬다. 아이들은 본 뜬 종이에 자신만의 특징을 그리고 색칠하는 데 손거울을 이용하도록 해도 좋다. 얼굴 모양대로 오린다. 학생들에게 조그만 갈색 봉투를 나누어주고는 얼굴의 윗부분을 봉투의 바닥 면에 붙이고 턱 부분은 봉투의 옆 면에 붙이도록 한다. 봉투가 편편하게 접히면 턱은 얼굴의 나머지 부분과 만나게 된다.

주의 l 이 활동은 주제별 모둠 활동으로도 적합하다(8장, CC2 참조).

자료 | SH13 모양, 2개의 연주홍색 펠트 사각형, 물풀 혹은 펠트 제품 조각, 단추, 목걸이 장식, 금속 장식, 털실이나 끈(머리털용), 노끈, 레이스, 재봉틀이나 커다란 바늘과 실

활동 |

1 2개의 인형 본을 오린다(부모님이랑 집에서 준비해 오도록 해도 좋다).

2 인형 얼굴을 여러 가지 재료로 장식해서 자신의 얼굴 특징을 어느 정도 나타내도록 한다. 인형 본을 붙인 다음 바느질한다. 눈은 펠트 조각, 단추, 아니면 플라스틱 인형 눈을 구해서 붙인다. 눈썹 역시 펠트 조각, 혹은 털실 조각으로 장식하고, 머리까락은 펠트 스크랩이나 털실을 붙인다. 입은 단추나 펠트 조각을 이용한다. 그 외 자료로 인형의 옷을 장식한다.

교사가 옷본을 여러 장 만들어 준비할 수도 있다.

3 그 다음 과정으로 다음 4가지 중 한 가지를 골라서 진행한다.

▌엄마에게 가장자리를 바닥만 남기고 0.5cm 간격으로 바느질해달라고 한다.

▌특수 풀을 이용해서 가장자리를 0.25cm 정도 남기고 붙인다.

▌아이들이 실과 바늘을 이용해서 인형을 직접 바느질하게 한다.

▌유치원 학생이나 저학년 학생들은 가장 자리를 따라 구멍을 내서 실로 엮도록 한다.

참고 | 인형 본을 뜰 때 동그라미를 머리 형태보다 작게 풀칠을 하거나 스테이플로 박는다. 동그라미를 아세테이트, 알루미늄 호일, 혹은 반짝이는 물건에 놓고 오린다. 인형을 들면 아이들 눈

높이에 맞도록 한다.

━━━ 자존감 키우기 #2 ━━━
자아관에 영향을 미치는 중요 요소를 발견할 수 있는 기회를 제공한다.

인간이라는 존재는 과거로부터 지어온 생각 그 자체일 뿐이다.

● 불타 *Buddha*

인간의 내면적 자아관의 상당 부분은 우리 주변의 가까운 사람과 우리 인생에서 겪은 여러 가지 사건들에 대한 경험의 산물이다. 어떤 경험의 결과는 긍정적이고 또 어떤 경험의 결과는 부정적일 수 있다. 우리가 개인적으로 그 경험을 어떻게 지각하는가에 따라 우리 내면적 정서 역시 결정된다. 인간은 내면적으로 자신의 경험을 평가한다. 성공인가 실패인가, 즐거움인가 괴로움인가, 긍정인가 부정인가 등의 평가를 내린다. 그리고 각 경험에 대한 평가를 미래의 유사한 경험에 대비해 내면에 저장해놓는다. 물론 인간의 지각은 정확하지도 않고 때론 비현실적일 수도 있지만, 이미 내면적으로 각인된 경험에 대한 지각은 몇 년 동안 잠복해 있다가도 의식의 전면에 다시 등장하게 된다.

아이들도 마찬가지다. 살면서 겪는 사건이나 경험이 아이의 자아관과 선입견을 형성하는 데 커다란 영향을 미치기 때문에 아이들 스스로 이런 경험을 자각하게 해주는 것은 자존감 키우기 도우미로서는 아주 중요한 일이라고 할 수 있다. 특히 자존감이 아주 저조해서 "아무도 나처럼 운 나쁜 사람은 없을 거야" 라는 식으로 자기 동정적

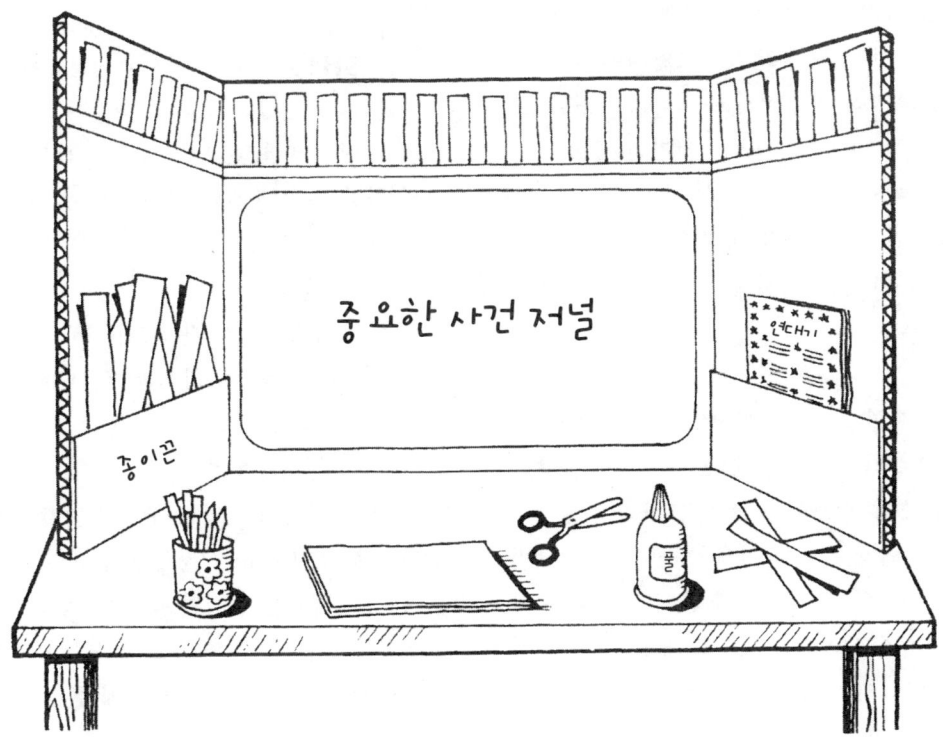

인 태도를 가진 학생에게는 자신의 인생에서 중요하다고 생각되는 경험을 반추해보는 기회를 제공하고 그 과정을 통해 현재의 자아관을 변화시키도록 하는 것이 아주 중요한 일이다.

같은 반 친구들의 경험담을 듣고 자신의 것과 비교하다보면 아이들은 자신만 나쁜 일을 겪은 게 아니라는 사실을 깨닫게 된다. 특히 자존감이 저조한 학생의 경우, 운수 나쁜 일을 꼭 자기처럼 심각하게 받아들일 필요가 없다는 것을 깨닫게 되는 것은 귀중한 학습 경험이 된다. 또한 똑같은 일이라도 오히려 긍정적인 것으로 받아들이는 사례를 보면서 자신의 경우를 하나의 '실수' 처럼 가볍게 넘길 수 있는 기술도 얻게 된다.

활동 2

이제 소개할 활동들은 학생들 자신의 자아관의 형성을 탐색해볼 수 있는 기회를 제공한다.

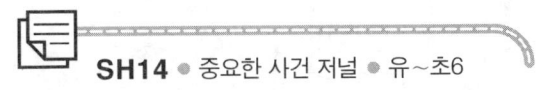

SH14 ● 중요한 사건 저널 ● 유~초6

목적 ㅣ 아이들의 자아관을 형성할 만큼 크게 각인된 사건들을 자각하도록 한다.

자료 ㅣ 19×26cm 카드보드지, 13×19cm 카드보드지 여러 장, 강화테이프(0.5cm), 색색 태그보드, 사인펜, 가위, 풀, 투명 접착제, 제본기
ㅣ 중앙 구조 ㅣ 19×26cm와 두개의 13×19cm 카드

보드지로 가리개를 만든다. 색색 태그보드, 마분지 색색 접착 종이로 카드보드지에 붙인다. 사인펜을 이용해서 장식하고 표식을 그린다. 오른쪽과 왼쪽 면에 12×12cm 크기의 종이 주머니를 만들어서 붙인다. 열람석 가리개를 테이프로 고정시켜 놓는다. SH14의 양식을 학생들에게 나누어주고 가리개의 한쪽 주머니에 양식을 비치해 둔다.

활동 l 환한 색상의 색판지로 종이끈을 8×12cm 길이로 만든다. 역시 다른 주머니에 충분한 양을 넣어둔다. 학생들이 저마다 자기 인생에서 중요했던 일의 기록을 양식에 적는다. 각 주제별로 기록한다. 집에서 부모님과 함께 먼저 어떤 일들이 있었는지 이야기를 나누고 오도록 하는 것도 좋다. 각각의 8.5cm×1cm 종이끈에 자신이 겪었던 일을 기록한다. 이것을 시간별로 배열해 놓고 10×36cm 마분지에 일렬로 붙인다. 사건의 날짜까지 기록해도 무방하다. 유치원 학생이나 저학년 학생의 경우는 5×8cm 색종이에 사건의 내용을 간단한 그림으로 그리게 한다.

목적 l 아이들의 내면의 자아관을 형성하는 데 영향을 미친 중요한 사건에 대한 자각을 높이도록 한다.

자료 l 구두 상자, 칼, 가위(교사용), 학생당 3~5장의 영화 스트립 양식, 사인펜 혹은 크레파스, 풀

활동 l 영사기를 만들 구두 상자를 준비한다. 상자 가로 면에 8cm 길이의 홈을 낸다. 반대편 가로 면에도 똑같은 길이의 홈을 낸다. 앞쪽 면에는 5.25×4cm의 직사각형을 오려낸다. 이제 종이를 기다랗게 붙여서 직사각형 면에 한 장면씩 보이도록 한다. 종이를 아래로 당길 때마다 장면이 바뀌게 된다.

참고 l 고학년의 경우 스스로 종이 상자 화면을 만들어보도록 한다.

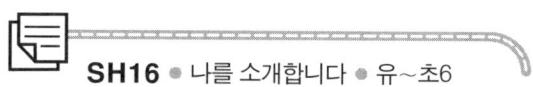
목적 l 아이들의 성격과 인성을 형성하는 데 영향을 미쳤을 법한 여러 가지 경험을 회상해보도록 한다.

자료 l SH16 양식

활동 l 학생들은 양식에 써 있는 하나하나의 수수께끼에 대해서 경험을 되살려가며 작성한다. 교사는 "만약 여러분이 기억할 수 있다면, 몇 살 때 겪은 일이든 적어도 좋습니다. 쉽게 기억할 수

있는 일도 있고 기억하기 힘든 일도 있을 거예요. 일년 단위로 자라면서 겪은 일을 생각해보세요."

예를 들어, "제가 6살 때, 할머니께서 우리 집에 오셔서 함께 사셨어요"와 같은 경험을 기억하게 한다. 공간이 부족하면 주된 내용만 요약해서 적도록 한다.

자존감 키우기 #3
자신만의 독특한 개성을 인지하게 하라.

너는 바로 너야, 라는 말만큼 더 훌륭한 칭찬이 어디 있는가?

◉ 윌리엄 셰익스피어 *William Shakespeare*

학교가 위치한 지역 공동체 혹은 주민 센터에서 주기적으로 운동장에서 쉽게 볼 수 있는 높이에 '너는 아주 특별한 아이야, 네가 자랑스럽다'와 같은 배너를 늘어뜨린 애드벌룬을 띄우는 것도 좋은 아이디어다. 학생들은 자신만의 특별한 개성과 장점이 존중받고 있다는 것을 느낄 수 있는 환경에서 자라나야 한다. 그래야 자기 가치가 계발되며 이것이 곧 자존감 향상으로 이어진다. 즉 자존감이란 태어나면서부터 갖고 있는 게 아니라, 자라면서 학습하는 것이라는 점을 명심해야 한다.

아이들의 개성 발달은 점진적으로 이루어지는 것으로 다른 사람과의 차이를 이해하는 것은 물론 자아관을 확고하게 가지게 하는 것부터 시작해야 한다.

아이들은 자신의 흥밋거리와 관심거리, 태도, 역할에 대한 자각을 하게 되면서 모든 사람이 다 똑같지 않다는 사실을 깨닫기 시작한다. 이런 인식은 곧 '나는 다른 사람과 똑같은 사람이 아닐 수도 있다'는 자각을 일깨우게 된다. 이때 긍정적인 자존감을 계발할 수 있도록 유도하려면 단지 다른 사람과 다르다는 자각뿐 아니라, 그 자각을 편안하게 받아들일 수 있도록 하는 게 관건이다. 즉 "나는 나만의 개성이 있어. 그래서 나는 내가 더 좋아"라는 수준에 이르게 해야 한다.

그러나 불행하게도 모든 아이들이 이런 과정을 거쳐 건전한 자아관을 형성하는 것은 아니다. 대다수의 아이들은 자신에 대해서 만족하지 않는다. 그들만의 독특한 개성과 성격을 음미하기도 전에 아이들은 샛길로 빠져든다. 그러므로 자존감 키우기 도우미인 교사가 아이들이 자신의 개성을 존중하고 인정할 수 있도록 하기 위해서는 여러 가지 단계가 필요하다.

1. 먼저 자존감 키우기 도우미는 아이들을 독특한 개성과 차이를 가진, 있는 그대로의 아이로 받아들여야 한다. 자기 가치라는 정서는 자신의 개성이 온전하게 받아들여지고 있다는 것을 인식할 때 생겨난다. 이것은 또한 자존감 향상의 단계로 나아가는 데 결정적인 토대가 된다.

2. 아이들이 자신의 자아관을 형성하는 데 영향을 미치는 여러 가지 역할, 관심 사항, 개성을 자각하고 인지하도록 한다. 아이들은 자아와 타인 사이의 차이점을 인정하기 전, 먼저 자신의 개성에 대해서 인지해야만 한다. 그러므로 아이들이 스스로 자아관을 선명하고 분명하게 정립하는 것이 이 과정에서 필요하다.

3. 아이들의 현재 자아관에 새로운 모습을 더해 풍요롭게 할 수 있도록 여러 가능성을 제시해주어야 한다. 간혹 학생들은 자신만의 독특한 관심사항과 능력, 특징에 대해서 인지하지 못할 때가 있다. 이때 자존감 키우기 도우미인 교사는 아이가 숨겨진 개성을 드러내고 지각할 수 있도록 특별한 피드백을 줄 수 있어야 한다.

활동 3

아래 소개하는 활동들은 아이들이 자신만의 독특한 개성을 인지할 수 있게 도와준다.

SH17 ● 자서전 만들기 ● 유~초3

목적 | 아이들이 자신의 자아관을 자각하고 그 내용을 더 분명하게 다듬고 형성하도록 돕는다.

자료 | 학생 한 명당 2개의 종이 집게, 펀치, SH17 양식, 색판지, 카드스톡지, 태그지, SH17 종이 쪽지, 접착제, 혹은 제본 장치.
책 제본은 학생당 10~20장의 쪽지를 준비해 구멍을 내게 한다. 그런 다음 종이 접착제로 붙여서 속지가 되게 한 다음 학생들이 양식을 다 채우면 표지와 함께 제본한다.

| 자서전을 위한 자료들 | 다음에서 선택할 수 있다.
● 각자의 사진
● 밝은 색상의 색판지(자화상을 그리게 한다)
● 제 피부색의 색종이를 찢어서 콜라주를 만들게 한다.

활동 | 먼저 아이들과 함께 누가 개성있고 특별한 사람인지 이야기한다. "세상에는 나랑 똑같은 사람이 있을 수가 없어요. 우리들 모두는 우리만의 개성과 생각을 가지고 있어요"라는 식으로 이야기를 진행한다.

학생들이 콜라주를 다 만들었으면 이를 나중에 책으로 제본될 속지 뒷면에 놓고 아이들 스스로 자신에 대해서 생각해보도록 한다. 교사는 '나는 ~'로 시작하는 문장을 어떻게 완성할 것

인가를 묻는다. '나는 내 나이에 비해서 키가 크다', '나는 야구선수다', '나는 정직하다' 등등의 문장이 나올 수 있도록 한다. 저학년의 경우는 대답이 아주 구체적이고 상세한 수준에서 이루어질 것이다.

고학년의 경우에는 이와 달리 자신의 내면을 들여다보고 새로운 아이디어를 얻도록 한다. 예를 들어 인간 관계를 염두에 둘 때는 '나는 의리가 있다', '나는 동정심이 많다'라는 식의 표현을 예로 들어준다.

이제 학생들은 저마다의 문장이 적힌 종이끈을 하나씩 정돈해서 2개의 집게로 책장 안쪽에 가지런히 물려 놓는다. 며칠 동안 이 활동을 지속적으로 해서 학생들이 긍정적이고 바람직한 자아관을 정립할 수 있게 한다. 소책자가 완성되면 속지 위에 책 표지를 만들어 붙인다.

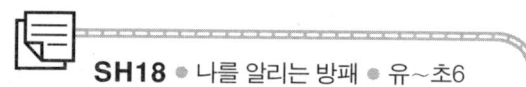

SH18 ● 나를 알리는 방패 ● 유~초6

목적 | 아이들이 자아관을 확립할 수 있도록 돕는다.

자료 | SH18 양식

활동 | 아이들은 먼저 양식을 채운다. 글쓰기가 서툰 저학년이면 그림을 그리도록 한다.

응용 | 고학년의 경우, 반을 5명 이하의 모둠으로 나누고 각자 쓴 내용을 함께 나누도록 한다.

특징을 묘사한다). 이때 아이들이 원하는 모양으로 만들도록 격려한다. 완성된 그림을 게시판에 붙인다. 완성된 그림의 가슴 부위에 마음의 창을 붙이고 가장자리를 따라 스테이플로 박는다.

활동 ㅣ 매주 나는 누구인가? 라는 주제로 서로의 개성에 대해 토론한다. 학생들이 주제를 자유롭게 제안하도록 한다. 8.5×11cm 의 종이 위에 아이들은 각 주제와 관련된 자신의 생각과 느낌을 적는다. 정해진 시간 안에 왜 그 주제를 골랐는지 말로 표현한다. 이 활동은 또한 반 아이들끼리 저마다 내면의 비밀스런 이야기를 나누는 기회가 되기도 한다.

응용 ㅣ 각각 14×20cm 의 태그보드 딱지를 만들어서 태그보드에 자신의 모습을 붙이고 각각의 질문 유형에 문장이나 그림으로 표현할 수 있다.

참고 ㅣ 이 활동은 우호성과 주제별 모둠 활동에 통합될 수 있다(5장, 8장 참조).

SH19 ● 마음의 창 ● 유~초6

목적 ㅣ 아이들이 다른 사람과 자신의 개성을 인지하도록 도와준다.

자료 ㅣ 9×12cm 유리, 피부색 물감, 실, 혹은 종이끈(머리카락용), 천, 벽지, 포장지나 색판지, 단추, 레이스, 금속 장식품.

ㅣ마음의 창 ㅣ 색판지를 9×12cm 로 자른다. 다시 7×10cm 사각틀을 잘라내 창틀 모양으로 만든다. 이 틀을 코팅기에 넣어 투명한 창이 되게 만든다. 가장자리를 정돈한다. 대안으로 만들 수 있는 창은 아세테이트 9×12cm를 이용해서 창을 만든다. 바닥과 옆면에 테이프를 붙인다.

ㅣ모양 ㅣ 아이들마다 길이 20cm로 상반신의 모습을 만든다(저학년의 경우는 마분지에 자신의 실제 몸을 그리고 각 신체 부위에 표시를 하고 자신만의

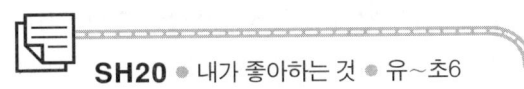

SH20 ● 내가 좋아하는 것 ● 유~초6

목적 ㅣ 아이들이 자신과 다른 친구들이 무엇을 좋아하는지 알게 한다.

자료 ㅣ SH20 양식, 크레파스, 사인펜, 가위

활동 ㅣ 각 카테고리 여백에 아이들은 자신이 좋아하는 것들을 시계 방향으로 돌려가며 적는다. 다 완성되면 천정에 걸거나 게시판에 붙인다.

이런 활동은 아이들이 새로운 친구를 사귀는 데도 도움이 된다. 즉 아이들에게 자신과 같은 관심거리를 갖고 있는 친구를 찾아보게 한다. 새로

운 친구는 여백에 자신의 이름을 적는다. 따라서 좋아하는 항목마다 적히는 친구의 이름이 다 다를 수 있다.

참고 ㅣ 이 활동은 우호성 증진을 위한 활동으로도 적합하다.

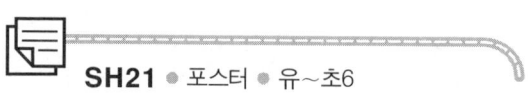
SH21 ● 포스터 ● 유~초6

목적 ㅣ 아이들이 자신의 관심거리와 특별히 잘하는 것에 집중해서 자아를 자각하고 더 확장시킨다.

자료 ㅣ SH21 양식, 크레파스, 사인펜, 또는 학생들의 3×5cm 사진, 자, 줄자(선택사항)

활동 ㅣ 양식을 다 채운다. 집으로 가져가서 부모님과 함께 양식을 작성하는 것도 좋은 방법이다. 아니면 모둠별로 나누어서 서로 질문에 대답하는 걸 돕도록 한다.
신체적인 특징에 대한 질문에 답하기 위해서는 거울이 필요할 수도 있다. 자와 줄자를 주어서 자기 신체의 특정부위의 길이 혹은 무게를 정확하게 측정하도록 한다. 포스터 란의 사진은 실제 사진을 쓰거나 아니면 직접 그린 걸로 대체한다.

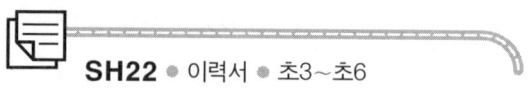
SH22 ● 이력서 ● 초3~초6

목적 ㅣ 아이들의 현재 학업 성취도와 사회적 성과를 점검해보도록 한다.

자료 ㅣ SH22 양식

활동 ㅣ 직장을 얻기 위해서 맨 처음 제출해야 하는 이력서에 대해서 미리 설명을 해준다. 실제 이력서를 아이들에게 보여주어도 좋다. 학생들로 하여금 학업성취나 사회적으로 겪은 경험들을 생각하게 하고 세상에서 직업을 구하는데 유용할 수 있는 경험들을 이력서에 써보게 한다. 모둠별로 혹은 짝끼리 서로를 인터뷰하는 역할 게임을 할 수도 있다. 상대 짝에게 자신의 이력서 내용을 설명하고 기술한다.

참고 ㅣ 이 활동 역시 주제별 모둠 활동에도 유용하다.

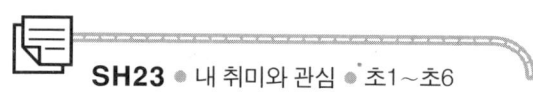
SH23 ● 내 취미와 관심 ● 초1~초6

목적 ㅣ 자신의 취미과 흥미있는 분야와 관련된 사람들에 대해서 새로운 지식을 얻도록 한다.

자료 ㅣ SH23 양식

활동 ㅣ 교사의 흥밋거리와 취미를 먼저 주제 삼아 대화를 진행시킨다. 어떤 특정한 취미를 대표적으로 보여주고 부모님과 다른 보조교사들도 아이들에게 자신의 취미생활과 관련된 것을 보여주도록 한다. 그러고 나서 아이들은 양식을 채우고 언제 자신의 취미와 관심사항을 반 친구에게 소개할 것인지 시간을 정한다. 이 양식은 프레젠테이션을 위한 하나의 개요로 사용한다.

SH24 · 43 ● 나만의 센터 ● 초1~초3

목적 ㅣ 아이들이 자신만의 개성을 자각하도록 한다.

센터를 만드는 데 필요한 재료들 | 게시
판, 카드보드 칸막이나 책상 앞에 세울 수 있는
칸막이, 메모지 18장과 메모지 받침대, 코팅기,
구두 상자, SH25 양식, 풀, 가위, 펀치, 스테이플,
실, 색판지 끈, 연필, 크레파스, 사인펜 등.

활동별 업무 카드

▌ SH26 | 구두 상자

▌ SH28 | 철사줄, 태그보드 형판(최소 6cm) 동그
라미, 사각형, 직사각형, 다이아몬드형

▌ SH30 | 줄자

▌ SH31 | 남여 태그보드 형판. 아이들에게 잘 보
이도록 확대한 모양으로 만든다. 눈 위치에 지
름 3cm 구멍을 낸다.

▌ SH32 | 3×36cm 로 잘라 놓은 마분지, 연필 두
자루

▌ SH33 | 철사 옷걸이에 감겨있는 튜브형 종이,
36cm 실, 12×18cm 색판지, 벽지, 천조각

▌ SH34 | 태그보드 '나' 패턴 12×18cm 확대된

것. 12×18cm 색판지

▌ SH35 | 점심 도시락용 갈색 봉투, 색판지 스크랩
여러 개 (여러 가지 치수), 6×6cm 피부색의 색판지

▌ SH36 | 프로젝터, 9×12cm 혹은 12×18cm 검
정 색판지, 2.5cm×5cm 하얀 종이끈들

▌ SH38 | 12×12cm 의 노란색 색판지, 11cm 카
드보드 별 패턴, 빤짝이

▌ SH39 | 카드보드 원 판형(2, 4, 6, 8, 10, 12cm 짜
리) | 밝은 색의 색판지를 형판에서 오린다.

▌ SH40 | 카드보드 페이퍼 타월 튜브, 10×36cm
부처 종이끈

▌ SH41 | 9×12cm 색판지, 풀, 밝은 색상의 색판
지에서 오린 여러 가지 형태.

▌ SH42 | 8.5cm×11cm 흰색 색판지 혹은 형광색
페이퍼(태그보드로 남여 형상을 만들어 아이들이 본
을 뜨게 한다), 실, 펀치

▌ SH43 | 12×18cm 색판지 조각, 잡지들

활동 |

1 우선 센터를 교실 중 다소 여유로운 공간에 비치한다.

2 SH25 양식을 아이들에게 나누어주고 센터에도 비치해둔다.

3 활동별 카드(1~18)를 색판지 위에 쌓아두고 절반을 잘라서 제본한다. 과제를 위해 필요한 모든 자료를 모아둔다(위의 목록과 물론 과제 카드에도 지시되어 있다).

아이들은 순서에 상관없이 과제를 완성해도 좋다. 과제를 완성하면 아이들은 그에 상응하는 활동별 카드 번호를 SH25 양식에 적는다.

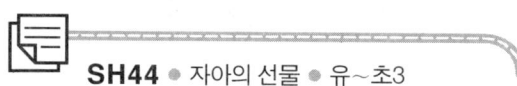

SH44 ● 자아의 선물 ● 유~초3

목적 | 아이들에게 인생에서 가장 소중한 선물은 바로 자기 자신이라는 것을 인식하게끔 돕는다.

자료 | 2장의 9×12cm 초록색 색판지, 갈색 5×3cm 색판지, 태그보드 나무 모양, 풀, 가위, 종이

책을 만드는 데 필요한 활동 |

1 아이들이 2장의 초록색 색판지에 본을 뜰 수 있도록 태그보드에 나무 모양을 만들어 준비한다.

2 나무 모양을 오리고 갈색 색판지 조각을 나무 줄기에 맞도록 붙인다.

3 메모지를 2장의 초록색 표지 안쪽으로 여러 장 붙인다.

4 아이들은 이제 가장 귀한 선물인 자아의 선물을 누군가에게 줄 수 있는 방법에 대해서 그림을 그리거나 적거나 설명한다.

아이들의 의견을 목록으로 작성한다 |

커다란 나무 모양 게시판 위에 아이들의 아이디어를 적은 종이를 붙인다(동일한 패턴을 마분지에 확대해서 오려서 사용한다) 색판지로 만든 사과열매에 저마다의 아이디어와 그 의견을 내놓은 학생의 이름을 적어둔다.

제안들 |

‖ 껴안는다. 편지를 쓴다. 전화를 건다

‖ 뽀뽀를 한다. 심부름을 한다. 노래를 부른다.

‖ 미소를 짓는다. 친절한 말을 한다. 할 일을 누가 시키기 전에 직접 찾아서 한다. 숙제를 하고 잠자리를 준비한다.

‖ 꽃을 꽂아둔다. 뭔가를 나눈다. 누군가의 모습을 그림으로 그려준다.

응용 | 나무 모양 조형물을 여러 장 만들어서 초록색 색판지에 붙인다. 사과 모양을 색판지에 그려놓고 본을 떠 사과를 만든다. 아이들은 사과마다 자기 자신에게 줄 수 있는 선물을 그리고 나무에 붙인다.

자존감 키우기 #4
자신의 감정과 입장을 정리하고 표현하는 능력을 향상시켜라.

살면서 겪는 우리 자신의 감정이 인생에 미치는 힘과 영향력을 일일이 다 열거하기란 불가능하다. 감정과 정서는 인간 본성상 아주 기본적인 것으로 우리의 삶을 풍요롭게 하기도 하지만, 다른 한편 그 감정이 무시될 때는 삶에 대한 흥미를 잃게 되거나 또 다른 문제를 발생시키기도 한다. 그러므로 아이들이 자신들의 감정을 탐색하게 하는 것은 자신은 물론 다른 사람들도 더 잘 이해할

수 있도록 도와준다.

 학급의 교과과정 속에서 인간의 감정과 정서를 다룬다.

여기에는 다음과 같은 것들이 포함될 수 있다.

▎모든 사람들이 똑같은 일에 대해서 똑같이 반응하지 않는다는 것을 자각하고 감각적으로 느낄 수 있도록 한다.

▎아이들이 자신의 감정을 들여다보고 자신을 더 잘 이해하도록 격려한다.

▎자신의 감정을 좀더 건설적인 방식으로 조절할 수 있도록 격려한다.

▎교사는 교실 안에서 일어날 수 있는 여러 갈등 상황을 조정한다(자신의 감정을 말로 잘 표현할 수 있는 아이는 인간관계로 비롯되는 문제를 해결하기 위해 신체적인 수단을 덜 쓰는 경향이 있다).

▎무엇이 귀중한 것인지 인지하게 한다.

아이들의 감성교육은 자존감을 키우는 데 중요한 요소가 되는데 왜냐하면 이를 통해 아이들은 자신의 자아관을 분명하게 규명할 수 있고 건전하고 강한 자아관을 계발해나가기 때문이다.

ⓓ 활동 4

앞으로 등장할 여러 가지 활동들은 학생들이 자신의 감정에 접근하고 자신의 자아관을 분명하게 규명하도록 도와준다.

 SH45 ● 감정 사전 ● 유~초1

목적 ┃ 아이들이 자신의 감정을 인지하고 현재 감정 상태를 나타내는 단어가 무엇인지 분명하게 알 수 있게 한다.

자료 ┃ 사전 표지, 칼라 복사지, 크레파스, 사인펜, 풀, 스테이플, 가위

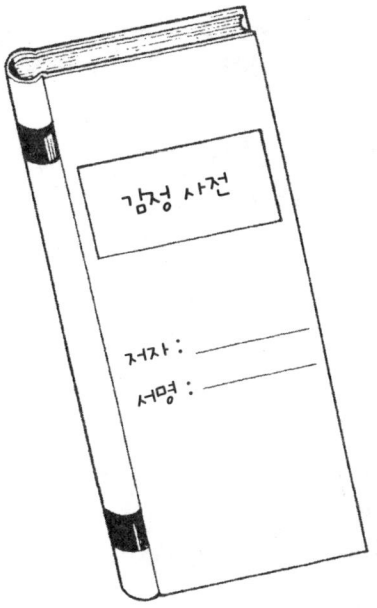

사전 만들기 ┃

1 SH45 감정 사전 종이(1~14까지 표시된 종이, 교사도 각 장을 별도로 가지고 있다). 겉장은 밝은 색으로 꾸민다. 속지는 하얀색이 좋다. 여러 장을 사전 앞뒤 겉장에 놓고 반으로 접어서 각각에 번호를 적는다.

2 가운데 접힌 부분을 따라 스테이플로 박는다.

활동 ┃ 학생들과 함께 우리의 감정과 정서가 얼마나 중요한지 토론한다. 학생들로 하여금 겉장에 이름과 날짜를 쓰게 한다. 특별한 감정을 적는 날에는 함께 토론하고 그 감정을 그림으로 그린 것을 서로에게 보여준다. 교사는 이때 그 주제를 묘사하는 이야기를 읽어줄 수도 있을 것이다(SH48 참고도서목록 참조). 아이들은 토론한 주제

의 감정과 관련된 페이지에 나름의 글을 쓴다. 각 감정에 대해서 다음과 같은 활동들이 수행될 수 있을 것이다.

1 학생들이 자신들이 느끼는 감정이 어떤 의미인지(교사는 한손에 실제 사전을 들고 아이들에게 예를 보여준다) 사전적 정의를 내리는 몇 가지 아이디어들로 아래와 같다.
▮ 화가 난다 ▮ 속상하다.
▮ 행복하다 ▮ 날아갈 듯 기쁘다.
▮ 자랑스럽다 ▮ 자신에 대해 뭔가 특별한 느낌을 갖는다.
▮ 외롭다 ▮ 친구가 아무도 없다.
▮ 슬프다 ▮ 행복하지 않다.
▮ 우스꽝스럽다 ▮ 사람들의 웃음거리가 된다.
▮ 두렵다 ▮ 무섭다.
아이들이 정한 정의를 단어의 옆에 적도록 한다.
2 아이들은 각 감정의 단어 옆에 그런 감정이 들었을 때의 자신의 느낌을 그림으로 나타낸다.
3 그런 감정을 느꼈던 때를 기록한다. 저학년 아이들의 경우, 말로 설명하게 하고 교사가 받아 적는다.
4 한쪽 면에는 그 감정을 나타내는 그림이나 사진을 오려서 풀로 붙인다.

SH46 ● 감정의 바퀴 ● 유~초1

목적 ▮ 다른 사람의 감정에 대한 감각을 증대시키고 자기 기분의 변화를 인지하도록 한다.

자료 ▮ 밝은 색깔의 색판지 혹은 카드스톡지, 고정핀, 펀치, 가위

활동 ▮ 색판지에 인쇄한 SH46 양식 2장. 한 장

은 일부를 자른 다음 나머지와 겹치게 놓고 고정핀으로 가운데를 고정시킨다.

학생들의 책상 위에 놓아두거나, 구멍을 내서 24cm짜리 실로 묶어서 매달아놓는다. 아이들이 전화 다이얼을 돌리듯이 겉 종이를 돌려 현재 자신의 기분을 나타내는 부분을 가리키게 한다. 다른 친구의 감정 바퀴를 보고 친구의 감정상태를 확인하도록 한다. 만약 어떤 친구의 기분이 '끔찍하다' 에 맞춰져 있으면 따뜻한 말과 친절한 태도로 대하도록 한다.

참고 ▮ 이런 활동은 우호성 영역에도 유용하다(5장 참조).

SH47 ● 나 메시지 ● 초1~초6

목적 ▮ 분노나 좌절감 같은 감정에 대처하는 법을 배우게 한다. 아이들에게 적절한 언어 사용법을 익히게 한다.

활동 ▮ 학생들에게 좌절감이나 감정적으로 힘든 때를 만났다고 가정하도록 한다. 이때 아이들은 저마다 그런 감정에 대처하는 이런저런 방식을 보여줄 것이다. 그러면서 우리의 감정을 어떻게 표현하느냐에 따라 결과가 달라지는지를 인지하게 한다.
예를 들어 또래와의 다툼에 대해서 생각해보도록 한다. 칠판에 이런 상황의 예를 목록으로 쭉 나열하고 각자 종이에 이외 일어날 수 있는 상황에 대해서 적도록 한다. 다음 기회에 사용할 수 있다.
▮ 복도를 걷고 있는데 누군가 지나가다 발을 걸어 넘어졌다.

▌매점에 길게 줄을 서 있다. 그때 누군가 내 앞에
　서 새치기를 한다.
▌시험을 보는데 누군가 옆에서 내 답안을 훔쳐
　본다.
▌누군가 내곁으로 오더니 아무 말도 없이 연필을
　들고 가버린다.
▌누군가 나를 복도에서 밀친다.
▌사물함에서 책을 꺼내고 있는데 누군가 지나가
　면서 문을 세게 닫아버린다.
▌누군가 나에 대한 나쁜 소문을 퍼뜨리고 다닌다.

　아이들로 하여금 이런 상황이라면 대개 어떻게
대처하는지를 토론하게 한다. 잠시 동안 토론을
진행시키고 나서 위에 예로 든 문제가 더 큰 싸움
으로 번지지 않고 해결될 수 있도록 대안을 제시
하게 한다. '내 기분 전하기'도 가능한 대안 중
하나가 된다.

　나 메시지 전하기 ▮
　이 프로그램은 교사가 예로 든 위의 여러 가지
상황 중 하나를 고르게 해서 상황을 먼저 인지하
게 한 다음 그런 일이 일어나면 아이들은 어떤 기
분이 드는지 물어보는 것이다.
　예를 들면
　사건 ▮ 누군가 나를 복도에게 민다.
　교사 ▮ 그럼 기분이 어떨까요?
　학생 ▮ 화나죠. 신경질나요.
　교사 ▮ 그럼 상대방한테 내가 얼마나 화가 났는
지 '내 안의 나'한테 편지를 쓰면 어떨까요? 그러
니까 "그 애가 나한테 그랬을 때 기분이 어땠는지

말해줄게"라고 시작하는 편지 말이에요.
　학생 ▮ 화가 났어요.
　교사 ▮ 자 이제 '내안의 나'한테 왜 화가 났는
지를 말하는 거예요. 왜 화가 났죠?
　학생 ▮ 나를 밀었어요.
　교사 ▮ 그럼 그 이유를 쓰는 거예요. "나는 아주
화가 났어…" 그러고 나서 왜 내가 화가 났는지
자세하게 이야기해주는 거예요.
　학생 ▮ 어떤 애가 나를 복도에서 밀어서 나는
아주 화가 났어.

　아이들이 일련의 과정을 이해할 때까지 역할
놀이를 계속한다. 교사는 '나 메시지 편지' 장면
을 묘사하는 포스터를 붙여서 아이들의 이해를
도울 수 있다.

+---+
| **나 메시지로 말하려면** |
| 1. 먼저 '나'로 시작하는 말로 시작한다. |
| 2. 내안의 나에게 내 기분이 어떤지 솔직하게 말한다 |
| 　(나는 화났어, 속상해). |
| 3. 누구 때문에 그렇게 화가 났는지 솔직하게 적는다 |
| 　(나는 ~가 내 연필을 말 없이 가져가서 정말 화가 났어). |
+---+

　아이들이 제안한 갈등과 감정유발 상황을 적어
복사해서 나누어주고 다음 프로그램에 이용한다.
먼저 학생들을 3~5명의 모둠으로 나눈다. 각 모
둠마다 여러 갈등 상황을 적은 종이를 나누어주
고 아이들은 돌아다니며 사건의 역할 놀이를 하
면서 서로 '나 메시지 전하기' 놀이를 한다.

자화상

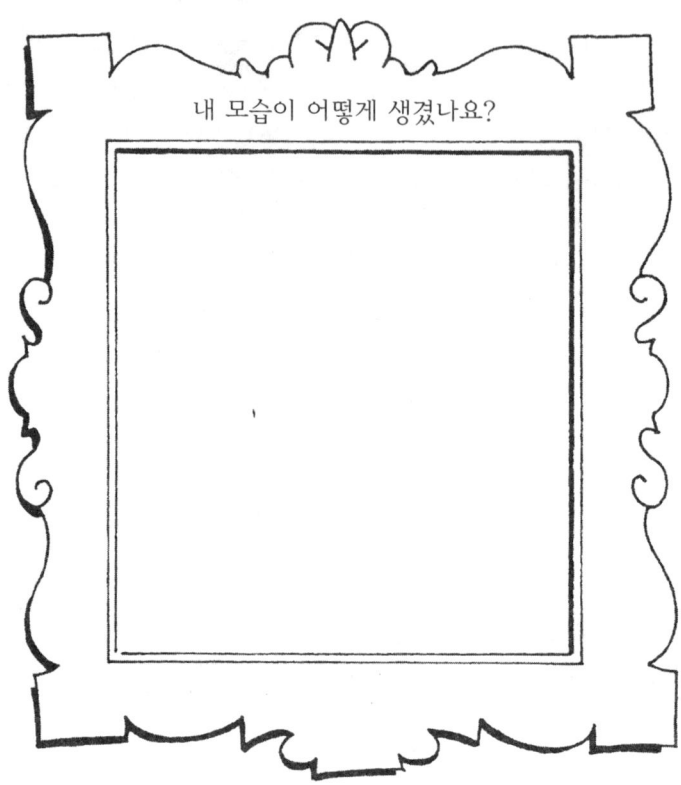

내 모습이 어떻게 생겼나요?

여러분을 한 번도 보지 못한 사람들에게 여러분의 모습을 묘사해봐요.

나에게 집중하기

1. 내 몸무게 : _____

2. 키 : _____

3. 머리카락 색깔 : _____

4. 눈 색깔 : _____

5. 이빨 빠진 개수 : _____

6. 안경 착용 여부 : _____

7. 주근깨 여부 : _____

8. 오른손잡이 또는 왼손잡이? : _____

9. 머리카락 스타일 : _____

10. 나에게 제일 잘 어울리는 색깔은? _____

나의 모습은 바로

나를 측정해보기!

측정자 : _____

방법 | 줄자를 이용해서 아래 제시된 항목들을 측정해보세요. 아마 친구의 도움이 필요할 겁니다.

[측정할 항목]

엄지 손가락 : _____	손 : _____
발 : _____	귀 : _____
머리 : _____	코 : _____
다리 : _____	웃음 : _____
머리 길이 : _____	어깨 넓이 : _____
발목에서 무릎까지 : _____	머리 둘레 : _____
엉덩이 둘레 : _____	손목 둘레 : _____
발목 둘레 : _____	

걸어다니는 손가락 인형

나 인형

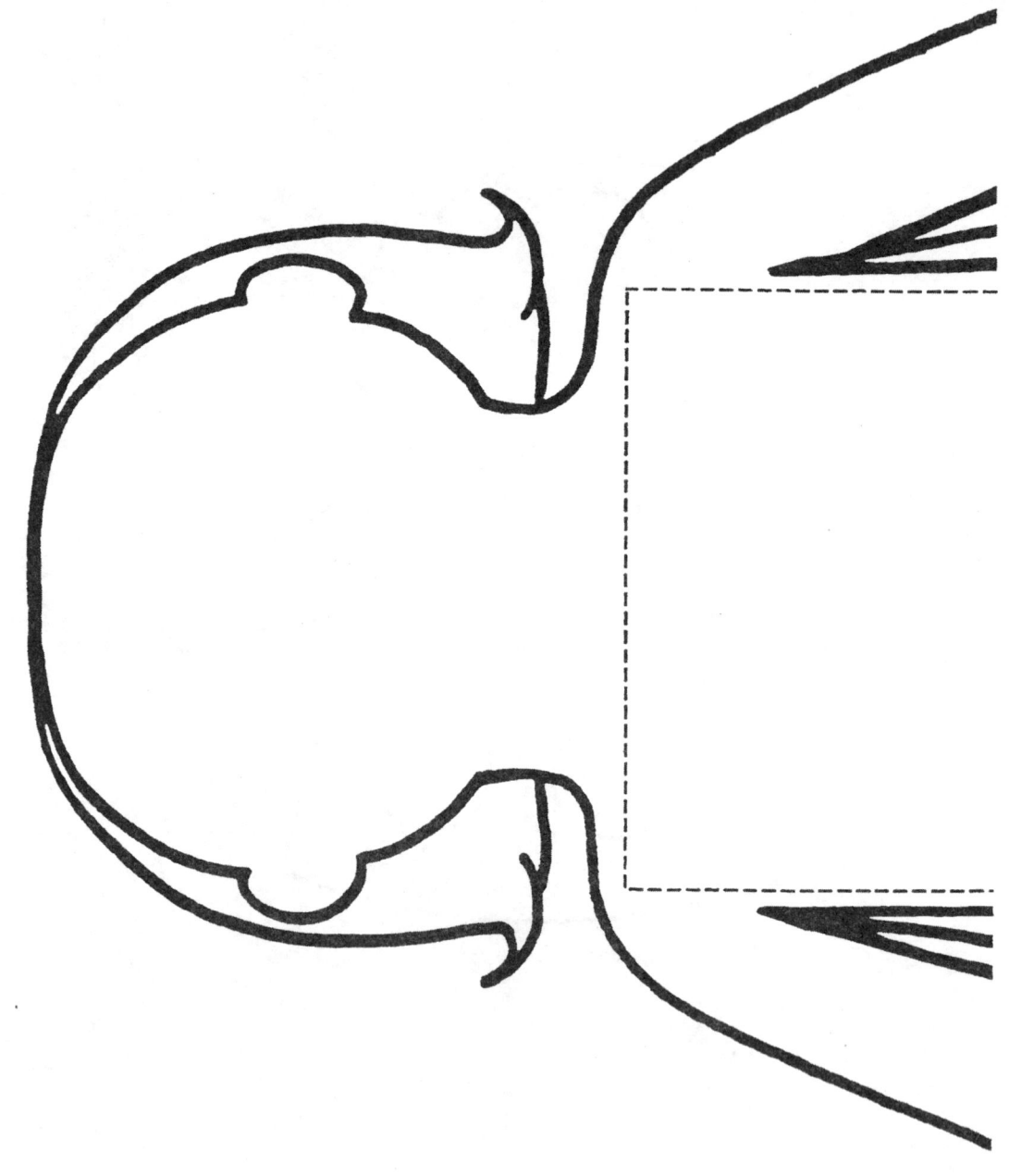

나 인형

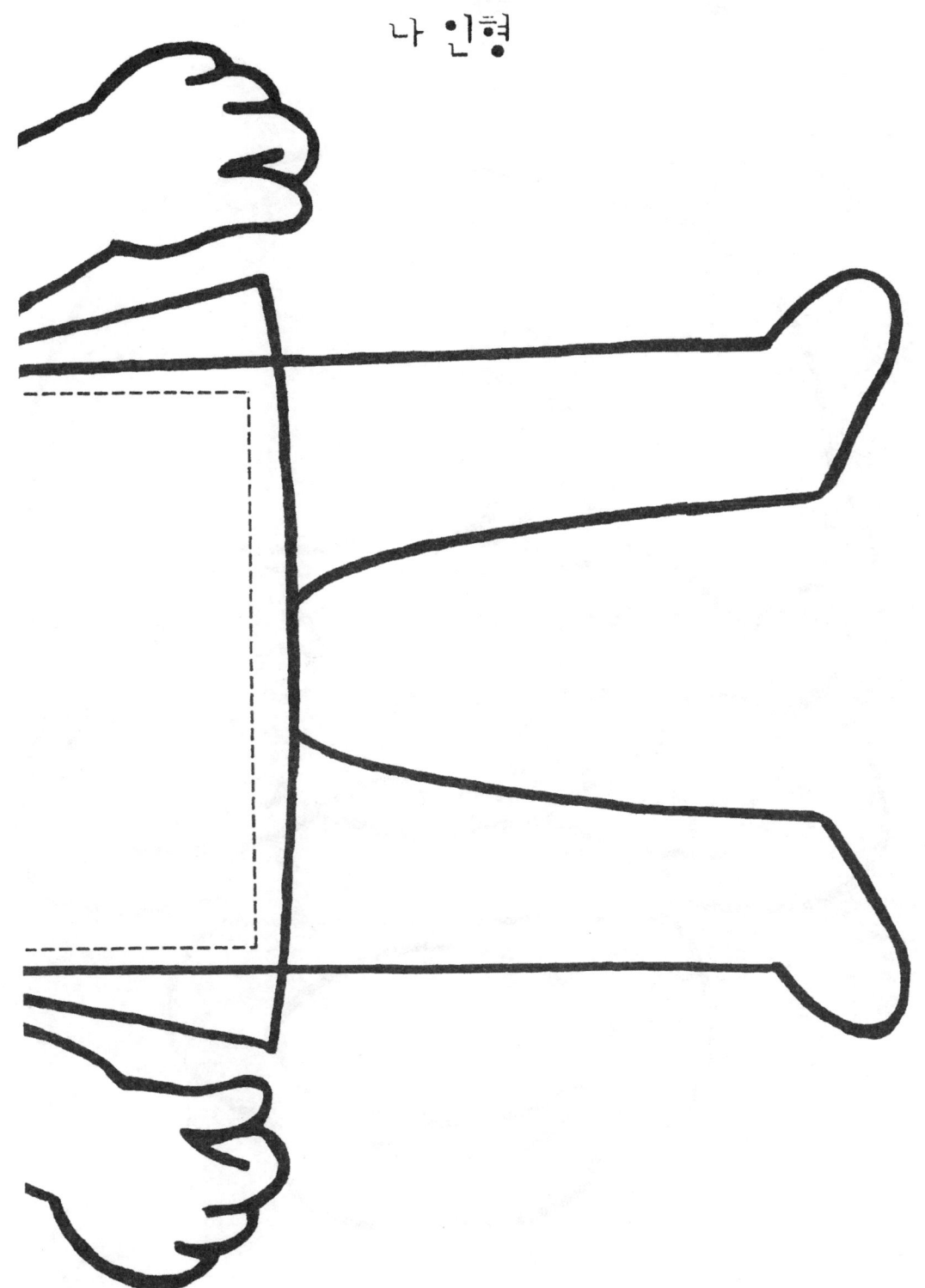

내 얼굴

내 손가락 인형

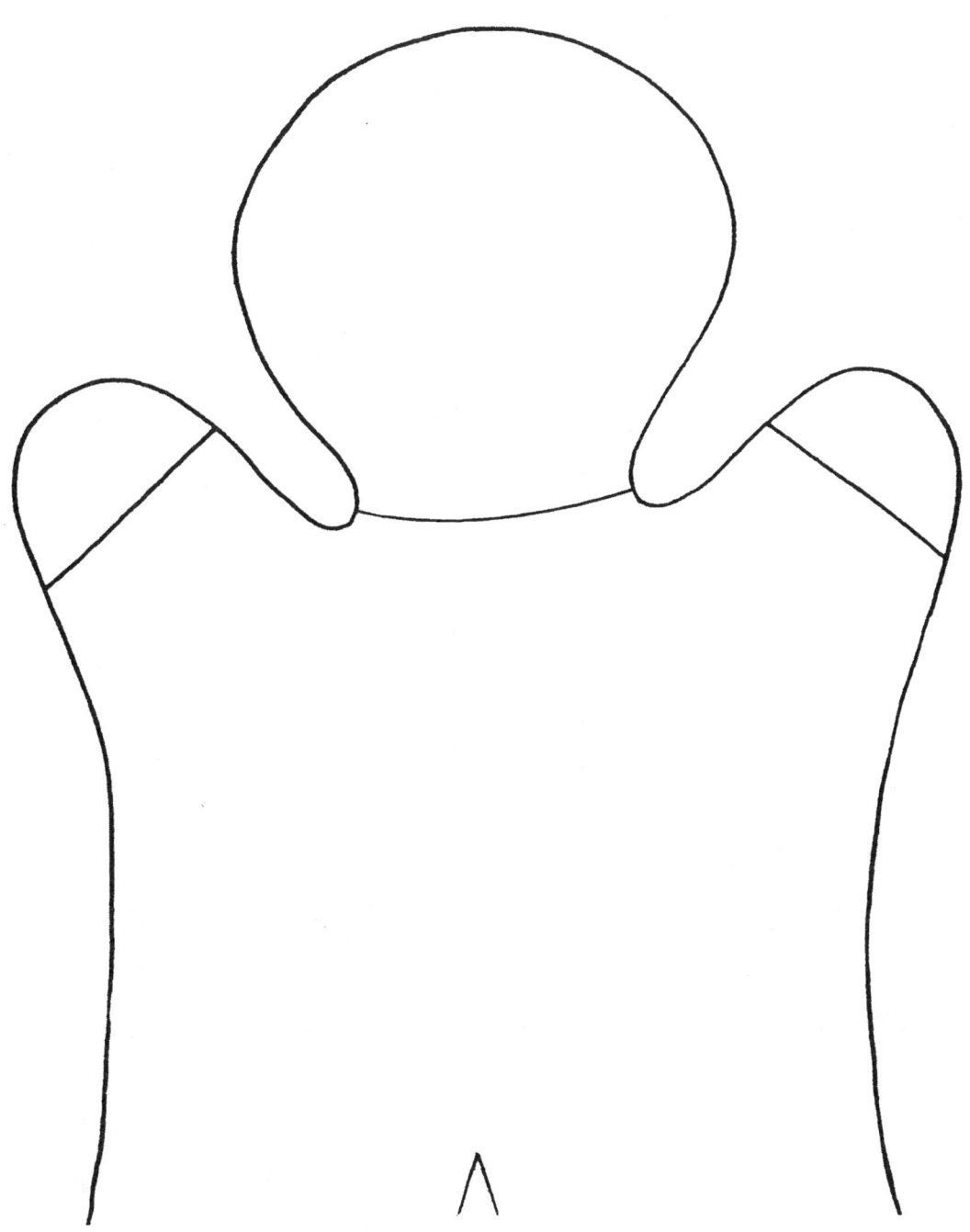

날짜별로 본 중요한 일들

지도 방향 | 여러분은 현재의 모습이 되기까지 여러 가지 일들을 경험했습니다. 이런 일들을 다시 생각해보고 어떤 일, 사건이 여러분에게 특히 중요했고 특별했는지를 살펴보세요. 여러분의 인생에서 가장 중요했던 일들이라고 생각했던 일을 각 항목 옆에 기록하세요.

● 아주 어렸을 적
- [ ] 생일
- [ ] 맨 처음 걸었을 때
- [ ] 맨 처음 말을 했을 때
  (부모님한테 물어보세요)

● 건강
- [ ] 병
- [ ] 수술
- [ ] 사고

● 슬펐던 일
- [ ] 사랑했던 사람의 죽음
- [ ] 가족의 불화 · 부모님의 이혼
- [ ] 이사

● 여행
- [ ] 아주 특별했던 여행
- [ ] 소풍
- [ ] 가장 좋아하는 곳

● 가족 행사
- [ ] 새로 태어난 동생
- [ ] 부모님의 새로운 직장

● 창조적인 시간들
- [ ] 미술
- [ ] 음악수업
- [ ] 춤 · 체육

● 운동
- [ ] 맨 처음 시작한 운동은?
- [ ] 받았던 상
- [ ] 태권도나 검도
- [ ] 어려웠던 점

● 교육
- [ ] 맨 처음 학교에 간 날
- [ ] 인상 깊은 선생님
- [ ] 학교 다니면서 힘들었던 일

● 나에게 중요한 사람들
- [ ] 나와 우정을 쌓은 친구
- [ ] 나와 싸웠던 친구

● 기타

1. 타임 라인에 있는 종이끈을 이용해서 각자 살면서 겪은 중요했던 사건을 적게 한다. 즉 위에서 표시한 사건을 종이끈에 적는다.
2. 각자 쓴 종이끈 위의 일들을 쭉 읽어보고 시간별로 순서대로 배열해 적는다. 가장 마지막에 오는 사건은 최근에 일어난 일이어야 한다.
3. 마분지 맨 밑에 줄을 긋고 시간을 표시한다.
4. 각 사건을 적은 종이끈을 시간 표시 줄에 일렬로 붙인다.

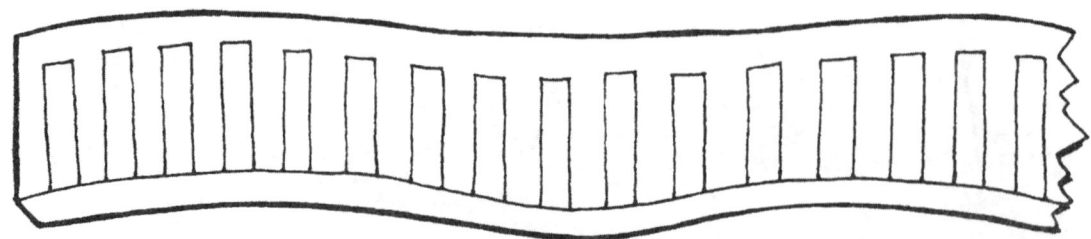

나의 삶을 영화로 표현하기

나를 이루는 것들

우리는 여러 부분으로 이루어져 있어요. 특별한 경험들은 특히 우리의 인성을 형성하는 데 큰 영향을 미칩니다. 긍정적이거나 혹은 부정적인 여러 가지 사건들은 우리 자아를 구성하는 퍼즐 조각과 같다는 말이죠.

지도 방향 | 각 퍼즐 조각마다 우리 인생에서 중요했던 경험을 한 가지씩 적어보게 한다. 날짜를 기억한다면 몇 살 때였는지도 기록하게 한다. 기억하기 쉬운 일도 있고 기억이 잘 안 나는 것도 있겠지만 가능하면 1년 단위로 되짚어보면서 그 나이 때 어떤 일이 일어났었는지 기억하도록 유도한다. 예를 들어 "내가 여섯 살 때, 할머니가 우리랑 함께 살기 시작했다." 이러한 기억을 단서로 여러 가지가 떠오르게 돕는 것이다.

나는 누구인가?

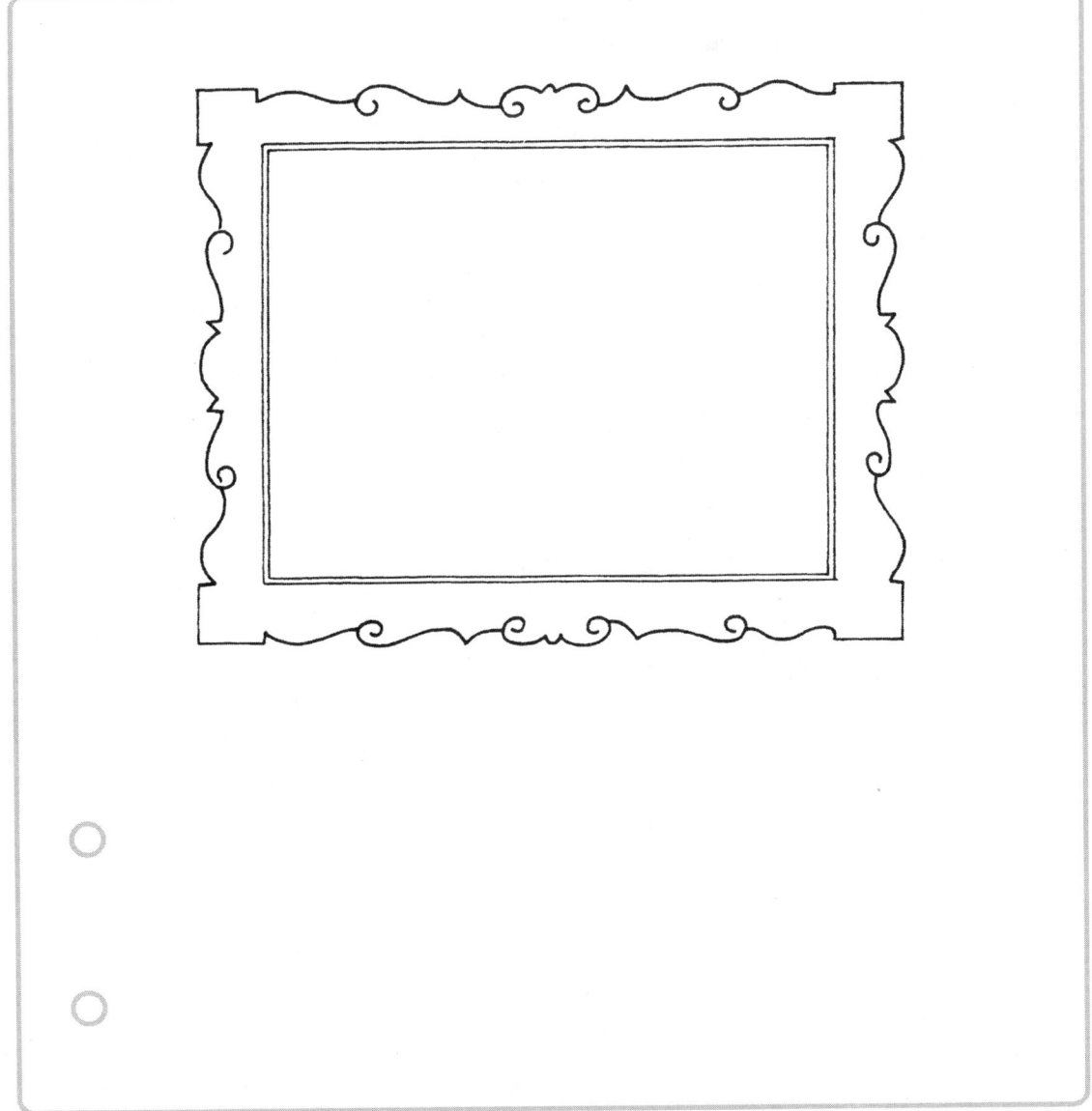

나는 누구인가? 한 줄로 적어보기

○ 나는 _____
○ _____ 이다.

○ 나는 _____
○ _____ 이다.

○ 나는 _____
○ _____ 이다.

○ 나는 _____
○ _____ 이다.

나의 방패

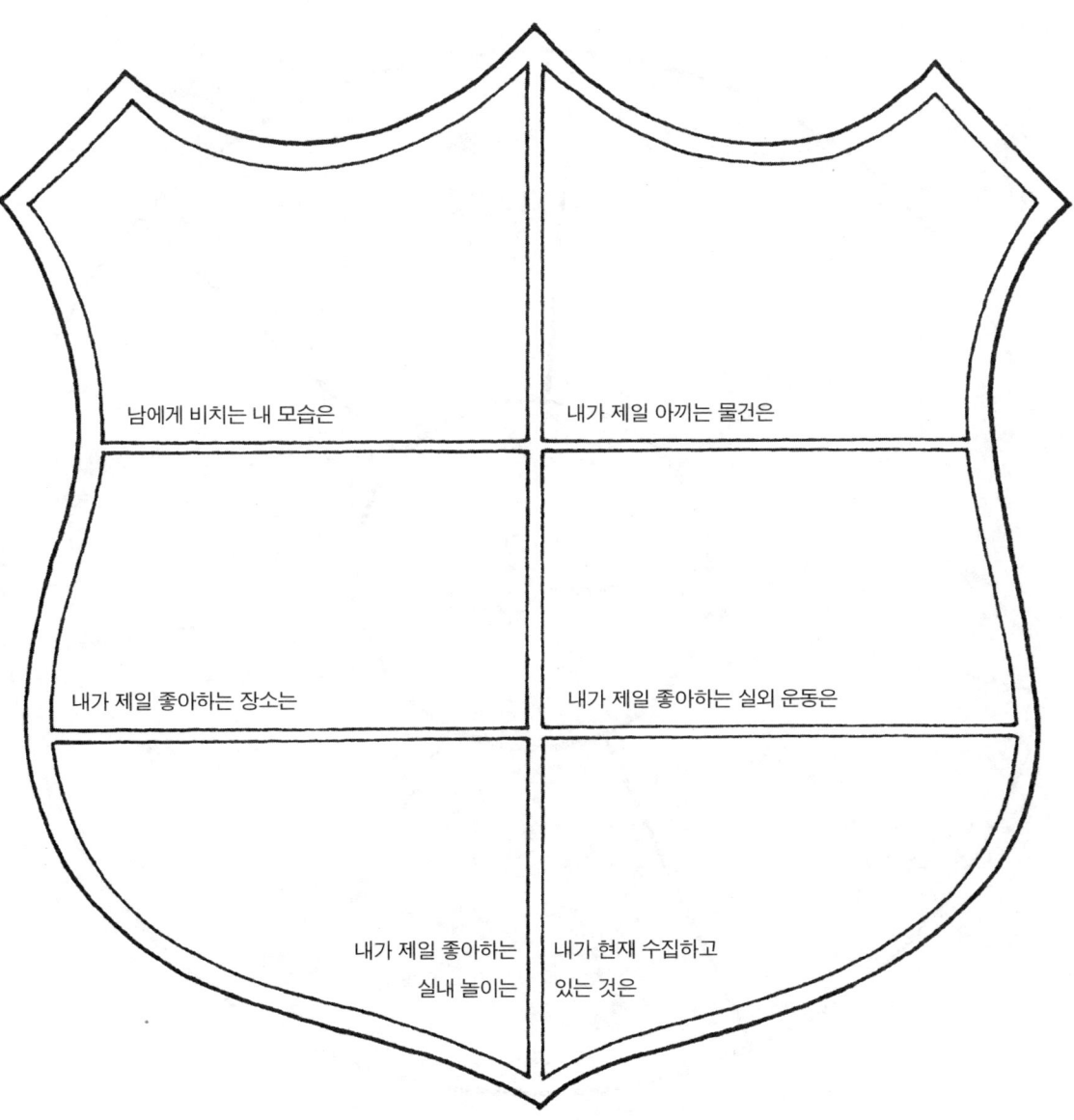

남에게 비치는 내 모습은

내가 제일 아끼는 물건은

내가 제일 좋아하는 장소는

내가 제일 좋아하는 실외 운동은

내가 제일 좋아하는
실내 놀이는

내가 현재 수집하고
있는 것은

내가 좋아하는 것들

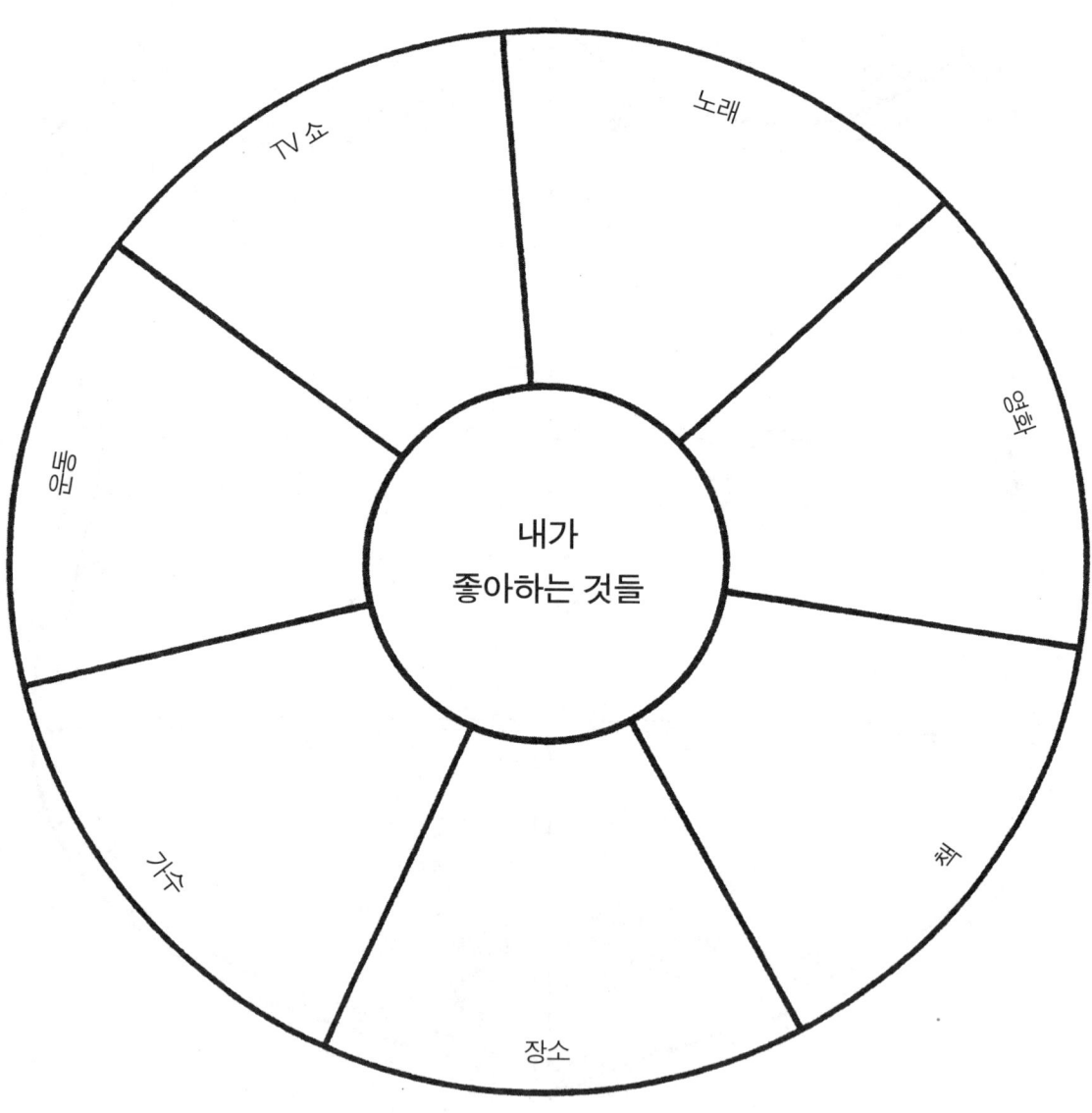

노래

TV쇼

영화

내용

내가
좋아하는 것들

책

가수

장소

영사기 만들기

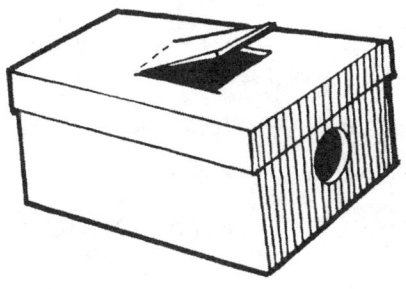

1. 뚜껑이 있는 상자를 구한다.
2. 상자 옆면에 동그란 구멍을 만들어 들여다볼 수 있게 한다.
3. 뚜껑 부분에 여닫을 수 있는 조그만 문을 하나 만든다.
4. 상자 안에는 여러분이 과거에 일어난 좋은 일을 담은 그림을 그린다.

준비물_종이, 가위, 사인펜, 풀, 뚜껑 있는 상자

02

친구에게 편지쓰기

우리의 인생에서 중요하다고 생각되는 친구에게 편지를 쓴다. 그 친구에게 그가 왜, 얼마만큼 나에게 특별한지 알린다.

03

나는 모빌이 좋아요

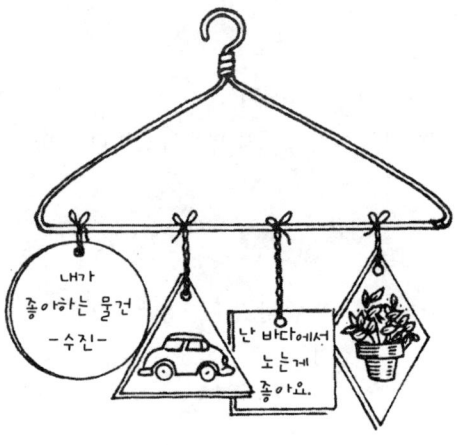

1. 색판지로 4가지 서로 다른 모양의 도형을 만든다. 본을 사용해도 좋다.

2. 각 도형의 윗부분에 여러분이 좋아하는 물건을 그리거나 오려붙인다.

3. 도형의 뒷면에는 왜 그 물건을 좋아하는지 기록한다.

4. 철제 옷걸이에 끈을 달은 도형을 매단다.

준비물_종이, 펀치, 잡지

04

나를 광고하기

종이에 나를 칭찬할 만한 일을 적는다. 처음 만나는 사람도 나를 좋아하게끔 나를 광고하고 물건처럼 판다고 생각한다. 예를 들어, 내가 어떻게 생겼고 성격은 이렇고 어떤 일을 잘하고 친절한지 적는다.

05

나는 모빌이 좋아요

준비물_줄자, 종이, 연필

1. 아래에 적힌 내 신체부위의 치수를 재고 종이에 적어둔다. 각 신체 부위가 인쇄된 그림에
   자신의 치수를 적어놓는다.

   - 머리
   - 무릎
   - 팔 길이
   - 목
   - 발
   - 다리 길이
   - 허리 둘레
   - 손 길이
   - 키

내 얼굴 마스크

1. 색판지에 눈 부분을 오려 마스크로 쓸 수 있게 한다.
2. 마스크를 장식한다

준비물_크레파스, 국수, 솜, 사인펜, 크레이프지, 색판지,
실, 단추, 화장지, 리본, 벽지, 물감 등

내가 살아온 길

1. 나만의 인생을 한편의 영화로 만든다.

2. 마분지를 길게 3×36cm로 자른다.

3. 끝에 연필을 놓고 몇 차례 돌돌 말아둔다.

4. 끝에 테이프를 붙인다.

5. 크레파스, 사인펜, 잉크펜으로 내가 살면서 겪은 일 중 중요한 일을 그린다.

6. 말아두었다가 나중에 다른 친구들에게 보여주며 설명한다.

배너

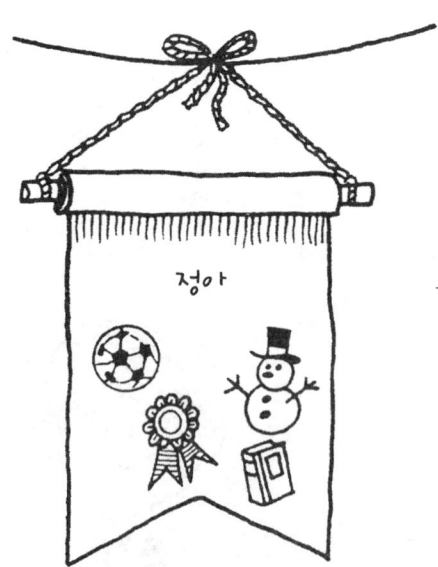

1. 나에 대한 배너를 만든다. 카드보드지, 벽지 색판지, 혹은 두툼한 포장용 종이

2. 그림을 그리거나 관련 물건을 오려서 붙인다. 내가 좋아하는 것, 취미, 가족에 관한 일을 나타낼 수 있다. 물감, 그림을 오린 종이, 실, 잡지, 크레파스, 펠트펜

3. 다 완성되면 종이(세탁소에서 가져오는 옷걸이에 씌워져 있는)를 붙여서 줄에 걸어놓는다. 양쪽을 단단하게 맨다.

09

콜라주

1. '나' 라는 글자를 크게 색판지에 그려서 오린다.
2. '나' 라는 글자를 여러 조각으로 나눠 표시한다.
3. 각각의 조각에 평소 즐겨하는 일을 그린다.
3. 그림에 대한 설명을 짤막하게 쓴다.

10

손가락 인형

1. 갈색 종이 봉투를 준비해서 밑바닥에 얼굴을 그리고 접히는 부분에 입술을 그린다. 턱은 옆면으로까지 넘어가게 그린다.
2. 나머지 얼굴모양을 그리고 장식한다 – 종이, 국수가락, 실, 달걀판 조각, 헝겊, 벽지 샘플, 장식품, 파이프 클리너
3. 봉투의 나머지를 장식하고 자신만의 신체적 특징을 표시하도록 한다.

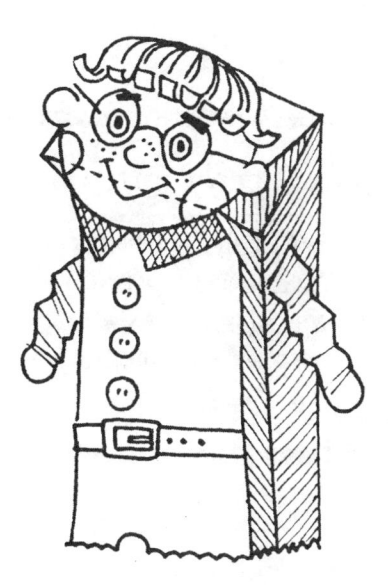

11

내 꿈

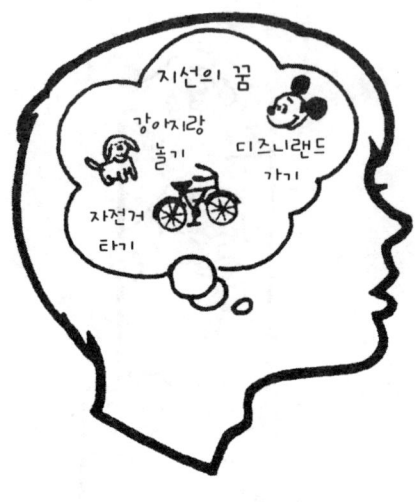

1. 머리모양의 그림을 그리고 오린다(내 몸의 형태 만 그린 그림을 준비해도 좋다. 벽에 기다란 종이를 놓고 친구에게 내 몸 형태대로 가장자리를 그려달라 고 한다).

2. 오린 다음, 각자 앞으로 하고 싶은 것, 가고 싶은 곳, 되고 싶은 것 등을 그림으로 그린다.

12

광고 포스터

- 친구 구함 -

갈색 눈, 검은 머리의 여자 아이로 사람들이 이 여자 아이를 좋아했으 면 함. 나이는 9세, 운동을 잘함. 테 니스도 곧잘 하고 승마도 좋아함. 친 구가 되어주세요.

1. 뉴스에 자신을 광고한다고 가정하고 사람들에 게 내가 잘하는 것과 신체적인 특징들을 설명 한다. 나라면 다른 사람에게 나를 어떻게 광고 할 수 있을까?

2. 종이에 광고를 쓰는데 글자는 30자 이내로 한정한다.

13

반짝 반짝 별 만들기

1. 노란색 색판지에 별 모양 본을 뜨고 오린다.

2. 가운데에 각자의 모습을 그리고 색칠을 한다.

3. 뽀족한 부분마다 자신과 관계된 것(내가 자랑스러워하거나 잘하는 일)을 적는다.

4. 반짝이로 장식해도 좋다. 한쪽에 구멍을 내고 실을 걸어놓는다.

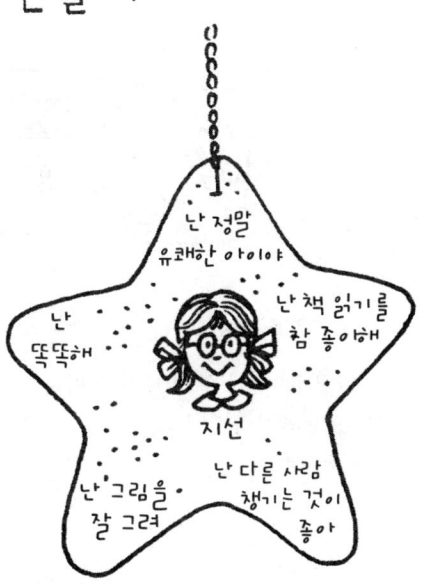

14

특별한 사람

1. 색색으로 2개의 원을 오린다. 가운데 내 얼굴을 그린다.

2. 다른 색으로 네 개의 또 다른 원을 준비한다. 이 때 앞서 만든 원보다 1.5cm씩 더 크게 만든다.

3. 큰 원에서 작은 원 순서대로 중심 위에 덧붙인다.

4. 각 원에 내게 특별한 사람들의 이름을 적고 옆에 특별한 이유를 적는다.

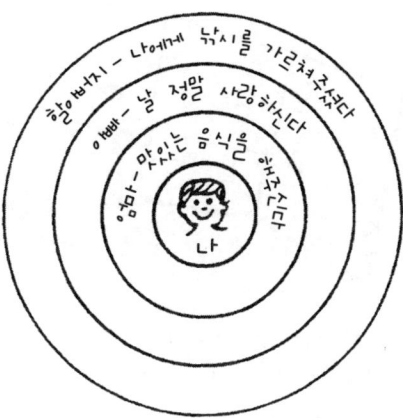

아이들의 내면적인 자아관 확립시키기 : 자아관 형성 - - - - 171

타임캡슐

15

1. 각자의 생활에 대해서 생각해본다. 어떻게 하면 오늘의 일을 나중에도 기억할 수 있을까?

2. 긴 마분지를 이용해서 내가 좋아하는 일과 관련된 사진을 오려붙이거나 그림을 그린다. 손바닥 도장, 좋아하는 음식, 좋아하는 책, 발바닥 그림, 좋아하는 영화, 좋아하는 친구, 가족사진, 뉴스 첫 면 등

3. 돌돌 말아서 잘 간직한다.

준비물_ 종이, 타올 튜브, 잡지, 풀, 가위, 포장지 10×36cm

나와 나 아닌 모습

16

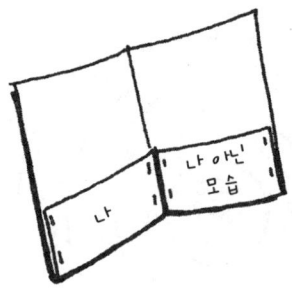

준비물_ 잡지, 풀, 가위, 12장의 3×5cm 카드, 사인펜, 9×12cm 색판지, 스테이플.

1. 9×12cm 짜리 폴더를 만든다. 옆면을 3×12cm 가량 접는다. 가장자리를 따라 스테이플을 찍어 주머니처럼 만든다.

2. 폴더의 가운데를 접는다.

3. 각 주머니에 '나' 와 '나 아닌 모습' 으로 이름을 붙인다.

4. 잡지에서 내가 좋아하는 것과 싫어하는 것의 그림을 오려서 카드에 붙인다. 총 12장 정도 만든다.

5. 이제 카드를 폴더의 각각 주머니에 나누어서 넣는다.

내 인형걸이

17

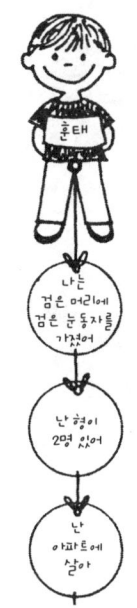

1. 색판지로 자신을 닮은 인형을 그려오린다.

2. 지름 6cm 짜리 원을 만든다.

3. 각 원에 자신에 관한 일을 적는다.

내 모습, 가족, 자랑할 만한 일, 취미나 좋아하는 것 등

4. 각 원에 위 아래로 2개의 구멍을 내고 5cm 짜리 실로 묶어서 엮는다. 내 인형의 배꼽에도 구멍을 내서 역시 실로 묶어 매듭을 짓는다.

준비물_펀치, 실, 사인펜, 종이, 풀, 가위

포스터

18

1. 잡지에서 나를 상징할 만한 그림을 찾아서 오린다.

2. 커다란 종이에 그림을 붙인다.

3. 맨 위에 이름을 적는다.

준비물_잡지, 가위, 풀, 종이

감정 사전

저자 :

서명 :

다른 사람의 표정들

멍함

나는 어떻게 보이나요

이럴 때 내 느낌은요

01

14

다른 사람의 표정들

화남

나는 어떻게 보이나요

이럴 때 내 느낌은요

13

02

다른 사람의 표정들

겁에 질림

나는 어떻게 보이나요

이럴 때 내 느낌은요

03

12

다른 사람의 표정들

행복함

나는 어떻게 보이나요

이럴 때 내 느낌은요

11

04

다른 사람의 표정들

슬픔

나는 어떻게 보이나요

이럴 때 내 느낌은요

05

10

다른 사람의 표정들

외로움

나는 어떻게 보이나요

이럴 때 내 느낌은요

09

06

다른 사람의 표정들

자신감

나는 어떻게 보이나요

이럴 때 내 느낌은요

07

08

감정 수레바퀴

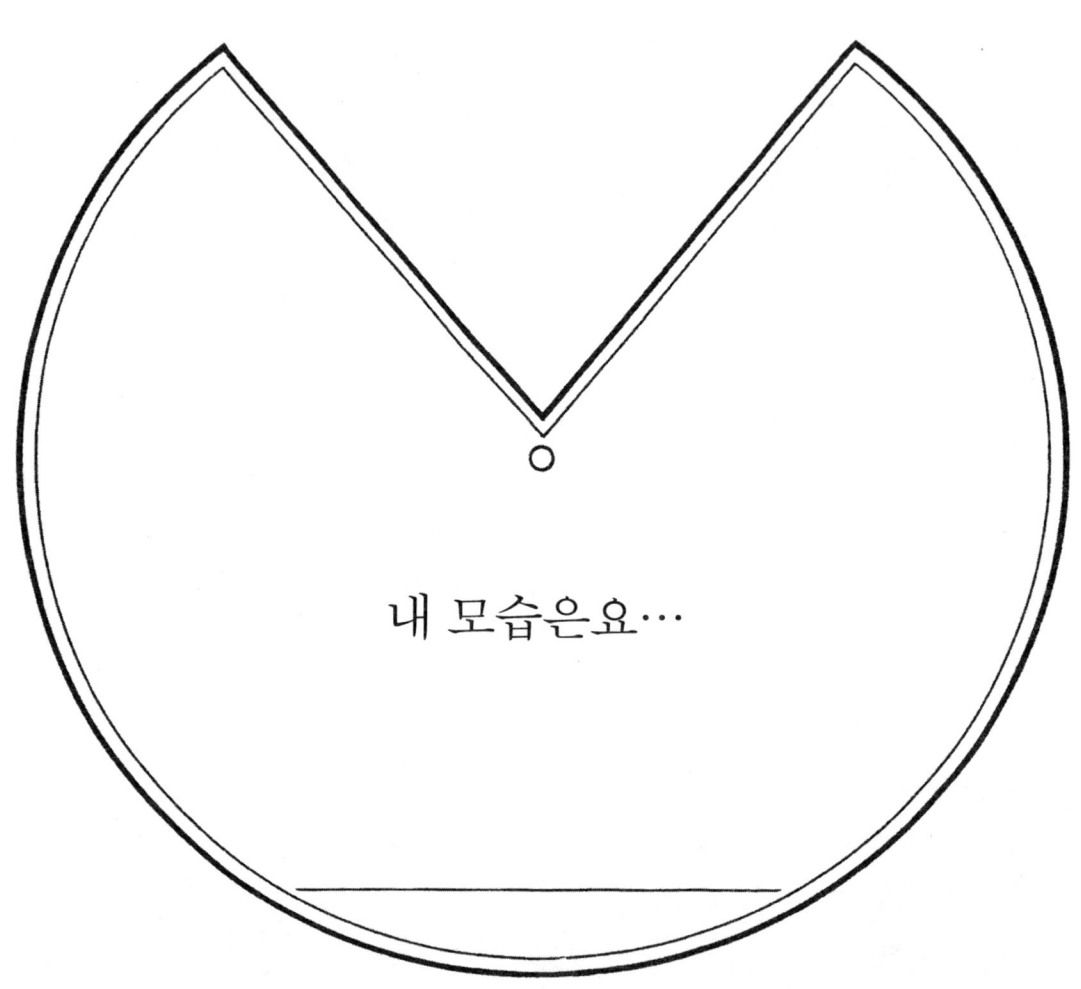

내 모습은요…

감정 수레바퀴

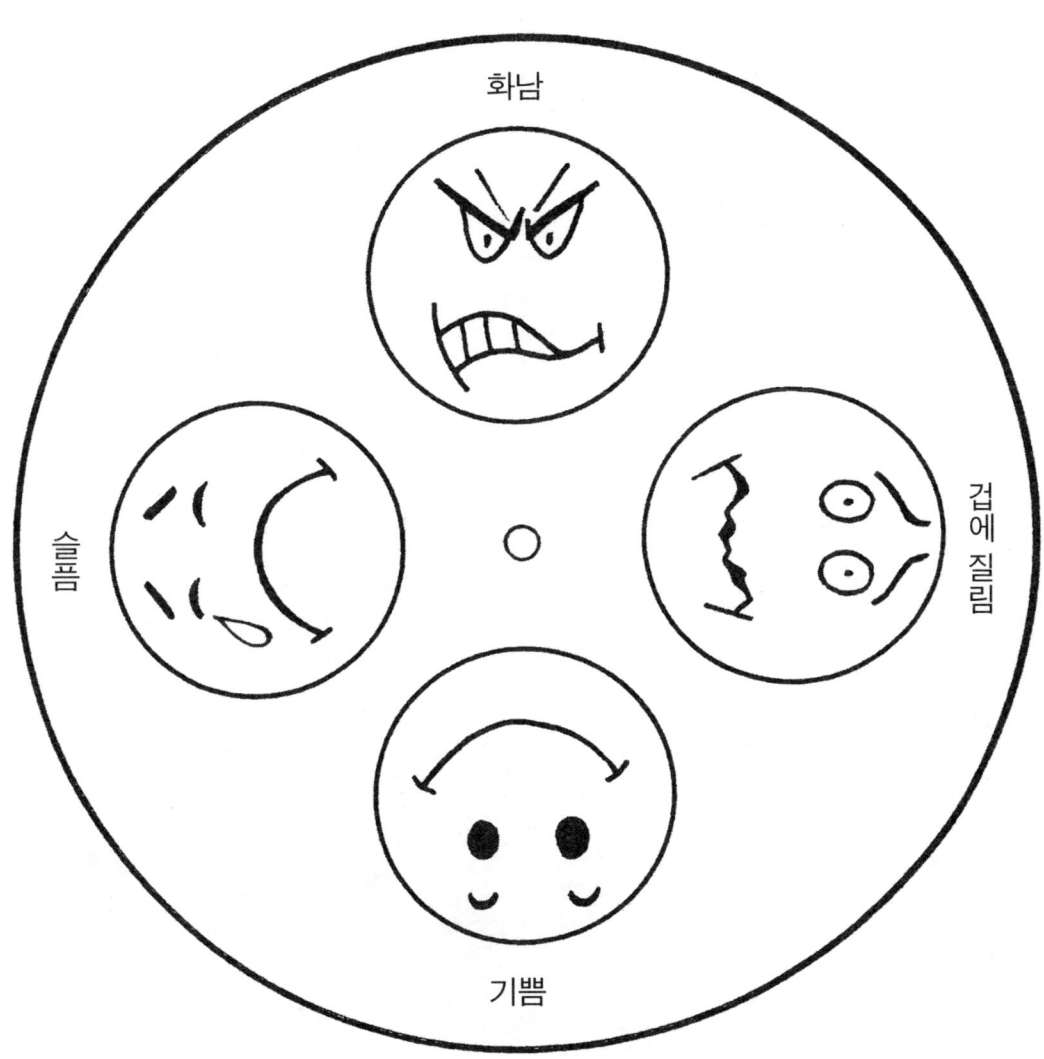

5

협동 정신

우호성 기르기

자존감 키우기 도우미의 역할

- 모둠별 · 또래별 상호 존중과 인정의 개념을 증진시킨다.
- 다른 사람의 관심, 능력 그리고 개인적인 사항에 대해 알 수 있는 기회를 제공한다.
- 우정을 가꾸어 나가는 기술을 향상시킨다.
- 또래 친구들과의 협력 관계를 증진시킨다.

 우호성에 대한 개요

　우호성이란? 소속감, 중요하다고 생각되는 사람과 관계맺기, 다른 사람으로부터 우호적인 도움을 받고 인정받고 존중받고 있다는 느낌.

 관련 자료들

자존감이란 우리가 다른 사람에게서 인정받는 것과 관련 있다. 자아관을 잠식하는 요소 중 하나는 바로 아이들이 친구를 사귀지 못하는 것이다.
– 제임스 돕슨*James Dobson*, 《Hide or Seek, 1974》

수줍음을 타는 아이는 자존감이 약하기 마련이다. 수줍음을 타고 내성적인 사람들은 특별한 기술이나 능력을 가지고 있음에도 불구하고, 혹평을 받을까 두려워한다.
– 필립 G. 짐바르도*Philip G. Zimbardo*, 셜리 L. 랄*Shirley L. Radl*, 《The Shy Child, 1982》

아이들이 자신에 대해서 느끼는 감정은 친구 사귀기에서 얼마나 성공적이냐에 따라 달라진다. 아이들은 자존감이 충만해야 사회적인 문제를 풀 수 있는 능력을 갖출 수 있다. 사랑하고 있고 또 사랑받고 있다는 느낌은 다른 사람과의 우호적인 관계를 더욱 증대시킨다.
– 찰스 스미스*Charles Smith*, 《Promoting the Social Development of Young Children, 1982》

 자존감 키우기 도우미의 역할

▌모둠별·또래별 상호 존중과 인정의 개념을 증진시킨다.
▌다른 사람의 관심, 능력 그리고 개인적인 사항에 대해 알 수 있는 기회를 제공한다.
▌우정을 가꾸어 나가는 기술을 향상시킨다.
▌또래 친구들과의 협력 관계를 증진시킨다.

　참고 ▌아이들이 모둠의 구성원으로서 일정한 역할을 하도록 돕는 것은 자존감 향상을 위한 초석이 된다(8장 주제별 모둠 활동 참조).

 우호성이 약한 아이들이 보여주는 행동상의 특징들

▌친구를 사귀고 유지하기 힘들어한다.
▌사람보다는 물건에 더욱 집착한다.

▌다른 사람 말에 쉽게 영향을 받는다.

▌또래 아이들 속에서 떨어져 늘 혼자 있는 것처럼 보인다.

▌모둠별 활동을 아주 불편해하는데 이는 결과적으로 위축, 과묵함, 무뚝뚝하거나 과장된 태도, 수줍어하거나, 비협력적, 독점적인 모습으로 나타난다.

▌다른 사람을 놀리거나 거부하고, 자기 감정에 섬세하게 반응하지 않는다.

▌다른 사람들이 자신을 중요하게 대하지 않는다고 생각한다.

▌남들의 동의나 관심을 끌기 위해 과도하게 자랑하거나 떠벌린다.

▌또래보다는 어른과 우호적인 관계를 맺으려 한다.

▌다른 친구들이 별로 끼워주지 않으려 한다.

우호성이 좋은 아이들이 보여주는 행동상의 특징들

▌우정을 이해하고 새로운 관계를 곧잘 맺는다.

▌다른 사람을 도와주고 협력적으로 행동한다.

▌모둠별 활동을 꺼려하지 않는다.

▌쉽게 또래의 인정을 받는다.

▌적절한 사회적 능력과 기술을 발휘한다.

▌다른 사람이 자신을 우호적으로 보고 있다고 생각한다.

모든 학생들이 위에 적힌 것처럼 똑같이 행동하지는 않을 것이다. 어떤 부분에서는 아주 비슷하고 어떤 부분에서는 다소 맞지 않을 수도 있다. 학생이 어느 정도로 우호성을 가지고 있는지를 알고자 한다면 학생 자존감 평가서, 부록(B-SET)를 작성하게 하라. 이 평가서는 아이들의 자존감의 발달정도를 측정하는 방식으로 주기적으로 업데이트될 수 있다. 이런 평가서는 또한 어떤 활동이 교사의 학급에 적당한지 결정하는 데도 유용할 것이다.

우호성 활동 목록

코드	학년	제목	사회	과학	쓰기	읽기	수학	미술	문학
A1	유~초6	소속감을 키워주는 독서	○			○			○
A2	유~초4	공통점			○	○			
A3	유~초6	친구를 알려주는 바퀴			○	○		○	
A4	초1~초6	짝 이름 콜라주			○	○		○	
A5	유~초4	우리 반을 알려주는 책		○	○				

번호	대상	활동명						
A6	유~초2	수수께끼		○				
A7	유~초1	우정 그래프				○		
A8	유~초1	좋아하는 책		○	○	○		○
A9	유~초4	알쏭달쏭 친구		○				
A10	유~초6	우정 수수께끼		○				
A11	유~초6	VIP 센터		○	○		○	
A12	유~초6	부모님께 쓰는 편지	○	○				
A13	유~초4	우정의 편지		○			○	
A14	유~초1	오늘의 왕 · 여왕		○	○		○	
A15	유~초1	사자 만들기		○			○	○
A16	유~초6	펜팔	○	○				
A17	유~초6	우정의 행동			○			
A18	유~초2	서로서로 돕기			○			
A19	유~초6	친구 인터뷰			○		○	
A20	초2~초6	친구란 무엇인가?	○	○	○	○		
A21	유~초3	우정의 비법		○	○		○	
A22	유~초3	우정의 수레바퀴		○	○			
A23	초2~초6	우정의 열쇠	○	○			○	
A24	유~초2	말로 하는 선물		○	○			
A25	유~초6	우정의 친구		○	○			
A26	유~초6	우정 보고서		○	○			○
A27	유~초6	친절한 행동 기록하기	○	○				
A28	유~초6	착한 행동 기록하기	○	○				
A29	유~초2	나만의 우정 보고서	○	○				○
A30	유~초6	우정에 관한 책	○					○
A31	유~초6	우정 목표	○	○				
A32	유~초1	우정의 햇살	○	○			○	
A33	유~초6	배려하는 말		○				
A34	유~초6	친절한 행동 달력		○		○		
A35	유~초4	우정 센터		○			○	
A36	유~초6	모둠 센터 · 상장	○	○	○		○	
A37	유~초1	우정의 매듭	○					
A38	유~초4	줄줄이 칭찬걸이		○	○		○	○
A39	유~초6	내가 쓴 글씨		○	○			
A40	유~초6	친절과 성취욕구에 관한 책	○		○			○

상호 인정과 개방성을 증진시켜주는 활동들

코 드	학 년	제 목
S17	유~초6	시간별 친구
S18	유~초3	이름 맞추기
S20	초2~초6	친구 알아보기
S21	유~초6	친구 인터뷰
S22	유~초1	친구의 관심사항 알아보기
S23	초1~초2	친구를 찾아라

 또래 간 인정과 협력을 북돋아 주기 위한 활동들

코 드	학 년	제 목
S24	유~초6	반짝 반짝 기운나는 말들
S25	유~초3	스마일 북
S26	유~초4	칭찬을 담은 상장
S27	유~초6	비밀 친구
S28	유~초2	스마일 파일
S29	유~초2	스마일 캔
S30	유~초6	친구를 기분 좋게
S31	유~초2	우리 반 기분 도우미1
S32	유~초1	우리 반 기분 도우미2
S34	유~초6	친구에게 보내는 편지
S35	유~초6	칭찬과 격려 한마디
S37	유~초6	한 달 동안 고운 말 하기

 아이들의 우호성을 향상시키는 주제별 모둠 활동들

코 드	학 년	제 목	모 둠
CC25	유~초6	햇살	전체 · 모둠
CC26	유~초3	반짝이 상자	전체
CC27	유~초6	배너	전체 · 짝
CC28	유~초6	친구 알아보기	전체 · 모둠
CC29	유~초6	그림 퍼즐	전체 · 모둠

코드	학년	제목	모둠
CC30	유~초6	우리는 모두 별	전체 · 모둠
CC31	유~초6	수수께끼	전체 · 모둠
CC32	유~초3	말없는 미소	전체 · 모둠
CC33	유~초2	말로 하는 선물	전체 · 모둠
CC34	초1~초6	말의 힘	모둠
CC35	유~초1	안경 모둠	전체 · 모둠
CC36	유~초3	햇살	전체 · 모둠
CC37	유~초6	친구를 소개하는 가방	전체 · 모둠
CC38	유~초6	친구를 칭찬하는 가방	전체 · 모둠
CC39	유~초6	이름 포스터	전체 · 모둠
CC40	유~초6	칭찬	전체 · 모둠
CC41	유~초6	칭찬 걸이	모둠
CC42	유~초3	공을 돌려라	전체 · 모둠

 ## 아이들의 우호성을 증진시켜줄 학교차원의 활동들

코 드	학 년	제 목	모 둠
SW1	유~초6	자존감 티켓	안정감
SW2	유~초6	자존감 상장	안정감
SW3	유~초6	모범상	안정감
SW4	유~초6	모범상2	안정감
SW5	유~초6	칭찬 티켓	안정감
SW6	유~초2	상장 양식	안정감 · 자아관
SW7	초1~초6	모범 학생상	안정감 · 자아관
SW8	유~초6	종이 돈 놀이	안정감
SW9	유~초4	자존감 나무	안정감 · 자아관
SW10	유~초6	우정위원회	안정감 · 우호성
SW11	유~초6	이름표 교환	안정감 · 우호성
SW12	유~초6	새로운 친구는 누구?	자아관 · 우호성

아이들의 우호성을 증진시키는 교사의 행동 체크리스트

방향 | 학생들의 안정감을 향상시키는 데 있어 교사의 기술과 능력을 자가 평가하기 위한 것으로 다음과 같은 항목에 답하시오.

교사로서	전혀	가끔	종종	항상
1 아이들이 타인에게 인정받고 있다는 걸 느낄 수 있는 기회를 많이 제공하고 있는가?	☐	☐	☐	☐
2 모든 아이들에게 모둠 활동에 다같이 참가할 수 있도록 하고 있는가?	☐	☐	☐	☐
3 아이들이 모둠의 구성원으로서 저마다의 역할을 가지고 활동에 기여하도록 구성하는가?	☐	☐	☐	☐
4 학생들이 친구끼리 우정을 만들어나가는 데 필요한 능력을 얻도록 도와주고 있는가?	☐	☐	☐	☐
5 아이들이 또래를 인지하고 서로 용인할 수 있는 활동의 기회들을 많이 제공하고 있는가?	☐	☐	☐	☐
6 아이들이 서로 인정하고 협력할 수 있도록 격려하고 있는가?	☐	☐	☐	☐
7 학급 아이들이 서로의 관심사항과 능력 그리고 배경에 대해서 알 수 있도록 기회를 제공하고 있는가?	☐	☐	☐	☐
8 아이들이 뭔가 성취했을 때, 서로 칭찬하도록 가르치고 있는가?	☐	☐	☐	☐
9 아이들이 또래 친구들의 감정과 그들에게 필요한 것에 대해서 다소 민감하게 인지할 수 있는 분위기를 조성하고 있는가?	☐	☐	☐	☐
10 교실·학교의 분위기와 정신 그리고 자긍심을 가질 수 있는 활동 계획을 가지고 있는가?	☐	☐	☐	☐

● 교사로서 아이들의 정서적인 안정감을 높이는 데 개선해야 될 점은 무엇인가?

ESTEEM BUILDERS

자존감이 어디에서 오는가? 그것은 또래에서, 관심에서, 인정받고 있음에서, 끈끈한 유대가 있다는 자각에서부터 생겨난다.

● 데이비스 존슨 *David Johnson*

일반적으로 자존감이 높은 아이들은 타인에 대해서도 우호적이다. 그 이유는 자존감이라는 것이 타인과의 관계맺음에서부터 시작되기 때문이다. 살아가는 동안 다른 사람과 맺는 관계가 얼마나 중요한지는 두말할 필요도 없다. 우리는 다른 사람과의 유대 속에서 살아가야 한다. 특히 내게 중요하고 의미 있는 사람과의 유대는 더욱 중요하다. 우리에게 중요하고 소중하다고 생각하는 사람과 연결되어 있고 또한 그들과의 공동체에 소속되어 있다고 느낄 때, 우리는 역시 그들로부터 존경과 인정을 받게 된다. 즉 상호간에 우호성을 얻게 되는 것이다.

또래 친구는 아이들의 자아에 엄청난 영향을 미친다. 그렇기 때문에 우호성은 긍정적인 자존감을 형성하는 데 초석이 된다. 또래 집단은 부모나 가족만으로는 채울 수 없는 사회성과 우호성 계발에 아주 중요한 통로가 된다. 그것은 아이들이 또래 집단 안에서 인정받기 위해 노력을 기울이기 때문이다.

또래들끼리의 상호작용은 또한 어린 아이들이 자아관을 형성하는 데도 중요한 역할을 한다. "너는 아주 높이 뛸 수 있구나", "너랑 같이 놀고 싶다"와 같은 말들을 또래로부터 듣는다는 것은 정말이지 중요한 일이 아닐 수 없다.

또래 친구의 행동 능력과 자신이 행동 능력을 비교함으로써 아이들은 자아에 대해 여러 가지 새로운 것을 경험하고 자신만의 장점과 약점에 대해 인지하게 된다. "나는 정말 받아쓰기를 잘하는 걸까?", "다른 친구들이 내 생각을 마음에 들어 하는 걸까?", "나는 너무 키가 작지 않나?" 이런 식으로 자신을 평가하는 것은 다른 사람과 상호작용을 통해 아이가 늘상 하는 것들이다. 아이가 다른 사람의 용인 속에 행동을 하고 또한 여러 가지 거절을 경험함에 따라 아이들은 자신에 대해서 더욱 분명한 정체성을 가지게 된다.

그러므로 또래 집단의 경험은 우호성을 계발시키는 데 결정적이다. 다미코*Damico*의 연구는 또래 관계가 아이들의 자아관과 학교에서의 학업 성취도에 상당한 영향을 미친다는 사실을 보여준다. 초등학생의 5~11% 정도는 반 친구들 사이에서 한 번도 이름이 불려지지 않는다고 한다. 고등학교의 경우 졸업도 하기 전에 학교를 떠나는 이유 중 두 번째 이유가 바로 친구들과 어울리지 못하기 때문이라는 연구보고서가 있다(미국 교육부, 교육 통계센터, 1986). 또래집단에서 어울리지 못한다고 느끼는 아이들에 대한 연구조사 결과는 다음과 같다.

▌학교에서 학업 성취도가 저조하다(Bonney, 1971).
▌체험학습을 힘들어한다(Amidon and Hoffman, 1964).

협동 정신 : 우호성 기르기 - - - - **193**

▌성실하지 못한 학생으로 인식된다(Roff, Sells and Golden, 1972).

▌성인이 되어 정신·건강상의 문제를 호소하기도 한다(Cowen, pederson, Babigian, Izzo and Trost, 1973).

요약하자면 우호성이 약한 아이들의 경우, 다음과 같은 행동상의 특징을 보여준다.

▌친구를 사귀고 유지하기 힘들어한다.

▌사람보다는 물건에 더욱 집착한다.

▌다른 사람의 말에 쉽게 영향을 받는다.

▌또래 아이들 속에서 떨어져 늘 혼자 있는 것처럼 보인다.

▌모둠별 활동을 아주 불편해하는데 이는 결과적으로 위축, 과묵함, 무뚝뚝하거나 과장된 태도, 수줍어하거나, 비협력적, 독점적인 모습으로 나타난다.

▌다른 사람을 놀리거나 거부하고, 자신의 감정이나 요구에 예민하게 반응하지 않는다.

▌다른 사람들이 자신을 중요하게 대하지 않는다고 생각한다.

▌또래 아이들보다는 어른과 더 우호적인 관계를 맺는다.

▌다른 친구들에게 먼저 다가가지 않는다.

이와 반대로, 우호적인 아이들은 다음과 같은 행동을 보여준다.

▌우정이라는 것을 이해하고 새로운 관계를 곧잘 맺는다.

▌다른 사람을 도와주고 협력적으로 행동한다.

▌모둠별 활동을 꺼려하지 않는다.

▌쉽게 또래의 인정을 받는다.

▌적절한 사회적 능력과 기술을 발휘한다.

▌다른 사람이 자신을 우호적으로 보고 있다고 생각한다.

이런 요소들은 자존감을 향상시킬 뿐만 아니라 학생들의 학업 성취도 향상에도 큰 역할을 한다.

 요약

자존감 키우기 도우미가 아이들의 우호성을 증진시키기 위한 4가지 전략.

▌모둠 활동에 모든 구성원들이 참가하고 서로를 인정하도록 격려한다.

▌다른 사람의 관심사항, 능력 그리고 배경에 대해서 알 수 있는 기회를 제공한다.

▌또래끼리 서로를 받아들이고 협력적인 관계를 만들어나가도록 분위기를 개선한다.

자존감 키우기 #1

모둠별·또래별 상호 존중과 인정의 개념을 증진시킨다

인간은 동료와 친구들과의 공고한 연대감을 이룰 때만이 성취감과 행복감을 느낀다.

● 에리히 프롬 Erich Fromm

아이들의 삶 속에서 친구가 일정 부분을 차지하기 전까지는 가족 구성원 즉, 부모님과 형제·자매들과의 일차적인 관계가 대부분을 차지한다. 하지만 아이들이 가족이라는 울타리를 벗어나면서부터는 가족과 같은 구조 내에서나 가능했던 그런 인간 관계와는 전혀 새로운 사회적 상호작용을 겪기 시작한다. 아이들의 사회화 기능이 시작되면서 어떤 사회화의 경험은 즐겁기도 하지만 그렇지도 않은 것도 있을 것이다. 아이들은 다른 사람과 함께 성장하는 과정에서 사회를 배운다. 아이들은 또한 또래 집단에 대해서 배우고 거기서 서로를 받아들이는 법을 배우는데 이것은 아이들의 성장에 아주 중요한 요소가 된다.

그러나 불행히도 많은 아이들이 학교생활에서도 친구가 없거나, 있어도 적을 뿐이다. 그런룬트 *Gronlund*는 한 학교의 3학년에서 6학년까지의 아이들 중 6% 정도는 또래 친구들에게 이름이 한 번도 거론되지 않았으며, 12%정도의 아이들은 오직 한 친구에 의해서 이름이 적혔다고 한다. 하이멜과 애셔의 보고서 역시 11%의 학생들은 다른 친구들에게서 한 번도 이름이 거명되지 않았으며 22%의 학생은 단지 한 명 정도의 친구에게서 이름이 거론되었다고 한다.

일반적으로 아이들이 새로운 학년에 올라가면 궁금해하는 것은 우리 반에 누가 올까? 누가 내 짝이 될까? 아이들의 이름은 뭘까? 누가 날 좋아할까? 등이라고 한다. 이런 관심사는 바로 아이들이 또래 친구들에게 인정받고 그 또래들에 편입되고 싶은 욕망을 그대로 보여준다. 즉 사회적인 성장과 그 또래 집단에 편입되고 인정받는 것이 그들의 생각을 지배하는 일차적인 관심사인 것이다. 그러나 그 또래 집단에 끼고 싶은 욕구는 아이들에게 커다란 스트레스를 줄 수도 있는데 특히나 아이들이 꼽는 '놀고 싶은 친구'에 속하지 못할 때는 더욱 그렇다. 아이들은 자라면서 또래에 편입되고 그 또래 집단 안에서 다른 친구들과 우호적인 관계를 맺어야 한다. 또래 집단에서 인정받고 어울려야 사회적인 관계를 맺는 기술과 형식을 실천할 수 있고 또래의 구성원으로써 자아관을 만들어갈 수 있다. 그러므로 학습 환경이 아이들에게 또래들끼리의 수용성과 우호성을 증진할 수 있는 제반 조건을 갖춘 것이라야 사회적인 존재로서 성장하는 데 가치가 있게 된다.

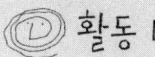 활동 1

이제 소개할 여러 활동들은 아이들이 서로에게 관대하고 또래 집단 안에서 서로를 인정하는 정서를 증진시키기 위한 것이다.

여기에 나오는 활동의 목록에 덧붙여서 우호성 증진을 위한 활동들이 제3장에 포함되어 있다. 여기에는 S17, S18, S19, S20, S21, S22, S23 등이 포함되는데 이 활동들은 아이들이 반 친구들의 이름을 학년 초에 빨리 외우고 서로 무엇에 관심이 있는지를 알게 하는 기회를 제공한다.

A1 ● 소속감을 키워주는 독서 ● 유~초6

목적 | 모든 사람은 남들에게 인정받고 또 그 또래 집단에 들어가고 싶어한다는 것을 아이들이 인식하도록 한다.

자료 | 학년별로 적당한 책들

활동 | 적당한 책 중에서 한 권을 골라 반 아이들에게 큰 소리로 읽어주거나 개인적으로 읽도록 한다. 또래 친구들 사이에 끼지 못해서 겪는 일들을 다루는 책을 선정한다.

읽고나면 아이들과 토론을 하면서 아래와 같은 질문을 하고 그 답을 종이에 쓰도록 한다.

▌주인공에게 겪는 문제는 무엇인가?
▌주인공은 과연 어떤 기분일까?
▌왜 그런 문제가 생겨났을까?
▌나도 이와 같은 문제를 겪은 적이 있는가?
　혹시 주변에 이런 겪는 친구는 없는가?
▌이런 문제를 겪었을 때 기분은 어땠는가?
　그 일을 겪은 다른 사람의 기분은 또 어땠을까?

▌이런 일이 우리 반이나 학교에서도 일어날 수 있을까?

▌이런 문제가 일어나지 않도록 하려면 어떻게 해야 할까?

A2 ● 공통점 ● 유~초4

목적 | 아이들이 가족을 인지하고 자신은 물론 반 아이들의 관심사항이 무엇인지 이해하도록 돕는다.

자료 | A2 양식, 연필, 필기구

활동 | 아이들에게 6가지 유형의 질문에 답하고 자신과 같은 관심사를 가진 친구를 찾도록 한다. 해당하는 친구를 찾게 되면 두 번째 줄에 이름을 적는다.

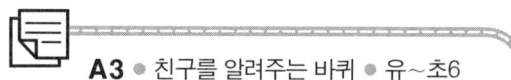

A3 ● 친구를 알려주는 바퀴 ● 유~초6

목적 | 아이들이 다른 친구에 대해서 알 수 있는 기회를 제공한다.

자료 | SH20 양식(4장, 자아관 참조). 가느다란 검은 사인펜으로 원 중심에서부터 5개의 원을 그리고 '내가 좋아하는 것' 이라는 글자를 써넣는다. 이 그림을 밝은 색상의 카드스톡지에 본을 뜨고 오리게 한다.

활동 | SH20 양식을 나누어 주고 이것을 이용해 친구찾기 활동을 할 거라고 주지시킨다. 아이들은 '내가 좋아하는 것' 아래 가운데에 자신의 이름을 써넣는다.

두 번째 원에는 각자 좋아하는 내용을 써넣거나 그림을 그려넣는다. 이제 아이들은 교실 가운데에 둥글게 서서 다른 친구와 그림을 교환한다. 만약 자기와 똑같은 내용을 쓴 친구의 그림을 발견하면 자신의 이름을 그 옆에 쓴다. 만약 현석이가 장협이의 양식을 보았는데 자기랑 똑같이 전래동화 토끼와 자라를 좋아한다고 썼다면 현석이는 자기 이름과 쓰고 싶은 내용을 짤막하게 옆에 써 넣는다.

응용 | 학생들로 하여금 자신의 관심사를 나타내는 그림이나 혹은 글을 쓰게 한다. 그러고 나서 옆 친구와 교환할 때 자기의 관심사항을 설명하게 한다. 반 아이들은 잠시 동안 다른 친구가 좋아하는 것에 대한 설명을 듣고 동의하면 친구의 양식 빈 공간에 자신의 이름을 써 넣는다. 공간이 다 채워질 때까지 활동을 계속한다.

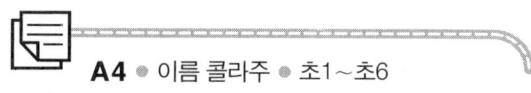

A4 ● 이름 콜라주 ● 초1~초6

목적 | 다른 친구의 이름을 빨리 알고 공통 관심사를 찾도록 한다.

자료 | 12×18cm 혹은 그 이상의 밝은 색상의 색판지, 사인펜이나 크레파스, 다소 큰 글자 판형

활동 | 아이들을 짝으로 나눈다(무작위로 짝지우거나 3장 S17 양식 참조).

짝을 지어 12×18cm 도화지를 놓고 두 겹으로 이름을 3cm 높이에 1cm 너비로 그리게 한다(글자본을 이용해도 좋다). 이제 아이들에게 5분간의 시간을 주어 서로에 대해서 탐색하고 공통점이 무엇인지를 찾게 한다. 5분이 지나면 함께 알아낸 것을 즉 공통 관심사항, 취미, 비슷한 경험을 자신

의 이름 안에 써넣든가 아니면 그림을 그린다. 활동을 마무리하기 위해 아이들은 짝지어 만든 포스터를 반 아이들에게 보여주고 서로에 대해서 알게 된 것을 설명한다. 이 활동은 여러 가지 방식으로 응용할 수 있는데 아이들을 3~5명의 모둠으로 나누어서 해도 좋다.

━━━━ 자존감 키우기 #2 ━━━━
다른 사람의 관심, 능력 그리고 개인적인 사항에 대해 알 수 있는 기회를 제공한다.

아이의 인생은 백지와 같아서 잠시잠깐의 모든 흔적들이 그대로 남는다.

● 고대 중국속담

아이들이 서로 친구가 되는 원칙이 있다면 그것은 아마도 '유유상종(비슷한 성격끼리 모인다)' 일 것이다. '하트업 *Hartup*'은 여러 연구서들을 조사한 결과, 아이들은 서로 같은 또래, 같은 성, 같은 크기의 몸집, 같은 정도의 지능, 같은 정도의 신체적 성숙도를 가진 아이와 친구가 된다는 사실을 발견했다. 유치원생과 3~6학년 학생들을 인터뷰한 번트 *Berndt*는 '함께하는 놀이'가 '친구 자격'을 부여하는 공통된 점이라는 것을 알아냈다. 친구가 되는 아이들, 혹은 일정기간 동안 친하게 지내는 아이들은 비슷한 활동, 스타일, 관심사항과 가치를 가지는 것으로 나타났다.

관심사항, 능력, 배경의 유사성을 인지하는 것은 자기 인정의 발달과정이기도 하다. 자기 또래의 친구가 자기와 비슷한 관심을 갖고 있고 비슷한 정서를 공유한다는 것을 인지하는 것은 아이들에게 아주 소중한 경험이다. 특히 아이들이 점점 '나는 다른 사람과 비슷해야 한다'는 생각에 큰 관심을 보일 때는 더욱 그렇다. 자기와 비슷한

관심을 가지고 있거나 배경이 비슷한 친구를 만난다는 것은 그 자체로 기쁨이 될 수 있다. 즉 자기 혼자 별스러운 게 아니라 나도 누군가와 공통점이 있다는 정서적인 깨침을 갖게 된다.

다른 한편, 남들과 차이점을 인지하는 것은 자아를 선명하게 규명하는 데도 강력한 도구가 된다. 그런 인식을 통해서 아이들은 모든 사람들이 똑같은 관심, 의견, 감정, 배경, 능력을 가지고 있지는 않다는 것을 배우게 된다. '내가 남들과 다르다는 건 괜찮아. 그러니까 나는 나지'라고 하는 깨달음이 서서히 자라난다. 이런 인식과 수용은 다른 사람의 개성과 공통점을 가치판단을 배제하고 받아들이는 환경, 존중하는 환경에서 제대로 계발될 수 있다. 다른 사람을 통해 자신을 들여다보게 하는 기회를 준다는 것은 자신의 중요성을 계발하는 데 중요한 계기가 된다.

Ⓛ 활동 2.

이제 소개할 활동들은 아이들 상호 간의 인지도를 높이고 다른 사람과 공통된 관심사항이 무엇인지를 알게 하기 위해 고안된 것들이다.

A5 ● 우리 반을 알려주는 책 ● 유~초4

목적 ㅣ 아이들이 또래 친구들의 관심사항과 능력에 대해서 인지하도록 한다.

자료 ㅣ A5 양식, 색판지, 스테이플, 바인딩
ㅣ책 만들기 ㅣ 교사는 A5 양식을 여러 장 준비한 다음 오려서 스테이플로 찍어 책 모양으로 만든다.

활동 ㅣ 아이들에게 '우리 반을 알려주는 책'을 보여주고 서로 알게 된 새로운 점을 기록하는 책으로 사용할 거라고 설명해 준다. 아이들에게 탐험과 발견이란 서로에 대해서 잘 모르던 것을 알아가는 과정이며 우리는 서로 아직 잘 모르는 것들이 많이 있다고 설명한다.

교사는 아이들에게 일주일 동안 또는 그 이상의 시간 동안 발견한 점을 설명해준다. "선생님은 ~가 그림 그리기를 좋아한다는 것을 알았어요." "선생님은 ~가 좋은 친구라는 것을 발견했어요. ~는 선생님이 도움이 필요할 때 참 잘 도와주었거든요." 라는 식으로 이야기 해준다.

학생들 개개인에게서 발견한 이런 사항을 '책'에 기록한다. 아이들에게 다른 친구에 대해서 발견한 새로운 점을 적도록 한다. 아니면 모둠별로

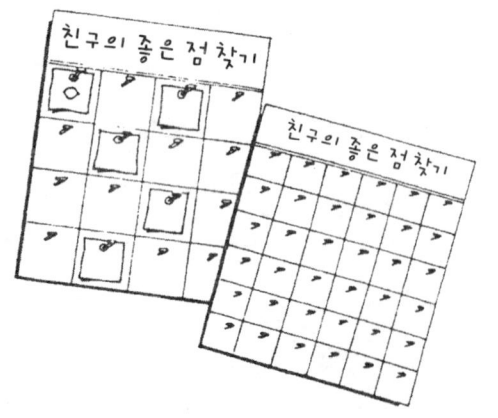

탐험 반을 만들어 서로 탐색의 시간을 갖도록 한다음 기록하게 한다. 유아나 글씨를 못 쓰는 저학년의 경우는 언니 · 오빠 선생님이나 부모님 보조교사들이 받아 적는다.

A6 ● 수수께끼 ● 유~초2

목적 ㅣ 아이들이 또래 친구들의 관심사항과 특징을 알도록 도와준다.

자료 ㅣ 작은 게시판에 맞는 격자. 20개의 수수께끼 카드, 종이
ㅣ격자 모양 작은 게시판 만들기 ㅣ 하얀 마분지를 게시판 모양에 맞게 자른다. 굵은 사인펜으로 격자모양을 그리는데 특수 교육이나 저학년을 위해서는 사각형의 숫자를 줄이고 대신 크기를 키운다. 고학년을 위해서는 격자의 숫자를 늘리고 대신 크기는 줄인다. 기다란 고정핀이나 커튼 고리를 각 격자 중앙, 한 면에서 1.5cm 내려온 곳에 고정시킨다.
ㅣ수수께끼 카드 ㅣ 4.5cm×4.5cm의 카드 20장을 밝은 색상 종이 위에 오려서 준비한다. 카드의 꼭대기에서 0.5cm 내려온 곳에 구멍을 뚫는다. 새로운 카테고리가 생길 때마다 카드를 추가한다. 각 카드에 다음과 같은 항목을 적거나 그림을 그린다.

초록색 눈, 갈색눈, 파란 눈, 검은 머리카락, 갈색 머리카락, 금발, 주근깨, 안경, 이빨빠진 친구, 치아교정, 반창고, 수영을 좋아함, 악기를 연주함, 웃는 모습이 예쁨, 책을 좋아함, 햄버거를 좋아함, 빨간색을 좋아함, 축구를 좋아함, 춤 수업을 좋아함, 집에 아기 동생이 있음

학생들의 대답 ㅣ 정사각형 모양의 쪽지를 넉

넉히 준비해 격자 무늬 게시판 아래 비치해둔다.

활동 | 매 주마다 여러 장의 수수께끼 카드를 무작위로 격자 무늬 게시판 아래에 비치해둔다. 격자 게시판상의 여러 사각형 위에 핀이나 커튼 고리를 달아 카드를 걸어놓는다. 아이들에게 대답지를 주고 격자처럼 만들도록 한다. 예를 들어 만약 파란 눈을 가진 아이를 묻는 카드가 왼쪽 꼭대기에서 세 번째 사각형에 있으면 아이는 자신이 가진 격자 무늬 종이에서 같은 위치 사각형에 답을 그리거나 적는다.

아이들이 대답지를 완성하면 카테고리에 맞는 친구를 찾도록 한다. 카테고리에 맞는 친구를 찾으면 그 친구는 대답지에 자신의 이름을 적는다. 각 수수께끼 카드에는 각각 다른 친구를 찾도록 한다. 교사 재량에 따라 새로운 카테고리를 첨가해서 격자 게시판을 활용할 수 있다.

응용 | 보드를 이용해 'A9 알쏭달쏭 친구 활동'을 위해 시용해도 좋다. 즉 한 명을 집중적으로 탐구하는 이 활동은 그날의 알쏭달쏭 친구를 누구로 정할지 미리 결정한다.

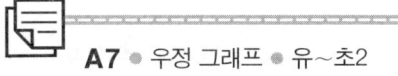

A7 ● 우정 그래프 ● 유~초2

목적 | 아이들끼리 공통된 관심사와 특징을 더 많이 알도록 한다. 일대일 상호작용을 계발시킨다. 다양한 산술 계산 경험을 제공해서 아이들이 그래프에 익숙해지도록 한다. '보다 많은 것'이라는 양의 개념을 계발시킨다.

자료 | 2세트의 빨래집게(학생 이름이 쓰인 것-클립에 아이들의 사진을 붙여서 사용한다), 3×5cm 태그보드 이름 카드(아이들 이름과 반 친구의 사진이 들어간), 우정 그래프 양식, 예로 든 양식을 참조.

▌그래프 만들기 | 태그보드로 6×28cm 종이끈을 만든다. 이 종이끈들은 그래프의 카테고리가 바뀌지 않으면 반복해서 사용할 수 있다. 마분지로 그래프를 만든다.

아이들은 적절한 우정 그래프 양식을 만든다. 각자 완성된 그래프를 설명하고 숫자간의 관계를 명시하게 한다. "우리 반에는 여자보다 남자 아이가 많습니다. 12는 10보다 더 많죠"라는 식으로 표현하게 한다.

아이들이 2가지 속성을 비교하는 것으로부터 활동을 시작하게 하고 3개 이상의 비교거리를 만들어가도록 한다(머리까락과 눈동자 색깔 좋아하는 영화나 책, 점심 도시락 가방 종류 등등). 각 활동들을 통해 아이들은 또래 아이들과의 유사성과 차이점을 알게 된다.

우정 그래프의 주제로 포함될 수 있는 것들 |

남자 · 여자 수, 긴 머리 · 짧은 머리, 긴팔 · 짧은 소매, 구두 · 운동화 · 단화, 눈동자 색깔, 좋아하는 운동, 좋아하는 축구팀, 좋아하는 책, 도시락 가방 유형, 좋아하는 색깔, 좋아하는 가수, 좋아하는 영화, 가지고 있는 애완동물, 형제 · 자매 수, 좋아하는 실내 운동, 머리카락 색깔, 태어난 달, 태어난 주

▌예 | 여자 아이보다 남자아이가 더 많은가? 빨래집게를 이용해 보여준다. 빨래집게에 있는 이름을 읽어준다. 만약 그것이 여자아이의 이름이라면 그래프 상 여자 쪽에 클립해두고 남자 이름이면 남자 쪽에 물려 놓는다.

A8 ● 좋아하는 책 ● 유~초1

목적 | 책을 통해 반 친구들끼리의 공통 관심
사를 발견하도록 한다. 그래프에 익숙해지도록
하고 '보다 적고', '보다 많은' 수의 개념을 읽히
도록 한다.

자료 | A8 양식

활동 | 아이들에게 자신이 좋아하는 책이 무
엇이지 설문조사하게 한다. 맨 아래부터 좋아하
는 책의 제목을 쓰게 한다. 이것을 통해 아이들이
좋아하는 것이 무엇인지 알게 한다. 그리고 아이
들은 책의 제목을 쓴 기둥에 투표에서 나온 숫자
만큼 색칠한다.

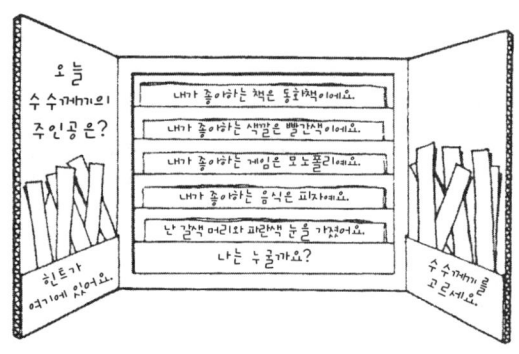

A9 ● 알쏭달쏭 친구 ● 유~초4

목적 | 아이들끼리 서로의 관심사, 취미, 특징
들에게 대해서 발견하도록 한다.

자료 | 카드보드가 뒷면에 붙여진 태그보드
25×26cm, 13×18cm 2장, 1.5cm 테이프, 3×
20cm 밝은 색상의 문장 종이끈 12장, 가위, 검은
색 사인펜.

▌칸막이 만들기 | 25×26cm 의 태그보드로 주머니
가 달린 칸막이를 만든다. 2장의 13×18cm 태
그보드(뒷면에 카드보드가 붙은)를 붙인다. 1.5cm
의 테이프로 칸막이 귀퉁이를 붙인다.
3×20cm의 태그보드 종이끈을 12개 혹은 그 이
상 준비한다. 각 종이 끝에 내용을 채워넣을 수
있는 공간을 남기고 문장을 적어놓는다. "내가
제일 좋아하는 것은 (   )입니다"라는 식으
로 만든다. 아이들은 각자의 관심, 특징, 취미를
적어놓는다. 칸막이는 나중에 게시판으로 재사
용할 수 있다.

활동 | 교사는 매주 그 주의 '알쏭달쏭 친구'
를 선정한다. 선정된 아이는 수수께끼 카드 5장을
골라 작성한다. 매일 새로운 카드 한 장을 칸막이
주머니에 넣는다. 나머지 아이들은 질문지 카드
에 대답한 걸 읽으면서 '알쏭달쏭 친구'가 누구
일지 알아 맞춘다.

자료 | 카드 주머니, 3×5cm 인덱스 카드 여
러 장 혹은 복사한 카드, 가느다란 사인펜, 지름
1cm짜리 링, 1.5cm 강화 테이프, 12×26cm 카드
보드지와 태그보드지 3장, 학생들의 명함판 정도
의 사진
▌칸막이 만들기 | 3면의 칸막이를 12×26cm 태그
보드로 만드는 데 뒷면은 카드보드로 덧댄다.
카드를 넣을 수 있는 제법 큰 주머니를 만들어
아이들의 사진을 붙인다. 이름을 써서 칸막이에
주머니를 붙인다. 칸막이를 테이프로 고정시킨
다. 카드의 왼쪽 귀퉁이에 구멍을 내어 고리로
단단하게 여며놓는다.

활동 | 매주 첫 째날 아이들은 수수께끼를 읽
고 새로운 인덱스 카드에 대답을 쓰고 뒷면 아래
쪽에 자신만 알 수 있는 독특한 사인을 한다. 그러

고 나서 커다란 수수께끼 주머니에 담아놓는다.

모둠별로 혹은 개인별로 활동을 하면서 아이들은 각자 수수께끼에 적은 누군가의 대답을 보고 가장 어울리는 친구의 포켓에 집어넣는다. 이런 활동이 끝나면 카드를 뒤집어서 이름을 확인하고 제대로 주머니에 맞게 들어갔는지를 확인한다. 수수께끼 카드를 매주 바꾸어 활동을 하면 매주 새로운 활동을 계속적으로 이어나갈 수 있다.

카드에 적을 수 있는 수수께끼들 ┃ 3× 5cm 자리 인텍스 카드에 각각의 수수께끼 문장을 적어놓는다.

1 좋아하는 색깔은?
2 머리색깔과 눈동자 색깔은?
3 키는 ?
4 좋아하는 영화배우는?
5 좋아하는 여자 배우는?
6 좋아하는 남자 가수는?
7 좋아하는 여자 가수는?
8 좋아하는 공휴일은?
9 제일 가보고 싶은 곳은?
10 제일 좋아하는 아이스크림 맛은?
11 좋아하는 영화 속 주인공은?
12 좋아하는 물건은?
13 가장 자랑스러운 업적은?
14 가장 좋아하는 노래는?
15 가장 좋아하는 음료수는?
16 태어난 달은?
17 좋아하는 영화는?
18 좋아하는 책은?
19 태어난 곳은?
20 좋아하는 실내 게임은?
21 좋아하는 학교 과목은?
22 좋아하는 악기는?

23 좋아하는 피자종류는?
24 좋아하는 취미는?
25 좋아하는 사탕종류는?
26 좋아하는 애완동물은?
27 좋아하는 TV 프로그램은?
28 좋아하는 그룹은?
29 좋아하는 동물은?
30 좋아하는 여자 운동선수는?
31 좋아하는 남자 운동선수는?
32 가장 행복했던 · 슬펐던 · 화났던 · 때는?
33 이제껏 받아본 선물 중 가장 좋았던 것은?
34 어른이 돼서 하고 싶은 것은?

A11 · 12 ● VIP 센터 ● 유~초6

VIP 활동은 반 아이들이 일주일 동안 한 친구에게 모든 관심을 쏟음으로써 '특별한 감정'을 느껴보도록 하는 것이다. 아이들은 VIP로 정해진 친구의 독특한 성격, 특징, 관심사항, 장점, 성격, 개인적인 정보에 대해서 알 수 있는 기회를 갖게 된다. 학년을 막론하고 이런 경험을 통해 아이들은 많은 것을 얻는다. 인간은 누구나 한번쯤은 주목받는 경험이 필요하지 않은가?

목적 ┃ 각 학생들의 '특별함'을 강조한다. 모

든 아이들이 다른 사람의 눈에는 모두 중요한 인물이 될 수 있다는 점을 강조한다. 아이들의 자신의 긍정적인 성격, 특징, 다른 사람들의 긍정적인 특징, 장점에 대해서 인지하도록 한다.

자료 | A12 양식에 VIP 프로그램을 설명하는 내용과 한 주 동안 아이가 해야 할 일을 적어 보낸다. VIP 센터를 위한 공간 마련.
▌소지품을 늘어놓을 수 있는 책상
▌게시판
▌학생들이 직접 만든 뒷면은 카드보드지로 덧댄 12×20cm 태그보드지 칸막이를, 뒷면은 역시 카드보드지로 덧댄 12×15cm 태그보드 2장으로 고정시킨다. 1.5cm 테이프로 칸막이를 고정시킨다(A10 참조).

활동 | 매주 한 아이를 선택해서 그 주의 특별한 사람으로 주목받게 한다. 모든 학생들이 한 번씩 돌아가면서 그 주의 인물로 선정된다. 이 주의 VIP에 선택된 아이는 센터를 꾸밀 책임을 지며 자신을 나타낼 물건들로 책상을 장식하고 물건을 전시해놓는다.
A12 양식이 든 편지를 가정으로 보내 부모님께 VIP 활동의 취지와 중요성을 설명한다. 그리고 아이들이 소지품이나 그 아이의 특징을 잘 보여줄 물건이나 사진을 준비해서 학교로 가져오게 한다. 이 주의 VIP가 선정되고 활동에 들어가기 전 준비물이 갖추어져야 한다.

응용 |
1 VIP로 선정되면 활동 시작 일주일 전에 프로그램을 설명하는 9×12cm 크기의 편지지를 집으로 보낸다. 아이들은 각 주제에 맞는 물건이나 사진을 준비하거나 내용을 채운다. 아이가 준비한 것을 일주일 동안 센터나 게시판에 전시한다. 프로그램의 주제로는 아이의 장점, 재능, 관심사, 가족, 짧은 자기소개, 친구들, 자랑스러워할 만한 일 등이 될 수 있다.
2 나에 관한 포스터 | 다가올 주에 VIP로 선정된 아이에게 28×22cm짜리 태그보드를 집으로 가져가게 한다. 아이는 사진 콜라주를 만들고 앞서 A12 편지에서 언급한 여러 가지 주제에 관해 그림을 그리거나 나름대로 내용을 채워넣는다. 포스터가 완성되면 학교로 가져와서 게시판에 전시한다.
3 인터뷰(고학년) | VIP로 선정되어 다음주에 주인공이 되기 일주일 전 아이들은 또래 친구들에 대해서 알고 싶은 질문지를 목록으로 만들어놓는다. 가장 적절한 질문을 큰 종이에 적거나 포스터로 만든다. 각 VIP 선정 아이는 질문지의 목록에 따라 반 친구들의 인터뷰에 응한다. VIP 친구는 대답하기 싫은 질문이나 곤란한 질문에는 넘어갈 수 있다는 점을 우선 아이들에게 주지시킨다. 교사가 인터뷰 시간을 미리 한정할 수도 있다. 매번 다른 학생이 기자가 되어 인터뷰하도록 역할을 적절히 배정한다. 보고자로 선정된 아이는 VIP 친구의 기사를 요약해서 교실 게시판에 붙이거나 그 친구의 집으로 알림장을 통해 보낼 수도 있다.
4 A13 활동을 연계해서 수행할 수 있다.

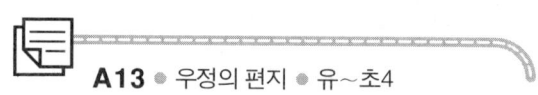

A13 ● 우정의 편지 ● 유~초4

자료 | A13 양식

활동 | A13 양식을 여러 장 복사해서 뒷면끼리 붙인 다음 VIP센터에 비치해 둔다.
고학년의 경우 노트 종이를 이용하거나 자신이 좋아하는 편지지를 이용하도록 한다.
일주일동안 아이들은 그 주의 VIP 친구에게 편

지를 써야할 의무가 있다. 방향을 잡을 수 있도록 편지의 내용을 교사가 몇 가지 제시해준다. 주말이 되면 아이가 받은 편지를 집으로 가져가도록 한다.

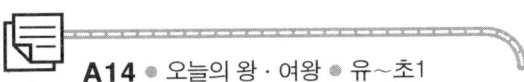

A14 ● 오늘의 왕·여왕 ● 유~초1

자료 ㅣ 왕관, 차트, 리본

활동 ㅣ 무작위로 아이를 골라 '왕좌'에 앉도록 한다(교실 한가운데 의자를 마련한다). 반 친구들은 돌아가면서 오늘의 왕, 여왕이 된 친구의 장점, 개성을 칭찬한다. 교사는 두루마리 종이를 마련해 칭찬을 적어두어 아이들이 읽도록 해도 좋다. 하루가 다지나면 두루마리를 접어 리본으로 묶어서 오늘의 왕, 여왕 친구에게 들려줘서 집으로 가져가게 한다.

참고 ㅣ 오늘의 왕·여왕 프로그램에서 친구들이 헌사한 칭찬을 기록해서 남기도록 한다. 그 학년이 끝나는 날 이를 복사해서 반 아이들에게 나누어준다. 아이들은 친구들의 칭찬을 다시 읽어보고 그림을 그린 다음 여러 장 복사해서 다른 친구들에게 복사해서 나누어준다. 아이들의 기록을 다 모아 '올해의 우리 반 연감'으로 제본해놓는다.

A15 ● 사자 만들기 ● 유~초1

목적 ㅣ 아이들이 또래 친구의 관심사를 인지하도록 한다. 아이들 한 명 한 명을 강조하는 것은 아주 특별한 경험이 된다.

자료 ㅣ 36×0.25cm 짜리 끈, 투명 플라스틱 가방, 큰 안전핀, 펠트, 풀, 사인펜, 때에 따라 손가락 인형

1 기린 손가락 인형 만들기

ㅣ**자료** ㅣ 베이지 색깔의 양말(무릎까지 오는 것이나 발목까지 오는 것), 갈색·검정색·황금색 펠트, 풀, 가위, 2.5cm 갈색 점박이 장식.

ㅣ**활동** ㅣ
● 뒤꿈치 부분이 앞쪽으로 오게 한 다음 편편하게 눌러놓는다.
● 갈색 펠트로 뿔과 머리를 만들어 잘라놓는다.
● 겉눈썹과 속눈썹은 검정 펠트로 오려놓는다.
● 귀는 황금색 펠트로 만든다.
● 바느질을 하거나 각각 풀로 붙인다.
● 갈색 펠트로 코를 만들어 붙인다.
● 양말의 나머지 부분에 갈색 반점이 나타나게 갈색 펠트를 작게 오려 붙인다.

2 사자 손가락 인형 만들기

ㅣ**자료** ㅣ 무릎 혹은 발목까지 오는 베이지색 양말, 하얀, 황금색, 갈색, 빨강, 검정 펠트 끈. 16cm 베이지 실(4등분한다), 풀, 가위, 바위, 실.

ㅣ**활동** ㅣ
● 양말을 편편하게 깔아놓고 역시 발꿈치 부분이 앞쪽을 향하게 한다.
● 귀와 입은 황금색 펠트로 오려놓는다.
● 코, 꼬불꼬불한 갈기는 갈색 펠트로 오려놓는다.

- 눈을 검정색 펠트로 만든다.
- 빨간색 나비 넥타이를 펠트천으로 오려 놓는다.
- 입, 귀, 눈, 나비 넥타이를 갈기 안쪽으로 바느질을 하거나 풀로 붙인다.
- 코밑에 실 조각을 붙이고 코를 붙인다.
- 갈기는 중간 부분을 잘라서 띄엄띄엄 붙게 한다.

어떻게 활용할 것인가 |

저학년 어린이들에게 사자와 기린에 관한 책을 읽어준다. 기린의 파티에 초대받은 사자는 자신의 갈기를 꼬불꼬불하게 만들고는 늠름한 위용을 자랑하고 싶어 한다. 사자가 기린의 집에 도착하자 기린은 사자를 알아보지 못하고 문을 닫아버린다. 사자는 기린 집으로 들어가지도 못하고 바람과 비를 맞으며 밖에서 한참을 기다린다. 그러자 한껏 뽐낸 부푼 갈기와 머리가 원래대로 되돌아온다. 다시 한번 기린의 문을 두드리자 기린은 사자를 알아보고 반갑게 맞이한다. 사자는 자신이 한껏 뽐낸 모습이 비와 바람에 헝클어져 엉망이라고 사과하지만, 기린은 사자의 원래 모습이 더 좋다며 반가워하며 원래의 모습 그대로 아주 특별한 존재라고 기운을 북돋아준다.

아이들에게 불쑥 사자 가방을 보여준다. 교사는 미리 낡은 베개를 이용해서 가장자리에 끈이나 실을 달아서 사자 얼굴모양으로 만들어 온다. 펠트나 사인펜으로 사자의 얼굴 모습이 드러나게 하면 더욱 좋다.

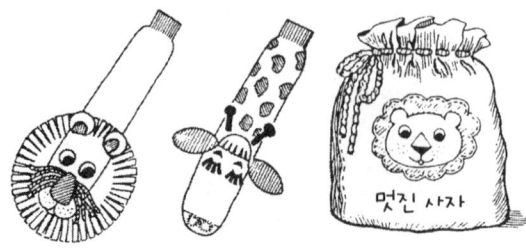

아이들에게 이 사자 가방 안에는 아이들에게 아주 특별한 것이 들어 있다고 설명한다. 교사는 교실에서는 좀처럼 볼 수 없는 물건을 집에서 준비해온다. 매일 혹은 매주 아이에게 가방을 주어 그 아이에게 특별한 물건으로 채워서 학교로 가져와 친구들에게 보여주도록 한다. 아이들이 활동을 자연스럽게 할 수 있도록 교사가 첫 번째 사자가 되어서 프로그램을 시작하면 좋다.

편지 | 사자 가방에 플라스틱 통을 준비해 편지를 써서 부모님이 이 프로그램을 이해하고 무엇을 준비해야 할지 사전 정보를 준다.

예를 들면,

> **학부모님께**
> 아래와 같은 물건을 아이와 함께 준비해서 학교에 보내주십시오. 아이가 반 아이들과 함께 나누어 볼 것입니다.
> 1. 아기 사진
> 2. 가족 사진
> 3. 잠잘 때 가지고 잠드는 물건
> 4. 좋아하는 책
> 5. 좋아하는 장난감
> 6. 이외 2가지 물건(기념품, 아이가 소중하게 생각하는 물건)

A16 ● 펜팔 ● 유~초6

목적 | 편지 교환을 통해 친교의 즐거움을 경험하게 한다. 다른 사람과 그들의 관심사항에 대해서 알게 한다. 편지를 쓰는 일에 숙달되게 한다.

참고 | 이 활동은 나이 어린 유치원생이나 아이들에게도 쉽게 적용할 수 있다. 글을 못 쓰는 아이들이라도 교사, 언니 · 오빠 선생님, 보조 교사들에게 편지의 내용을 구술한 후 받아 적는다.

자료 |

1 펜팔 또는 몇 가지 선택사항

▍다른 반 아이들이나 그 지역 내의 다른 학교의
아이들을 한 명씩 찍 지어준다.

▍타학교의 경우, 아이들의 주소를 미리 교환한다.

▍펜팔을 이어주는 웹 사이트나 협회를 통해 주소
를 얻는다.

2 아이들이 8.5cm×12cm 크기로 자기만의 편
지지를 만들게 해서 뽐내기 대회를 연다. 가장 인
기가 높은 편지지 디자인을 아이들의 공통 패턴
으로 정해준다. 교사는 먼저 형식적인 인사말, 맺
음말을 정해주고, 줄을 쳐준다. 모든 학생들에게
한 장씩 복사해서 나누어준다. 봉투는 만들거나
구매하거나 집에서 각자 가져오도록 한다.

3 우표를 붙인다.

활동 | 아이들은 자신의 상대 펜팔 친구에게
편지를 쓴다. 먼저 첫 번째 편지는 무겁지 않게
일상적인 인사와 정보를 교환하는 내용으로 쓰도
록 유도한다. 사진을 넣어도 무방하다. 아이들이
앞으로 개인적으로 펜팔 친구와 편지를 교환하도
록 한다.

응용 | 편지는 전적으로 개인적일 필요는 없
다. 반 전체가 하나의 편지를 써도 좋다. 몇 가지
형식이 있을 수 있다.

▍반 전체가 편지내용을 녹음한 다음, 받아적은
편지지에 전체가 서명을 한다.

▍여기에 개인적으로 편지를 보내고 싶은 아이들
은 한 장의 편지지에 돌아가며 짤막하게 쓴다.

우정을 가꾸어 나가는 기술을 향상시킨다.

아이들의 자아관에 손상을 끼치는 요인 중 하나는 바로
친구를 만들고 사귀는 능력의 모자람이다.

● 제임스 돕슨 *James Dobson*

아이들끼리의 우정과 친교에 관한 루빈의 연구
에 따르면 아이들이 사회적인 관계를 맺고 유지하
는 데에는 여러 가지 기술들이 요구된다고 한다.

1 또래 집단의 놀이와 활동에 참여할 수 있는
능력

2 또래들을 인정하고 또 협력적인 관계를 만드
는 능력

3 갈등상황을 적절하게 조절하는 능력

4 감수성과 재치를 발휘하는 능력

이런 기술과 능력은 하루아침에 습득되는 것이
아니며 어떤 아이의 경우는 전혀 습득되지 않는
경우도 있다고 한다. 그 결과 그런 아이들은 친구
없는 외로운 학교생활을 하게 되는 것이다. 이런
사회적 능력과 기술의 부족은 또한 자신의 가치
를 긍정하고 자긍심을 갖는 정서적 발달을 방해
한다.

이런 경우, 아이들이 친구 사귀는 기술을 습득
하도록 어른의 중재가 개입되어야 한다. 가장 성
공적인 중재 전략은 바로 오딘과 애서가 또래들
과 고립된 3~6학년 학생들에 대해서 수행한 연
구가 잘 보여준다.

 친교 기술을 키워주는 하나의 모델

오딘과 에서는 친구를 사귀는 기술이 부족한

아이들은 어른이 중간에서 지도를 함으로써 친교에 필요한 특별한 기술과 능력을 갖추도록 해야 한다고 주장한다. 친구 사귀기 기술이 부족한 아이들에게는 다음과 같은 단계가 적용될 수 있다.

1 교제 기술이 부족한 아이를 가려낸다.

2 그 아이에게 부족한 교제 기술이 무엇인지를 규명한다. 그 기술이 친구를 사귀는 데 있어 어떤 면으로 분석될 수 있는지를 분명하게 한다. 또래들과 왜 그러한 문제가 생기는지를 분석한다. 예를 들어 어떤 아이가 항상 또래 집단의 외부에서 겉돌고 참가하지 못하는 걸 발견한다면 다음과 같은 질문을 던져본다. 그 이유는 무엇인가? 과연 아이가 대화를 시작하는 능력이 부족한가? 상대방과 눈을 맞추지 않는가? 휴식시간에 너무 간단한 게임만을 하고 있지는 않은가? 아이가 또래 친구들과 어울리기 힘들어하는 데는 여러 가지 이유가 있을 수 있다. 한 번에 한 가지 요소씩 가려낸다.

3 아이에게 기술을 가르친다. 학생과 개인적으로 혼자 있을 수 있는 시간을 마련한다. 아이에게 친구를 사귀는 데 필요한 특별한 기술을 제시하고 보여주고 어떻게 해야 하는지 대화를 나눈다. 이때 아이는 최소한 자신이 어떻게 해야 할지 교사의 말을 충분히 이해할 수 있어야 한다. 아이에게 교사를 상대로 특정한 기술을 사용하거나 실행해보도록 한다. 교사는 아이가 자신이 전달하고자 하는 개념을 제대로 이해했는지 확인한다.

4 또래 친구들과 이미 익힌 기술을 실행할 수 있는 기회를 제공한다. 아이와 일대일로만 하는 것은 충분하지 않다. 이제 아이가 교사와 함께 익힌 기술을 또래들을 상대로 실행해보게 한다. 학교생활 중 어느 때라도 좋다. 휴식시간이나 교실에서 혹은 동아리 학습이나 주제별 서클 활동 시간, 그 어느 때라도 좋다. 교사는 학부모에게 먼저 아이에게 필요한 교제 기술을 알려주고 집에서도 실천해볼 수 있도록 협조를 구한다.

5 아이와 함께 실천을 평가하고 교사는 이에 대해 피드백을 해준다. 오딘과 에셔는 아이에게 교제 기술을 가르치는 일에서 가장 중요한 것은 바로 그 아이와 함께 그날 실천했던 기술에 대한 평가를 내리는 것이라고 한다. 교사는 가능하다면 아이에게 다가가 오늘의 실천이 어땠는지를 묻는다. "효과가 있었니?", "누구한테 말을 걸어보았니?", "기분이 어땠어?" "애들이 어떻게 행동하든?" 이런 질문을 통해 아이는 자신의 행동과 전략을 다시 한번 되돌아보게 된다. 일기에 자신의 경험과 실천을 지속적으로 기록하도록 해도 좋다. 아이가 새로 습득한 기술의 실천을 성공적으로 수행하고 있고 점차 그런 행동상의 기술을 편안하게 받아들인다면 새로운 기술을 첨가해 새로운 활동을 시작한다. 만약 학생이 첫 번째 기술을 제대로 수행하지 않았다면 그 이유를 분석한다. 아마도 부족한 기술이 무엇인지 충분하게 분석되지 않아서 일수도 있다.

오딘과 에셔가 4주간의 훈련 끝에 작성한 교제 기술의 발달사항 평가서를 보면 이렇게 교사의 직접적인 코치를 받은 학생은 눈에 띄게 친구를 사귀는 기술이 향상되었고 그 결과 다른 친구들의 설문조사에서 여러 번 친구로 거론되기에 이르렀다. 그리고 1년 후의 평가서를 보면 그 아이가 친구를 사귀는 기술과 과정이 계속적으로 향상되고 있음을 알 수 있다.

친구를 사귀기 힘들어하는 아이에게 사고의 폭

을 넓혀주고 좀더 긍정적인 자아관을 갖게 하는 또 다른 방법은 아이들에게 자신과 또래 친구들의 행동을 분석하고 조망해볼 수 있는 시간을 갖게 하는 것이다. 가녀는 4~6학년 학생들의 생활을 녹화해서 교실 안에서의 행동과 상호작용하는 유형을 분석하게 했다. 가녀는 그 결과 자신의 행동을 관찰할 줄 아는 능력을 키운 아이들의 태도가 아주 긍정적으로 변화하는 것을 목격했다. 그러므로 모둠별 교제 기술을 관찰하고 토론하게 하는 것은 아이들의 사회적 교제 기술발달에 아주 유용한 방법이 된다.

 ### 모둠활동을 통해 상호 우호성을 증진시킨다

모둠별 학습 기술에 대해 연구를 하고 있는 연구자들이 발견한 바에 따르면 모둠별 학습은 아이들의 자심감을 크게 향상시킨다. 협력적인 모둠별 학습활동을 하는 아이들은 종래의 학습 분위기에서 공부하는 아이들보다 자신에 대해서 훨씬 더 긍정적인 감수성을 계발하는 것으로 나타났다. 협력적인 모둠 학습이 아이들의 자존감을 향상시키는 하나의 기술로 성공적일 수 있었던 이유는 바로 아이들로 하여금 편안한 환경 안에서 친교의 기술을 발휘하고 서로 간에 우호적인 관계를 맺을 수 있는 기회를 마련해주었기 때문이다. 존스 홉킨스 연구소의 연구결과는, 협력적인 모둠 학습이 아이들의 상호 우호성과 자존감을 향상시키는 데 커다란 효과가 있는 방법이라는 주장을 뒷받침해준다. 이 책 8장의 '주제별 서클 활동' 은 바로 이러한 상호 협력 학습의 효과를 기대하고 마련된 활동들이다.

 ### 언니·오빠 선생님을 통해 상호 우호성을 증진시킨다

여러 연구자들이 아이들의 상호 우호성을 증진시키는 데 효과적인 방법으로 찾아낸 것 중 하나가 바로 '언니·오빠 선생님' 프로그램이다.

'언니·오빠 선생님' 프로그램은 바로 고학년-대개 두세 살 위 학년- 선배가 저학년 아이들을 지도하도록 훈련시키는 것이다. 물론 꼬마 선생님으로 선택되는 아이들은 대개 그 학년에서 모범적이고 우수한 학생들이 뽑히겠지만 교사는 모든 학생을 꼬마 선생님 후보로 상정하고 있어야만 한다. 즉 우호성이 떨어지는 고학년 학생의 우호성을 증진시킬 수 있는 유일한 통로가 이 프로그램이 될 수도 있기 때문이다. 필립 짐바르도 *Philip Zimbardo* 는 수줍음을 타는 학생들에 관한 연구에서 수줍음을 많이 타는 고학년 학생을 대답도 잘하고 잘 재잘대는 저학년 학생과 짝을 지어주는 것은 고학년의 사회적 교제 기술을 향상시킬 수 있는 좋은 방안이라고 주장한다. '언니·오빠 선생님' 프로그램은 학습 지도에만 한정될 필요는 없다. 다음과 같은 활동을 프로그램에 추가할 수 있다.

▌학교 안에서 교사의 심부름이나 교무실의 업무를 도와주는 일
▌특정한 아이나, 새로 전학 온 아이에게 '친구' 가 되어주는 일
▌리더십 관련 학교차원의 프로젝트에 참가하는 일
▌학교 내의 여러 활동에 참가하는 일(도서관이나 매점에서 봉사하기, 저학년 아이들의 운동장 게임과 활동 지도하기 등)

조금만 새로운 것을 고안해내고 유연성을 발휘

하면 거의 모든 학생들이 성공적인 '언니 오빠 선생님'이 될 수 있다.

'언니 · 오빠 선생님' 프로그램에 관한 연구보고서들을 보면 이 프로그램에 참가한 아이들의 경우, 단순히 친구를 사귀는 기술만 발달하는 게 아니라 읽기 능력은 물론, '언니 · 오빠 선생님' 프로그램에 참가하는 고학년 · 저학년 학생의 자존감, 동기부여, 성취감이 향상되는 것으로 나타났다.

'언니 · 오빠 선생님' 프로그램이 성공하려면 먼저 꼬마 선생님이 될 고학년 학생을 훈련시키는 것이다. 오클랜드의 알렌달Allendale 학교에서는 '언니 · 오빠 선생님' 프로그램을 위해 각 반 담임 선생님께 추천을 받은 예비 꼬마 선생님 학생들에게 네 분기의 훈련 코스를 마련했다. 일단 선배 선생님과 후배 학생은 일 년 동안 일대일 관계를 맺는다. 꼬마 선생님들끼리는 또 한 달에 한 번 모임을 갖고 서로가 얻은 중요한 정보와 통찰력과 문제들을 공유한다. 두 달에 한 번 교사들은 '언니 · 오빠 선생님'을 개별적으로 면담해 진행되는 상황에 대해 이야기를 나눈다. 그리고 그 학년이 끝나는 날 교사는 각 '언니 · 오빠 선생님'에게 평가서를 나누어준다. '언니 · 오빠 선생님' 프로그램의 실행과 교육적 자료들은 이 책 서문에 잘 나와있다.

결론

학생들 사이에 인기 있는 아이는 바로 친구를 잘 사귈 줄 아는 아이들이다. 다른 사람과의 상호작용을 아주 성공적으로 하는 이런 아이들은 다른 친구들이 좋아하게 되어 있고 또 같이 놀고 싶은 아이로 꼽히게 된다. 이런 기술과 능력은 교사의 가르침으로 계발될 수 있긴 하지만, 그 가르침

의 궁극적인 목적은 또래들 사이에서 인기 있는 아이로 만드는 것이 아니라 아이들이 서로 상호 우호성을 향상시킬 수 있는 기회를 갖고 사회적인 친교, 교제에 충분한 자존감을 갖게 하는 데 있다.

활동 3

아래 소개하는 여러 가지 활동들은 아이들이 친구를 친교 능력을 향상시켜줄 여러 가지 기술을 실천할 수 있도록 마련한 것들이다.

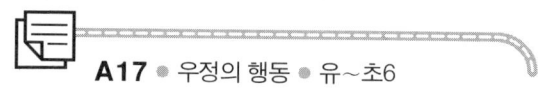

A17 ● 우정의 행동 ● 유~초6

목적 | 또래 아이들의 친근한 행동을 인지하도록 한다.

활동 | 먼저 교사는 이런 질문으로 시작한다. "오늘 우정어린 행동을 할 만한 친구가 있는지 아는 사람?" 이미 친근감을 느끼는 친구가 있는 아이들이 먼저 손을 들 것이다. 그것도 좋다.

하루가 끝나면 자원했던 아이에게 "오늘 우정어린 행동을 하고 나니 기분이 어때요?" 라고 묻는다. 이 활동은 그날 우정의 행동을 하기로 한 아이들에게 많은 관심이 가게 한다. 그리고 나머지 아이들 역시 그런 행동이 칭찬받을 만하다는 것을 느끼게 된다. 자존감이 저조한 아이들을 우정의 행동에 반복적으로 노출시킨다. 교사는 아이가 그런 행동을 할 때마다 칭찬하며 자각하도록 유도한다.

A18 ● 서로서로 돕기 ● 유~초2

목적 ┃ 말 한마디 행동 하나로 친구가 되기도 하고 또 우정에 금이 갈수도 있다는 것을 인지하도록 한다. 친구란 무엇인가, 생각해보도록 한다.

자료 ┃ 3×5 혹은 4×6cm 카드스톡지 여러 장, 사인펜, 모자, 바구니 또는 담을 것.

활동 ┃ 인덱스 카드에 어린 아이들이 겪을 만한 문제 상황을 그리거나 적는다. 예를 들면
┃ 물감 통을 엎지른다.
┃ 블럭을 만들다가 무너뜨린다.
┃ 다른 친구들의 옷은 옷걸이에 제대로 걸려 있는데 내 옷만 어디에 두었는지 알 수 없다.
┃ 점심 도시락 샌드위치가 바닥에 떨어져 못 먹게 되었다.
┃ 집에서 도시락을 깜빡 잊고 가져오지 않았다.
┃ 갑자기 화장실에 가고 싶다.
┃ 땅에 넘어져 무릎이 까지거나 피가 난다.
┃ 지퍼가 고장나서 잘 올라가지 않는다.

이런 문제 상황을 적은 카드를 상자나 모자 속에 넣어둔다. 아이들은 몇 명씩 원을 만들어 앉아서 한 명이 카드 한 장을 고른다. 그러면 나머지 모둠의 구성원은 친구가 뽑은 카드대로 문제 상황임을 가정하고 문제를 해결할 방법을 모색한다. 한 친구가 어려움에 빠진 친구라고 가정하고 또 다른 아이는 그 친구를 도와줄 해결사처럼 활동을 진행한다.
나이어린 학생들은 이런 가사를 읊도록 도와준다.

친구는 서로 돕는 거래요

친구란 서로 돌봐주는 거래요
친구란 서로 돕는 거래요
친구는 함께하고 함께 나누지요

문제가 생겼어요
누구한테나 일어날 수 있지요
우리 친구가 기분이 엉망이에요
어떻게 하지요?

A19 ● 친구 인터뷰 ● 유~초6

목적 ┃ 새로운 친구를 사귈 수 있는 기회를 제공한다.

활동 ┃ 친한 친구란 무엇인가에 대해서 아이들과 이야기를 나눈다. 그리고 나서 아이들에게 반에서 아직 친숙하지 않은 친구와 짝을 정하도록 한다. 짝끼리 같이 앉아서 3분에서 15분 동안 서로에 대해서 인터뷰한다. 시간이 다되면 아이들은 차례로 일어나서 자기 짝에 대해서 다른 친구들에게 소개한다. 저학년들은 짝을 위해 집에서 귀중품이 아닌 물건으로 선물을 만들어서 학교에 가져오도록 한다.
고학년의 경우 아래와 같은 몇 가지 인터뷰 거리를 복사해서 나누어주고 서로서로 인터뷰 해보도록 한다.
┃ 학교가 끝나면 주로 무얼하고 지내는가?
┃ 취미나 가장 좋아하는 관심거리는 무엇인가?
┃ 다른 지역에서 산 적이 있는가? 있다면 어디인가?
┃ 형제나 자매가 있는가? 있다면 나이는 어떻게 되는가?
┃ 가고 싶은 곳이 있다면? 그 이유는?
┃ 가장 좋아하는 TV 프로그램은?
┃ 즐겨듣는 음악은?

▌내가 짝에 대해서 반 아이들에게 했으면 하는
  이야기가 있다면?

　고학년 아이들의 경우는 이외 다양한 질문을
인터뷰할 수 있을 것이다. 질문에 대한 답이 '예'
'아니오'에 그치지 말고 부연 설명이 있도록 유
도한다.

A20 ● 친구란 무엇인가? ● 초2~초6

　목적 ｜ 친하다는 것이 무슨 의미인지 아이들
의 인식을 확장시킨다.

　자료 ｜ A20 양식

　활동 ｜ 아이들을 3~4명의 모둠으로 나누고
양식을 나누어준다. 아이들에게 모둠별로 상의해
서 친구 사이에 가장 중요한 것은 무엇인지 목록
을 만들어 양식에 기록하게 한다.
　두 번째, 각 모둠마다 친구 사이에서 가장 중요
한 것들의 특징을 중요한 순서대로 번호를 매기
도록 한다. 가장 중요하다고 생각되는 것에 모두
가 동의하면 1번이 된다. 양식을 순서대로 작성한
다. 아이들에게 이제 각 모둠별로 작성한 양식을
보고 가장 그럴듯한 순위를 정한다. 마지막으로
아이들에게 사람들이 여럿일 때는 생각이 서로
조율되어야 조직이나 모둠에서 동의가 이루어질
수 있다는 점을 설명해준다. 아이들에게 자신들
이 완성한 양식을 과연 자신들도 따를 것인지, 동
의하는지를 묻는다. 만약 아이들이 특별히 다른
대답이 없으면 마지막 양식을 완성한다. 아이들
에게 만약 다른 사람의 의견에 동의하지 않는다
면 그 형식을 공유하지 않아도 된다는 점을 주지
시킨다.

A21 ● 우정의 비법 ● 유~초3

　목적 ｜ 좋은 친구란 무엇인가에 대해서 생각
하고 분명하게 정의할 수 있도록 한다.

　자료 ｜ 차트 종이, 사인펜
▌고학년 ｜ 인덱스 카드와 요리책(선택사항)

　활동 ｜ 모둠별로 좋은 친구란 어떤 친구인지
그 특징에 대해서 의견을 나누도록 한다. 고학년
의 경우에는 적어도 5가지 속성, 특징을 예로 들
도록 한다. 즉 유머, 친절, 의리, 공통 관심사, 언
제라도 함께 할 수 있는 근접성 등. 아이들의 목
록을 다시 한번 언급하면서 차트에 적는다. 새로
운 내용이 있으면 다시 첨가한다. 우정의 특징을
이용해서 아이들로 하여금 자신만의 친구사귀는
비법을 적도록 한다. 이를 묶어서 '우정 비법'이
라는 학급 도서를 만들어도 좋다.
　고학년의 경우 모둠별로 서로 상의해서 우정
비법을 발견하도록 한다. 모둠별로 상의한 최종
비법을 인덱스 카드에 쓴다. 요리책의 방식을 참
고해도 좋다.

A22 ● 우정의 수레바퀴 ● 유~초3

　목적 ｜ 아이들에게 친구 간의 행동은 어때야
하는지 자각하도록 한다.

　자료 ｜ 포스터 보드로 만든 A22 지름 6cm 원.
시계바늘 손가락 모양, 종이 철

　활동 ｜ 포스터 보드지로 지름 6cm 원을 만들어
서 오린다. 원을 적어도 여덟 부분으로 구분해둔

다. 플라스틱 물건으로 시계바늘 모양을 만든다. 원의 중심에 시계바늘을 고정핀으로 눌러준다.

아이들에게 친근한 행동방식에 대해서 생각해 보도록 한다. 각 원의 부분에 적절한 행동에 대해서 적도록 한다. 시계 바늘을 특정 부분에 오게 해서 그 부분에 해당하는 친절한 행동에 대해서 생각하고 평가하도록 한다. 그런 행동을 하루 중 친구에게 실천하도록 한다. 나중에 아이들에게 자신들의 행동에 대해 평가해보도록 한다. 개인적으로 우정의 시계를 만들어서 각자 활동하도록 해도 좋다.

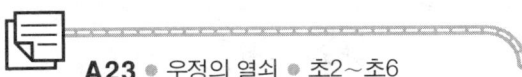

A23 ● 우정의 열쇠 ● 초2~초6

목적 ┃ 아이들로 하여금 말 한마디 한마디가 우정을 튼튼하게 만들어가는 열쇠임을 인지하도록 한다.

자료 ┃ A23 양식, 사인펜, 크레파스, 색연필, 가위, 잡지, 풀

활동 ┃ 아이들을 짝을 지어 나눈다(S17 양식을 이용한다. 3장 참조). 한 쌍마다 양식 한 장을 나누어준다. 아이들에게 우리가 서로에게 하는 말은 우정을 만들기도 하고 때론 우정에 금이 가게 하는 것임을 생각해보게 한다. 각 짝에게 10분 동안 상대방의 입가에 미소가 떠오를 수 있게 하는 말이나 문장을 생각하도록 한다. 양식을 이용해서 자신만의 '친구끼리는 고운 말 하기' 포스터를 고안하도록 한다.

10분이 지나면 짝끼리 자신이 만든 포스터를 상대편에게 보여주고 선택한 말을 설명한다. 다 완성된 포스터에 틀을 씌워서 게시판에 전시해놓는다.

응용 ┃ 아이들이 짝을 이루어서 하는 활동에 익숙해지고 편안하게 느끼면 3~4명의 모둠을 만들어서 똑같은 활동을 반복한다. 이때 동일한 형식에 몇 가지 변화를 주면 활동의 방향이 다양해질 수 있다. 아이들은 우정을 이루는 다양한 요소에 대해서 생각해 볼 수 있는 기회를 갖게 된다. 예를 들어, 아이들이 만든 '우정의 말' 목록에 덧붙여서 친구사이에 바람직한 행동, 대화를 여는 열쇠, 대화의 주제(취미, 관심사, 좋아하는 TV 프로그램) 혹은 친근한 행동(껴안기, 미소, 어깨 두드려주기, 악수, 윙크, 눈맞춤)의 목록을 만들어보도록 한다.

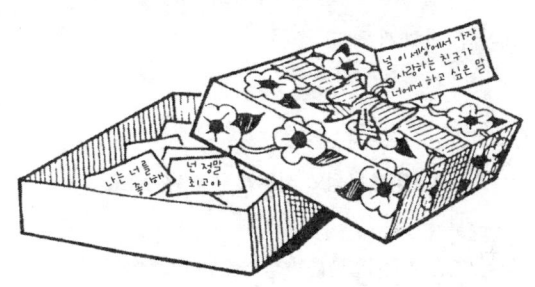

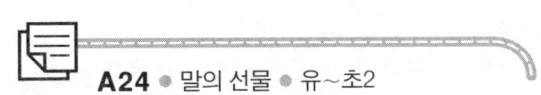

A24 ● 말의 선물 ● 유~초2

목적 ┃ 아이들에게 친절한 말 한마디의 위력을 인지하도록 하고 친절한 말을 자주 사용하도록 격려한다.

자료 ┃ 3×5cm 이상의 상자. 포장지, 리본, 3×5cm 의 카드 여러 장, 투명 테이프, 가위, 사인펜
┃ **상자 만들기** ┃ 상자의 뚜껑만 화려한 포장지로 싼다. 상자 옆면에 인사말 카드를 붙여놓는다. '친절한 말 한마디는 친구에게 가장 특별한 선물이다' 와 같은 경구가 좋다.

활동 ┃ 아이들에게 상대방에게 미소를 줄 만한 말이나 단어를 생각해보도록 한다. 아이들이

제시하는 말을 인덱스 카드에 각각 적고 카드를
선물 상자에 넣는다.

학생들이 친구에게 친절한 말의 선물을 주고
싶을 때는 언제라도 카드를 이용하도록 한다. 다
른 친구가 사용하는 새로운 표현을 카드에 써서
넣어둘 수 있도록 격려한다.

응용 ㅣ 생일을 맞은 아이에게 '친절한 말 카
드'가 가득 든 선물 상자를 만들어준다. 반 아이
들 모두가 카드 한 장씩 써 넣는다면 귀중한 선물
이 될 것이다. 고학년의 경우 인덱스 카드별로
'자존감을 주는 말'을 적어서 개인별 폴더로 만
들어 간직하게 해도 좋다.

A25 ● 우정의 비밀친구 ● 유~초6

목적 ㅣ 아이들이 우정을 쌓아갈 수 있는 기회
를 제공한다.

자료 ㅣ 바구니, 모자, 가방처럼 뭔가를 담을 수
있는 물건. 아이들의 이름이 적힌 종이끈.

활동 ㅣ 아이들은 친구들의 이름이 적힌 종이
끈이 가득 들어있는 모자에서 한 장을 뽑는다. 종
이에 적힌 친구는 그날 하루 비밀 우정 친구가 된
다. 그날 중 친절한 말 한마디나 친절한 행동을
상대 친구에게 실천한다. 하루가 끝나면 그날의
활동에 대해서 이런저런 평가를 내린다. 자신의
비밀 우정 친구가 누구였는지, 어떤 행동을 했는
지에 대해서 돌아가면서 의견을 말한다.

A26 ● 우정 보고서 ● 유~초6

목적 ㅣ 한 친구의 성격이나 특징에 대해서 알
아보도록 한다.

자료 ㅣ 친구와 우정을 다루는 책들. A30 학년
별 부분 목록 참조

활동 ㅣ 아이들 앞에서 큰 소리로 읽어주거나
개인적으로 읽게 해 주인공들에 관해서 토론하도
록 한다. 이때 교사는 몇 가지 질문거리를 던져
활동을 시작한다.

1 이 책에서 친근한 주인공은 누구인가?

2 이 책의 주인공을 친구처럼 느낀 이유는 무
엇인가? 주인공의 어떤 행동에 어떤 점에 친근감
을 느꼈는가?

3 이런 주인공을 진짜 친구로 삼고 싶은가? 그
이유는?

4 이 이야기에서 특히 친근한 부분을 설명해
보자

5 이 책에 나오는 주인공과 비슷한 행동을 한
사람이 주변에 있는가?

교사는 책을 읽고 난 아이들에게 몇 가지 질문
을 하면서 주어진 양식에 대답을 쓰도록 한다.

A27 ● 친절한 행동 기록하기 ● 유~초6

목적 ㅣ 아이들이 친절하고 친근한 행동에 대
해 인지하도록 한다.

자료 ㅣ A27 양식, 필기구

활동 ㅣ 아이들에게 양식을 나누어주고 양식에

나오는 대로 다음주까지 친절하고 친근한 행동에 대해서 생각해보게 한다. 교사는 짤막하게나마 친절한 행동이 무엇인지 아이들과 잠시 토론을 할 수도 있고 칠판에 몇 가지 예를 들어주어도 좋다. 매일 학생들은 자신들의 목록에 개인적으로 자신들이 다른 친구에게 그날 어떻게 친절한 행동을 했는지 적는다. 굳이 반 친구들에게 보여줄 필요는 없는 활동이다.

A28 ● 착한 행동 기록하기 ● 유~초6

목적 ㅣ 아이들이 좋은 말 한마디와 행동은 우정을 더욱 깊게 만들어주는 것이라는 점을 인지하도록 해준다.

자료 ㅣ A28 양식(밝은 색상의 색판지나 카드스톡 종이에 인쇄한다). A28a는 저학년용이고 A28b는 고학년용이다.

활동 ㅣ 아이들에게 행동은 우정을 튼튼하게도 하지만 우정에 금이 가게 하는 것이기도 하다는 것을 설명해준다. 아이들에게 A28 양식을 나누어주고 적당한 곳에 보관하도록 한다. 고학년들에게는 공책이나 일기 속에 넣어두도록 한다. 아이들로 하여금 다른 사람을 위한 착한 행동을 기록하도록 한다. 이때 자신들이 '착한 행동'을 보여준 상대방 친구의 이름을 반드시 써넣도록 한다.

A29 ● 나만의 우정 보고서 ● 유~초2

목적 ㅣ 아이들로 하여금 우정에 대해서 생각하고 글을 써보도록 한다.

자료 ㅣ A29 양식. 표지는 밝은 색의 색판지로 만든다. 스테이플, 펀치, 실, 가위, 종이 절단기

활동 ㅣ 이 프로그램을 시작하기 전에, A29 양식 복사본을 많이 준비해서 아이들에게 나누어준다. 복사된 페이지의 절반을 잘라서 마닐라 폴더에 넣는다. 아이들마다 자신의 폴더를 만들도록 한다.

교사는 먼저 아이들에게 '나만의 우정 보고서'를 만들 것이라는 점을 밝혀둔다. 실제 책을 한권 들고 예를 들어도 좋다(A30 참조). 하루에 한 가지 주제가 적당하다. 반 전체 아이들이 토론을 통한 글쓰기 활동을 진행해도 좋다. 토론 후 아이들은 각 주제에 대해 자신만의 의견을 적는다. 완결된 문장으로 쓰게 한다. 마지막 쪽까지 다 채우면 책으로 엮도록 한다.

응용 ㅣ 고학년의 경우 개인별 우정 보고서를 책으로 묶어 보관하게 한다. 주제를 다양하게 쓰게 한다. 친구 사이의 갈등과 관련해서 집중적으로 쓰게 해도 좋다.

A30 ● 우정에 관한 책 ● 유~초6

목적 ㅣ 아이들이 우정에 관해서 이해하도록 한다. 우정을 키우는 기술을 인지하도록 한다.

활동 ㅣ 책을 선정해서 반 아이들에게 읽어주거나 개인별로 읽어야 할 책을 선정해준다. 우정이라는 개념에 관해 토론을 할 때 참고할 지침은 다음과 같다.
▮ 이 책에서 누가 더 친근한 주인공인가?
▮ 그 배역이 친근하게 여겨지는 이유는?
▮ 이야기 속에서 주인공은 다른 사람을 위해 어떤

일을 했는가?

▌다른 주인공들은 내가 친근하게 느끼는 주인공에 대해서 어떻게 느끼고 있는가?

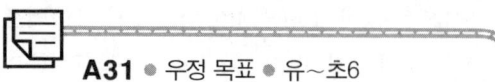

A31 ● 우정 목표 ● 유~초6

목적 ㅣ 아이들이 우정을 쌓는 기술을 개선하도록 돕는다.

자료 ㅣ A31 우정의 목적 양식

활동 ㅣ 먼저 아이들이 어떤 점을 개선해야 할지 특별한 영역을 고르도록 한다. 아이들 개인별로 독특한 교제의 기술에 대해서 설명해주고 어떻게 개선해야 할지 제시해준다. 그러고 나서 아이들이 또래들과 새로운 기술을 실천할 수 있도록 여러 가지 기회를 마련해준다. 예를 들면, A는 친구를 사귈 줄은 알지만 자기 물건을 친구와 나누어쓰려고 하지 않아서 번번이 친구들이 등을 돌리게 만든다. 교사는 A에게 자기 물건을 자기 마음대로 하는 것은 당연하지만 나눠쓰는 것은 우정의 한 부분이라고 설명해준다. A에게 짝을 맺어서 역할 놀이를 하게 한다. 즉 제한된 시간 동안 친구에게 A의 물건을 빌려주게 한 다음 A가 그 상황에서 자신의 버릇을 참고 기다리도록 한다. 마지막으로 그 상황에 대처한 행동을 두고 평가하는 시간을 갖는다. 새로운 기술의 실행이 효과적이었던 이유 혹은 왜 효과가 없었는지, 앞으로도 친구들과 우정을 쌓아나가는 데 그 기술을 쓸 때 다른 식으로 쓸 수는 없는지에 대해서 토론하도록 한다.

아이들에게(저학년의 경우 그림을 그리거나 말로 설명하도록 한다) 제시된 양식의 활동에 따라 우정의 목표를 쓰도록 한다. 그리고 그 목적을 성취했는지, 그렇지 못했는지 이후에 기록하게 하고 다음에는 어떻게 해야 더 성공적일지 기록하게 한다. 이 프로그램은 우정쌓기 발달과정에서 계속적으로 진행되도록 하다.

╺╺╺ 자존감 키우기 #4 ╺╺╺
또래 친구들과의
협력 관계를 증진시킨다.

친구와 함께라면 같이 마시는 물도 달다

● 체코슬로바키아 속담

자존감이 넘치는 아이가 다른 친구들을 대하는 태도를 지켜본 적이 있는가? 자존감이 넘치는 아이들은 대개 친구에게 무슨 말을 해야 하고, 친구에게 인정받고 동의를 구하기 위해서는 어떻게 행동해야 하는지를 아주 정확하게 알고 있다는 것이 금방 나타난다. 그 결과 다른 아이들은 그 친구 주변에 있기를 좋아하고 친구로 사귀고 싶어한다. 그러므로 자부심이 있는 아이들이 반 아이들에게 인기가 좋은 것은 결코 우연이 아니다. 반 친구들 사이에서 인기가 좋은 아이는 그렇지 못한 아이보다 말로서 또래 친구들에게 장단을 맞추고 또 긍정적인 말을 해주는 데 아주 능숙하다.

'하트업Hartup'의 연구 보고서에 의하면 학급에서 가장 인기 있는 아이들은(즉 가장 놀고 싶은 친구로 꼽히는 아이들) 또한 다른 친구들에게서 칭찬을 자주 받는 아이들이었다. 이들은 또한 타인에게 애정을 보이고 친구의 요구와 부탁을 기꺼이 들어준다. 반대로 친구를 무시하고, 비협력적이고 조롱하고 위협적인 말을 하는 아이들은 또래들 사이에서 인기가 없었다. 또래들과의 긍정적인 상호작용, 우호적인 관계를 통해서만 사귀고 싶은 친구가 되는 것이다.

다른 사람을 칭찬하는 것은 칭찬을 하는 사람의 자존감을 키워주는데도 큰 효과가 있다. '가는 말이 고와야 오는 말도 곱다' 는 말 그대로다. 그 결과 남의 자존감을 키워주는 것은 다시 그 결과가 내게 돌아오는 순환적 과정이다. 용인하고 승인해줌으로써 역으로 자신도 승인받고 인정받는 것이다.

교실 환경에 대한 연구결과가 보여주듯이 아이들의 자아관을 강화시키고 향상시키는 성공적인 구성요소 중 하나는 바로 아이들에게 서로를 칭찬하도록 가르치는 것이다. 교실에서 아이들에게 매일 친구에게 긍정적인 자존감을 키워주는 말을 쓰게 하면 이미 자존감이 높은 아이나 저조했던 아이나 할 것 없이 모두의 자아관이 향상되는 결과를 가져온다.

펠커는 이런 칭찬활동이 처음에는 가시적인 성과를 얻기 힘들지만 인내심을 가지고 꾸준히 실천한다면 아이들의 자존감 향상에 큰 도움이 될 것이다. 이런 과정은 이미 3장 정서적 안정감 부분에서 소개해놓았다. 부연설명은 우호관계 부분을 참조하길 바란다.

이 장에 나오는 여러 가지 활동들 대부분은 아이들이 서로 긍정적으로 생각하고 말하고 행동하도록 고안된 것들이다.

활동 4

A33~A40의 활동은 특별히 아이들이 자신은 물론 다른 친구들을 배려함으로써 제대로 성장해 나갈 수 있다는 인식을 향상시키기 위해서 마련된 것들이다. 이 활동들은 또한 상대방을 인정하고 또 협력할 수 있는 기회를 제공한다. 정서적 안정감 활동 중 S24, S25, S26, S28, S29, S30, S31,

S32, S34, S35도 이런 점에 연관돼 있다.

A32 ● 우정의 햇살 ● 유~초1

자료 | 노란 색판지로 된 지름 8cm 원. 오렌지 색깔의 색판지로 오린 햇살 7~8개, 풀, 가위

활동 | 친구에게 좋은 말과 행동을 하는 것은 세상을 더욱 밝게 만드는 햇살을 비춰주는 것과 같다고 설명한다. 노란색 색판지로 지름 8cm 원을 만든다. 해님 얼굴에 아이들의 사진을 붙여도 좋다. 오렌지 색깔의 색판지로 햇살을 만들어 안에 친구들을 배려하는 친절한 말이나 행동의 예를 적도록 한다.

A33 ● 배려하는 말 ● 유~초6

자료 | 학생마다 12×18cm 색판지를 준비하도록 한다. 대화 글이 들어갈 만한 2×4cm짜리 뭉게구름, 가위, 풀

활동 | 말이란 우리가 친구를 배려하고 있다는 것을 표시하는 아주 중요한 수단이라는 점을 인지하도록 토론한다. 다른 친구들에게 자신이 얼마나 관심을 가지고 있는지 보여주는 그림을 그리게 한다. 그리고 대화가 들어갈 뭉게구름 그림을 오려 그림판에 붙인다. 그림 속에서 문제를 겪는 친구에게 도움이 될만한 말을 써넣도록 한다. 저학년의 경우 말로 그림을 보며 표현하도록 한다.

A34 ● 친절한 행동 달력 ● 유~초6

자료 | 월별 달력(S37 양식을 이용해도 좋다)

활동 | 달력의 각 칸에 아이들로 하여금 한 달 동안 친구들에게 한 친절한 행동을 적도록 한다. 매주 실행해서 매주 금요일마다 아이들로 하여금 서로의 기록을 공유하도록 한다. 저학년의 경우는 달력에 친절한 행동을 한 날에는 행복한 표정 그림을 그려넣도록 한다. 아이들의 인지력이 향상된다.

A35 ● 우정 센터 ● 유~초6

목적 | 아이들에게 다른 친구들에게 친절하고 친근감 있는 행동을 하도록 기회를 제공한다.

자료 | 카드를 아이들 손에 쉽게 닿을 수 있는 곳에 비치해 놓는다.
이 카드 센터에는
▐ 볼펜, 크레파스, 카드 견본, 풀, 잡지
▐ 스티커, 스탬프
▐ 도형 판형과 가위
▐ 종이끈, 장식
▐ 색판지를 다양한 크기로 잘라놓는다.
5×8cm, 7×4cm, 9×5cm
▐ 견본 카드 함에는 학생들이 직접 만든 카드와 여러 가지 메시지가 인쇄된 인덱스 카드를 준비해놓는다. 메시지는 아래와 같다.

네가 보고 싶어. 축하해. 도와줘서 고마워. 우리는 참 좋은 친구야. 생일 축하해. 아픈 거 빨리 나았으면 좋겠어. 오늘도 즐거운 하루! 너에게 보내는 특별한 메시지야.

활동 | 각 메시지에 해당할 수 있는 경우가 생기면 아이들에게 카드를 써서 친구들에게 보내도록 격려한다.

A36 ● 모둠 센터 · 상장 ● 유~초6

저학년의 경우.

목적 | 아이들이 서로를 격려하고 도와줄 수 있는 기회를 제공한다. 아이들에게 협력, 나누어

쓰기, 친절한 행동, 말 등과 같은 긍정적인 행동을 인지하도록 한다.

자료 ㅣ A36 양식
▌센터 만들기 ㅣ 상자를 세워놓거나 칸막이를 세워놓고 교실에서 쉽게 구할 수 있는 재료로 꾸민다. 사인펜, 가위, 색연필, 크레파스, 스티커, 스탬프, 실, 펀치, 별, 풀. 센터를 상자나 칸막이를 이용해 마련해놓은 장소에 세워놓는다.

활동 ㅣ 아이들에게 좋은 친구가 되기 위한 가장 중요한 요소는 다른 친구들이 내게 베푸는 친근하고 친절한 행동을 알고 고마움을 표시하는 거라고 설명한다. 그리고 아이들에게 '모둠 구성원 센터' 는 친절한 행동을 한 반 친구들에게 고마움을 표시하는 한 방법으로 만들어진 것임을 분명하게 설명해준다.

교사는 아이들과 어떤 행동이 과연 우리가 고마움을 표시할 만한 친절하고 친근감을 주는 행동인지를 토론한다. 나눠쓰기, 도와주기, 친구의 기분을 좋게 해주기, 친절한 말하기, 선물하고 또 친구의 선물을 즐겁게 받기, 누군가를 위해서 무언가를 만들어주기, 누군가의 기운을 북돋아주기 등등.

누군가 아주 친근감 있는 행동을 할 때마다 그 친절한 행동을 받은 친구는 우정 센터로 가서 상장을 만들도록 한다. 상이 좀더 분명하고 타당하기 위해 친절한 행동을 자세하게 설명하도록 하며 친구의 이름을 적고 교사의 사인을 받도록 한다. 상을 주는 친구는 자신의 이름을 상장 말미에 적을 수도 있는데 그렇게 되면 상장을 받는 사람은 누가 자신의 친절을 인정해주었는지 알게 된다.

아이들은 친절한 행동에 대한 감사의 표시로 상장을 만들어서 센터 옆 조그만 상자나 폴더에 넣어둔다. 그날 중 교사는 상자와 폴더를 확인해서 최종적으로 상장에 사인을 한다. 그리고 나서 친절한 행동을 반 아이들에게 알려주고 해당 친구에게 상장을 수여한다.

A37 ● 우정의 매듭 ● 유~초1

목적 ㅣ 아이들이 남을 배려하고 사려깊게 행동하는 것을 인지하도록 한다.

자료 ㅣ A20cm가죽 끈이나 두툼한 털실

활동 ㅣ 아이들에게 자신이 다른 친구들을 배려한 행동을 떠올리게 한다. 그리고 친절한 행동을 한 번 할 때마다 줄의 매듭을 한 번 묶게 한다. 로프를 아이들 손에 쉽게 닿을 수 있는 곳에 비치해둔다. 교사 책상 위도 좋다.

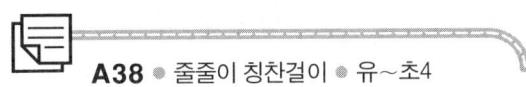

A38 ● 줄줄이 칭찬걸이 ● 유~초4

목적 ㅣ 아이들이 서로 긍정적인 말을 하고 모든 아이들이 자신을 특별한 존재로 느낄 수 있는 기회를 마련한다.

자료 ㅣ A38 양식, 6cm 길이로 자른 줄이나 실, A38 얼굴 모양 하나씩
▌얼굴 만들기 ㅣ 매일 다른 학생을 선정해 칭찬받는 대상으로 만든다. 이 학생은 A38 줄줄이 칭찬 양식에 있는 얼굴을 색칠해 자기 얼굴처럼 꾸민 다음 그림을 오린다.

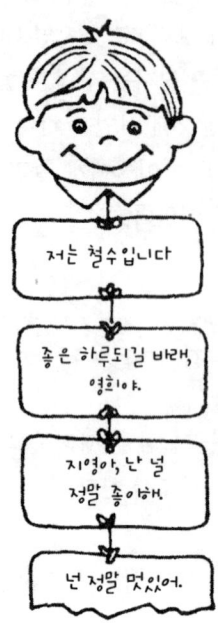

참고 | 이 활동은 아직 글을 읽을 줄 모르는 저학년이나 유치부 어린이를 위해 응용한다면 카드에 그림을 그리게 한다. 고학년의 경우 자기 얼굴을 그리는 부분은 빼고 대신 필요하면 사진이나 카드에 이름을 적어서 쓰도록 한다.

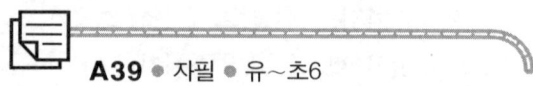

A39 ● 자필 ● 유~초6

목적 | 아이들에게 서로에게 친근한 배려의 말을 적도록 기회를 제공한다.

자료 | 8.5cm×11cm짜리 표지용 색판지 두장, 스테이플, 바인딩, 또는 펀치, 실, A39 자필 양식

활동 | 이 활동을 시작하기 전 먼저 동그랗게 모여 앉아 아직 자르지 않은 칭찬 카드와 필기도구를 자신의 무릎에 올려놓게 한다. 그리고 나서 오늘의 특별한 친구를 칭찬할 만한 말이나 그림을 자신의 카드에 그리고 적도록 한다. 아이들이 만든 카드를 인형 얼굴 밑에 실로 묶어 줄줄이 매달아 놓는다.

활동 | 자필 책을 만들어서 양쪽에 겉표지를 대고 스테이플로 찍는다. 사인펜으로 표지를 장식하게 한다. 아이들은 반 친구들에게 양식을 채워서 친구들의 자필 사인을 받게 한다.

공통점

제일
좋아하는
아이스크림

형제 · 자매의 수

제일 좋아하는 TV 프로그램

제일
좋아하는 색깔

태어난 달

제일 좋아하는 운동

이렇게 해보세요 ㅣ 첫 줄에는 질문에 대한 여러분의 답을 적으시고, 다음 줄에는 자신과 같은 대답을 한 친구의 이름을 적으세요.

우리 반을 알려주는 책

짝꿍의 이름 : --

난 짝꿍에게 이런 점을 발견했어요 : --

그리고 우리는 날마다 서로를 더 알기위해 노력할거에요.

우리가 좋아하는 책

우리 교실에 있는 서재에서 내가 제일 좋아하는 책은 --

14								
13								
12								
11								
10								
9								
8								
7								
6								
5								
4								
3								
2								
1								

각자가 좋아하는 타이틀에 예쁜 스티커를 붙여보세요.

금주의 VIP

친애하는 학부모님,

귀하의 자녀가 다음주 우리 반 VIP로 선정되었습니다. 우리 반의 모든 아이들이 한 명도 빠짐없이 이 VIP 체험을 하게 될 것입니다.

이 기회를 통해 반 친구들이 금주의 VIP 친구에 대해서 더 잘 알게 되는 기회를 갖습니다. 특히 자녀분의 특별한 관심사항, 재능, 개인사와 그밖에 독특한 개성에 대해서 알고자 합니다. 우리 반 아이들이 VIP 친구의 새로운 점을 발견하기 위해서 VIP 친구만을 위한 특별 게시판과 책상이 마련됩니다. 이곳에서 아이는 '나를 소개하기' 활동을 진행합니다. 몇 가지 주제에 맞는 물건들을 모아서 학교에 가져갈 수 있도록 부탁드립니다. 전부 다 구하지 못해도 상관없습니다. 실제 물건을 구하지 못한다면 그 물건의 생김새나 내용을 종이에 쓰거나 그림을 그리거나 사진을 준비해도 좋습니다. 협조해주셔서 감사합니다.

- 특별한 재능
- 가족사항
- 관심사항
- 취미사항
- 좋아하는 물건
- 좋아하는 책
- 특별한 수집품
- 가까운 조상에 대한 정보
- 기타

위에 해당하는 물건들을 가방이나 상자에 넣어서 아이의 이름과 반을 표시한 후 보내주십시오.

보내실 날짜는 _____입니다.

감사합니다.

_____
(사인)

언제라도 오셔서 아이가 자기의 물건을 전시하고 소개하는 걸 지켜봐 주십시오.

우정 편지

(주소) ----------------------------

사랑하는 _____ 에게,

_____

_____

_____

_____

_____

_____

_____

_____

_____

_____

_____

너의 친구,

_____

우정이여 영원하라!

여기를 접으세요 ↙

From :

To :

여기를 접으세요

특별한

배 달 차

기린 인형

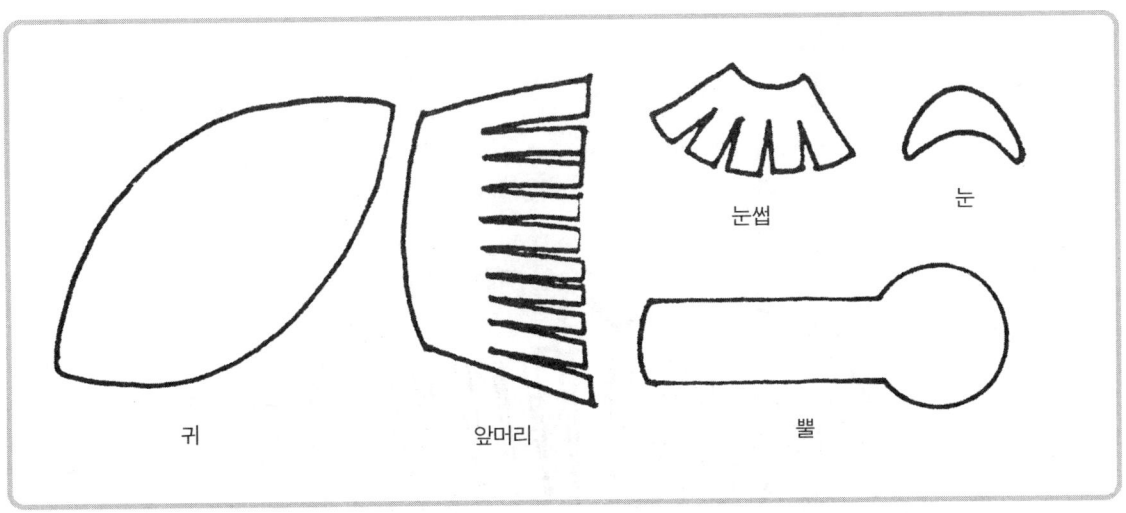

귀

앞머리

눈썹

눈

뿔

사자 인형

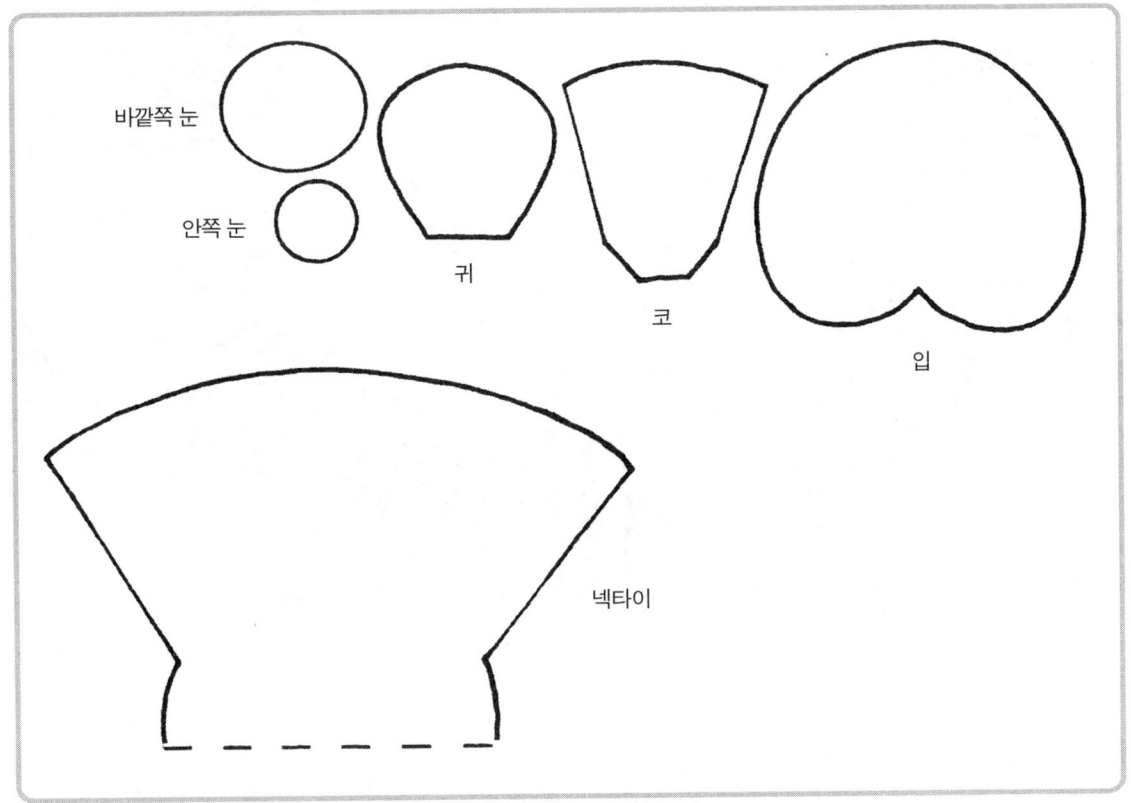

바깥쪽 눈

안쪽 눈

귀

코

입

넥타이

사자 인형

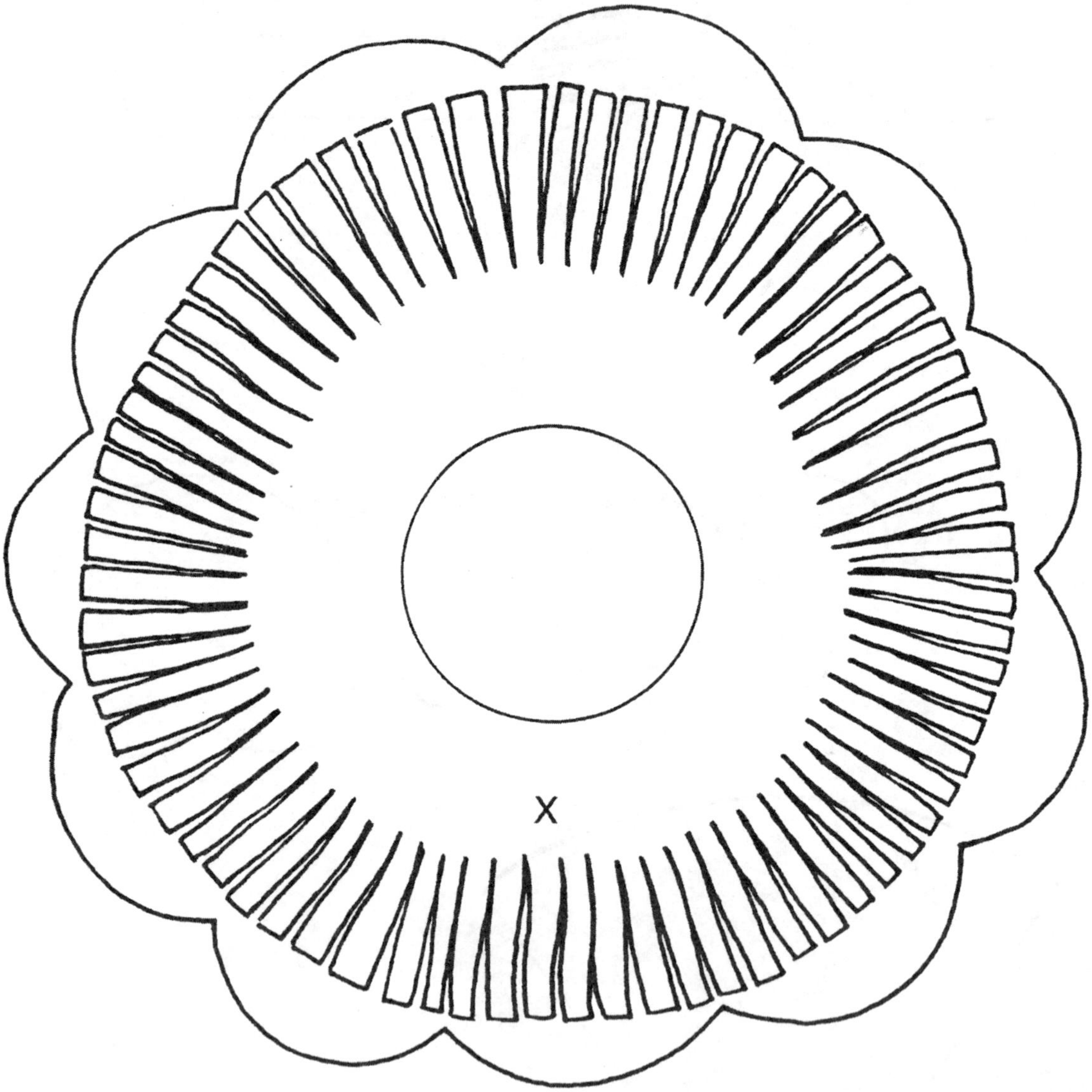

X

친구란 무엇인가?

모둠 구성원들 :

방향 1. 한 모둠으로서 '친구' 의 특징 중 가장 중요한 것을 정하고 목록을 만든다.
 2. 목록상의 '친구' 의 특징에 순위를 매긴다. 구성원 모두가 순위를 정하는 데 동의하도록 한다.

'친구' 가 갖는 중요한 특징들	모둠별 순위	나는 동의하는가?
1.		☐
2.		☐
3.		☐
4.		☐
5.		☐
6.		☐
7.		☐
8.		☐

이제 자신만의 종이를 점검한다. 다른 친구에게 보여주지 않아도 좋다.

1. 자신이 모둠의 동의에 어떻게 생각하는지 표시한다.
2. 모둠에서 정한 우선순위에 전적으로 동의하는가? 만약 혼자서 순위를 매긴다면 어떻게 할 것인가?

우정 수레바퀴

지금 교실에 있는 사람이나 학교에서 동료들 중에 친구가 되고 싶은 사람을 떠올려보고,
어떻게 친해질 수 있을지 생각해보라. 각 칸에 그 친구의 특징에 대해 적어보라.

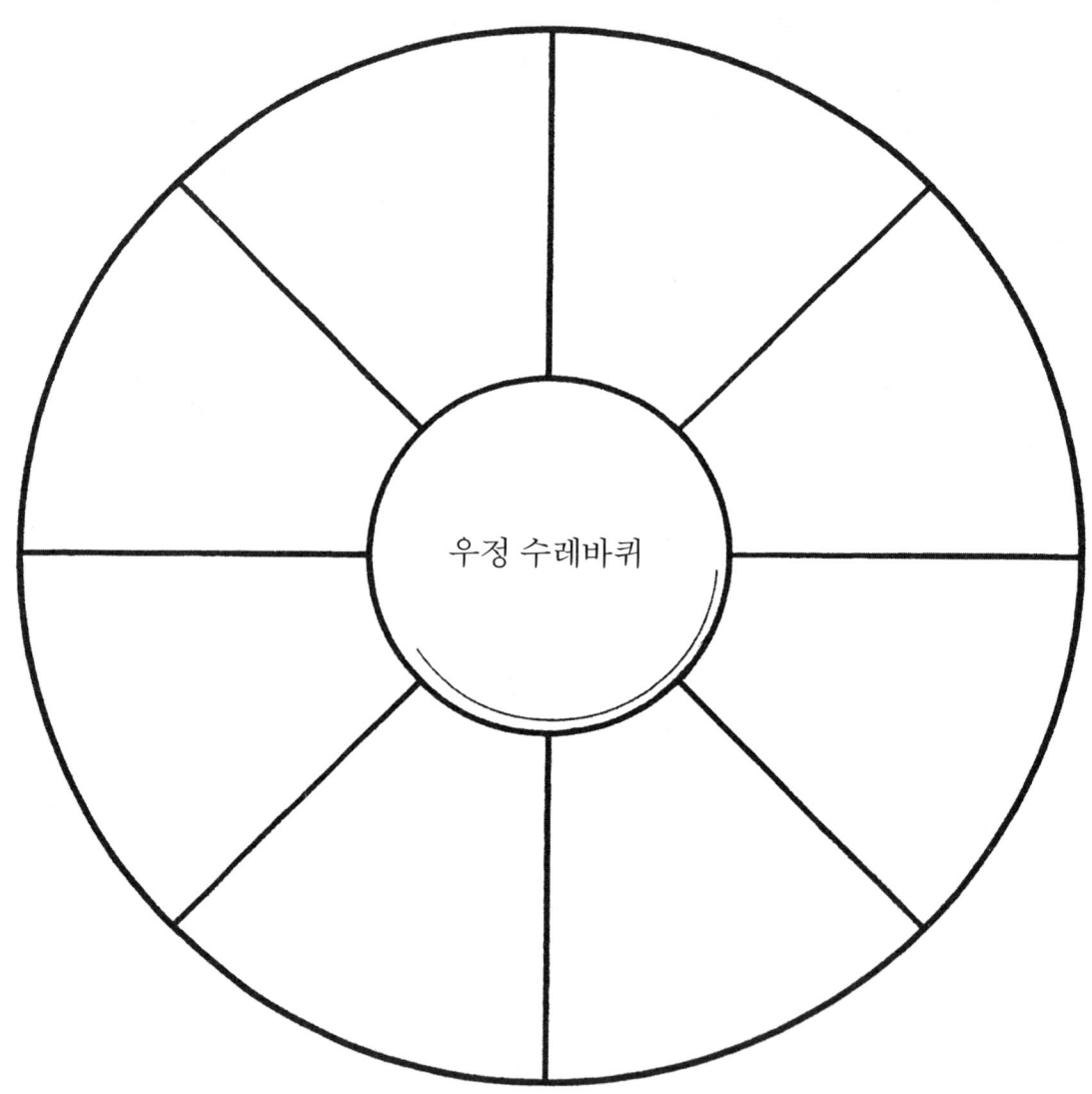

우정 수레바퀴

우정 만들기

모둠원 :

친절한 행동 목록

일주일 동안 매일 다른 친구에게 한 친절한 행동에 대해서 생각하고 적어본다.
행동일수도 있고 다른 친구가 미소 짓도록 고운 말을 쓴 경우도 좋다.

월요일 : _____

_____

_____

화요일 : _____

_____

_____

수요일 : _____

_____

_____

목요일 : _____

_____

_____

금요일 : _____

_____

_____

※ 이중에서 가장 친절했던 행동에 동그라미표 하세요.

다음주에는 어떤 행동을 하고 싶은가요? _____

_____

_____

난 이런 친구가 되고 싶어 _____

_____

_____

_____

_____

_____

_____

난 네가 좋아 왜냐면 _____

_____

_____

_____

_____

_____

_____

친구는 말이지 _____
_____
_____
_____
_____
_____
_____

난 이럴 때 좋은 친구지 _____
_____
_____
_____
_____
_____
_____

우정의 목표

좋은 친구가 되기 위해 난 이런 것을 더 노력해야 해 :

좋은 친구가 되기 위해 난 이런 능력들을 더 길러야 해 :

내가 할 수 있는 것들 :

그럼 언제 하지 :

어떻게 할까? :

다음번에는 좀더 다른 방식으로 해야지 :

모둠원 자격증

이런 이유 때문에 : _____

위대한 모둠의 구성원이 된 당신이 정말 자랑스럽습니다.

날짜 : _____

수여자 : _____

담임교사 : _____

모둠원 자격증

이런 이유 때문에 : _____

위대한 모둠의 구성원이 된 당신이 정말 자랑스럽습니다.

날짜 : _____

수여자 : _____

담임교사 : _____

칭찬 걸•l

칭찬받을 사람 : --

칭찬하는 사람 : --

칭찬 내용 : --

칭찬받을 사람 : --

칭찬하는 사람 : --

칭찬 내용 : --

칭찬받을 사람 : --

칭찬하는 사람 : --

칭찬 내용 : --

칭찬 걸이

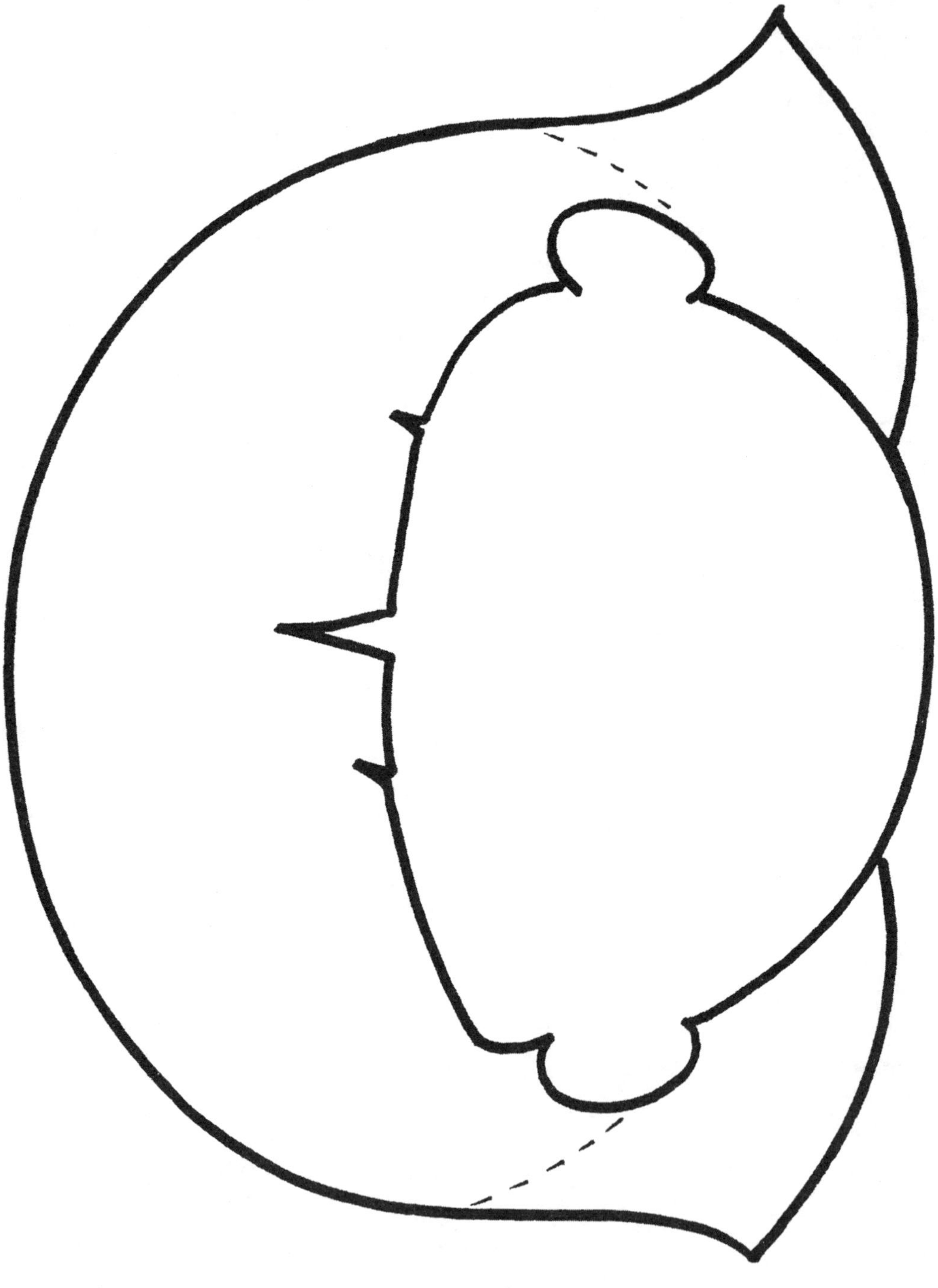

※ 남자아이의 경우 점선부분을 잘라내 주세요.

서명

칭찬의 말 : _____

_____

_____

_____

난 널 기억해, 왜냐면 : _____

_____

_____

난 너의 좋은 점 : _____

_____

_____

난 앞으로 너에게 대할 땐 : _____

_____

_____

당신을 위한 낙서 :

```



```

이름 : _____

주소 : _____

전화번호 : _____

6

책임감이 따르는 목표

목적의식 기르기

자존감 키우기 도우미의 역할

- 아이들이 스스로 의사결정을 하고, 대안을 찾고 그 결과를 가늠해볼 수 있는 능력을 향상시킨다.
- 현재, 과거의 학습 성과와 행동발달 상황을 차트로 만들 수 있도록 돕는다.
- 성공적인 목표 – 설정으로 이끌어주는 단계를 가르친다.

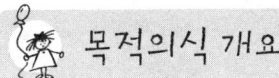 목적의식 개요

　우리가 살면서 갖게 되는 동기와 뭔가를 이루고자 하는 의지. 현실적이고 성취가능한 목적을 설정함으로써 얻어지는 자기 원동력이며 자신의 결정으로 인한 결과를 책임지려는 의지.

 관련 자료

목적은 행동을 불러일으킨다. 그리고 그 결과 역시 행동을 계속적으로 이끌어간다.
－ 스펜서 존슨 *Spencer Johnson*, 콘스탄스 존슨 *Constance Johnson*, 《The One-Minute Teacher》(New York, Wm. Morrow & Co., 1986)

자기 동기부여와 목적의식이 담긴 행동은 아이들로 하여금 스스로 목적을 내면화하고 그것을 얻기 위해 노력하도록 이끈다.
－ 로버트 리즈너 *Robert Reasoner*, 《Building Self-Esteem : A Comprehensive Program》(Palo Alto, CA : Consulting Psychologists Press, 1982)

목표한 바 중 하나를 성공하면 다음에는 더 큰 욕심과 야망을 갖게끔 입맛을 자극하는 경향이 있다. 그 과정에서 얻은 성공의 경험은 아이들이 성취감을 얻고 자존감을 키우는 데 큰 영향을 미친다.
－ 고든 포터 밀러 *Gordon Porter Miller*, 밥 오스캄 *Bob Oskam* 《Teaching Your Child to Make Decisions》(New York : Harper & Row, 1984)

 자존감 키우기 도우미의 역할

❚ 아이들이 스스로 의사결정을 하고, 대안을 찾고 그 결과를 가늠해볼 수 있는 능력을 향상시킨다.
❚ 현재, 과거의 학습 성과와 행동발달 상황을 차트로 만들 수 있도록 돕는다.
❚ 성공적인 목표–설정으로 이끌어주는 단계를 가르친다.

 목적의식이 약한 아이들이 보여주는 행동상의 특징들

❚ 동기의식과 자신이 알아서 하는 모습이 부족하다
❚ 대안이나 차선책 혹은 해결책을 찾지 못한다.
❚ 자신에 대해서 무기력하게 느끼며 그 결과 징징거리거나 쉴 새 없이 재잘거리며 주변의

관심을 얻어 상황을 모면하려는 행동을 하게 된다.
▮ 목적도 없고 어떤 방향으로 나아가야 할지도 불분명하다.
▮ 목표설정이 터무니 없어서 성공하기가 힘들다(너무 높게 잡거나 너무 낮게 잡거나 아예 목표가 없기도 하다).
▮ 다른 사람에게 지나치게 의존적이며 책임감을 지고 다른 사람을 설득하고 영향을 미치는 일을 자신은 할 수 없다고 느낀다.
▮ 자신의 행동에 대해서 책임을 회피하려 든다. 대신 타인을 비난하고 다른 사람이 자신의 일을 하는 걸 거부하거나 혹은 하도록 꼬드긴다.
▮ 우유부단하다. 자신이 알아서 의사를 결정하는 걸 꺼려한다.

 강한 목적의식을 가진 아이들이 보여주는 행동상의 특징들

▮ 분명한 방향감각을 가지고 목적이 뚜렷해 보인다.
▮ 자기 주도적이고 솔선해서 행동한다.
▮ 자신의 행동에 대해서 책임을 지려하고 행동의 결과에 대해서도 인지한다.
▮ 자신의 의사결정의 결과를 충분히 감당할 수 있을 만큼 능력이 있다고 느끼기 때문에 결단력이 있다.
▮ 문제에 대해 차선책과 대안적 해결책들을 구한다.
▮ 현실적이고 실현 가능한 목적을 설정한다.
▮ 현재의 자신의 능력과 기술을 정확하게 평가한다.

물론 모든 학생들이 위에 적힌 것과 똑같이 행동하지는 않을 것이다. 어떤 부분에서는 아주 비슷하고 어떤 부분에서는 다를 수 있다. 학생이 어느 정도로 목적의식을 가지고 있는지를 알고자 한다면 학생 자존감 평가서, 부록(B-SET) 작성하도록 한다. 이 평가서는 아이들의 자존감의 발달정도를 측정하는 방식으로 주기적으로 업데이트될 수 있다. 이런 평가서는 또한 어떤 활동이 교사의 학급에 적당한지 결정하는 데도 유용할 것이다.

 ## 목적의식 향상을 위한 활동 목록

코드	학년	제목	사회	과학	쓰기	읽기	수학	미술	문학
M1	유~초6	변화시키고 싶은 내 모습			○	○		○	
M2	초1~6	내가 겪는 문제들	○		○	○			
M3	초1~6	문제 · 해결 보고서	○		○				
M4	유	그림으로 보는 문제 · 해결 보고서	○		○			○	

코드	학년	제목					
M5	초2~6	브레인스토밍	○	○	○	○	
M6	초3~6	문제해결 결과 전략 시트	○	○	○		
M7	유~초6	목적의식 향상을 위한 책들	○	○			○
M8	유~초2	독후감	○	○			○
M9	초2~6	문제지도	○	○			○
M10	유~초6	변화 개선표		○		○	
M11	초1~6	그래프로 보는 발달상황		○		○	
M12	초1~6	날짜별로 보는 발달상황		○		○	
M13	초1~6	숙제				○	
M14	유~초6	단계별 목표설정	○		○		
M15	유~초6	모둠별 목표설정	○	○	○		
M16	초1~6	목표설정 : 차트 구성	○	○			
M17	초1~6	장애물 극복	○	○			
M18	유~초4	목표 도전		○			
M19	유~초6	오늘의 목표설정		○	○		
M20	유~초6	금주의 목표설정	○	○		○	
M21	초2~6	금주의 목표 기록	○	○			
M22	유~초1	목표 바퀴		○			○
M23	유~초4	목표 기록장	○	○		○	○
M24	유~초4	목표 기록 카드	○	○		○	○
M25	유~초6	목표 결과		○			
M26	유~초1	나는 할 수 있어!		○		○	○
M27	초1~6	목표 성취 저널		○			
M28	유~초6	이달의 목표		○		○	
M29	유~초3	목표달성 상장		○			

 ## 목적의식을 증진시켜주는 주제별 모둠 활동들

코드	학년	제목	모둠
CC43	유~초2	더 좋아하는 것	짝 · 모둠
CC44	초2~6	문제해결 브레인스토밍	짝 · 모둠
CC45	초1~6	내가 하고 싶은 것	전체 · 모둠
CC46	유~초6	내 목표 소개하기	전체 · 모둠
CC47	유~초6	목표달성 비법 공개	전체 · 모둠
CC48	유~초6	목표 성취	전체 · 모둠

코 드	학 년	제 목
SW22	초1~6	학교 문제 보고서
SW23	유~초4	코알라 상장

아이들의 목적의식 배양을 위한 교사의 행동 체크리스트

방향 | 학생들의 목적의식을 향상시키는 데 있어 교사의 기술과 능력을 평가하기 위한 것으로 다음과 같은 항목에 답하시오.

교사로서	전혀	가끔	종종	항상
1 아이들이 성취하고자 하는 것을 분명하게 인지할 수 있도록 도와주고 있는가?	☐	☐	☐	☐
2 아이들과 함께 목적이라든가 우리를 고양시키는 일에 대해서 토론할 시간을 갖고 있는가?	☐	☐	☐	☐
3 아이들이 자신의 현재 혹은 이전 행동에 대해서 평가하는 데 돕고 있는가?	☐	☐	☐	☐
4 아이들이 자신의 발달과정을 주기적으로 점검할 수 있는 기회를 주고 있는가?	☐	☐	☐	☐
5 아이들이 자신들의 목적을 가지고 실행한 일의 결과를 인정하도록 가르치고 있는가?	☐	☐	☐	☐
6 아이들이 성취 가능한 현실적인 목표를 설정하도록 유도하고 있는가?	☐	☐	☐	☐
7 아이들로 하여금 문제를 해결할 때 가능한 대안을 찾아보도록 하고 자신만의 의사결정을 하도록 하는가?	☐	☐	☐	☐
8 아이들이 자신의 행동의 결과가 어떻게 될지 심사숙고 하도록 유도하는가?	☐	☐	☐	☐

● 교사로서 아이들의 목적의식을 계발하는 데 개선해야 할 점은 무엇인가?

아이들에게 줄 수 있는 최선의 가르침은 그들이 진정 원하는 것이 무엇인지를 알아서 그것을 하도록 격려하는 것이다.

● 헨리 트루먼 *Henry Truman*

자존감이 높은 사람들은 대개가 스스로 동기부여가 되는 사람들이고 뚜렷한 방향 감각을 가진 이들이다. 그런 사람들은 자신이 인생에서 얻고 싶은 것에 대한 특별한 목적이나 의지가 있기 때문에 인생에서 성공한다. 다른 말로 이들은 목적의식 내지 사명감이 아주 강하다. 이런 사람들은 미래에 무엇이 되고 싶은지에 대해 생각할 시간을 충분히 가진 사람들이고 자신이 어디로 가고자 하는지에 대해서도 심사숙고하는 사람들이다. 게다가 이들은 자신의 목적을 이루기 위해 꼭 필요한 행동을 한다. 그 결과 진정한 의미의 '성공하는 인생' 을 이루는 것이다. 이것은 역으로 자존감을 향상시켜준다.

인간은 자신의 목표를 깨달을 때 성공하게 되어 있으며 그 과정에서 에너지도 충전된다. 자신의 시도가 성공으로 이어진다면 그런 상황은 또다른 목표를 향해 가도록 신선한 에너지를 제공한다. 성취하고 성공하는 사람이라는 자아관을 가진 사람은 행동의 결과를 이미 보장받고 있는 셈이다. 이 경우 자존감은 나선형으로 향상된다. 예전의 성공적인 경험은 새로운 시도와 위험 요소를 감수할 수 있는 용기를 자극하는 신호를 보낸다. 리스크란 시도할 만한 도박이 되고 결과적으로 강한 자존감을 이끌어낸다.

목적의식이 약한 아이들은 이와는 전혀 다른 양상을 보여준다. 이런 아이들은 스스로 알아서 하는 모습이 저조하며 동기부여가 부족하고 때론 아무런 목적도 없어 보이기까지 한다. 이런 아이들은 뭔가를 성취하려고 노력하는 일이 드물기 때문에 또한 성취하고 성공하는 경험이 부족하다. 그 결과 잦은 실패를 겪게 되며 마음 속에서는 '우선멈춤' 이라는 빨간 불이 켜지면서 "하지 마. 어차피 성공하지도 못할 텐데 뭐. 별로 노력할만한 것이 못돼"라는 신호를 보낸다. 결국 아이는 모험을 두려워하고 솔선해서 하는 일이 드물며 동기부여도 하지 못한다. 극단적인 경우에 이런 유형의 아이들은 개인적인 사명이나 목적의식을 완전히 포기해 버리거나 자신의 인생을 주도적으로 이끌어나겠다는 생각 자체를 하지 않는다.

목적의식이 분명하고 강한 아이들은 스스로 현실적이고 실현가능한 목표를 설정한 다음 모험을 기꺼이 감수하고 그것을 실현하기 위해 필요한 단계들을 감수한다. 그 결과 더욱 더 스스로 동기부여가 되며 교실 내에서도 주도적인 모습을 보여준다.

몇몇 연구서와 논문들이 지적하기를 개인적인 의지에 기반을 두어 자신의 인생을 주도해나갈 수 있다는 생각이나 정서는 자존감을 향상시켜주는 데 그치지 않고 학업 성취에 향상까지 이어진다. 미국 교육에 대한 연구와 조사를 담고 있는 '콜만 *Coleman*의 보고서' 에 의하면, 효율성에 대한 아이들의 인식은 교실 안에서 이루어지는 다양한 활동을 성공적으로 수행하느냐 마냐에 따라 크게 달라진다는 것을 보여준다. 이때 교실 안에서 이루어지는 활동은 학업 성취도, 반의 규모, 학생당 투자비용 혹은 교사의 준비 등 많은 것을 아우른다.

목적의식이 약한 아이들은 다음과 같은 행동상의 특징을 보여준다.
▌동기의식과 먼저 알아서 하는 모습이 부족하다
▌대안이나 차선책 혹은 해결책을 찾지 못한다.
▌자신에 대해서 무기력하게 느끼며 그 결과 징징 거리거나 쉴 새 없이 재잘거리며 주변의 관심을 얻어 상황을 모면하려는 행동을 하게 된다.
▌목적도 없고 어떤 방향으로 나아가야 할지도 불분명하다.
▌목표설정이 터무니 없어서 성공하기가 힘들다 (너무 높게 잡거나 너무 낮게 잡거나 아예 목표가 없기도 한다).
▌다른 사람에게 지나치게 의존적이며, 책임감을 가지고 다른 사람을 설득하고 영향을 미치는 데 자신없어 한다.
▌자신의 행동에 대해서 책임을 회피하려 든다. 대신 타인을 비난하고 다른 사람이 자신의 일을 하는 걸 거부하거나 혹은 하도록 꼬드긴다.
▌우유부단하다. 자신이 알아서 의사를 결정하는 걸 꺼려한다.

이와 반대로 강한 목적의식을 가진 아이들은 다음과 같은 행동상의 특징을 보여준다.
▌분명한 방향 감각 뚜렷한 목적을 가지고 있다.
▌자기 주도적이고 솔선해서 행동한다.
▌자신의 행동에 대해서 책임지려하고 행동의 결과에 대해서도 충분히 인지하고 있다.
▌자신의 의사결정의 결과를 충분히 감당할 수 있을 만큼 능력이 있다고 느끼기 때문에 결단력이 있다.

▌문제에 대해 차선책과 대안적 해결책들을 구한다.
▌현실적이고 실현 가능한 목적을 설정한다.
▌현재의 자신의 능력과 기술뿐만 아니라 과거의 행동까지도 정확하게 평가한다.

 요약

교사는 목적의식이 약하고 부족한 아이들을 위해 다음과 같은 단계를 거쳐 아이들을 도울 수 있다.
▌아이들이 스스로 의사결정을 하고, 차선책과 대안을 찾고 그 결과를 가늠해볼 수 있는 능력을 향상시킨다.
▌과거 현재의 학습 또는 행동발달상의 행동을 차트로 만들 수 있도록 지원한다.
▌성공적인 목표설정에 필요한 단계들을 가르친다.

━━━━━━ 자존감 키우기 #1 ━━━━━━
아이들이 스스로 의사결정을 하고, 대안을 찾고 행동의 결과를 가늠해 볼 수 있는 능력을 향상시킨다.

제일 먼저, 모든 사실을 모아라. 그 다음 대안들을 따로 분류하라. 그러고 나서 그것들 우선 순위를 정해서 최선의 의사결정에 도달하도록 하라.

● 엘우드 챕먼 *Elwood N. Chapman*

 문제 해결력을 키워준다

아이들의 목적의식을 키워주기 위해 자존감 키우기 도우미가 해야 할 첫 번째 일은 아이들 스스로 자신의 문제를 해결할 수 있는 방법을 가르치는 것이다. 여기에는 책임감을 기르고 자신의 행동에 대해서 점진적으로 주도권을 갖도록 하는 것이 포함된다. 문제 해결력 향상을 위한 활동들은 아이들이 안전한 환경에서 자신만의 의사결정에 따른 결과를 경험하고 더 실용적인 해결책을 찾아나가는 능력을 향상시킬 수 있는 방법을 제공할 것이다.

🐝 첫 번째 단계 : 내가 무엇을 바꿀 수 있을까?

많은 아이들이 어떤 걸 변화시켜야 할지에 대한 인식이 부족하고, 그 결과 효과적이고 정확한 목적을 설정하는 일이 불가능한 게 현실이다. 교사는 아이들과 서로 자신이 좋아하는 것과 싫어하는 것, 우리가 변화를 줄 수 있는 것과 변화될 수 없는 것에 대해서 토론하고 목표를 설정하는 활동으로 이끌어가는 게 좋다(M1 참조). 목표설정을 위한 첫 번째 단계는 바로 학생들로 하여금 자기 자신에 대해서 바꾸었으면 하는 것이 무엇인지 인식하도록 하는 것이다. 목표설정은 행동상의 변화를 가져오는 아주 강력한 수단이 된다.

이런 자각을 하게 되면 의사결정을 하는 기술, 대안을 찾고 행동의 결과를 가늠하는 능력은 자연히 뒤따르게 된다. 예전에는 문제가 생기면 당황하고 어쩔 줄 몰라 했던 아이들은 이제 자신을 책임의 주체로 인식하게 된다. 이제 자신만의 의사를 결정하고 어떤 결과가 예상되는지 가늠할 수 있게 된다. 청소년 자살의 급증, 친구끼리 압력, 청소년 임신, 마약 알코올 중독과 같은 문제들이 통계수치상 엄청나게 증가하는 현실 속에서 아이들의 무기력한 감정과 정서를 목적의식이 있는 정서로 바꿀 수 있는 기술을 습득하게 하는 프로그램이 우리의 교과과정 속에 포함시켜야 한다.

 활동 I

이제 소개할 활동들은 아이들이 의사결정 상황이나 문제에 당면했을 때, 이를 해결할 수 있는 기술을 키우도록 고안된 것이다. 행동 차트(M9, M10, M11, M12 참조)와 함께 이 활동들은 아이들이 실제 목표를 설정하고 추구하기 전에 필요한 토대를 마련해줄 것이다.

M1 ● 변화시키고 싶은 내 모습 ● 유~초6

목적 I 아이들이 자신에 대해 바꾸고 싶은 것에 대해서 생각해 보도록 한다.

자료 I
1 고학년의 경우 I 반으로 접은 9×12cm 색판지, 필기도구
2 저학년의 경우 I SH6 양식이나, 인형 본을 12×18cm 색판지에 그려서 오린 다음 반으로 접어 놓는다. 풀, 사인펜, 잡지, 가위

활동 I
1 아이들에게 자신의 어떤 점이 좋은지, 또 바꾸고 싶은 점은 무엇인지 생각하게 한다. 그리고 실제 우리가 변화를 줄 수 있는 것들이 있다는 것을 상기시키고(머리 모양, 옷 입는 스타일, 공부 습관과 행동들) 그 외 우리 마음대로 바꿀 수 없는 것들, 즉 타고난 것들도(눈동자 색깔, 인종, 신체적인 특징들) 있다는 것을 설명해준다. 이 점에서 아이들로 하여금 우리가 변화시킬 수 있는 것과 그렇지 못한 것들에 대해 즉석 토론을 유도한다. '변화시킬 수 있는 것', '변화시킬 수 없는 것'으로 나누어 칠판에 적어도 좋다(M5 참조).

2 아이들로 하여금 자신의 마음에 드는 점과 바꾸고 싶은 점에 대해서 생각하게 한다. 종이를 반 정도 접어서 아이들에게 왼쪽에는 좋아하는 것, 오른편에는 바꾸고 싶은 것을 적어보게 한다(저학년의 경우 나, 인형 양식을 복사해 나누어준다). 아이들은 글을 쓰거나 그림으로 자신의 의견을 나타낸다. 저학년 아이들의 경우는 말로 설명하면 교사가 받아 적는다. 잡지에서 그림을 오려서 사용해도 좋다. 아이들에게 확신을 갖고 활동을 하도록 격려하는 게 중요하다.

3 그날 하루가 다 지나면 자신이 적은 종이를 보고 오늘 고치고 싶은 항목을 하나 고르게 한다. 이제 종이를 덮어놓고 어떻게 하면 바꿀 수 있는지 즉석 대답을 얻어내도록 한다. 저학년의 경우 말로 설명하도록 한다. 고학년의 경우는 현재의 자신과 변화된 모습 사이에 어떤 간격이 있는지, 변화되기 위해서 필요한 것이 무엇인지 생각할 수 있다.

참고 ｜ 우선 급격하지 않은 변화부터 시작하라. 실행하기에 어려운 난관 중 하나는 바로 너무나 큰 변화를 시도하려하기 때문이다.

4 이후 따라올 수 있는 효과적인 활동은 아이들로 하여금 자신들이 완성한 양식을 자신이 믿는 어른께 보여주도록 숙제를 내는 것이다. '도우미'는 학생이 적은 변화를 바라는 점에 대해서 충고를 해주고 그런 변화를 가져올 수 있는 실질적인 목표를 써보게 한다.

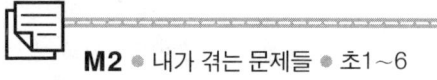

M2 ● 내가 겪는 문제들 ● 초1~6

목적 ｜ 아이들이 현재 당면하고 있는 문제에 대해 자각하고 인지하도록 한다. 그리고 그 문제를 해결하는 단계를 잘 헤쳐 나가도록 옆에서 도와준다.

자료 ｜ M2 양식

활동 ｜ 이 활동이 성공적으로 이루어지기 위해서는 학생들이 자발적으로 현재 자신들을 짓누르고 있는 문제들을 솔직하게 토론할 수 있어야 한다. 정서적으로 안정되어 있고 신뢰감 있는 분위기라면 아이들은 자신의 문제를 거리낌 없이 쏟아낼 것이다. 그러므로 본질상 아주 사소한 문제부터 시작하는 것이 최선이다. 교사는 아이들이 겪는 문제란 아주 일상적인 것이라는 것을 강조하고 싶을 것이다. 문제는 모든 사람에게 다 있는 것이라고 말하고 싶을 것이다. 성공하는 사람들조차 저마다의 문제에 부딪칠 때, 시행착오를 겪으면서 해결해나가지 않았던가.

아이들과 이런 활동을 함께 할 때는 교사가 먼저 자신이 학생시절에 겪었던 문제를 거론하며 자신은 어떻게 이를 헤쳐 나갔는지 이야기를 꺼내는 것으로 시작하면 수월해진다. 아이들에게 중요한 사람에게 어렸을 적 겪었던 문제와 이를 어떻게 해결했는지 인터뷰할 것을 숙제로 내도 좋다. 고난을 헤쳐 나가는 주인공이 등장하는 책 역시 학생들에게 좋은 모델이 될 수 있으며 아이들의 토론을 자연스럽게 유도할 수 있는 촉매 역할을 한다(M7 참고도서목록 참조).

저마다 겪는 문제에 대해서 토론한 다음에는 M2 양식을 아이들에게 나누어주고 모둠별로 자신의 문제에 대해서 토론하도록 유도한다. 아이들은 모둠끼리 서로의 문제에 대한 해결책을 내놓고 이야기한다(이것은 문제를 해결하는 데 있어서 가장 중요한 요소다). 아이들이 특별히 배워야 할 문제해결의 단계가 몇 가지 있다. 교사는 이를 차트에 쓰고 게시해서 아이들이 참조할 수 있게 한다.

1 문제가 무엇인가? ㅣ 아이에게 현재 문제되는 게 무엇인지 정확하게 규정하도록 한다. 문제를 간단하게 설명하게 한다.

2 가능한 해결책에 대해서 생각한다(M5 참조). ㅣ 아이에게 그 문제에 대한 해결책을 즉석에서 가능한 많이 브레인스토밍하도록 한다. 어떤 특정한 해결책에 대해서도 가치판단을 미리하지 않게 한다. 해결책을 종이에 일일이 다 적게하는 것이 가장 좋다.

3 여러 가지 해결책 중 가장 선호하는 2, 3가지 대안을 고른다. ㅣ 아이는 이제 문제 해결의 가능성을 여러 가지 해결책을 통해 비교해보고 그중 최선의 해결책이라고 생각하는 것을 고른다.

4 만약 그런 해결책을 고르면 어떤 결과가 나올까? ㅣ 이제 각각의 해결책으로 인한 결과를 가늠하게 한다. "내가 이런 식으로 해결을 시도하면 과연 문제는 어떤 식으로 결론이 날까?"라는 질문을 스스로에게 던져보게 하라. 그 결과를 종이에 쓰게 해도 좋다.

5 가능한 결과를 미리 가늠해본 다음에 그중 최선의 해결책을 고른다. ㅣ 대답에 기초해서 그중 최선의 것으로 기대되는 해결책을 고르게 한다.

6 계획을 세운다. ㅣ 이제 아이는 계획을 짜고 스스로에게 "이 계획을 실행하는 데 나에게 도움이 될 만한 사람이나 조건은 무언인가?"를 묻도록 한다. 이때 문제를 해결하고자 하는 아이는 대책을 어떤 시점부터 실행할 것이며 도중에 생길 수 있는 장애를 어떻게 다룰 것인지까지도 염두에 두게 해야 한다.

7 당장 실천한다! ㅣ 마지막으로 교사가 학생의 실행 능력을 사전 점검하면 학생은 자신의 계획대로 실행한다.

학생 혼자서 실행하게 하든지, 아니면 모둠별로 하게 할 것인지는 모둠 활동에 학생들이 얼마만큼 친숙해 있으며 아이들끼리 얼마만큼 안정감을 느끼는가에 따라 달라질 수 있다. 학생들은 자신의 양식을 완성하고 주기적으로 이를 점검해서 자신의 행동계획을 재평가한다. 몇몇 학생들과의 개인적인 면담을 준비하거나 상담 전문가나 상담 교사를 초빙해서 개인별 피드백을 받도록 한다.

M3 ● 해결 보고서 ● 초1~6

목적 ㅣ 아이들이 자신들의 문제가 무엇인지 규명하고 자신만의 해결책을 고안해낼 수 있도록 한다.

자료 ㅣ M3 양식과 담아 둘 상자(양식을 상자에 충분하게 담아 아이들이 언제라도 쓸 수 있도록 교실

한곳에 비치해둔다)

내용 | 반 아이들에게 그동안 담임 선생님이나 상담 선생님께 하소연한 문제들은 학생들 스스로도 해결할 수 있는 문제들이었음을 주지시켜준다. 그리고 선생님들이 그런 사소한 문제로 귀중한 시간을 상당부분 허비하고 있으며 아이들이 문제라고 하소연하는 것은 사소한 것 이상이 아니었다고 설명해준다. 그리고 크게 문제가 될 만한 상황이거나 현실적으로 혼자서는 해결할 수 없는 문제일 경우에만 주변 사람들의 도움을 구하도록 이해시킨다. 이 활동에서 제공하는 보고서 양식은 아이들이 자신의 문제점을 상호소통하기 위한 것이다. 아이들에게 보고서 양식을 보여주고 비치되어 있는 곳을 알려준다. 양식을 한 장씩 주고 자신들이 정확히 무엇을 해야 하는지 이해시킨다. 아이들에게 교실이나 학교에서 일어난 일 중에서 교사에게 즉각적으로 보고하지 않아도 되는 일이라면 비치된 보고서 양식을 작성하도록 한다. 교사가 언제라도 아이들의 보고서를 읽을 것이라는 점을 확신시킨다. 교사는 시간을 내 보고서를 읽고 면담이 필요한 것인지 아닌지 결정한다.

아이들의 보고서는 뒷날 '훈육을 위한 자료양식'으로 쓰일 수 있다. 훈육상담을 할 아이들은 교사와 만나기 전에 우선 위의 양식을 작성하면서 자신의 문제를 생각할 기회를 갖는다. 교사가 이 활동을 수행하려면 무엇보다도 규칙을 일관되게 적용시킨다는 원칙을 다짐해야 한다.

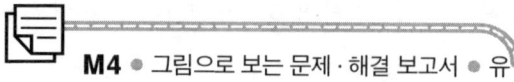

M4 ● 그림으로 보는 문제 · 해결 보고서 ● 유

목적 | 아이들에게 자신의 문제를 규명하고 자신만의 해결책을 찾을 수 있는 기회를 마련한다.

자료 | M4 양식(상자나 폴더에 충분한 양을 비치해 놓고 아이들이 언제라도 사용할 수 있게 한다), 크레파스, 사인펜.

내용 | M3 활동을 다소 응용한 것이다. 아이들의 연령에 따라서 교사가 재량껏 변화를 주어도 좋다. 아이들은 자신만의 문제를 그림으로 그리고 교사에게 보고서로 제출한다.

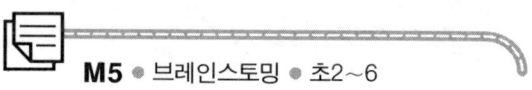

M5 ● 브레인스토밍 ● 초2~6

목적 | 아이들로 하여금 자유롭게 건설적인 제안들을 생산해내도록 유도한다.

자료 | M8 양식

내용 | 학생을 모둠별로 나눈다(모둠활동이 처음이라면 8장, 주제별 서클활동 참조).
아이들에게 브레인스토밍이란 짧은 시간 안에 가능한 많은 해결책을 생각해내는 창조적인 방법임을 소개시킨다. 아이들이 일단 과정에 익숙해지면 모둠별로 자신들의 문제에 대한 해결책을 즉석에서 집중적으로 내놓도록 한다.

다음과 같은 단계별 과정을 밟는다.

1. 즉석에서 떠오르는 생각들, 그리고 모둠별로 아이들이 내놓는 아이디어나 제안들을 종이에 다 적도록 한다. 아이들 나름대로 창조성을 한껏 발휘해 제안들을 제시하도록 격려한다.
2. 비판, 평가는 금물. 모든 생각을 다 받아들인다. 중간에 누군가의 제안을 비판하면 의사소통이 갑자기 막혀버려 모둠 활동에 큰 걸림돌이 된다. 개중에는 자신의 의견이 비판을 받을까봐 말도 꺼내지 못하는 아이도 생길 수 있다. 그러므로 중간에 비판이나 평가 없이 브레인스토밍이 진행되도록 한다.

3. 다른 사람의 아이디어 참고하기. 아이들에게 다른 사람의 제안에 새로운 내용을 조금 보태서 또 하나의 아이디어가 만들어지게 한다.

이런 지침을 염두에 두고 모둠별로 브레인스토밍 활동을 수행한다. 교사가 반 아이들에게 아래와 같은 문제 상황을 제시해주어도 좋다.

▌ 학교 운동장이 쓰레기로 엉망이다. 아무도 쓰레기를 줍거나 치우지 않는다. 우리는 어떻게 해야 할까?

▌ 수업 시작종이 울렸는데도 아이들이 계속 떠들어서 선생님이 화가 나셨다. 우리는 어떻게 해야 할까?

▌ 많은 아이들이 수업에 늦게 들어온다. 어떻게 해야 할까?

아이들로 하여금 자신만의 문제를 제안하고 가능한 빨리 해결책을 제시하도록 한다. 교사는 아이들이 제시하는 해결책을 칠판에 적는다.

큰 규모의 모둠별로 브레인스토밍 활동을 했으면 소 모둠별로 그 활동을 새롭게 수행해본다.

1 아이들 4명을 한 모둠으로 구성한다. 각 모둠의 구성원들마다 역할을 정하도록 한다.

▌ 리더 ▌ 모둠을 이끌면서 질문을 다시 한 번 반복해서 분명하게 설명하고 모둠이 그 문제에 집중하도록 한다.

▌ 서기 ▌ 속기사처럼 브레인스토밍을 통해 나오는 생각과 제안 그리고 모둠의 결정을 적는다.

▌ 시간 지킴이 ▌ 모둠이 정해진 시간 안에 활동을 마칠 수 있도록 시간을 엄수하게 하며 정해진 시간이 되면 구성원들에게 시간이 종료되었음을 알린다.

▌ 도우미 ▌ 서포터나 칭찬을 전담하는 사람이 되어 모둠 구성원들이 활동에 모두 참가하도록 격려하는 역할을 한다.

2 각 모둠 구성원에게 M5 양식을 나누어준다.

3 아이들은 토론 대상이 될 만한 몇 가지 학교 문제를 생각해본다. 그리고 시간지킴이 학생에게 5분 간격으로 시간을 알려달라고 부탁한다. 브레인스토밍 활동 동안 서기는 양식의 첫머리부터 메모한다.

4 5분 간격으로 아이들은 브레인스토밍 활동을 진행한다. 이제 모둠별로 나온 토론거리 문제 중에서 하나를 선택한다. 서기는 선택한 토론 주제를 양식에 기록한다(모둠별 브레인스토밍이 처음 하는 활동이라면 교사는 모둠별로 토론할 주제를 정해주어도 좋다. 아이들이 그 문제에 대한 해결책을 찾아나가도록 한다).

5 학생들은 이제 자신들이 선택한 문제를 해결할 수 있는 대책을 강구해야 한다. 리더는 구성원들에게 공통 주제를 발표하고 서기는 문제해결책이 나오는 대로 기록한다. 시간 지킴이는 5분 간격마다 알리고 시간을 엄수하도록 한다(교사의 재량껏 시간 간격을 조정한다).

6 마지막으로 아이들은 개인적으로 모둠의 해결책에 대해서 실제 자신이 고려해 볼 만한 것인지 아니면 자신은 동의하지 않는지 의견을 제시하도록 한다. 서기는 저마다의 의견을 표시해서 선호도를 표시한다(M6 활동은 해결책 단계에서 계속될 수 있다. 연속해서 2가지 활동을 이어서 해도 좋다).

응용 ▌ 문제 해결을 위한 좀더 심화된 활동으로서 소규모 모둠이나 짝 혹은 대규모 모둠별로 할 수 있는 활동으로는 아래와 같은 것들이 있다.

■ 상담코너 | 신문의 상담 칼럼 중에서 적당한 것을 골라 오린다. 이를 각각의 카드에 붙인다. 아이들은 돌아가면서 상담자가 되어 주어진 문제에 대한 해결책을 제시한다.

■ 그림 문제 | 문제 상황을 나타내는 잡지, 이야기책, 다른 자료의 그림을 오려서 서로 다른 마닐라 봉투에 붙인다. 아이들은 그 그림을 보고 문제가 무엇일지 추측한다. 가능한 짧은 시간에 추측하도록 한다. 나름대로 문제를 추측했으면 해결책을 즉석에서 제시하도록 한다. 아이들은 각각 다른 종이에 각자의 해결책을 기록한다. 정해진 시간이 지나면 아이들이 적은 종이를 해당 봉투 안에 넣는다. 다른 시간 때에 다른 팀을 대상으로 똑같은 그림을 보게 하고 활동하게 한 다음, 아이들의 해결책 제시 카드를 꺼내어 서로 비교해 본다.

■ 해결책 그래프 | 모둠별 활동이 문제 해결을 제시하는 활동으로서 더욱 효과적이면 아이들로 하여금 정해진 시간 안에 자신들이 제시한 해결책의 숫자를 그래프로 표시하게 한다. 각 모둠 혹은 개인에게 M11 양식을 나누어준다. 3~5분을 주고 아이들이 가능한 많은 해결책을 생각해내도록 한다. 시간이 다 되면 각 모둠에서 나온 해결책 숫자를 합산해서 그래프로 나나낸다. 이런 활동을 할 때마다 모둠별로 제시된 해결책의 개수를 그래프로 나타내게 한다.

■ 문제 상자 | 브레인스토밍 활동을 하는 데 가장 효과적인 상황은 아이들의 연령대에서 직접적으로 일어나지는 않지만 일상적인 환경에서 접할 수 있는 현실적인 문제를 제시해주는 것이 좋다. 교실 안 편리한 곳에 구두 상자를 놓고 0.25×6cm 크기의 구멍을 낸다. 아이들에게 현재 자신들의 관심사인 문제 거리를 카드에 써서 상자에 집어넣도록 한다. 이때 문제를 교실·학교로 한정시켜도 좋다. 학생들은 자신의 이름을

쓰지 않아도 좋다. 그중 한 장을 뽑아 학급 전체의 브레인스토밍 활동의 주제로 삼는다.

M6 ● 문제해결 전략시트 ● 초3~6

목적 | 아이들이 제시한 문제 해결책의 효과와 결과에 대해서 평가하는 법을 배우도록 한다.

자료 | M6 양식, M5 양식

내용 | 앞선 M5활동에 이어서 하는 활동이다. 이 활동에서는 아이들이 M5 활동에서 고른 3가지 가능한 대책을 평가하고 그 대책을 실행했을 때의 가능한 결과에 대해서 생각해보도록 한다. 이런 토대 위에서 아이들은 그중 최선이라고 생각되는 해결책을 고른다.

1 앞선 활동에서 만들어진 모둠별로 앉도록 한다. 그리고 리더, 시간 지킴이, 서기, 도우미의 역할을 바꾸게 한다.

2 아이들의 과제는 이제 지난 활동을 통해 선택했던 3가지 해결 책 중에서 가장 최선의 것을 고르는 것임을 주지시킨다. M6양식에 3가지 해결책을 적도록 한다.

3 학생들은 각 해결책으로 인해 예상되는 결과를 3분 안에 브레인스토밍 한다. 서기는 빨리 아이들의 의견을 양식에 적는다.

4 9분이 지나면 모둠별로 최선의 선택이라고 생각되는 해결책을 결정한다. 그리고 모둠별로 양식에 선택을 기록한다(참고 : 이 활동과 브레인스토밍활동을 오래도록 지속시켜 아이들이 여기에 익숙해져서 유용해지도록 만든다).

M8 ● 독후감 ● 유~초2

자료 | 반 아이들에게 책을 읽어주거나 목록을 제시해 아이들 수준별로 책을 읽도록 한다. 2가지 질문으로 독서 후 감상을 묻는다.
┃ 이 책에서 등장하는 문제는 무엇인가?
┃ 주인공은 문제를 어떻게 해결하는가?
아직 작문을 하기가 어려운 저학년의 경우 예 또는 아니오로 대답할 수 있도록 한다.

M9 ● 문제지도 ● 초 2~6

목적 | 아이들이 문제가 무엇인지 철저하게 규명할 수 있는 기회를 제공하고 문제 해결책을 제안하고 그 중 최선의 해결책을 선택하도록 한다.

자료 | M9 양식

내용 | 이 활동은 M8 활동의 응용으로 다소 고학년 학생들을 위한 것이다.
학생들의 수준에 맞는 책을 선택해서 읽게 하고 책 속의 문제 상황을 정의하고 해결책을 추구하는 과정을 지켜보게 했다면 이번에는 구체적으로 문제가 등장하는 곳을 부분적으로 읽게 한다. M9 양식을 이용해서 독서 후 감상을 적도록 한다. 학생들은 제목, 내용, 책 속에 등장하는 문제 상황을 짧게 기술하고 주인공이 처한 문제를 해결할 수 있는 4가지 정도의 해결책을 적는다. 마지막으로 그 중 최선의 해결책이라고 생각되는 것을 고른다. 마저 책을 읽고 자신의 선택과 주인공의 선택을 비교하게 한다. 앞서 브레인스토밍을 했던 모둠별로 활동하게 해도 좋다.

현재, 과거의 학습 성과와 행동발달 상황을 차트로 만들 수 있도록 돕는다.

목적을 가진 사람은 성공한다. 왜냐하면 그들은 자신이 지금 어디로 가고 있는지를 알기 때문이다.

● 얼 나이팅게일 *Earl Nightingale*

자존감이 높은 아이들이 가진 한 가지 특징은 바로 실현가능하고 결과를 가늠할 수 있는 목적을 설정한다는 것이다. 다른 말로 하면 이들은 과거의 행동과 성과와 관련된 목표를 설정한다. 그 결과 어떤 목표를 설정하더라도 성공 가능성은 높아진다. 이처럼 앞으로 나가기 위해 예전의 성과와 행동을 되돌아보는 과정은 충분히 타당해 보이기 때문에 교사들은 이를 일반적인 목표설정 활동내지 실행으로 가정하기 쉽다. 하지만 이것은 잘못된 것이다.
자존감이 저조한 학생들은 목표를 달성하는 데 훨씬 더 어려움을 느낀다. 왜냐하면 성취 불가능한 목표를 설정하는 경향이 있기 때문이다. 자아개념과 관련된 펠커*Felker*의 연구서를 보면 자존감이 저조한 사람은 목표를 설정할 때도 너무 높거나 혹은 너무 낮은 목표를 설정해서 실제 그 목표를 달성해도 별 만족감을 느끼지 못한다고 한다. 시어즈*Sears*의 연구에 따르면 자아관이 미약한 아이들의 경우도 똑같은 결과를 산출해낸다고 한다. 즉 자존감이 높은 아이들과는 달리 과도하게 몸을 사리거나 과도한 기대를 품는 것이다. 게다가 자존감이 저조한 아이들은 목표를 이루지 못한 결과를 두고 개인의 실패라고 규정하고 '충분하지 않아', '아직 멀었어'라고 생각한다고 한다.
자존감이란 현실적이고 실현 가능한 기준 위에

서 세워지는 것이다. 그러므로 아이들 자신이 과거의 행동과 성과를 정확하게 측정하도록 돕는 것은 자존감 키우기 도우미에게 있어 무엇보다도 중요한 일이다. 그럴 때라야 아이들은 목표를 달성하고 성공체험을 할 수 있는 기회를 얻게 된다.

활동 2

차트는 아이들이 가진 능력을 현실적으로 평가하는 데 아주 유용하고 또 가시적인 도구다. 또한 자신의 예전 행동과 성과를 평가하는 과정을 통해 좀더 정확한 목표설정도 가능해진다. 각 개인의 행동이나 과거와 현재의 학업 성취도의 발달 상황을 시각적으로 보여주는 도구인 차트가 더욱 효과적으로 기능하기 위해서는 다음과 같은 점과 관련해서 고안되어야 한다.

1 접근가능성

아이들이 쉽게 접근할 수 있는 곳에 비치해놓고 언제라도 볼 수 있도록 한다. 많은 교사들이 차트를 책상 위에 테이프로 붙여놓기도 하는데, 이는 좋은 방법이다. 학생들에게 M22 양식을 옷 위에 걸치게 해도 좋다. 또 다른 대안으로는 교실 안 탁자 위에 상자를 비치하고 그 안에 폴더형 차트를 비치해 두는 것이다.

2 금방 해독되는 것이어야 한다

교사는 차트를 이해하는 방법을 우선 가르친다. 아이들에게 현실적으로 실현가능한 목표를 설정해기 위해서 과거의 행동과 성과를 해석하고 이해하는 방법을 사전에 인지시킨다. 예전의 발달정도가 어느 정도인지 가늠하도록 도와줌으로써 현재와 앞으로의 목표를 비교할 수 있도록 한다. 저학년의 경우는 교사가 먼저 노란색 크레파스나 사인펜으로 표시해주면 아이들 스스로 덧붙여서 차트를 만들 수 있다. 즉 교사가 도와준 표시 위에 파란색 크레파스나 다른 색깔의 사인펜으로 덧칠하게 한다. 이런 과정을 통해서 아이들은 점수를 차트로 표시하는 방법을 터득하게 된다.

3 개인

발달 정도를 보여주는 차트는 개인별로 만들어야 아이들이 자기만의 발달 과정을 과거, 현재에 걸쳐 비교할 수 있다. 이처럼 자신의 발달 정도를 측정하는 활동을 다른 친교들과 비교우위를 따지면서 할 필요는 없다.

4 측정 가능해야 한다

편리성, 유용성, 의미를 위해서 차트 작성에 아래와 같은 것을 염두에 둔다.
| 날짜, 시간, 수준, 페이지 번호
| 현재와 과거의 점수
| 주제 혹은 목적

아이들은 행동과 학습 기술을 차트에 표시하면서 평가할 수 있다.

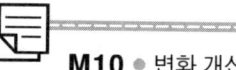

M10 ● 변화 개선표 ● 유~초6

자료 | M10 양식, 개념 · 기술 평가서, 노랑 · 파랑 크레파스 또는 사인펜(저학년용)

내용 | 학생들에게 M10 양식을 나누어주고 주기적으로 특정한 사항의 발달 과정을 평가하도록 한다. 이런 활동은 자주 할수록 더 향상되며 어떤 학습 영역도 일관되게 평가할 수 있다.

수학과 받아쓰기 시험 같은 영역은 발달 개선표로 표시하기에 좋은 영역들이다. 매일 혹은 매주 똑같은 수의 수학 문제를 내주거나 받아쓰기 문제 혹은 읽기시험을 치른 다음에 발달 정도를 차트로 나타낸다.

1 차트 맨 위에 이름과 과목을 쓴다.

2 날짜나 페이지 번호, 맞은 개수 등의 항목을 기입한다.

3 그래프의 꼭대기에 문제의 개수, 혹은 받아쓰기 개수를 표시한다. 각자 받은 점수 혹은 개수만큼 색칠한다. 이때 점수를 표시하는 데 그치지 말고 그래프를 이해하고 읽는 연습을 수행한다. 이런 활동은 예전의 점수와 최근의 점수를 쉽게 비교하는 데 아주 유용하다.

저학년의 경우, 먼저 교사가 노란색으로 점수만큼 그래프를 그리거나 표시하고 나서 아이가 파란색을 덧칠해서 연두색이 되도록 한다. 이제 아이들은 각 칸을 어떻게 채워야 하는지 익숙해진다.

M11 ● 그래프로 보는 발달상황 ● 초1~6

자료 | M11 양식, 밝은 색상의 카드보드지. 개념·기술 평가서 테스트

내용 | 한 가지 과목을 선택해서 그 과목에 필요한 개념과 기술이 반복적으로 평가될 수 있도록 한다. 이름, 평가대상 과목, 차트 기록 날짜를 적는다. 발달 정도를 평가할 때마다 날짜를 표시하게 한다. 점수를 가로축에 배열한다. 두 번째 평가가 끝나면 가로에 해당하는 자기 점수만큼 칸을 색칠한다(참고 : M5 참조).

M12 ● 날짜별로 보는 발달상황 ● 유~초6

목적 | 아이들이 정해진 날짜에 특정한 학습 능력을 평가받고 그 결과(발달추이)를 기록하게 한다.

자료 | M12 양식, 시험지, 달걀형 타이머, 노란색 크레파스

내용 | 주기적으로 정해진 시간에 학습 능력을 측정할 수 있는 과목 영역을 선택한다. 테스트 당 주어지는 시간은 똑같아야 한다. 학생과 교사는 차트 꼭대기에 테스트 날짜와 과목을 기록한다.

아이들은 각 과목 영역에서 자신들의 점수의 변화를 기록한다. 먼저 한 시 방향에 첫 번째 시험 점수를 기록하고 숫자 아래에 시험 날짜를 적는다. 시계의 시침 방향대로 날짜와 시험 결과를 역시 기록해둔다. 정해진 시간 안에 다 기록했는지 점검한다. 아이들이 한 바퀴를 완전히 다 채우면 노란색 크레파스로 색칠하게 한다.

M13 ● 숙제 ● 유~초6

목적 | 아이들이 집에서 하는 숙제를 인식하고 책임감을 향상시켜준다.

자료 | M13 양식(일주일에 한번), 아이들이 매주의 양식을 마닐라 폴더에 넣어 모으도록 한다.

내용 | 각 과목의 숙제를 써넣고 날짜를 적는다. 숙제를 다하면 표시한다.

교사는 아이들에게 숙제를 책임 있게 다 해오는 것이 아주 중요하다는 점을 설명한다. 이 활동

은 목적의식과 목적을 달성하는 감각을 계발시켜 준다.

자존감 키우기 #3
성공적인 목표설정으로 이끌어주는 단계를 가르친다.

목표에 관한 일 중 가장 중요한 것은 목표를 하나 갖는 것이다.

● 제프리 애버트 *Geoffrey F. Abert*

현재 교사들이 공통적으로 갖는 관심사와 염려는 동기부여가 저조한 학생들이다. 동기란 선택한 일을 실행하게끔 우리를 추동하는 내적인 힘이라는 것을 인식하는 것이 무엇보다 중요하다. 이 때 내적인 힘이라는 부분이 중요하다. 동기부여 혹은 동기를 견인해내는 것은 내부에서부터 나와야 한다. 그런데 이런 동기부여는 학생들 스스로 만들어내는 본능적인 특징이다. 갤럽 여론조사에 따르면 25%의 사람들이 자신의 능력을 절반만 발휘하며 살고 있다고 한다. 그러므로 우리의 교육현장에 영향을 미치는 동기부여의 면면을 분석해보는 것이 우선적으로 전제되어야 한다.

동기부여의 중요한 한 단면은 목적의식으로 나타난다. 자기 동기가 부여된 개인은 일반적으로 자신이 목표하는 것에 대해 분명한 개념을 가지고 있다. 분명한 방향 감각과 목적의식을 가지고 사는 것이다. 일반적으로 그런 사람은 학교에서나 사회생활에서 성공하는 확률이 높다. 그가 가진 목적은 그가 무엇이 되고 어떤 지점에 있고 싶은지를 분명하게 깨닫게 해주기 때문이다. 자신이 가고자 하는 방향에 대해 심사숙고하는 것은 바로 그 목적을 달성할 수 있는 견인차의 역할을 한다. 목표를 설정하는 것은 곧 성공에 이르는 길

과 연결되는 것이다.

강한 자존감을 가진 개인이 목표를 다루는 점에 대해서는 여러 연구서에서 언급한 바 있다. 케이*Kay*는 자존감이 강한 사람들은 자존감을 지속시켜 나가는 하나의 수단으로 목표를 이용한다고 한다. 시어즈*Sears*의 연구에 따르면 학교에서 성취도가 높은 아이들은 현실적이고 합리적인 목표를 설정하는 경향이 있다고 한다. 스포츠, 연예계, 그리고 과학계에서 '정상에 도달한' 인물들을 상대로 한 가필드*Garfield*의 21년간의 노고가 깃든 연구를 보면, 그들은 한결같이 스스로 목표를 설정하고 그 목표가 달성될 때까지 쉬지 않고 부단히 노력했다는 공통점을 보여주었다. 그러므로 목표를 설정하는 것은 자존감 향상에 아주 강력한 도구가 되며 목표를 설정하고 마무리까지 하는데 필요한 몇 가지 단계를 학습할 때 비로소 효과가 있다고 할 수 있다.

아이들에게 목표를 설정하는 법을 어떻게 가르칠 것인가

목표설정이 아주 유용하고 적용 가능한 자존감 키우기 도우미라 할지라도 실제 이것은 일반 교육 실천과는 다소 동떨어진 것이다. 앨라배마 대학의 가드너 맥콜럼*Gardner McCollum*은 말하길 우리 어른들의 87%는 인생에 대한 뚜렷한 목표나 계획이 없으며 나머지 13% 중 오직 3%의 사람들만이 특별한 목표(나름대로 종이에 써서 각인시키는)를 가지고 살아간다고 한다. 그리고 이런 사람들은 목표는 있지만 구체적으로 명시해보지 않는 사람들보다 성취도가 50배에서 100배정도 더 높다고 한다.

아이들은 실제 목표설정 과정을 경험해본 적이 없기 때문에 목표설정 과제를 힘들어하는 것을 종종 보게 된다. 그러므로 교사는 아이들이 목표

설정이라는 개념을 선취하고 있을 거라고 사전에 가정해서는 안 된다. 목표설정은 연속된 몇 가지 단계를 통해 가르치는 것이 쉬우므로 맨 처음에는 목표란 무엇인가부터 정의하고 시작하는 것이 좋다.

 ## 목표란 무엇인가?

이제 교사는 반 아이들에게 이제 새로운 영역의 학습, 즉 목표설정을 학습할 것이라는 점을 사전에 주지시킨다. 많은 교사들의 경험에 의하면 목표를 스포츠 경기에서 득점과 연결시키면 아이들이 쉽게 이해한다고 한다. 축구경기에서 선수들은 공을 골대 안에 차넣어 점수를 올린다. 인생도 마찬가지로 우리는 자신에 관한 무엇을 개선시키려고 노력한다. 즉 목표란 우리가 이루려고 하는 무언가를 말한다. 우리는 우리 마음속에 있는 골대에 공을 넣어 점수를 높이고자 한다. 왜냐하면 그렇게 해야 우리가 바꾸고 싶은 것을 개선시킬 수 있기 때문이다.

 ## 성공적인 목표설정 단계들

아이들에게 목표란 무엇인가를 앞서 설명했다면 이제는 목표에 다다르는 일련의 과정에 대해서 지도를 한다. 다음과 같은 모델을 참조하면 좋다.

> **효과적인 목표들**
> - 개념이 확실해야 한다.
> - 측정가능해야 한다.
> - 성취가능해야 한다.
> - 연속적으로 일어나야 한다.
> - 나만의 것이어야 한다.
> - 참여적인 것이어야 한다.

개념이 확실해야 한다 | 아이들은 먼저 자신이 이루고 싶은 것이 무엇인지 마음속에 그림을 그리고 이해해야만 한다.

측정 가능해야 한다 | 아이들은 자신이 목표를 달성할 수 있을지 가늠할 수 있어야만 한다. 그러기 위해서는 일반적으로 몇 가지 평가 유형이 필요한데 이를 통해 아이의 목표는 양과 시간적인 면에서 측정 가능할 수 있다.

성취가능해야 한다 | 목표는 현재로선 약간 어려운 듯하지만, 현실적으로 달성할 수 있는 범위 내에 있는 것이어야 한다. 간혹 목표가 제대로 달성되지 않는 경우가 있는데 이런 경우는 목표를 너무 높게 잡았거나 아니면 낮게 잡은 경우가 대부분이다. 두 경우 자존감은 향상되지 않는다. 가장 성공적인 목적은 대부분 최종 목적보다 다소 높게 잡는 것이다.

연속적으로 일어나야 한다 | 목표는 세분해서 실천할 때 더욱 성공가능하다. 목표설정에서 가장 귀중한 구성요소는 바로 최종 결과를 얻기 위해서 필요한 단계에 대한 인지라고 할 수 있다.

나만의 것이어야 한다 | 목표란 아이들 개인적인 활동과 연관된, 혹은 관심을 갖는 분야에서 개인적으로 설정되어야 한다.

참여적인 것이어야 한다 | 아이들은 자신만의 목표설정에 참가해야 한다. 스스로 참여해야 목표달성에 대한 다짐이 가능해진다.

활동 3

이제 소개할 활동들은 아이들에게 목적이 무엇이고 그것을 달성하기 위해서는 어떤 단계가 필요한지를 알게 한다.

M14 ● 단계별 목표설정 ● 유~초6

목적 ㅣ 목표설정 단계를 시각적으로 나타내 이해를 돕는다.

자료 ㅣ M14 양식 2장(2장을 아래쪽의 점선을 따라 풀로 붙이고 코팅한다)

내용 ㅣ 교실에 차트를 붙여놓고 목표설정 과정 동안 참조한다. 아이들과 차트에 대해 토론할 때는 다음과 같은 점을 참조한다.

1 시작 ㅣ 목표로 삼고 싶은 것은 무엇인가?
더 좋은 상황으로 바꾸고 싶은 것이 무엇인가? 아이는 우선 자신이 이루고 싶은 것이 무엇인지를 정확하게 규명해야 한다. 이때 목표란 과거의 성과와 행동과 연관지어서 앞으로 성취가능하고 측정가능한 것으로 설정되어야 한다.

2 측정한다 ㅣ 현재 나의 위치는 어디이고 여기서 나아가야 할 다음 단계는 무엇인가?
현실적인 목표설정을 위해서 아이들은 목표설정의 영역에서 자신이 과거에 이룬 성과와 현재의 상태를 정확하게 진단해야 한다. 목표란 측정가능한 것이어야 하는데 너무 높게 혹은 너무 낮게 잡아서도 안 된다.

3 계획한다 ㅣ 과연 이 목표를 어떻게 달성할 것인가?
아이들에게 목표설정의 전 과정에 대해서 심사숙고해보도록 한다. 우선 목표를 이루는 데 필요한 도움을 어디에서 구할 수 있는지 가늠하게 한다. 아이들에게 처음부터 끝까지 목표설정 계획을 시각적으로 나타내보도록 한다.

4 계획표를 작성한다 ㅣ 글로 나타냈을 때 내 목표가 어떻게 보이는가?
아이들로 하여금 전체 목표설정 과정을 생각해보도록 한다. 현재 시제를 사용해 '나는 지금~'의 형태로 문장을 만들게 한다. 예를 들어, '나는 바느질하는 법을 배운다', '나는 지금 축구경기에서 골을 넣으려고 한다.' 이때 목표로 설정한 문장은 되도록 간결하도록 한다(참고 : 많은 목표설정 전략들은 개인들로 하여금 그 목표를 이미 달성했을 시점에서 글을 써보게 한다. 이런 방법은 개인의 내면에 긍정적인 그림을 그리도록 돕는다. "나는 해냈다"라는 식으로 표현한다. 이것은 "나는 할 수 없어"라고 많은 학생들이 자조하는 것과는 엄청난 차이가 있다).

5 시간 ㅣ 목표에 도달하는 데 얼마만큼의 시간이 들 것인가?
아이들은 자신의 목적을 달성하는 데 걸릴 시간을 계획해야 한다. 처음에는 빠른 시간 안에 달성될 수 있는 단기간의 목표를 설정하는 게 좋다. 그래야 아직 목표를 설정해서 성공해본 경험의 기쁨을 맛보지 못한 학생들을 아주 긍정적으로 견인할 수 있기 때문이다.

6 실천 ㅣ 내가 목적을 달성할 수 있을지 어떻게 확신할 수 있는가?
목표를 달성하는 유일한 방법은 바로 철저한

준비와 실행에 있다. 아이들로 하여금 자신의 목표설정 문구를 다시 한 번 읽어보고 그 목적을 달성했을 때의 자신의 모습을 상상해보도록 한다. 그리고 진행 과정을 주기적으로 점검한다.

7 평가 | 목표설정을 어떻게 했는가?
이미 목표를 설정해서 성공적인 결과를 얻어낸 적이 있는 학생들을 이렇게 격려하라.
┃그 결과를 인지하고 자신을 칭찬한다.
┃목표를 이루는 데 도움을 주었던 사람들에게 고마움을 표시한다.
┃목표를 달성하는 데 실패한 학생들은 이렇게 지도한다.
┃자신이 실패한 이유를 평가하고 진단한다.
┃다음번에 성공하기 위해서는 무엇을 개선해야 할지를 생각한다.

8 새로운 목표 | 다음번에는 무엇을 목표로 삼을 것인가?
한 가지 목표가 달성되었으면 새롭고 좀더 높은 목표를 설정하도록 한다. 앞서 목표를 달성하지 못한 학생들에게는 계획을 다시 세우고 다짐을 다시 글로 표현함으로써 두 번째 시도에서는 성공할 수 있는 가능성을 높이도록 한다.

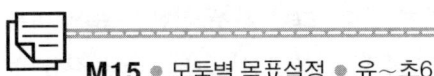

M15 ● 모둠별 목표설정 ● 유~초6

목적 | 모둠 차원에서 목표를 설정하는 데 필요한 단계를 익히도록 한다.

자료 | M14 단계별 목표설정 차트, M15 양식, 커다란 차트

내용 | 아이들이 목표설정 단계를 인지하고

실천하는 걸 돕기 위해 모둠별 목표를 설정하고 실천하는 기회를 정해준다. M14 차트를 이용해 아이들이 목표설정 단계에 익숙해지고 개인적으로 활동을 시도해볼 수 있도록 한다.
커다란 차트에 M15 양식을 만들어 사용해도 좋다.
매주 학급을 위한 한 가지 목표를 정해서 함께 실천한다. 아이들의 의견을 종합해 반의 목적을 목록으로 만들어 놓는다. 학급 목표의 예가 될 수 있는 것들로는
┃교실에서 너무 떠들지 않는다.
┃서로 친하게 지낸다(상대방을 기분 나쁘게 하는 말을 줄인다).
┃청소시간을 가능한 줄이는 대신 청결 상태는 더 좋아지도록 한다 등등.

모둠별로 단계별 목표설정 차트에 각 단계를 적고 실천하게 한다. 그 결과를 하루에 한 번 측정하고 차트에 그래프로 나타내 시각적으로 아이들이 자신의 날짜별 발달상황을 알아볼 수 있도록 한다. 주마다 새로운 폴더에 완성된 그 주의 그래프를 모아놓는다.

M16 ● 목표설정 : 차트 구성 ● 초1~6

목적 | 목표설정 단계를 직접 써보도록 한다.

자료 | M16 양식, M14 차트(참고용)

내용 | 아이들이 목표설정 단계에 익숙해지면, 개인적인 목표를 세우고 이를 달성할 마음의 준비가 되면 M16 양식을 이용해 활동한다. 단계별 목표설정 차트를 참고한다.

M17 ● 장애물 극복 ● 초1~6

목적 ㅣ 목적을 달성하는 데 생길 수 있는 장애물이 무엇인지 인지하도록 한다.

자료 ㅣ M17 양식, M14 차트(참고용)

내용 ㅣ 아이들이 목표설정 단계에 익숙해지면, 교사는 아이들에게 많은 사람들이 목표를 세우고도 중간에 만나게 되는 여러 장애물 때문에 더러는 성공하지 못한다는 것을 설명해준다. 그러므로 이런 장애물이 생기기 전 이런 장애물을 어떻게 피해야 하는지를 생각하게 하는 것은 바로 성공과 실패의 차이를 만드는 것임을 이해시킨다.

아이들로 하여금 자신들의 목표를 구술하게 한 다음, 생길 수 있는 장애물들에 대해서 생각해 보도록 한다. 2, 3명으로 이루어진 브레인스토밍 모둠을 정해서 그들의 목적을 서로 토론하도록 한다. 구성원은 다음 단계로 나아가기 전에 각자 자신들의 성공 장애물을 적는다. 그러고 나서 모둠 구성원들은 친구가 장애물을 어떻게 해체 나가야 할지 의견을 제시한다. 이때 목표설정자는 친구들이 제시한 해결책을 적어놓는다.

M18 ● 목표 도전 ● 유~초4

목적 ㅣ 아이들이 자신의 목적을 달성하는 데 필요한 단계들을 되새겨 보도록 한다.

자료 ㅣ M18 양식, M14 차트(참고용)

내용 ㅣ 아이들에게 목표를 이루는 과정에 필요한 여러 가지 세세한 단계들이 있다는 점을 주지시킨다. 그러고 나서 아이들의 목표를 이루기 위해서 필요하다고 느껴지는 단계를 정하고 적어 보도록 한다. 아이들은 목표설정 활동에 익숙해진 후에 가능한 활동이다(참고 : 이 활동자료는 그 어떤 목표설정에도 탁월한 역할을 한다. 이를 M14, M18, M17양식과 함께 철해놓고 목표설정 폴더를 만들어놓는다).

M19 ● 오늘의 목표설정 ● 유~초6

목적 ㅣ 그날그날의 목적을 설정하고 인식하도록 한다.

자료 ㅣ M19 양식 여러 장, 스테이플, 8.5cm× 211cm 짜리 색판지 2장(앞뒤 표지용)

내용 ㅣ 학생마다 M19 양식 여러 장을 표지와 함께 스테이플로 붙여서 준비하게 한다. 그날 하루 학업이나 행동과 관련된 목표를 설정해서 기록하게 한다. 그날 수업이 다 끝나면 아이들은 그날 하루 자신의 행동과 성과를 되돌아보며 결과를 평가한다.

목표를 설정하지 않은 아이가 있다면 그 이유를 쓰게 하고 다음번에는 어떻게 새롭게 해야 하는지를 적게 한다. 그날 하루 정한 목표를 이룬 학생들은 다음날 이루고 싶은 새로운 목적을 정하도록 한다. 이때 똑같은 목표를 설정하되 새로운 단계로 나아가도록 유도한다. "나는 5초 동안 자리에 조용히 앉아있었다"라고 쓴 아이가 있다면 "나는 내일 10초 동안 얌전히 있을 것이다"라는 식으로 목표를 설정하도록 한다.

M20 ● 금주의 목표설정 ● 유~초6

목적 | 주간별로 여러 가지 목적을 설정하고 이를 점검하도록 한다. 목표설정 단계를 점검하도록 한다.

자료 | M20 양식, 크레파스, 사인펜, 또는 연필
∥목표카드 만들기 | 종이에 카드 모양을 2개 그려서 오린 다음 반으로 접어서 아이들에게 나누어 준다.

내용 | 이 활동은 적어도 2가지 혹은 그 이상의 목표설정 활동을 수행해본 학생들에게 적하다. 아이들은 한 주 동안 수행할 목표를 설정하고 이를 카드에 쓴다. 그리고 '발달상황' 차트 아래 매일 같이 자신의 목표수행을 위한 활동을 기록하고 점검하도록 한다.
그리고 주말이 되면 자신의 목표성취를 점검하도록 한다. 목표달성을 이룬 아이들은 목표를 이룬 자신의 모습을 그리게 한다.

M21 ● 금주의 목표 기록 ● 초2~6

목적 | 서로 다른 영역에서 설정한 목표를 실천하고 그 진행 과정을 기록한다.

자료 | M21 양식

내용 | 이 활동은 앞선 '오늘의 목표설정' 활동을 수행해서 목표설정 단계에 익숙한 아이들에게 적당하다. M21 양식을 나누어 준 다음 아이들로 하여금 특정한 과목별로 자신이 목표하는 바를 적게 한다. 목표를 설정하고 한 주 동안 성취

할 수 있도록 한다(적어도 눈에 띌만한 성과를 얻게 한다). 주말마다, 아이들은 자신의 목표설정과 성과를 점검하고 그 결과를 해당 칸에 적도록 한다.

M22 ● 목표 바퀴 ● 유~초1

목적 | M22 양식(밝은 색깔의 종이에 복사한다), 펀치, 가위, 26cm 실, 크레파스, 사인펜

내용 | 색판지에 인쇄한 목표 바퀴 양식을 오려놓는다. 매주 아이들로 하여금 스스로 행동상의 혹은 학업상의 목표를 기록하고 목표를 이루었을 때 좋아하는 자신의 모습을 그림으로 나타내도록 한다. 아이들이 매일매일 목표치에 접근하는 과정을 쉽게 알아보게 한다.
∥교사가 스티커를 붙이거나 스탬프를 찍어준다
∥이외 표시할 만한 것으로 아이들이 직접 매일의 성과를 표시하도록 한다.
저학년의 경우 양식을 자기 몸에 옷처럼 걸치게 한다. 윗부분에 구멍을 내고 실로 묶어서 조끼처럼 만든다.
저학년이나 혹 자존감이 저조한 학생들의 경우, 하루에 한 가지 목표를 정하는 것은 다소 무리가 있을 수도 있다. 이때 목표 바퀴에 적힌 요일은 그날 하루의 시간대별로 고쳐서 아이들이 더 자주 자기 행동과 학업의 성취도를 자주 체크하고 자존감을 갖도록 하는 게 좋다.

M23 · 24 ● 목표 기록장 ● 유~초4

목적 | 목표설정에 따른 경쟁심을 키우도록 한다. 매일 목표를 설정해 실천할 수 있는 기회를 제공한다.

자료 | M23 양식, M24 양식카드

만들기 | M23 양식 여러 장을 밝은 색깔의 태그보드 종이에 앞뒤로 복사해서 준비한다. 점선대로 접어서 2개의 주머니 모양이 되도록 가장자리를 스테이플로 찍은 다음 절반을 접어서 표지에는 '목표 기록장' 이라고 적는다. M24에 예로든 두개의 카드중 하나를 골라서 밝은 색깔의 카드스톡 종이에 본을 뜬 다음 가장자리를 따라 오린다.

내용 | 아이들에게 '목표 기록장' 을 나누어주고 활동의 취지를 설명한다. 안쪽 주머니는 현재 목표를 적은 카드와 그 성과를 적은 카드를 담아두는 데 쓴다. M24 카드를 아이들에게 나누어주고 무엇을 목적으로 삼고 싶은지 묻는다. '목표 기록장' 뒷면에 나와 있는 성공적인 목표설정이 되기 위한 단계들을 점검한다. M14 차트를 참조하게 한다.

단계별 내용 |

1 성공적인 목표설정이 되기 위한 단계들을 점검한다.

2 목표 기록장 앞뒷면을 채운다.

3 '목표 기록장' 안쪽에 있는 '목표' 라고 적힌 주머니에 카드를 넣어둔다. 아이들이 자주 카드를 확인하도록 한다.

4 매시간 수업 시간이 되면, 아이들에게 목표 카드를 꺼내서 목표를 이루는 자신의 그림을 보도록 한다. 아이들에게 목표를 이루는 자신을 약 30초 동안 상상하도록 한다. 이런 일은 자주 시각화하는 것이 좋은데 성공적인 목표설정을 위해 아주 효과적인 수단이다.

5 아이들이 성공적으로 자신의 목표를 완성하면 목표 카드를 '목표달성' 이라고 적힌 주머니에 넣도록 한다. 아직 성취하지 못한 카드는 옮기지 않고 놔둔 다음 그 목표를 설정하도록 노력하게 한다(혹은 그 목표를 성취 가능한 방식으로 다시 써보도록 한다).

6 아이들은 '목표 기록장' 에 자신이 성취한 목표를 기록한다. 왼쪽에는 '목적' 이라고 쓰인 공간에 목표를 쓰고 '목표달성' 이라고 쓰인 칸에는 성공적으로 성취한 목표를 표시한다. 공간이 되면 여분 종이를 함께 철해서 준비해두어도 좋다.

결과를 평가하고 인지한다.

개인별로 변화와 개선이 가능하도록 하는 데 가장 중요한 것은 자신이 정한 목표를 어떻게 해서 성공했는가 하는 점을 인지하고 평가하도록 하는 것이다. 이 장의 활동들은 아이들로 하여금 자신을 들여다보고 자신의 목적설정과 그 결과를 평가하는 데 많은 도움을 줄 것이다.

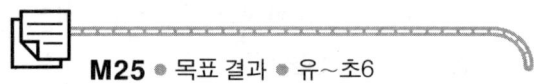

M25 ● 목표 결과 ● 유~초6

목적 | 아이들이 목표설정에서 성공한 것을 인지하도록 한다.

자료 | 아이들에게 M25 카드를 한 장씩 선택해준다. 맨 처음 카드는 저학년에게 적당하고 아래쪽 카드는 고학년에 적합하다. 카드 양식을 밝은 색상의 색판지에 인쇄한 다음 가장자리를 따라 오린다.

내용 | 2가지 카드는 아이들이 한 가지 목적에 집중하고 주어진 시간에 얼마만큼 성취했는가를 돌아보게 만들어준다. 목표설정에 숙달된 고학년의 경우라면 목표달성을 위해 주간별 시간 프레임을 만들게 한다. 아이들은 자신만의 목표를 설

정하고 주어진 공간에 이를 기록하거나 설명한다. 그리고 목표 수행에 해당하는 공간을 색칠해서 발달 과정을 표시하도록 한다. 하루가 끝날 무렵 아이들과 함께 그날 하루의 목표달성 결과를 평가하는 시간을 갖는다.

M26 ● 난 할 수 있어! ● 유~초1

목적 ▎ 아이들이 실제 목적을 달성하는 성공 체험을 하고 목표를 달성하는 능력을 향상시켜준다.

자료 ▎ M26양식

내용 ▎ 이 활동은 저학년 아이들이 목표로 설정한 것을 달성하는 데 초점을 맞춘 것이다. 아이들로 하여금 페이지 맨 위에 자신이 설정한 목표를 적고 한 가지 목적을 달성할 때마다 자동차를 색칠하도록 한다. 아이들이 "난 할 수 있어"라는 표현을 활동 중에 자주 쓰도록 한다.

M27 ● 목표 성취 저널 ● 초1~6

목적 ▎ 아이들이 목표를 달성했을 때의 성취감을 느껴보도록 한다.

자료 ▎ M27 양식 여러 장(앞뒤를 인쇄한다), 8.5 ×11cm 태그보드지 사이에 양식 여러 장을 철한다. 스테이플, 펀치, 실 또는 바인더

내용 ▎ 아이들에게 목표 성취 저널을 나누어준다. 직접 철하거나 표지를 장식하도록 해도 좋다. 아이들에게 매일 자신의 목표달성 결과를 저널에

기록하도록 한다. 이런 활동을 통해 아이들은 자신의 성취를 인지할 수 있을 뿐만 아니라 목표를 달성하는 데 도움이 되었던 행동이 무엇이었는지 자각하게 된다(참고 : 이 활동의 내용을 더 풍부하게 하고 싶다면 9장 '개인 저널 만들기'를 참조한다).

M28 ● 이달의 목표 ● 유~초6

목적 ▎ 아이들에게 이달의 목표를 설정해 진행 상황을 점검하도록 한다.

자료 ▎ M28 양식

내용 ▎ 양식을 아이들에게 나누어준다. 월별 날짜를 적게 한다. 하루를 시작할 때 먼저 해당 날짜에 개인적인 목적을 적도록 한다. 하루가 끝나면 자신의 목표달성 여부를 평가하도록 한다. 만약 목표달성에 실패했다면 아이는 실패한 대로 평가를 내린다. 그리고 아이들에게 왜 그 목적이 실패했는지 생각해보도록 한다. 목표를 달성한 아이는 긍정적으로 결과를 평가하게 될 것이다.
이 활동은 아이들이 자신의 성공과 발달 과정을 즉각적으로 점검하고, 만약 실패한 경우라면 자신의 목표를 다시 설정하는 기술을 습득하게 해준다. 아이들이 매일의 목표를 기록할 때는 과거의 목표와 그에 따른 결과를 참조하게 한다.

M29 ● 목표달성 상장 ● 유~초3

목적 ▎ 아이들에게 목표달성으로 오는 성취감을 맛보게 한다.

자료 ▎ M29 양식(환한 색상의 색판지에 양식을

베끼고 오린다)

내용 | 아이들의 목표달성여부에 따라 상장을 준다. 이를 실행하기 위해서 매주 특정한 학생을 이 주의 '골키퍼'로 정한다. 골키퍼로 정해진 학생의 의무는 목표를 달성하는 친구가 상을 받을 수 있도록 친구들의 목표달성과정을 체크하는 것이다.

문제들

● 여러분의 문제점들을 한번 적어보세요.

　내 문제는 _____

　_____

● 이 문제들이 여러분의 삶을 어떻게 방해하고 있죠?

　1.

　2.

　3.

● 그렇다면 어떻게 행동을 변화시켜야 하죠? 여러분이 생각하는 해결책이 무엇인가요?

　1.

　2.

　3.

　4.

　5.

● 자 이제는 이 가운데서 정말 중요하고 생각하는 것을 몇 가지 골라봅시다.

● 이제 해결책들을 실행하기 위해 누구의 도움이 필요한가요(가령, 친구, 선생님, 부모 등)?

● 그들은 여러분들을 어떻게 도울 수 있을까요?

● 계획을 세우고 실천해요.

● 여러분의 계획이 본격적으로 시작되는 때는 언제인가요?

● 이 모든 계획을 다 실행한 뒤, 여러분은 어떤 모습으로 변화되어 있을까요?

학생 : _____   교사 : _____

 # 문제 보고서

이름 : _____   날짜 : _____

● 누구와 관계된 문제인가요?

● 왜 그런 일이 일어났죠?

● 이 일을 지켜본 아이들이 누구예요?

● 일어난 일은 무엇인가요?

● 기분이 어땠어요?

● 다른 사람은 이 문제에 대해서 어떻게 느낄 것이라고 생각해요?

● 그 사람은 왜 그렇게 느낄 것이라고 생각하죠?

● 이 문제를 해결할 수 있는 2가지 방법을 생각해봅시다.

● 자신이 어떻게 행동했더라면 이런 일이 일어나지 않았을까요?

해결책 보고서

이름 : _____   날짜 : _____

● 문제

● 우리가 보는 해결책은

그림으로 나타낸 문제·해결책 보고서

 무슨 일이 일어났는지 그려보세요.

 여러분이 이 문제를 해결하기 위해 할 수 있는 일을 그려보세요.

브레인스토밍

브레인스토밍은 가능한 문제 해결책을 즉석에서 찾아보는 방법입니다. 이때 중요한 것은 상상력을 마음껏 발휘하는 거죠. 짧은 시간 안에 가능한 많은 아이디어를 생각해내도록 노력하세요.

- ● 즉석에서 떠오르는 생각들 – 상상력을 발휘합시다!
- ● 친구들의 아이디어나 생각에 대해서 비판이나 평가는 금물!
- ● 다른 사람의 아이디어에 또 다른 생각을 보태는 것은 오케이!

먼저, 문제 상황을 적어보세요.(가능한 5분 안에)

1. _____   6. _____
2. _____   7. _____
3. _____   8. _____
4. _____   9. _____
5. _____   10. _____

이 중 한 가지 문제를 골라 해결책을 브레인스토밍합니다.

● 문제 :

	가능한 해결책	나라면 시도한다	나라면 시도하지 않는다	순위
1.				
2.				
3.				
4.				
5.				
6.				
7.				
8.				
9.				
10.				

이제 나라면 시도해볼만하다고 생각하는 대책을 다시 한번 점검하면서 현실성 있는 대책에 점수를 매기면서 순위를 정합니다.

문제해결을 위한 전략 시트

앞서 문제에 대한 여러 가지 해결책에 순위를 매겼습니다. 이제 그 중에서 한 가지 해결책을 선택합니다. 아래 주어진 칸에 3가지 해결책을 쓰고 각각의 해결책을 선택했을 때 일어날 수 있는 결과에 대해서 짧은 시간 안에 쓴다.

해결책 1	해결책 2	해결책 3
예상되는 결과	예상되는 결과	예상되는 결과
1.	1.	1.
2.	2.	2.
3.	3.	3.
4.	4.	4.
5.	5.	5.

예상되는 결과를 적었습니다. 어떤 선택이 가장 최선의 것이리라고 생각합니까?

이름, 혹은 모둠 : _____

날짜 : _____

탐정들이 쓴 책

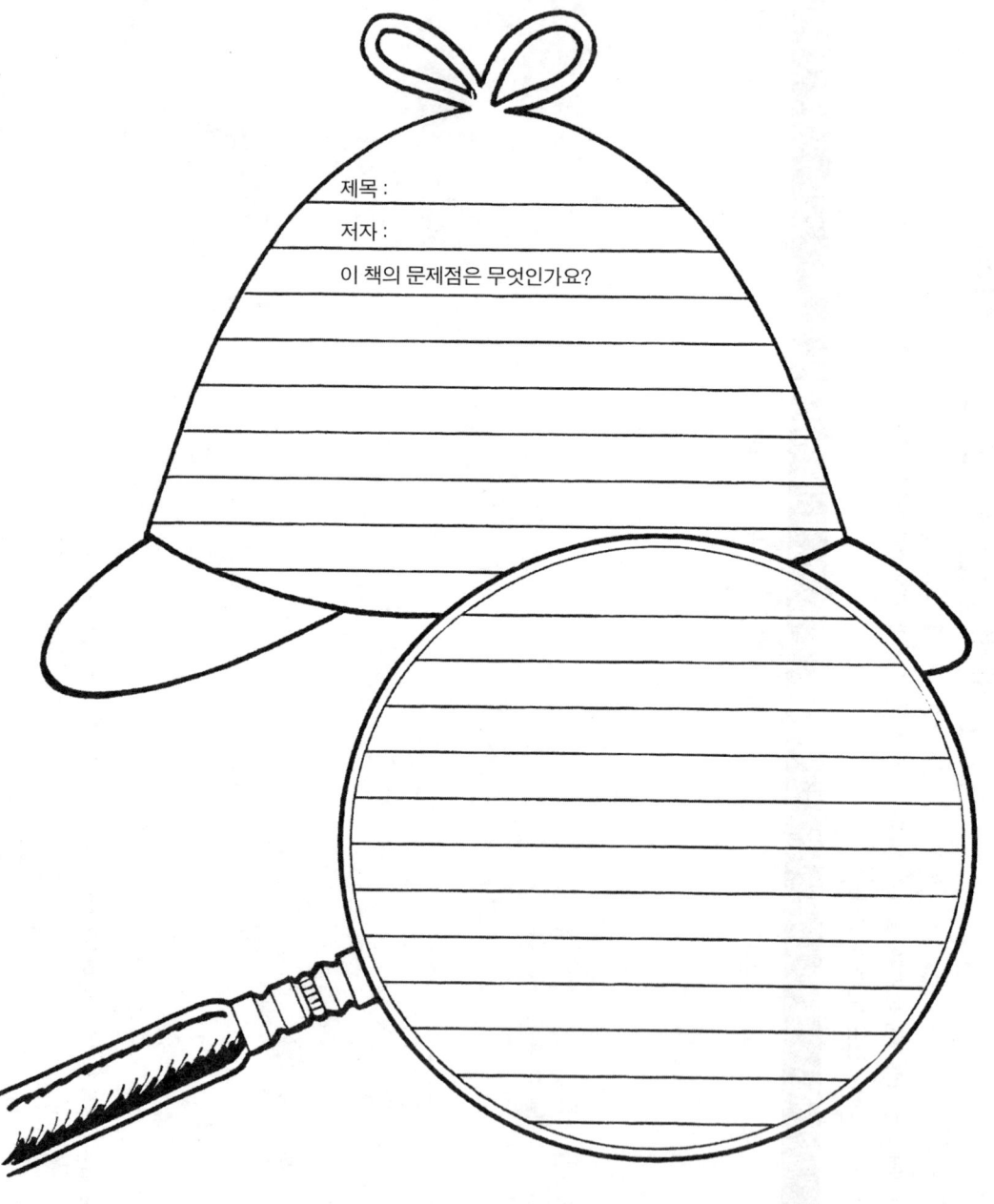

제목 :

저자 :

이 책의 문제점은 무엇인가요?

문제지도

문제의 배경	

문제점을 적어보세요	

● 가능한 해결책 1 :

● 가능한 해결책 2 :

● 가능한 해결책 3 :

● 가능한 해결책 4 :

이제 해결책을 정리해서 써보세요	

내가 얼마나 발전하고 있지?

이름 : _____   주제 : _____

날짜	정답을 맞혔을 경우 빈칸에 색칠하시오																														
	5	6	7	8	9	10	11	12	13	14	15	16	17	18	19	20	21	22	23	24	25	26	27	28	29	30	31	32	33	34	35

발전하는 나의 모습 그래프로 나타내기

이름 : _____

시작 일자 : _____

제목 : _____

● 여러분의 발전 정도를 그래프로 그려보세요. 각 날짜마다 정확한 수치를 기록하는 것, 잊지 말고요.

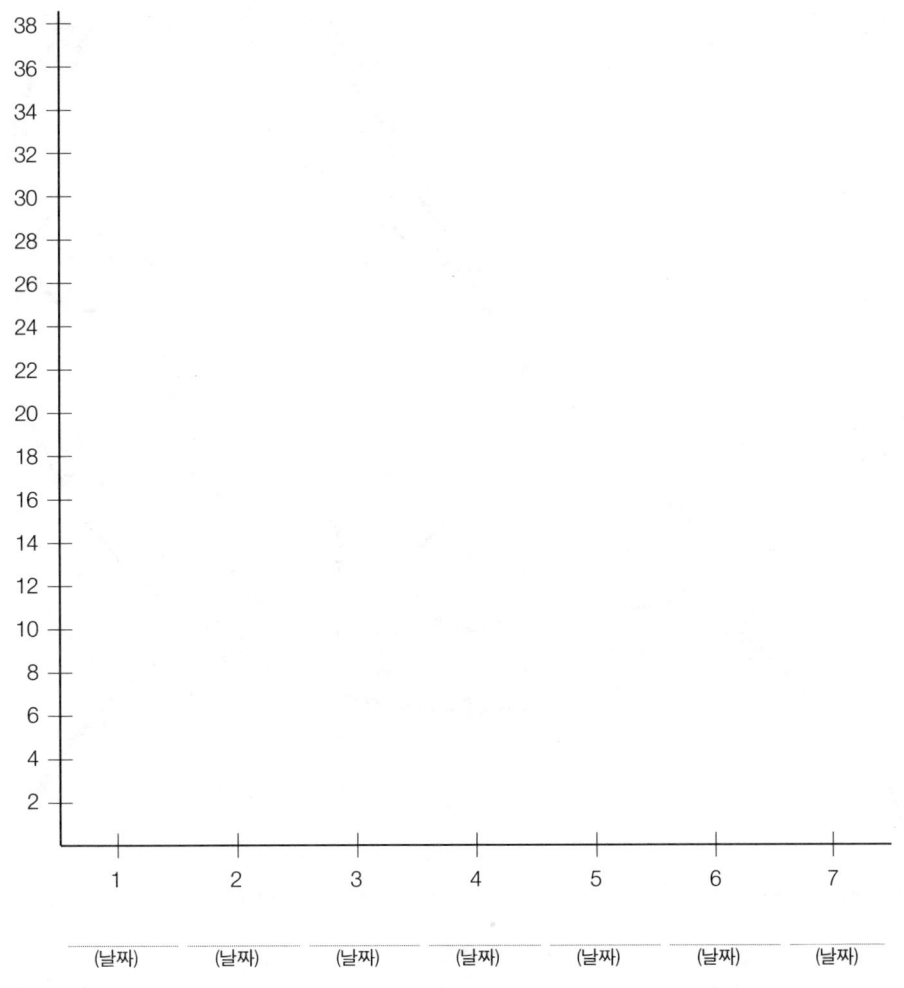

날짜별로 보는 발달상황

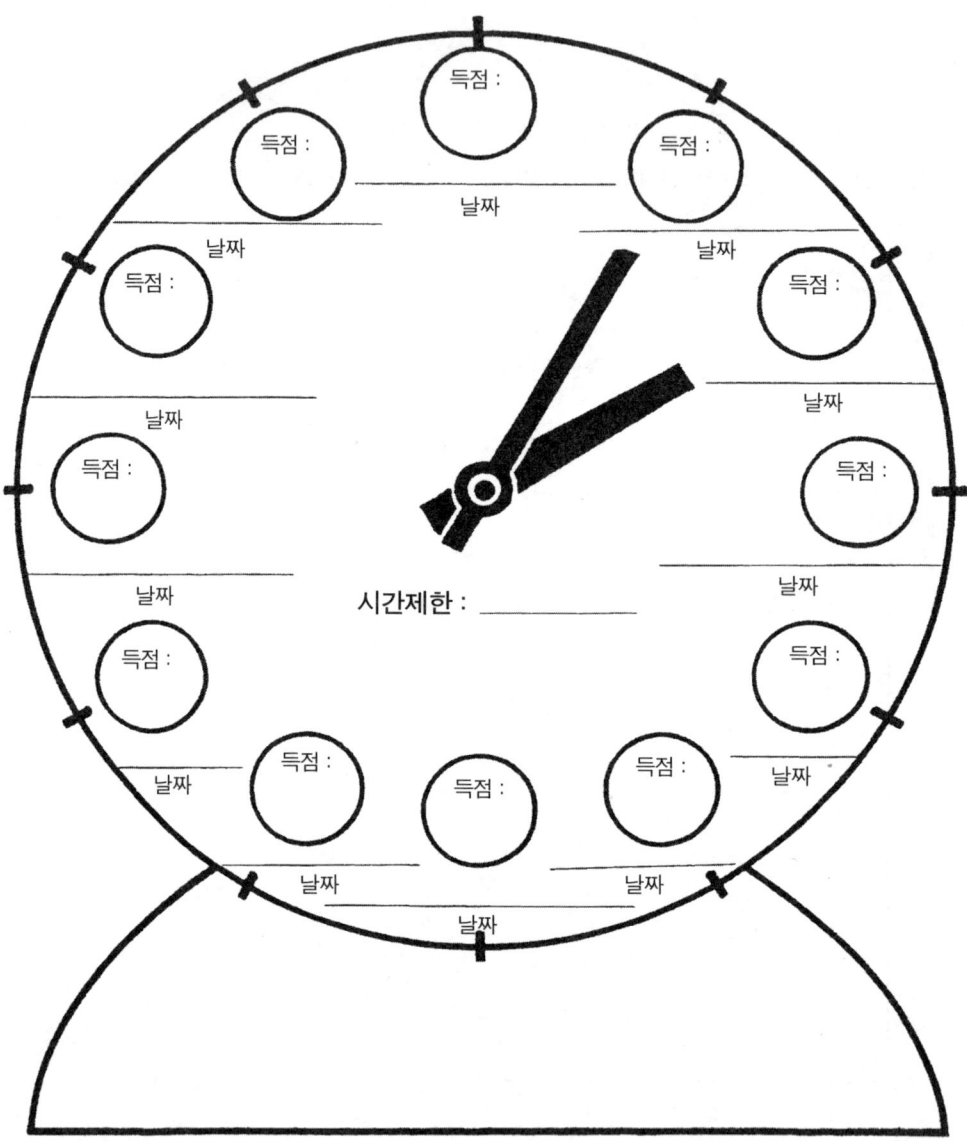

득점 :

날짜

득점 :

날짜

득점 :

날짜

득점 :

날짜

득점 :

날짜

득점 :

날짜

시간제한 : _____

득점 :

날짜

득점 :

날짜

득점 :

날짜

득점 :

날짜

득점 :

날짜

득점 :

날짜

각자 목표달성의 진행과정을 기록합니다. 1시 방향부터 시작해서 각 숫자 앞에 있는 원에 제한된 시간 안에 내가 과목마다 얻은 점수를 기록하고 밑에 날짜를 적습니다. 시계방향으로 계속해서 발달과정을 기록해 봅니다.

숙 제

과 목	숙 제	기 한	실행여부

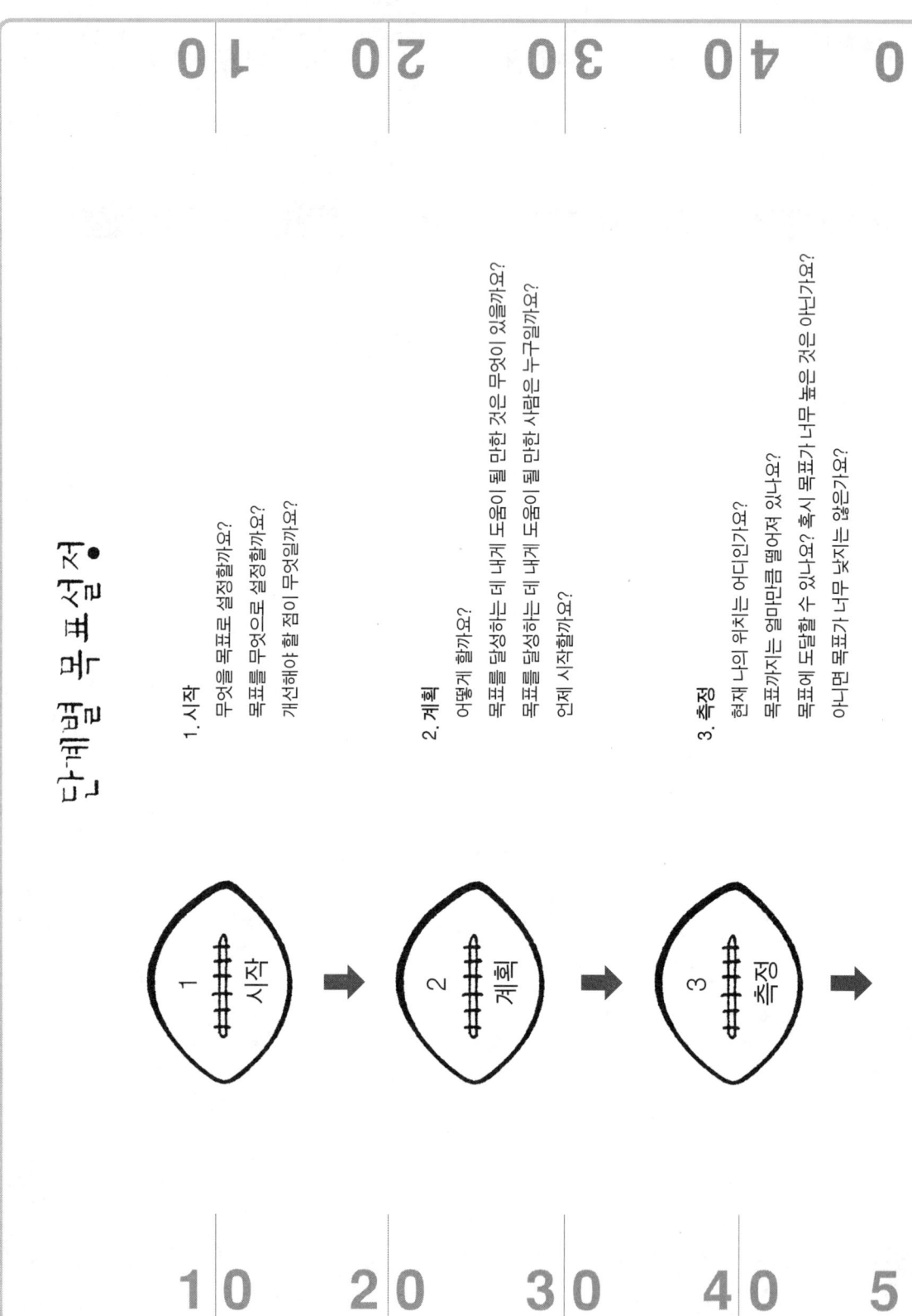

단계별 목표 설정

1. 시작
무엇을 목표로 설정할까요?
목표를 무엇으로 설정할까요?
개선해야 할 점이 무엇일까요?

2. 계획
어떻게 할까요?
목표를 달성하는 데 내게 도움이 될 만한 것은 무엇이 있을까요?
목표를 달성하는 데 내게 도움이 될 만한 사람은 누구일까요?
언제 시작할까요?

3. 측정
현재 나의 위치는 어디인가요?
목표까지는 얼마만큼 떨어져 있나요?
목표에 도달할 수 있나요? 혹시 목표가 너무 높은 것은 아닌가요?
아니면 목표가 너무 낮지는 않은가요?

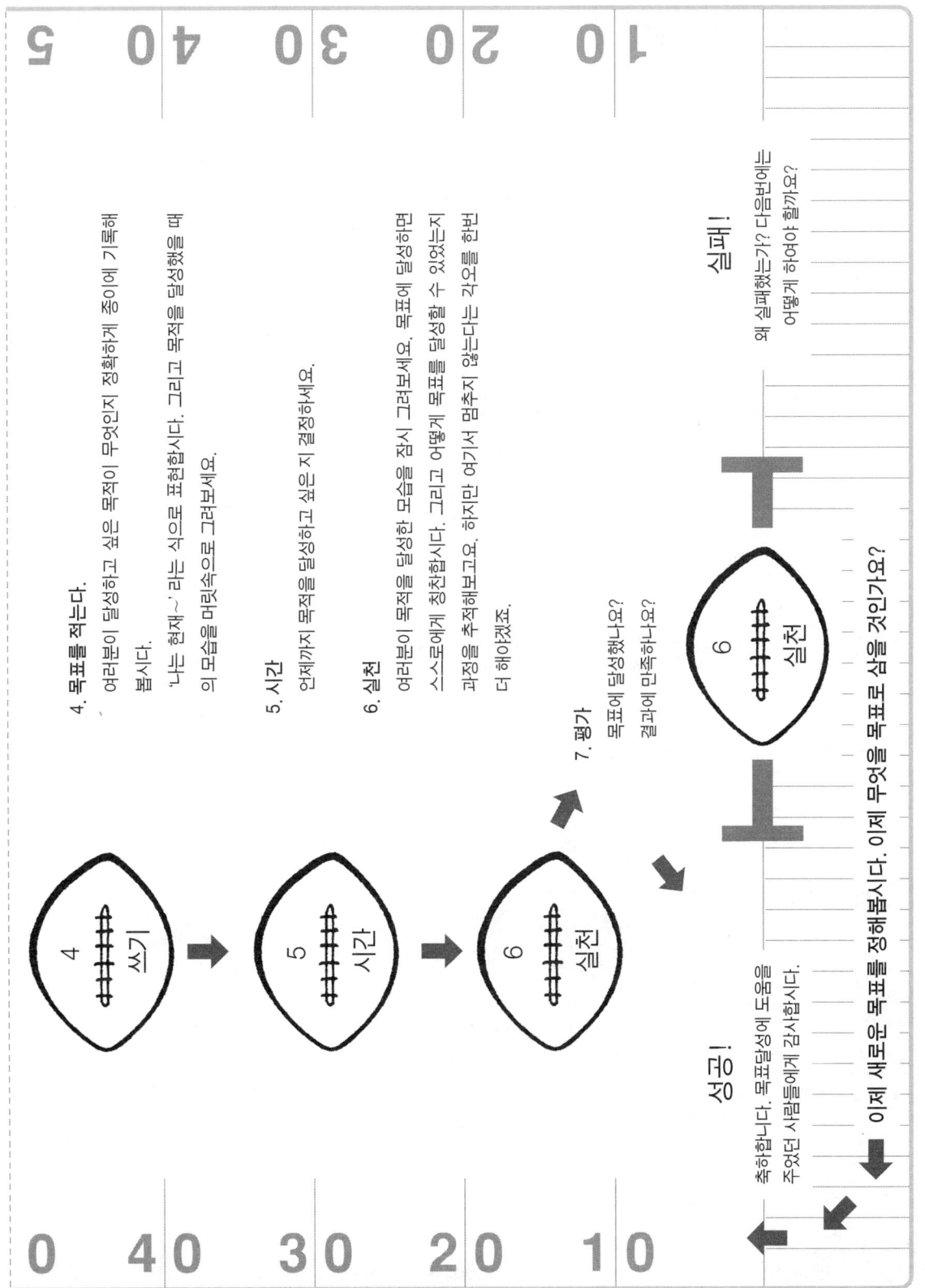

4. 목표를 적는다.

여러분이 달성하고 싶은 목적이 무엇인지 정확하게 종이에 기록해 봅시다.

'나는 현재~' 라는 식으로 표현합시다. 그리고 목적을 달성했을 때의 모습을 머릿속으로 그려보세요.

5. 시간

언제까지 목적을 달성하고 싶은 지 결정하세요.

6. 실천

여러분이 목적을 달성한 모습을 잠시 그려보세요. 목표에 달성하면 스스로에게 칭찬합시다. 그리고 어떻게 목표를 달성할 수 있었는지 과정을 추적해보고요. 하지만 여기서 멈추지 않는다는 각오를 한번 더 해야겠죠.

7. 평가

목표에 달성했나요?
결과에 만족하나요?

성공!
축하합니다. 목표달성에 도움을 주었던 사람들에게 감사합시다.

실패!
왜 실패했는가? 다음번에는 어떻게 하여야 할까요?

이제 새로운 목표를 정해봅시다. 이제 무엇을 목표로 삼을 것인가요?

모둠별 목표설정

모둠 : _____

이번 주 우리 모둠의 목표는

_____

_____

_____

_____

_____

_____

이번 주 우리 모둠의 성적은

_____

_____

_____

날짜 : _____

이 목표를 달성하기 위해 얼마의 시간이 필요한가요?

_____

_____

10+

10

9

8

7

6

5

4

3

2

1

월요일	화요일	수요일	목요일	금요일

목표설정 : 목표를 도표화 시켜라

```
10   10
```

1
목표

2
계획

3
측정

4
목표 적기

5
시간

6
실천

7
평가

```
10              10
20              20
30              30
40              40
50              50
40              40
30              30
20              20
10              10
```

1. 목표

----

2. 단계

● 필요한 도움 : --------------------

● 필요한 물품 : --------------------

● 시작 일자 : ----------------------

3. 지금 나는 어디에 서 있는가요?

나는 어디로 가길 원하는가요?

----

4. 구체적인 달성 목표

----

5. 나는 이 날짜까지는 꼭 목표를 이룰 것이다

----

6. 나의 발달 상황

----

7. 결과 : --

8. 다음 단계는 무엇인가요? --

목표를 이루는 데 방해하는
장애물 극복하기

1. 목표를 다시 떠올려봅시다.

----

2. 목표까지 가는 데 방해하는 요소가 무엇인가요?

- --

- --

- --

3. 그렇다면 어떻게 이 장애물을 극복할 수 있을까요?

----

4. 목표 데드라인

나는 _____ 까지 꼭 내가 정한 목표를 이룰 것이다.

이름 : _____

날짜 : _____

목표를 향한 등반

내 목표는

정상까지 도달하기 위한 단계 :

내가 목표를 이루는 데 필요한 도움 :

나는 _____ 까지 꼭 이 목표를 이루겠다.

일일 목표설정

오늘 나의 목표는 : _____

_____

날짜 : _____   **사인 :** _____

이것이 오늘 내가 이룬 목표다.

● 오늘 나는 이것을 이루지 못했다. 왜냐면 : _____

_____

_____

_____

● 오늘 나는 이것을 하기에 많은 어려움이 있었다. 그래서 내일은 꼭 이루리라 : _____

_____

_____

_____

내일 나는 새로운 목표를 정한다.

_____

_____

주간 목표설정 카드

주간 진행상황	성공	거의성공	실패
월요일			
화요일			
수요일			
목요일			
금요일			

목적 : 나는 _____

_____ 하기를 바란다
(목표)

단계 : 나는 _____

_____ 할 것이다
(목표달성을 위해 해야 할 일)

도움 : 나는 _____

_____ 가 필요하다
(목표달성을 위해 필요한 물건이나 사람)

목표달성 날짜 : _____

이름 : _____

(앞)

목표설정 단계들

1. 시작 : 무엇을 목표로 삼을 것인가요?
2. 계획 : 목표달성을 위해 거쳐야 할 단계들. 무엇이, 누가 나의 목표달성을 위해 도움을 줄 수 있는가요?
3. 측정 : 현재 나의 위치는? 목표까지는 얼마나 먼가요?
4. 작성 : '나는 현재~' 라고 짧게 씁시다. 성공했을 때 내 모습을 그려봅시다.
5. 시간 : 언제까지 목표달성 시기로 잡을 것인가요?
6. 실천 : 무조건 실천한다. 성공했을 때 내 모습을 그려봅시다. 나 자신을 칭찬하고 여기서 멈추지 않는다고 다짐합니다.
7. 평가 : 나는 성공했는가요?
   ● 그렇다 : 나를 칭찬하고 축하해줍니다. 도움이 되었던 사람에게 감사하고 다시 새로운 목표를 설정합니다.
   ● 그렇지 않다 : 스스로 왜 실패했는지 물어보고 다시 시도합니다.

주간 목표 카드

내가 목표를 달성했을 때 모습

이름 : _____

(뒤)

이름 | 날짜 |

주간 목표달성 기록

주 제	목 표	그럭저럭	거의	완벽하게 성취

목표 수레바퀴

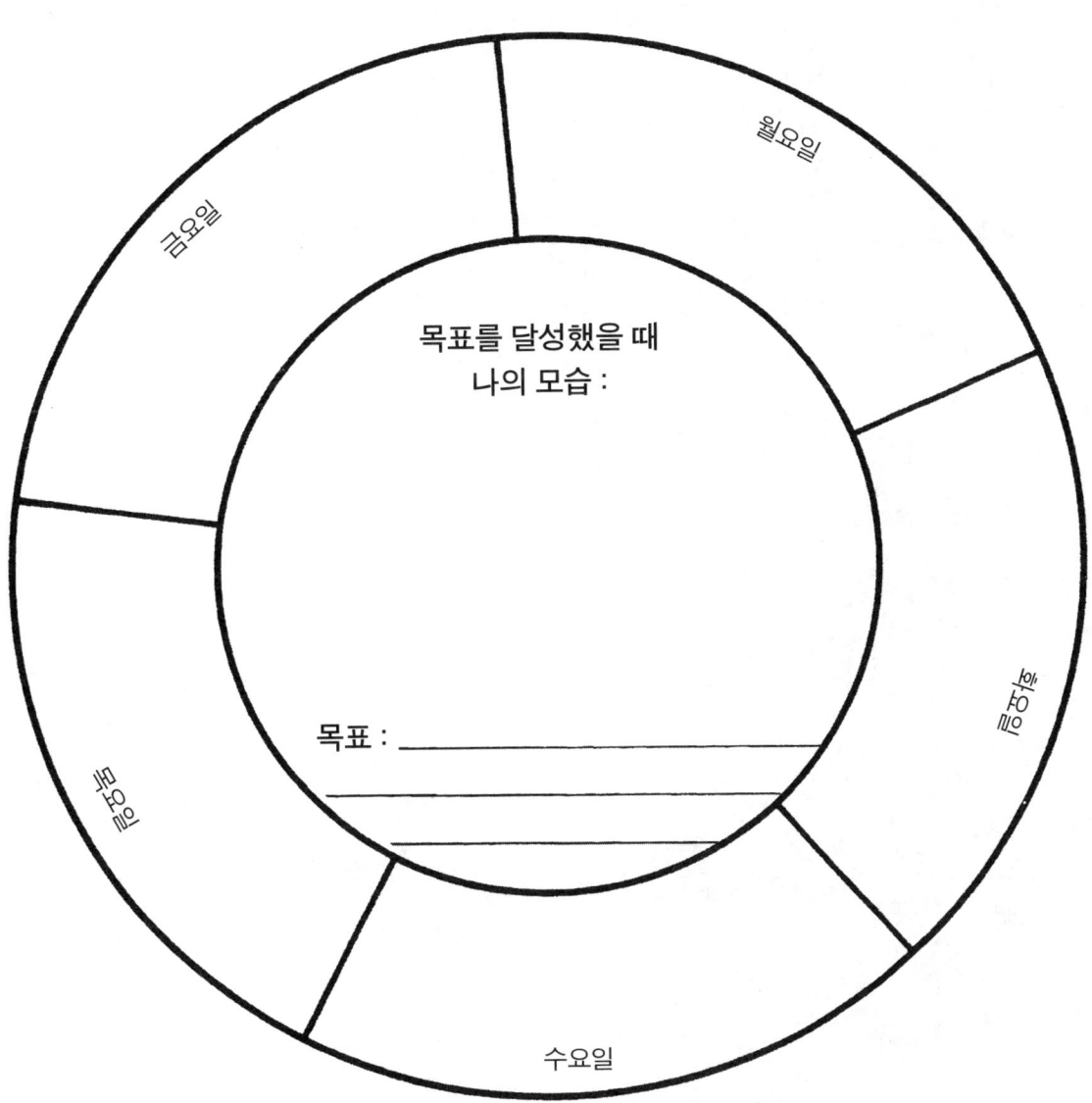

금요일

월요일

화요일

목요일

목표를 달성했을 때
나의 모습 :

목표 : _____

_____

_____

수요일

목표 설정 단계

1. 시작
- 무엇을 목표로 설정할까요?
- 개선해야 할 점이 무엇일까요?
- 목표를 무엇으로 설정할까요?

2. 계획
- 어떻게 할까요?
- 목표를 달성하는 데 내게 도움이 될 만한 것은 무엇이 있을까요?
- 목표를 달성하는 데 내게 도움이 될 만한 사람은 누구일까요?
- 언제 시작할까요?

3. 측정
- 현재 나의 위치는 어디인가요?
- 목표까지는 얼마만큼 떨어져 있나요?
- 목표에 도달할 수 있나요? 혹시 목표가 너무 높은 것은 아닌가요?
- 아니면 목표가 너무 낮지는 않은가요?

4. 목표를 적는다.
- 여러분이 달성하고 싶은 목적이 무엇인지 정확하게 기록해 봅시다.
- '나는 현재 ~'라는 식으로 표현합시다. 그리고 목적을 달성했을 때의 모습을 마음속으로 그려보세요.

5. 시간
- 언제까지 목적을 달성하고 싶은 지 결정하세요.

6. 실천
- 여러분의 목적을 달성한 모습을 잠시 그려보세요. 목표에 달성하면 스스로에게 칭찬합시다. 그리고 어떻게 목표를 달성할 수 있었는지 과정을 추적해보고요. 하지만 여기서 멈추지 않는다는 각오를 하면 더 해야겠죠.

7. 평가
- 목표에 달성했나요?
- 결과에 만족하나요?

나의목표	목표

성립조목

(접이선)

목표

(접이선)

목표 달성 카드

나의 타깃

내가 이루고 싶은 것들

- -

- -

나는 언제까지 이것을 이룰 것이다.

- -

- -

이름 : - - - - - - - - - - - - - - -

날짜 : - - - - - - - - - - - - - - -

목표를 달성했을 때 자랑스러운 나의 모습

(앞)

목표 카드

목표 : - - - - - - - - - - - - - - - - - - -

- -

단계 : - - - - - - - - - - - - - - - - - - -

- -

- -

마감일 : - - - - - - - - - - - - - - - - - -

- -

이름 : - - - - - - - - - - - - - -

날짜 : - - - - - - - - - - - - - -

목표 그림

(뒤)

목표달성 결과

오늘 난 이런 점을 보완하기 위해 노력할겁니다

- -

- -

● 내가 실행했을 때 ○에 색칠하고
  내가 실행하지 못했을 때 △에 색칠합니다.

실 행	실행하지 못함
○ ○ ○ ○ ○ ○ ○ ○ ○ ○ ○ ○	△ △ △ △ △ △ △ △ △ △ △ △
나는 _____ 번 실행했다.	나는 _____ 번 실행하지 못했다.

목표달성 결과

이름 :
날짜 :
목표 :

목표한 바를 실행했을 때는 '난 해냈다' 라는 칸에 색칠하고, 실행하지 못했을 때는 '난 하지 못했다' 라는 칸에 색칠하세요.

	난 하지 못했다	난 해냈다

이름 | 날짜 |

난 이런 일을 할 수 있다고 생각해

목표를 달성할 때마다 차에 색칠을 해보세요.

난 할 수 있다!

목표달성 ✐

내가 만든 목표는 : ------------------------------

이것을 이루기 위해 난 : ------------------------------

이 목표를 이루었을 때 내 기분은 : ------------------------------

난 이것을 통해서 이런 점을 발견하고, 배웠다 : ------------------------------

이름 : ------------------------------

증인 : ------------------------------

날짜 : ------------------------------

목표달성 ✐

내가 만든 목표는 : ------------------------------

이것을 이루기 위해 난 : ------------------------------

이 목표를 이루었을 때 내 기분은 : ------------------------------

난 이것을 통해서 이런 점을 발견하고, 배웠다 : ------------------------------

이름 : ------------------------------

증인 : ------------------------------

날짜 : ------------------------------

이 달의 목표

방향 | 1. 이 달의 날짜와 요일을 적어보세요.

2. 그날 하루가 시작되면 해당 칸에 그날의 목표를 기록합니다.

3. 하루 일과가 다 끝나면 목표를 달성했는지 실패했는지 결과를 기록하세요.

4. 목표를 달성했다면 내일의 위한 새로운 목표를 설정하세요.

   목표달성에 실패했다면, 적어도 내일은 성공할 수 있도록 노력합니다.

작성자 :

월요일	화요일	수요일	목요일	금요일
목표	목표	목표	목표	목표
목표	목표	목표	목표	목표
목표	목표	목표	목표	목표
목표	목표	목표	목표	목표
목표	목표	목표	목표	목표

목표 달성상

목표 : _____

목표를 이룬 행복한 당신에게 이 상을 바칩니다.

_____

_____

축하합니다!

이름 : _____

날짜 : _____

목표 성취상

이 상을 _____ 에게 드립니다.

당신이 성취한 목표는 _____

_____ 입니다.

이름 : _____

날짜 : _____

7

성취욕구 키우기

자존감 키우기 도우미의 역할

- 성취욕구와 자신의 장점을 인지할 수 있는 기회를 제공한다.
- 자신의 발달 과정을 기록하고 평가하는 법을 가르친다.
- 실패를 통해서 어떤 이득을 얻을 수 있는지 피드백해준다.
- 자신이 이룬 성취를 스스로 칭찬하는 것이 얼마나 중요한 것인지를 가르친다.

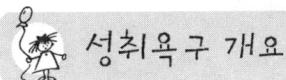 ## 성취욕구 개요

정의 | 개개인에게 중요하거나 가치 있다고 생각되는 일에서 성공과 성취를 얻었을 때의 기분. 자신의 장점을 인지하고 약점 또한 인정하고 받아들일 수 있다.

 ### 관련 자료들

자신의 능력을 긍정적으로 평가하는 아이들이야말로 성공에 가장 가까운 사람들이다.
– 윌리엄 퍼키 *William Purkey*, 《Self-Concept and School Achievement》(Englewood Cliffs, NJ : Prentice-Hall, 1970)

자신에 대해 확신이 없고 실패할 거라고 지레 겁을 먹는 아이들은 학교를 중도에 그만두는 경향을 보인다.
– M.C.쇼*Shaw*, G.J.엘비스*Alves*, 《The Self-Concept of Bright Academic Underachievers : Continued》(Personal and Guidance Journal 42, 1963 : 401~403)

자존감이란 학업성취는 물론 모든 영역의 행동발달이 능숙하게 이루어지도록 하는 데 영향을 미치는 가장 중요한 요소다.
– 존 길모어*John Gilmore*, 《The Productive Personality》(San Rafael, CA:Albion, 1974)

많은 심리학자와 대다수의 교육자들이 인지하고 있듯이 자존감과 성취도에는 밀접한 상관관계가 있다. 이 2가지 요소는 아주 밀접하게 연관되어 있기 때문에 별개의 것으로 구별하는 것은 거의 불가능하다.
– 제임스 베틀*James Battle*, 《Enhancing Self-Esteem and Achievement》(Seattle : Special Child Publications, 1982)

 ### 자존감 키우기 도우미의 역할

❙ 성취욕구와 자신의 장점을 인지할 수 있는 기회를 제공한다.
❙ 자신의 발달 과정을 기록하고 평가하는 법을 가르친다.
❙ 실패를 통해서 어떤 이득을 얻을 수 있는지 피드백해준다.
❙ 자신이 이룬 성취를 스스로 칭찬하는 것이 얼마나 중요한 것인지를 가르친다.

성취욕구가 약한 아이들이 보여주는 행동상의 특징들

▌자신의 생각과 의견내놓기를 주저한다.

▌모험을 시도하길 꺼려한다.

▌실제 할 수 있고 또 성취욕구를 갖추어야 할 부분에서 무능력하게 타인 의존적으로 행동한다.

▌자존감이 없는 분야에서는 위축된 모습을 보이면서 참여하기를 주저하고, 거부, 무시, 딴생각, 잡담으로 소일한다.

▌실패나 두려움이 과도하기 때문에 많은 과제를 시도하지 않는다('나는 못해'라는 태도를 보이면서 시도하길 두려워한다).

▌끝까지 도전하는 스포츠맨십이 부족하다.

▌목표달성과 관련해서 자신에 대해 부정적인 표현을 사용하며 자신이 이룬 성과를 평가절하거나 신뢰하지 못한다.

 성취욕구가 강한 아이들이 보여주는 행동상의 특징들

▌도전거리를 갖고 어려움에 도전한다.

▌자신의 약점을 인정하고 실수를 교훈삼을 줄 안다.

▌자신의 장점과 긍정적인 개성과 성격을 인지하고 있다.

▌중요한 일을 성공할 수 있다는 자존감이 높다.

▌열정적으로 자신의 생각과 의견을 제시한다.

▌바람직한 스포츠맨십을 발휘하고 패배를 감당해 나간다.

▌자신의 성취와 목표달성을 인정하고 그와 관련해서 자신을 긍정적으로 표현하거나 내면화한다.

　　모든 학생들이 위에 적힌 것과 똑같이 행동하지는 않을 것이다. 어떤 부분에서는 아주 비슷하고 어떤 부분에서는 상이할 수도 있다. 학생이 어느 정도로 성취욕구를 가지고 있는지를 알고자 한다면 학생 자존감 평가서, 부록(B-SET)을 작성하게 한다. 이 평가서는 아이들의 자존감의 발달정도를 측정하는 방식으로 주기적으로 업데이트될 수 있다. 이런 평가서는 또한 어떤 활동이 교사의 학급에 적당한지 결정하는 데도 유용할 것이다.

성취욕구 향상을 위한 활동 목록

코드	학년	제목	사회	과학	쓰기	읽기	수학	미술	문학
C1	유~초2	내 취미소개	○	○	○	○			○
C2	초1~6	내가 관심 있는 것들	○	○	○	○			○
C3	유~초6	내 장점 프로필			○	○			
C4	유~초6	장점 상장1			○	○			
C5	유~초6	장점 상장2			○	○			
C6	유~초6	친구들의 장점1	○		○	○			
C7	유~초6	친구들의 장점2			○	○		○	
C8	유~초4	장점 바벨			○			○	
C9	유~초6	발달과정 녹음하기				○			
C10	유~초6	좋아하는 과목 폴더			○			○	
C11	유~초6	금요일은 글쓰기 날			○		○		
C12	유~초2	내가 할 수 있는 일들			○	○		○	
C13	유~초6	목표 달성 카드			○		○		
C14	유~초2	종이 고리			○		○	○	
C15	유~초3	새로운 성공			○			○	
C16	유~초6	나는 할 수 있다1			○	○		○	
C17	유	나는 할 수 있다2			○	○		○	○
C18	유~초6	성취도 저널			○				
C19	유~초6	학업성취도 차트			○		○		
C20	유~초6	내가 할 일	○		○				
C21	유~초1	꽃송이 독서록			○			○	○
C22	유~초1	올빼미 독서록			○			○	○
C23	유~초6	교사·학생 면담				○	○		
C24	유~초6	상장 문구			○				
C25	초1~6	장점과 단점	○	○	○	○			○
C26	유~초6	성취 배너			○	○		○	
C27	유~초6	자기 암시	○			○			
C28	유~초6	모둠 칭찬 챤트	○			○			
C29	유~초2	나를 칭찬하자			○			○	
C30	유~초1	푸른색 리본 책			○			○	
C31	유~초6	이것 좀 보세요			○				
C32	유~초6	프라이드 센터	○		○	○		○	
C33	유~초2	칭찬 손바닥	○		○	○		○	

코드	학년	제목						
C34	유~초6	상장 디자인	○		○		○	
C35	유~초6	배지	○		○		○	
C36	유~초4	손가락 도장	○	○	○		○	
C37	유~초2	파란 리본 상장	○		○		○	
C38	유~초2	목걸이 상장	○		○		○	
C39	유~초6	자존감 팔찌	○		○		○	
C40	유~초6	프라이드 센터 상장	○		○			
C41	유~초6	성취욕구를 향상시키는 도서 목록	○					○

경쟁심을 증진시켜주는 주제별 모둠 활동들

코드	학년	제목	모둠
CC49	유~초6	장점 책	전체
CC50	유~초6	칭찬하는 시간	전체 · 모둠
CC51	유~초1	장점 모둠	전체 · 모둠
CC52	유~초1	파란 리본	전체 · 모둠
CC53	유~초1	내 자랑 한 가지	전체(삭제-역자)
CC54	유~초6	내 자랑 한 가지	전체 · 모둠
CC55	유~초6	자기광고	전체 · 모둠
CC56	유~초6	내가 자랑스러워	전체 · 모둠
CC57	유~초1	내가 할 수 있었던 일	전체 · 모둠
CC58	유~초6	나는 할 수 있다	전체 · 모둠
CC59	유~초6	자기소개	

목적의식을 증진시켜주는 학교 차원의 활동들

코드	학년	제목
SW26 · 27	유~초6	자존감 책

아이들의 성취욕구 증진을 위한 교사의 행동 체크리스트

방향 | 학생들의 목적의식을 향상시키는 데 있어 교사의 기술과 능력을 자가 평가하기 위한 것으로 다음과 같은 항목에 답하시오.

교사로서	전혀	가끔	종종	항상
1 아이들에게 성공의 기쁨을 맛볼 수 있는 기회를 제공하고 있는가?	☐	☐	☐	☐
2 학생들에 대한 기대가 현실적인가, 즉 아이들 각자가 성취할 수 있는 것을 기대하는가?	☐	☐	☐	☐
3 단순한 '학업 성취도' 이외에 아이들이 얻는 성과에 대해 상을 주고 인정하는 기회를 마련하는가?	☐	☐	☐	☐
4 아이들이 자신만의 특별한 재능과 관심을 확장하고 다른 친구들 앞에서 이를 드러내 보일 수 있는 기회를 제공하는가?	☐	☐	☐	☐
5 아이들의 성취욕구를 향상시키기 위해서 어떻게 해야 하는지 피드백을 해주고 있는가?	☐	☐	☐	☐
6 과목 영역을 세분해서 모든 학생들이 성취하는 경험을 갖게 하는가?	☐	☐	☐	☐
7 과목별 주제별로 아이들의 지식을 확장시켜주고 아이들의 능력을 충분히 인지하고 있는가?	☐	☐	☐	☐
8 아이들마다 발달 과정이 다르다는 점을 인지하고 있는가?	☐	☐	☐	☐
9 아이들 스스로 얻은 성취를 통해 자신을 칭찬하도록 격려하고 있는가?	☐	☐	☐	☐
10 아이들이 자신만의 능력과 장점을 인지할 수 있는 기회를 제공하는가?	☐	☐	☐	☐

● 교사로서 아이들의 성취욕구를 계발하는 데 있어 개선해야 할 점은 무엇인가?

자신이 할 수 있다고 생각하는 사람은 할 수 있지만, 할 수 없다고 생각하는 사람은 실제 할 수 없다. 이는 두말할 필요도 없이 분명한 법칙이다.

● 오리슨 스위트 마든 *Orison Sweet Marden*

자존감을 구성하는 5가지 요소 중 마지막에 해당하는 것은 성취욕구다. 일반적으로 사람들은 중요하거나 아주 귀하게 평가하는 일에서 성공을 자주 경험해야 성취욕구를 향상시킬 수 있다. 누구나 장점과 약점을 다 함께 가지고 태어나지만, 자존감이 높은 사람은 장점에 집중하는 경향이 있다. 과거의 긍정적인 경험은 자아관을 더욱 성취감 있는 모습으로 형성해주고 성공이 또 다른 성공을 낳게 해준다. 성취욕구는 더 많은 성공을 위해서라면 어려움도 기꺼이 감수하려는 의지를 불태우게 하고 앞서 맛본 성취감은 새로운 입맛을 돋우기 마련이다. 새롭게 겪는 성공경험은 개인들이 자신을 승자로 해석할 수 있는 긍정적인 피드백이 완성되도록 노력을 경주하게 한다. 이들은 "나는 할 수 있다"라는 철학을 가지고 예상 외의 어려움까지도 기꺼이 감당할 준비를 한다.

자존감이 낮은 학생들은 이와 정반대의 모습을 보여준다. 이런 아이들은 장점보다는 단점과 실패의 경험을 부각시킨다. 성공과 성취의 경험이 너무 적은 대신 실패의 경험이 잦은 아이들은 다시 시도해보고자 하는 자극이 적다. "왜, 어차피 또 실패할 건데, 왜 해?" 하는 태도가 형성되고 이것이 고착화되면 자아관의 일부분이 되어버려서 변형시키기가 어렵다. 이런 아이들은 성취욕구가 없는데, 과거의 실패 경험은 개인적인 실패요, 자신은 부족한 사람이라는 신호로 되돌아오기 때문

이다. 이런 아이들은 자신에 대해 "나는 구제불능이야"라는 메시지를 보내게 되는 것이다.

교실 효과

스탠리 쿠퍼스미스에 따르면 자신에 대해서 긍정적인 자세를 갖고 있는 아이들은 대개 동기부여가 충만한 학습자들이고 또 교실 안에서 이루어지는 활동에 적극적으로 참가한다고 한다. 대신 '실패자'라는 자아관을 가지고 있는 아이는 교실 내 활동을 '잘 받아들이지' 않는다고 한다. 그러므로 이런 아이들을 위해서 한정된 교실 환경 내 시간 동안 뭔가 특별한 것이 시도되어야 한다. 즉 교실 전체의 학습 분위기를 바꿀 수 있는 새로운 것이 필요하다. 교실 내에서 성취도 부족으로 인해 야기되는 문제 중 일부는 바로 학생들의 무관심, 동기부족, '무신경'한 태도 등이다. 이런 행동들은 자신의 부정적인 자아관에 그냥 안주하려는 태도로 빚어지는 결과다.

자존감과 행동발달 사이에는 아주 중요하고 지속적인 관계가 있다는 연구 보고서가 많이 있다. 자신의 능력에 대해서 긍정적으로 생각하는 아이들은, 일반적으로 학교 수업에서 잘하려는 경쟁심을 가질 뿐만 아니라 실제 학습에서도 좋은 성적을 낸다. 경쟁심과 자존감은 학교 생활은 물론 인생의 다른 면에도 큰 영향을 미친다. 자존감은 교실의 환경과 분리될 수 없다. 즉 자존감이란 배

움 그 자체와 통합된 어떤 것이다. 쿠퍼스미스는 간단하게, 경쟁심 혹은 성취욕구가 아이들 학습 태도에 얼마나 큰 역할을 하는지 피력해놓았다.

"자존감이란 인간이 세계와 대면할 때 스스로 구비하는 태도와 신념 중 하나다. 자신이 성공할 것인지 실패할 것인지, 얼마나 오랫동안 노력할 수 있는지, 실패를 통해 상처받을 것인지, 이를 통해 더욱 큰 능력을 구비할 것인지 등 이제까지의 경험을 토대로 갖게 되는 신념이다. 심리학적 입장에서 볼 때, 자존감이란 성공, 인정, 개인적인 장점에 대한 기대와 예상치에 따라 반응하도록 하는 정신의 작동기제에 해당한다. 성공 혹은 실패에 대한 예상치와 자신의 능력에 대한 태도는 학교에서 이루어지는 모든 활동에서 통합적인 형태로 나나타기 때문에 학교생활과는 전혀 별개의 것으로 취급하는 것은 불가능하다."

승자와 패자는 경기장에서나 통하는 이야기지 교실에서는 아니다. 이런 내면적인 구획, 구별 또는 양극화는 바람직한 학습활동에 아주 치명적인 것이다. 누구나 성공의 체험을 할 필요가 있다. 특히 학생 때는 더욱 그렇다. 그러나 너무나도 자주, 모든 아이들에게 학교란 성취욕구를 느낄 만큼 크게 매력적인 곳이 되지 못한다. 아이들은 자존감을 갖기 위해서라도 성공을 체험하고 느껴야 한다. 그리고 '성공하는 자신'이라는 자아관을 만드는 데 도움을 주기 위해서 학교 교과과정은 성취욕구에 관한 이슈를 제시하고, 생생한 현장을 만들어줄 수 있을까 고민해야 할 것이다.

성취욕구가 약한 아이들이 보여주는 행동상의 특징 ┃

┃ 자신의 생각과 의견을 내놓기를 주저한다.
┃ 모험을 시도하길 꺼려한다.
┃ 실제로는 할 수 있고 또 경쟁심을 갖추어야 할 부분에서 무능력하게 타인 의존적으로 행동한다.
┃ 자신 없는 분야에서는 좌절감과 위축된 모습을 보이면서 참여하기를 주저하고, 거부, 무시, 딴 생각, 잡담으로 소일한다.
┃ 실패나 두려움이 과도하기 때문에 많은 과제를 시도하지 않는다('나는 못해'라는 태도를 보이면서 시도하길 두려워한다).
┃ 스포츠맨십이 부족하다.
┃ 목표달성과 관련해서 자신에 대해 부정적인 표현을 사용하며 자신의 성취를 평가절하거나 신뢰하지 못한다.

성취욕구가 강한 아이들이 보여주는 행동상의 특징 ┃

┃ 도전거리를 갖고 어려움을 감수한다.
┃ 자신의 약점을 인정하고 실수를 교훈으로 삼을 줄 안다.
┃ 자신의 장점과 긍정적인 특징과 성격을 인지하고 있다.
┃ 열정적으로 자신의 생각과 의견을 제시한다.
┃ 바람직한 스포츠맨십을 발휘하고 패배를 인정한다.
┃ 자신의 성취와 목표달성을 인정하고 그와 관련해서 자신을 긍정적으로 표현하고 내면화한다.

경쟁심은 배움을 통해 기를 수 있는 것이다. 자존감 키우기 도우미는 교실 내에서 아이들의 경쟁심과 성취욕구를 인지하고 향상시키기 위해서는 4가지 단계를 실행해야 한다.

1 개개인의 경쟁력과 장점에 대한 인식과 지각을 향상시키는 기회를 제공한다.

2 발달 과정을 기록하고 평가하는 법을 가르친다.

3 실수를 통해 자신의 약점을 발견하고 또 실수로부터 뭔가 배울 수 있도록 피드백을 제공한다.

4 목표를 달성했을 때 자신을 칭찬하는 것이 얼마나 중요한 것인지를 가르친다.

자존감 키우기 #1
성취욕구와 자신의 장점을 인지할 수 있는 기회를 제공한다.

성공하기 위해서는 먼저 나 자신이 할 수 있다는 것을 믿어야 한다.

● 마이클 코다 *Michael Korda*

인간은 성공의 경험을 느껴보고 타인으로부터 인정받는 경험이 필요하다. 아이들도 예외가 아니다. 현대 사회는 '가진 자'와 '못 가진 자'를 구분하고 인간의 가치에 가격표를 붙인다. 교실에서는 칭찬 스티커를 받는 아이와 그렇지 않은 학생들로 나뉜다. 모든 아이들을 최상위 그룹과 일단 비교하면 칭찬 스티커를 받을 아이는 거의 없을 것이다. 학교에 다니면 다닐수록 아이들의 자존감이 더욱 더 저조해진다는 통계수치를 한번쯤 되새겨본다면 이런 능력측정 방식은 분명 약점이 있다는 것을 누구라도 알 수 있을 것이다. 많은 아이들의 요구가 학교 현장에서 제대로 수용되지 않고 있다. 모든 아이들은 칭찬 스티커를 받을 만하다. 교사가 당면한 가장 어려운 일중 하나는 바로 모든 아들이 성공경험을 할 수 있는 통로, 즉 대책을 발견하는 일일 것이다.

🐝 성취욕구를 향상시키는 방법들

교실 안에서 학업이외의 다른 영역에서 능력과 기술을 발휘하고 드러낼 수 있는 기회를 제공하는 것은 아주 중요하다. 이런 기회를 통해 아이들은 성취욕구를 느낀다. 몇 가지 제안들을 살펴보자.

▌나도 작가 ┃ 아이들 자신이 직접 쓴 책을 전시한다.

▌전시장 ┃ 아이들은 자신만의 특별한 재능과 능력을 보여준다. 학업과 꼭 관계되지 않은 것이어도 좋다.

▌나도 선생님 ┃ 학생이 일일교사가 되어 자신만의 능력과 기술을 다른 학생에게 가르치는 기회를 제공한다.

▌과학 박람회 ┃ 과학 작품이나 실험 장치들을 전시하거나 반 친구들에게 소개한다.

▌미술전시회 ┃ 아이들이 만든 작품을 전시한다.

▌연주회 ┃ 노래를 불러도 좋고 다룰 줄 아는 악기가 있으면 친구들 앞에서 연주하게 한다.

▌장기자랑 ┃ 춤, 연기, 코미디의 재능을 보여준다.

성취욕구를 향상시키는 긍정적인 활동 중 또 다른 한 가지는 바로 학습활동 이외의 활동과 성취에 대해서 상을 주는 것이다. 이때 반 아이들은 한사람도 빠짐없이 상을 받는 기분 좋은 기회를 얻게 된다. 스포츠상, 음악상, 노력상, 실력상, 예술상, 시민상, 우정상, 좋은 태도상 등을 만들어 수여한다. 많은 아이들이 사실 자신만의 숨겨진 재능을 가지고 있기 마련이다. 진정으로 능력 있는 교사란 바로 그 능력을 발견하는 사람이라고 할 수 있다.

 활동 IA

C1 · 2 ● 내 취미소개 ● 유~초6

목적 ┃ 아이들이 자신만의 취미를 소개하고 자신의 다른 모습을 반 친구들에게 보여주는 기회를 제공한다.

자료 | 칸막이 또는 취미나 관심 사항을 적은 게시판. 긴 탁자나 게시판 근처에서 아이들이 발표할 수 있도록 장소를 마련한다. C1, C2 양식

내용 | 교사가 먼저 자신의 취미를 소개하면서 활동을 시작하면 아이들이 이 활동 과정에 금방 익숙해진다. 교사는 이외 필요한 참고 도서라든가 보여주고 싶은 물건 등을 재량껏 준비해서 아이들의 관심을 끌도록 한다. 교사가 준비한 물건이나 관련 자료들을 보여주고 아이들로 하여금 자신만의 취미와 관심사항을 소개하도록 한다.

1 C1(유~초3학년), C2 양식(초1~초6학년용)
2 저학년의 경우, 학부모에게 협조문을 보내 집에서 준비해 올 수 있도록 한다.
3 각 학생별로 자신만의 취미를 반 친구들에게 소개하는 시간을 정해준다. 아이들이 준비한 물건을 전시할 책상을 준비한다.

학생당 한 명씩 자신의 취미를 소개하도록 해도 좋고 반 아이들이 한꺼번에 자신의 취미를 소개할 물건을 가져와 소개하도록 특정한 날을 정해도 좋다. 아이들이 반 친구들에게 자신의 취미를 소개할 물건을 가져오도록 시간을 미리 정해준다. 아이들은 자신이 왜 그 취미를 택했는지, 취미와 관련된 자료는 어디서 구했는지를 설명한다. 다른 반 아이들을 초대해 전시회를 관람하도록 해도 좋다. 전시를 훌륭히 마친 아이들에게는 C1 · 2 상장을 수여한다.

ⓓ 활동 IB

이제 소개할 활동들은 '나는 할 수 있어'라는 내면의 자아관을 강화시키려고 고안된 것이다.

아이들에게 "자신의 장점을 한번 말해보세요"라고 말하는 것으로는 부족하다. 왜냐하면 아이들 대부분이 자신의 장점이 무엇인지를 제대로 알지 못하기 때문이다.

활동을 시작하기 전, 이제 각자의 장점에 대해서 탐구해 볼 것이라는 점을 주지시킨다. 아이들에게 그들만의 특별한 마술, 즉 평소에는 잘 모르지만 분명히 가지고 있는 마술이 있다는 것을 설명한다(학년별로 어휘의 수준을 교사 재량껏 정한다). '장점'이라고 부르는 이 마술은 우리 내면에 있는 것으로 우리를 아주 강한 사람으로 만들어 준다는 점을 활동 시작하기 한 주 전부터 매일같이 말해준다. 그러면 아이들은 자신의 장점 즉 마술을 안에서부터 이끌어내는 활동들을 즐겁게 여길 것이다.

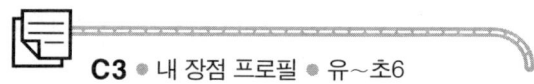

C3 ● 내 장점 프로필 ● 유~초6

자료 | C3 양식

활동 | 교사는 새로운 학기가 시작되기 일주일 혹은 2주일 전에 아이들의 장점과 특징에 대한 연구를 선행해야 한다. 장점 프로필을 만들어서 아이들의 장점과 성취도에 관한 기록으로 이용한다. 프로필에 적혀있는 것 중 적어도 한 가지 영역에서 한 가지 장점을 발견하도록 노력한다. 필요하다면 다른 교사와 교직원들을 활용하라. 교사는 이렇게 취합한 자료를 가지고 아이들이 자신의 장점을 인지하는 활동을 위해 사용한다. 여기에는 몇 가지 방식이 있다.

1 아이들에게 구체적으로 설명해준다. "주현아, 너는 글씨를 아주 잘 쓰더구나. 칸에 맞게 삐뚤삐뚤하지 않게 말이야." 가능한 구체적으로 지

적해주어서 아이에게 신뢰감을 준다.

2 아이들 일기나 저널에 아이에 대해서 발견한 장점에 대해 평을 써 준다. 교사·학생 편지 교환 프로그램을 통해 전해주어도 좋다(S1, J13).

3 장점을 칭찬하는 상장을 준다(C4, 5).

C4 · 5 ● 장점 상장 ● 유~초6

자료 | C4, C5 양식

내용 | 학생의 장점을 발견할 때마다, 상장을 한 가지씩 준다. 장점을 열거할 때는 되도록 구체적으로 명기해서 아이가 자신의 어떤 장점으로 상을 타게 되는지를 정확하게 알도록 한다. 만약 아이가 쓴 글을 통해서 장점을 발견하게 된다면 바로 그 종이에 상장을 스테이플로 찍어서 아이의 장점에 동그라미표를 해서 아이가 쉽게 알아볼 수 있도록 한다. 아이들끼리도 서로의 장점을 발견해서 상장을 주도록 활동을 이끈다.

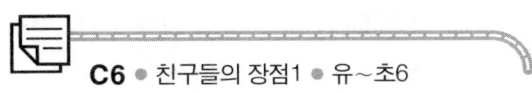

C6 ● 친구들의 장점1 ● 유~초6

목적 | 아이들이 자신의 장점은 물론 친구들의 장점을 새롭게 깨닫도록 유도한다.

자료 | C6 양식, 8.5×11cm 밝은 색종이 2장, 스테이플, 바인더

내용 |
1 C6양식을 밝은 색상의 색판지에 인쇄해서 앞뒤 표지로 준비한다.
2 페이지를 여러 장 합쳐 제본하거나 접착제로 표지를 붙인다.

3 안에 하얀 속지를 여러 장 넣는다.

4 왼쪽 아래에 아이들 이름을 인쇄해 넣는다.

5 아이들에게 자신만의 장점과 다른 친구들의 장점을 찾아보게 한다. 아이들은 친구의 이름을 쓰고 새롭게 알게 된 장점을 기록한다. 매일 아이들이 발견한 결과를 두고 평가 모임을 갖는다. 아이들이 언제라도 쉽게 기록할 수 있도록 손닿기 쉬운 곳에 장점 기록장을 비치해둔다.

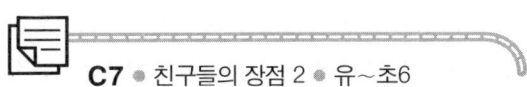

C7 ● 친구들의 장점 2 ● 유~초6

목적 | 아이들이 자신의 장점에 대해서 인지하도록 한다.

자료 | 일반 종이 몇 장(8.5×11cm), 같은 치수의 밝은 색상의 색판지(표지용)

내용 | C6 양식을 이용해 이번에는 개인별 장점 책을 만들도록 한다. 고학년의 경우는 자신만의 장점 책을 갖도록 해도 좋다. 아이들은 자신만의 개인적인 장점 기록장에다 자신의 내면에서 새로 발견한 장점을 기록한다. 저학년 아이들은 그림으로 표시하거나 구술하게 해 교사가 받아 적는다. 고학년의 경우 자신의 장점을 5×8cm 인덱스 카드에 적게 한다. 이 카드를 폴더에 담아놓고 언제라도 꺼내볼 수 있도록 한다.

C8 ● 장점 바벨 ● 학년6

목적 | 아이들이 자신들의 개인적인 장점을 인지하도록 한다.

자료 | C8 양식, 밝은 색상의 19cm 길이의 태

그보드지, 가위, 굵은 검정펜.

▌바벨 만들기▐ 바벨 모양을 색판지 위에 놓고 점선에 따라 반원정도 본을 뜬다. 19cm 짜리 원이 만들어 오린다.

내용 ▌ 아이들은 굵은 검정펜으로 바벨 가장자리를 칠하는데 왼쪽 바벨에는 자신의 장점을 쓴다. 봉에는 이름을 쓴다. 오른쪽 바벨에는 자신의 장점 한 가지를 적는다. 사진이나 잡지에서 관련 그림을 오려 붙여도 좋다. 이 활동은 '우리의 장점 알아보기' 라는 제목으로 게시판에 전시해도 좋은 활동이다.

━━━━━━━ 자존감 키우기 #2 ━━━━━━━
자신의 발달 과정을 기록하고 평가하는 법을 가르친다.

성공하겠다는 의지야말로 그 어떤 것보다 중요하다는 점을 명심하라
● 에이브러햄 링컨 *Abraham Lincoln*

인간은 어떤 일에서 뭔가 개선되고 잘되고 있다는 느낌을 받을 필요가 있다. 즉 발전해나가고 있다는 증거가 우리에게 필요하다. 우리가 잘하고 있다는 것을 인식함으로써 우리는 더 앞으로 나아갈 수 있고 계속 노력을 경주할 수 있게 되는 것이다. 우리가 발전해나가고 있다는 것에 대한 인지는 계속 앞으로 나아가도록 하는 칭찬과 어깨 두드림과 같은 격려의 역할을 한다. 어른과 마찬가지로 아이들도 자신들이 발전해나가고 있다는 증거를 확인할 필요가 있다. 특히 아이들의 성장이 계속적으로 이루어지는 학업관련 영역에서는 특히나 필요한 대목이다. 성적표만으로도 충분한 아이들도 물론 있다. 성적향상은 중요한 인

센티브가 되고, 그 분야에서 괄목할 만한 성취욕구를 가졌다는 증거가 되기 때문이다. 늘 좋은 성적을 유지하는 학생들은 자신의 노력에 대해 보상을 받고 있다고 느끼고 자기 가치를 인지하며 계속해서 노력하기 때문이다.

그러나 학업성취도가 개선되지 않는 학생의 경우, 뭔가 다른 장점을 재확인시켜주기에는 시간이 걸림으로 쉽지가 않다. 성취욕구가 부족한 아이들은 앞으로 나아가는 데 늘 여러 가지 장애를 만나게 된다. 너무나 슬픈 사실은 바로 그런 아이들은 다른 어려운 과목에서도 눈에 띌만한 성과를 보이는 게 거의 불가능하다는 것이다.

성취욕구가 저조한 아이들에게는 아주 확고한 말로 그 아이의 발달 상황을 보여주어야 할 필요가 있다. 아이가 제출한 숙제에 교사가 한두 번 긍정적인 평을 달아준다고 해서 끝나는 게 아니다. 이걸로는 부족하다. 아이의 능력과 기술을 아주 조그만 부분과 요소로 나누어서 아이가 실제 자신이 어떤 부분에서 향상되었는지를 알게 하는 것이 중요하다. 만약 아이가 향상의 기미가 보이지 않는다면, 자신의 약점을 어떻게 하면 장점으로 바꿀 수 있을지 학습하도록 해야 한다. 이런 활동은 자존감 키우기#3에 집중되어 있다.

마지막으로 이런 학생들의 경우, 그 아이의 현재 성과를 다른 사람이 아닌 그 학생의 예전 성과하고만 비교해야 한다는 점을 명심해야 한다. 다른 사람과 비교 대상이 되면 아이의 자존감 향상 목적을 좌절시킬 수 있다.

아이가 자존감이 높든, 아니면 저조하든 모든 아이들은 개인적으로 영역별로 뭔가 향상된다는 것을 느낄 때 큰 효과가 있다. 성취욕구를 가지고 '나는 할 수 있다' 는 자아관을 유지하고 키워나가는 것이 무엇보다도 중요하다. 단순한 면담에 그치지 말고 능력 있는 자존감 키우기 도우미라면 아이들 스스로 자신만의 발달 과정, 향상된 내

용을 기록하도록 도와야 할 것이다. 아이들은 자신이 향상되고 있다는 것을 피부로 느끼게 된다.

활동 2

아래 소개하는 활동들은 아이들의 성취도와 발달 사항을 측정하고 기록하도록 돕는다.

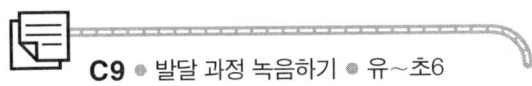
C9 ● 발달 과정 녹음하기 ● 유~초6

목적 | 자신의 발달 과정을 녹음해서 듣게 한다.

자료 | 카세트, 공 테이프

내용 | 아이들 각자 공 테이프를 준비해온다. 매주 학습 영역에서 자신의 향상 결과를 녹음해서 직접 들어보게 한다. 어떤 방식이어도 좋다.

시처럼 구사해도 좋고, 리듬 있는 말로 설명해도 좋고, 책 속에 나오는 관련 구절을 읊어도 좋고, 다른 친구에게 자신의 발달 상황을 인터뷰하게 해서 녹음해도 좋다.

C10 ● 좋아하는 과목 폴더 ● 유~초6

목적 | 학업 면이나 다른 능력 면에서 향상되는 것을 시각적으로 인지하도록 한다.

자료 | 폴더용 태그보드지 2장(고학년은 10×12cm, 저학년은 13×19cm), 45cm 실, 스테이플, 펀치, 크레파스, 사인펜, 풀, 스크랩

활동 | 태그보드지의 긴 한 면만 남기고 나머지 면에 구멍을 내거나 스테이플로 찍는다. 구멍을 낸 경우라면 실로 꿴 다음 매듭을 짓는다. 고학년의 경우 직접 만들게 하고 저학년은 교사가 도와준다. 아이들 나름대로 표지를 꾸민다.
매주 학생들은 가장 점수를 잘맞은 시험지를 골라 폴더에 끼워 넣는다. 교사가 게시판에 '우리 반 친구들의 성적' 이라는 란을 구성해 아이들 각자가 가장 잘했다고 생각하는 시험지를 자기 자리에 갖다 붙이도록 해도 좋다. 고학년의 경우, 과목별 향상 과정을 기록하게 한다. 그 결과를 보여주기 위해 성적을 합산하는 기간에 교사에게 제출하도록 한다.

C11 ● 금요일은 글쓰기 날 ● 유~초6

목적 | 자신의 작문 실력이 향상되는 걸 인지하도록 한다.

자료 | 주간별 숙제를 모아 둘 폴더(마닐라 폴더나 카드보드지 폴더), 종이, 타이머

활동 | 학년이 새로 시작되면 아이들마다 한 가지씩 과제 목표를 세워준다. 자신의 이름을 쓰고 사람의 몸을 그려서 신체의 각 부위에 이름을 쓰고 그에 해당하는 기능을 적도록 하거나, 이야기를 쓰도록 한다. 매주 금요일이 되면 타이머를 가져와서 정해진 시간 동안(짧을수록 좋다 - 예를 들어 5분) 과제를 하도록 한다. 날짜를 쓰고 예전의 성적과 비교한다. 그리고 폴더에 잘 모아둔다.

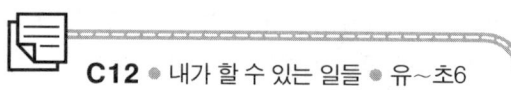
C12 ● 내가 할 수 있는 일들 ● 유~초6

목적 | 저학년 학생들로 하여금 자신이 성취한 것과 능력의 발달 변화를 기록하도록 한다.

자료 | 사인펜, 크레파스, 스테이플
‖ 책 만들기 ‖
● 12×18cm 밝은 색상의 색판지, 반으로 접어 겉장을 만든다.
● 그림을 그릴 수 있는 도화지 몇 장을 안에 끼우고 스테이플로 찍는다.

활동 | 아이들은 영역별로 발달 과정을 그림

으로 그리거나 사진을 붙인다. 아이가 구술하는 것을 교사가 받아 적어도 좋다. 사소한 일도 상관없다. 책 한 권을 읽었다든가, 운동화 끈을 잘 맺다든가, 숙제를 집에서 잊지 않고 잘 가져왔다거나 하는 일들도 괜찮다고 격려해준다.

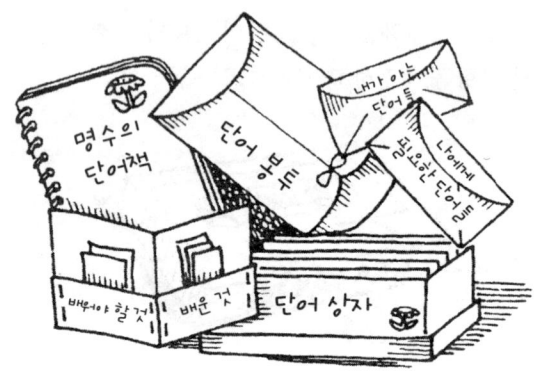

C13 ● 목표달성 카드 ● 유~초6

목적 | 학생들이 특정한 학업과 관련해서 능력이 향상되었음을 인지하고 기록하게 한다.

자료 | 3×5cm카드 여러 장, 스테이플, 사인펜, 검정 크레파스. 아래중 한 가지를 선택하게 한다.
‖ 가나다 책 ‖ 가나다 순으로 철해져 있는 조그만 공책. 가나다 순으로 시작하는 단어를 쓰게 한다.
‖ 가나다 상자 ‖ 구두 상자나 영수증 상자를 준비한다.
‖ 단어 팩 ‖ 12×9cm 태그보드지(밑에서 3cm 부분에서 접은 다음 접혀진 부분에서 가장자리를 따라 스테이플로 찍어서 주머니 모양으로 만든다)
‖ 단어 봉투 ‖ 8.5×11cm 봉투 안에 문구점에서 파는 봉투를 넣는다.

내용 | 매번 아이들에게 새로운 개념을 소개

한다(수학, 색칠, 단어외우기, 받아쓰기). 각 영역에서 아이들이 향상되는 과정을 기록하게 한다.

▎첫째 날 ▎아이들은 카드에 그날 새로 배운 단어나 수학 공식을 적는다. 카드 하나당 한 가지를 쓰도록 한다. '배워야 할 것' 이라고 적혀있는 단어 봉투나 단어 가방에 배워야 할 내용을 적은 카드를 넣어둔다. 봉투나 상자를 이용하지 않는다면 카드를 고무 밴드로 묶어놓고, 한쪽에는 '배워야 할 것' 이라고 써놓고 다른 한쪽에는 '배운 것' 이라고 써넣는다.

▎둘째 날 ▎아이들이 그날그날 새로 배운 내용을 적는데 몇 분의 시간을 준다. 새로운 사실을 다 익히면(철자를 틀리지 않고 쓰거나 수학 공식을 암기하면) 카드를 '배운 것' 쪽으로 옮겨놓는다.

▎시험 ▎교사가 구두로 혹은 시험지로 아이들이 각 개념에 대해서 제대로 이해했는지를 점검한다. 해당 단어카드를 알파벳 상자에 철자별로 넣어두거나 낱말 봉투에 카드를 넣어두거나, 바인더 공책에 써넣어 둔다.

C14 ● 종이 고리 ● 유~초2

목적 ▎아이들이 특정한 학업상의 성취 혹은 행동상의 발달을 가시적으로 느끼고 실감할 수 있도록 한다.

자료 ▎밝은 색상의 색판지를 1×5cm 로 잘라서 여러 장 준비한다. 풀, 스테이플, 필기구

참고 ▎저학년의 경우 종이에 그림을 그릴 수 있도록 3×7cm 크기로 여러 장 준비하게 한다.

활동 ▎교실에 마련한 센터에 1×5cm 카드를 충분히 준비한 다음 아이들이 학습 활동을 마치

면 종이에 책 이름, 낱말, 다 마친 수 학교과서 쪽수, 아니면 학습 내용을 적도록 한다. 다 적은 종이끈 밑 부분에 풀칠을 해서 고리를 만든다. 고리끼리 연결해서 체인이 되게 한다. 새로운 고리가 늘어날 때마다 아이들은 시각적으로 자신의 성취도를 체험하게 된다. 아이들이 손에 닿을만한 높이게 고리를 전시해둔다. 저마다의 고리가 날마다 길어지도록 책임감을 갖게 한다.

C15 ● 새로운 성공 ● 1~5

목적 ▎45cm 공업용 테이프, 3×45cm 짜리 종이끈(끝끼리 붙여서 더 길게 만든다), 필기도구, 크레파스

활동 ▎아이들로 하여금 공업용 테이프의 롤에 개인별 성취도를 기록하게 한다. 새로운 과제를 수행할 때마다 테이프 롤의 다음 공간에 활동을 적거나 그린다. 종이끈을 감아가면서 맨 마지막에 적은 부분만 제외하고 클립해 둔다. 주기적으로 풀어서 자신이 한 성과를 되돌아보게 한다.

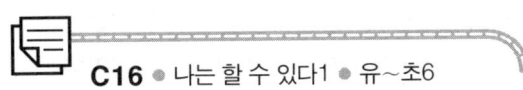

C16 ● 나는 할 수 있다1 ● 유~초6

목적 ▎아이들의 자신의 장점과 능력을 인지하도록 한다.

자료 ▎음료수 캔에 뚜껑을 제거하고 깨끗하게 준비한다. '나는 할 수 있다' 라벨, 사인펜, 크레파스, 풀, 가위

활동 ▎아이들이 준비해 온 캔을 모두 모은다. '나는 할 수 있다' 라벨을 오려서 캔에 돌려가며

붙이게 한다. 라벨에 자기 개성대로 그림을 그리게 한다. 캔을 편리한 곳에 비치해놓고 많은 티켓을 준비한다. 매번 아이들이 뭔가를 성취했거나 새로운 능력을 발휘할 때마다 '나는 할 수 있다' 티켓의 내용을 작성하고 캔 속에 넣게 한다. 능력을 발휘한 그 자리에서 즉각적으로 매일같이 하도록 한다.

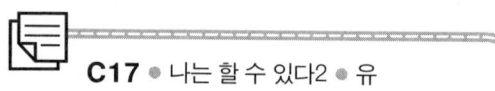

C17 ● 나는 할 수 있다2 ● 유

목적 | 아이들에게 자기암시의 힘과 능력을 키워준다. 개선되어 가는 과정을 시각화하도록 한다.

자료 | 두꺼운 색종이를 12×4.5cm 로 잘라 여러 장 준비하게 한다. C17 모양, 스테이플, 연필, 가위, 풀, 종이끈

활동 | 아이들에게 '자기암시' 의 힘을 키워줄 적당한 책을 고른다. 똑같은 색상의 종이 여러 장으로(12×4.5cm) 스크랩을 준비하게 한다. 기차 모양을 색판지위에 놓고 오려놓은 걸 준비한다. 표지를 위해서는 기차 엔진 모양을 붙이고 증기구름이나 기타 부수적인 기차 장식을 붙이거나 그린다. 아이들의 사진은 기관차 운전대에 붙인다.

아이들이 중요한 학급 활동에서 뭔가를 성취하면 날짜를 쓰고 기차를 더 길게 만들게 한다. 새로운 성취를 할 때마다 더 많은 기차 칸수가 기관차량 뒤에 계속해서 붙게 된다.

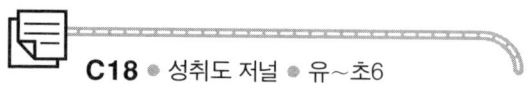

C18 ● 성취도 저널 ● 유~초6

목적 | 아이들이 자신의 성취를 글로 직접 써

서 간직할 수 있도록 한다.

자료 | C18 양식 여러 장, 밝은 색상의 색판지 8.5×11cm 2장(표지용), 스테이플.

활동 | C18 양식 여러 장 앞뒤에 두꺼운 표지를 대고 스테이플로 찍는다. 아이들마다 자신의 개성대로 표지를 꾸미게 한다. 아이들은 매일 같이 자신이 성취한 내용을 기록한다(참고 : 저널에 관한 좀더 자세한 내용은 9장 참조).

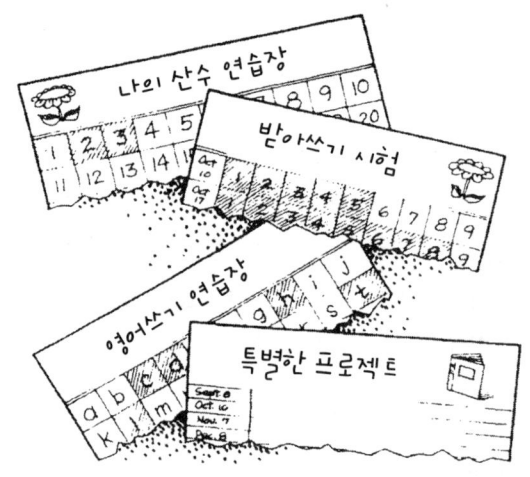

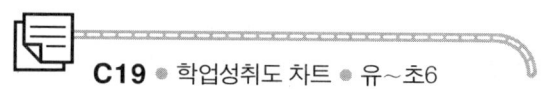

C19 ● 학업성취도 차트 ● 유~초6

목적 | 아이들이 특정한 학습 영역에서 자신만의 발달사항을 평가하도록 한다.

자료 | 마닐라 폴더, 각 과목영역별 발달 상황표(성적표), 폴더를 담아놓을 상자

활동 | 아이들은 자신이 특정한 과제를 열심히 할 때 성적이 향상되어가는 모습보기를 좋아한다. 그러므로 자신이 직접 발달 상황을 체크

하고 표로 나타내게 한다. 학년이 시작되면 아이들에게 각자의 이름이 쓰인 마닐라 폴더를 나누어주고 손에 닿기 쉬운 곳에 비치해두었다가 과목별 차트를 만들게 한다.

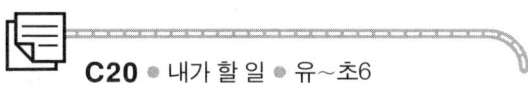

C20 ● 내가 할 일 ● 유~초6

목적 ❘ 아이들이 학교 생활에서 수행해야 하는 일을 기록하고 이에 책임감을 갖게 한다.

자료 ❘ C20 양식을 매주 나누어준다.

활동 ❘ 칸마다 학교 생활에서 수행해야 하는 일을 기록한다. 기록한 일을 수행하면 교사의 확인을 받도록 한다.

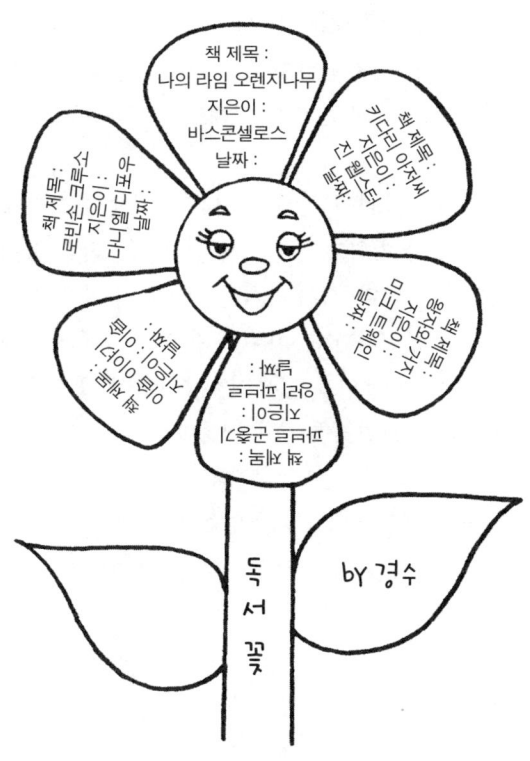

C21 ● 꽃송이 독서록 ● 유~초1

목적 ❘ 아이들로 하여금 자신의 읽기 능력이 향상되어 감을 인지하게 한다.

자료 ❘ 초록색 색판지, 분홍, 노랑, 푸른색 종이는 9cm 지름으로 잘라서 핀이나 스테이플로 박는다. 밝은 색상의 색판지에 꽃잎을 붙인다. 가위, 가느다란 검정 사인펜, 크레파스, 분홍색 분필.

활동 ❘ 꽃은 아이들에게 자신의 읽기 능력 향상을 되새겨주는 데 아주 기분 좋은 매개체 역할을 한다.

1 꽃잎마다 제목, 저자, 등의 내용을 적게 한다.

2 크레파스나 기타 종이 조각으로 꽃송이의 얼굴 표정을 장식한다. 볼에는 분홍색 분필로 색칠을 한다.

3 연두색 색종이로 줄기를 만들고 잎을 만들어 붙여서 '꽃송이 독서록'을 완성한다.

4 아이들이 책을 읽을 때마다 꽃송이를 더 만들어 붙이게 함으로써 매일 꽃잎이 자라면서 자신의 독서기록도 쌓이고 있다는 것을 시각적으로 확인시킬 수 있다.

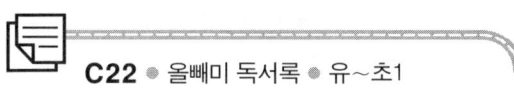

C22 ● 올빼미 독서록 ● 유~초1

목적 ❘ 아이들이 자신의 독서기록을 확인하게 한다.

자료 ❘ C22 양식 여러 장, 노란색 종이, 크레파스, 사인펜, 스테이플, 가위, 반 자른 종이판

활동 ❘ C22 양식을 잘라서 아이들에게 장식하

고 색칠하게 한다. 절반을 스테이플로 찍는다. 학생들이 책 한 권을 읽을 때마다 C22 양식에 기록하고 주머니에 넣도록 한다(글씨를 아직 잘 쓰지 못하는 저학년의 경우, 구술하면 교사가 받아쓴다).

자존감 키우기 #3

실패를 통해서 어떤 이득을 얻을 수 있는지 피드백해준다

실패란 더 똑똑해질 수 있는 기회다

● 헨리 포드 *Henry Ford*

얼마나 적절한 인용구인가? 주어진 영역에서 뭔가 개선하고자 한다면 전에 제대로 하지 못했던 것, 더 잘할 수 있었던 것을 먼저 알아야 한다. 피드백은 바로 개인이 문제점을 파악하고 결과를 개선하도록 돕는 중요한 계기가 된다.

여러 연구서들을 보면, 교사가 아이들의 숙제 혹은 시험지에다 점수이외의 개인적인 메시지를 써주면 그 다음 시험에서 성적이 크게 향상된다는 보고가 있다. 그리고 교사의 평을 받지 못한 학생은 다음 시험에서 향상되는 확률이 적다고 한다. 이것은 잘하는 학생이든 못하는 학생이든 모두에게 해당된다.

교사로부터 피드백을 받음으로써 아이는 자신의 실력을 향상시키기 위해 무엇을 해야 하는지 구체적으로 알게 된다. 그러므로 교사들은 아이들에게 학습 혹은 행동발달상 어떤 점을 고쳐야 하는지 학생에게 피드백 해주면 아이의 경쟁력은 크게 향상된다는 점을 잊지 말아야 할 것이다. 아이들은 또한 교사의 피드백을 통해 실수에 머무르지 않고 더 개선될 수 있다는 점을 학습하게 된다.

교사 · 학생간 대화를 증진시키는 여러 가지 방법들

아래 지침들은 학생의 능력을 개선시켜 결과적으로 학생의 성취욕구를 북돋아 줄 수 있는 교사 · 학생 간 관계 개선을 위한 대화법들이다.

▮ **형광펜 표시** ▮ 강조할 부분에서는 노란 형광펜으로 표시한다. 아이의 학습 결과를 채점할 때는 특별히 향상된 부분이 도드라져 보이도록 표시를 해준다. 주기적으로 아이에게 노란색 크레파스로 자신이 시험지에서 무엇을 가장 잘했는지 표시하게 해서 교사에게 제출하게 한다.

▮ **피드백 문장** ▮ 만약 교사가 학생의 시험지를 채점하거나 고쳐줄 때, 가능하다면 특별한 메시지를 적어준다. 이 메시지는 아이가 개선되고 있는 부분을 지적해주어도 좋고 교사가 마음에 드는 부분을 언급해도 좋다. 아이의 실력이 향상되고 있는 게 눈에 띄는 대로 지적해준다.

▮ **피드백 면담** ▮ 특별한 시간을 정해서 교사와 학생이 함께 학교 생활에서 개선되는 점을 점검하고 평가한다. C23 양식을 이용해서 아이와 토론을 이끌어나간다. 아이는 자신이 어떤 지점에서 현재 향상되고 있으며 앞으로 더 개선해야 부분은 무엇인지를 알게 해준다.

▮ **피드백 메시지** ▮ C24 양식을 여러 장 준비해 둔다. 주기적으로 아이의 학습, 행동발달 정도와 과정을 학생과 학부모님에게 피드백으로 평가해준다.

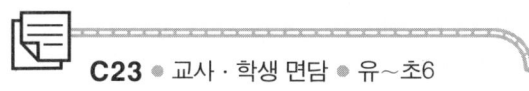

활동 3

아래 활동들은 아이들이 자신의 장점과 약점을 평가하고 교사가 피드백을 줄 수 있는 기회를 마련하기 위한 것이다.

C23 ● 교사 · 학생 면담 ● 유~초6

목적 ⏐ 교사와 학생 간의 대화를 활성화시키고 아이들이 향상되도록 안내한다.

자료 ⏐ C23 양식

활동 ⏐ 이 활동은 학생과 교사가 학습과 행동 발달과정을 기록하고 점검하는 것뿐만 아니라, 학생의 단점을 어떻게 장점으로 변화시킬 것인가에 대한 대화를 이끌어나가기 위한 것이다. 교사는 특정한 과목에서 아이의 발달과정을 체크하고 적절한 평가를 해주면서 더 개선되어질 수 있는 방법을 제시해준다. 아이들은 반대로 자신만의 성과에 대해 표현한다. 이런 방법을 통해 교사와 학생은 직접적인 의사소통을 하게 된다.

C24 ● 상장 문구 ● 유~초6

목적 ⏐ 학생과 학부모에게 아이의 발달 과정과 말해준다.

자료 ⏐ C24 양식

활동 ⏐ 양식을 채워서 학생과 학부모에게 나누어준다. 기록을 남김으로써 학생과 학부모들은 한 학기에 적어도 한 번은 아이의 학업, 활동상의 발달 과정을 받아볼 수 있다.

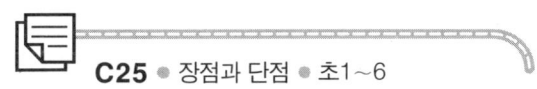

C25 ● 장점과 단점 ● 초1~6

목적 ⏐ 아이들이 자신의 장점과 단점을 인지하도록 한다. 그리고 자신만의 장점을 더욱 발전시키도록 도와준다. 또 그런 변화가 가능했던 점을 반추해 보도록 한다.

자료 ⏐ C25 양식

토론 ⏐ 먼저 모든 사람에게는 단점이 있으며

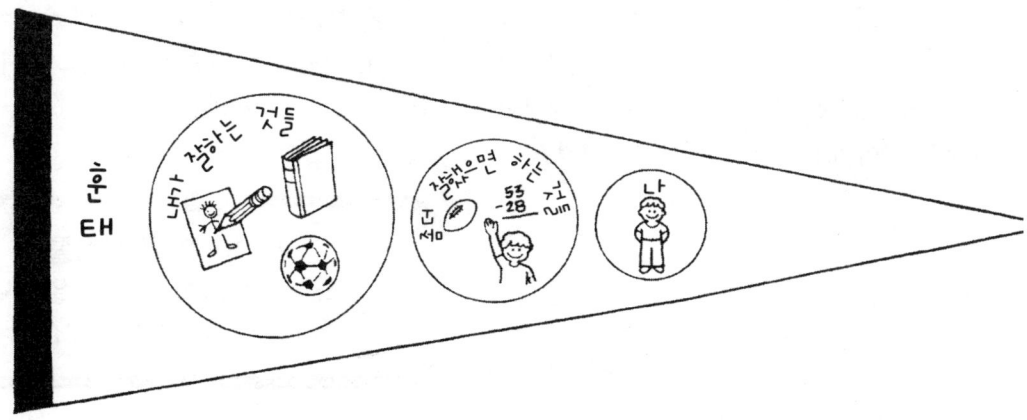

겉으로는 그렇게 보여도 모든 것을 다 잘하는 사람은 없다는 점을 설명하고 함께 토론하는 시간을 갖는다. 약점을 이용해 자신의 인생에서 아주 중요한 일을 이룰 수 있는 재산으로 변화시킨 예를 실제 역사적인 인물을 통해 제시한다.

▌고대 그리스의 유명한 연설가인 데모스테네스는 원래 목소리가 작은 사람이었으나 이런 단점을 극복하고 유명한 연설가가 되었다.
▌뛰어난 발명가인 토머스 에디슨은 말년에 귀가 먹었지만, 여기에 굴복하지 않고 역사에 길이 남을 발명품들을 만들어냈다.
▌영국 수상이자 정치인인 윈스턴 처칠은 6학년 때 낙제하기도 했다.
▌천재적 물리학자인 앨버트 아인슈타인은 4살에야 말을 하기 시작했고 한참 후까지도 글을 읽지 못했다.

아이들과 고난과 역정을 헤치고 훌륭한 일을 해낸 위인들의 전기를 읽고 토론을 유도한다. 이들이 위인이 될 수 있었던 것은 누군가 그들의 장점을 일찌감치 알아보고 자신의 한계를 극복할 수 있도록 도와주었기 때문이다.

활동 ㅣ 토론이 어느 정도 진행되면 아이들에게 자신의 장점과 단점을 생각해보도록 하고 종이에 쓰도록 한다. 아이들이 구체적으로 변화시키고자 하는 영역은 앞으로 성취해야 할 대상이 된다. 아이들이 토론을 마치면 자신의 장점을 찾아낼 수 있도록 격려한다.

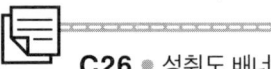

C26 ● 성취도 배너 ● 유~초6

목적 ㅣ 아이들이 향상시키고자 하는 영역과

잘할 수 있는 일에 대해서 생각할 수 있는 기회를 제공한다.

자료 ㅣ 배너 만들기
▌밝은 색상의 색판지
▌태그보드지로 만든 원 모양 ㅣ 9, 5.5, 3.5cm
▌색상별 태그보드지를 배너 크기로 자른다 ㅣ 12.5 × 29.5cm
▌글자 판형
▌가위, 풀, 가느다란 굵기의 사인펜, 크레파스

활동 ㅣ 12 × 29.5cm 배너를 태그보드지에 본을 떠서 오린다. 세 원의 패턴을 밝은 색상의 색판지에 본을 뜬 다음 오린다. 가느다란 검은색 사인펜으로 각 원의 가장자리를 따라서 자신이 잘하는 것, 개선시키고 싶은 것의 내용을 적도록 한다.
▌9cm 원 ㅣ 내가 잘하는 것
▌5.5cm ㅣ 더 잘하고 싶은 것
▌3.5cm ㅣ 나

각 항목에 대해서 잠시 생각하거나 말로 표현하게 한 다음 아이들마다 각 주제에 관해 그림을 그리도록 한다. 그림 밑에 한 단어로 압축된 표현의 문구를 가느다란 검정색 사인펜으로 쓰게 한다. 배너에 원을 크기별로 배열해서 풀로 붙인다. 아이들의 취향대로 배너를 나름대로 장식해도 무방하다. 자신의 이름을 본에 따라 그려서 오린 다음 붙여도 좋을 것이다.

> 자존감 키우기 #4
> **자신이 이룬 성취를 스스로 칭찬하는 것이 얼마나 중요한 것인지를 가르친다.**

"근데, 비디, 넌 정말 똑똑하구나."

"응, 핍"

"그리고 조, 너도 정말 똑똑하구나."

"응 올드 핍, 올드 챕"

● 찰스 디킨슨 *Charles Dickens*

아이들이 경쟁심을 배양할 수 있는 활동과 전략에는 여러 가지가 있다. 그러나 자기가 이룬 성과에 대해 자신을 칭찬하는 법을 가르치는 것보다 강력하게 자존감을 키워주는 것은 없다. 우리는 아이들이 아침부터 저녁까지 이룬 성취를 칭찬할 기회를 제공해주어야 한다. 결국 학생들이 자신의 자존감에 대해서 책임을 져야만하기 때문이다.

그러므로 자존감 도우미는 외적인 견인자의 역할에서 점차 벗어나는 것이 중요하다. 그래야 아이들은 스스로가 자존감을 키우고 이끌어나가는 주체적인 역할을 맡게 되기 때문이다. 자존감은 내면화되어야만 그 뿌리를 단단하게 내릴 수가 있다. 일단 아이들이 자신이 이룬 성취를 인지하고 그 성과에 대해 자신을 칭찬할 수 있게 되면 성취욕구는 자연스럽게 뒤따라온다. 그럼으로써 5가지 요소로 이루어진 자존감이라는 사이클이 성공적으로 완성되는 것이다.

🅓 활동 4

이제 소개할 활동들은 아이들이 자신이 이룬 성과를 스스로 칭찬하는 법을 배울 수 있는 활동으로, 말하자면 '스스로 나팔을 부는 법'을 가르치는 것이다.

C27 ● 자기암시 ● 유~초6

목적 ┃ 학생들에게 효과적인 긍정적인 자기암시의 모델을 제공함으로써 이를 모방하도록 한다.

활동 ┃ 아이들에게는 중요한 타인이 되는 교사는 아이들이 자아관을 형성하고 자존감을 내면화하는 데 큰 역할을 한다. 학생들에게 교사는 일상의 행동 모델이 된다. 그러므로 교사는 아이들에게 긍정적인 자기암시의 모델이 되어야 한다. 학생들 앞에서 교사는 주기적으로 자신이 이룬 성과에 대해 긍정적인 표현으로 자신을 칭찬하는 모습을 보여준다. 이것은 교실 분위기를 안정적으로 이끄는 데도 유용하며 아이들 역시 남들 앞에서 자신을 칭찬하는 데 두려워하지 않게 된다.

C28 ● 모둠 칭찬 차트 ● 유~초6

목적 ┃ 아이들이 긍정적인 자기 칭찬을 할 수 있도록 한다.

자료 ┃ C29 양식, 2×7.5cm 2장, 스테이플

구성 ┃ 종이 한 장에 쿠폰 5개를 그려서 오린다. 색판지 두장 사이를 스테이플로 찍는다. 아이들마다 책으로 하나씩 갖게 한다.

활동 ┃ 아이들이 자신이 한 일에 대해서 축하해주는 말로 C29 쿠폰 양식을 매일 채우도록 한다.

C30 ● 푸른색 리본 책 ● 유~초1

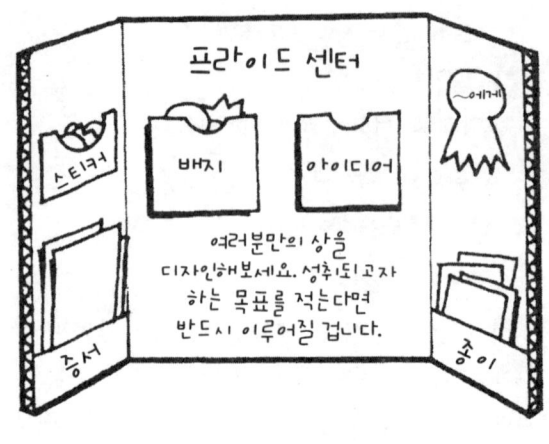

목적 | 아이들이 자신의 성과와 성취를 나타
내도록 한다.

자료 |
▌푸른 리본 책 | C30 양식을 밝은 색상의 색판지
에 베낀다(표지용). 속지를 리본 형태로 오려서
준비한다. 색판지로 리본 모양의 뒷장을 만들어
놓는다. 가위, 스테이플
▌만들기 | 아이들마다 앞서 준비한 표지 사이에
일반 속지를 끼워서 리본 모양의 책을 만든다.

활동 | 아이들이 뭔가를 하나씩 성취할 때마
다 리본 책 안에 성취한 내용을 그림으로 표현하
게 한다. 리본을 걸거나 학급 전체의 리본 책이
되도록 묶어둔다.

 A1 ● 나를 칭찬하자 ● 유~초4

목적 | 아이들에게 적어도 일주일에 한 번씩
학교 생활에서 이룬 성취를 기록하도록 한다.

자료 | C31 양식

내용 | 아이들은 적어도 일주일에 한 번은 주
어진 공간에 자신이 이룬 성과를 적는다. 저학년
이나 글을 못 쓰는 학생들은 매일 자신들이 잘 한
행동이나 학업성취를 그림을 표현하거나 교사에
게 구술하면 교사가 기록한다.

 **C32** ● 프라이드 센터 ● 유~초6

목적 | 아이들이 같은 반 친구들의 성취는 물
론 자신의 성취까지도 알아볼 수 있도록 기회를
제공한다. 다른 사람에게 관심을 가지고 배려하
는 긍정적인 감정을 키우게 한다. 다른 사람이 무
엇을 잘하는지 알아보게 한다.

자료 | 볼펜, 연필, 카본지, 가위, 별모양, 반짝
이, 크레파스, 핀, 양면 테이프, 사인펜, 상장 초
안, 풀, 글자 스탬프, 판형, 펀치, 스티커, 배지, 잡
지, 두꺼운 색상지
▌만들기 | 기존의 게시판 또는 12×26cm 태그보
드지(뒷면은 카드보드로 덧댄다) 3장. 칸막이를 강
화 테이프로 붙여 고정시킨다. 작은 카드보드지
로 주머니를 만들어서 세 면 중 알맞은 곳에 붙
인다. 글자를 오려서 '프라이드 센터' 라고 붙인
다. 이 센터를 교실 적당한 곳에 세워둔다. 준비
된 자료를 센터에 비치해둔다. 가끔 센터의 자
료를 새롭게 바꿔주거나 다른 상장을 만들 수
있는 제안서를 비치해 둔다.

활동 | 아이들에게 새로운 프라이드 센터가

생겼음을 알린다. 프라이드 센터를 이용할 수 있는 사람은 선생님이나 다른 친구(교사의 허락 하에)로부터 받게 되는 특별한 권리가 된다는 것을 알려준다. 아이들이 긍정적인 행동, 노력, 학업 성취, 행동이나 특정한 과제에서 돋보이는 행동을 했을 때 그 학생은 프라이드 센터로 가서 자신만의 상장이나 인증서를 만들 수 있다. 아이들은 서로 상장을 받을 만한 친구를 추천해 준다.

C33에서 C40까지의 활동은 프라이드 센터를 이용한 여러 가지 응용 아이디어들이다.

C33 ● 칭찬 손바닥 ● 유~초4

자료 | 8×8cm 두꺼운 색상지 여러 장, 물감 (두껍게 오래가는 어두운 색깔), 조그만 롤러 또는 붓, 가위, 양면 테이프

활동 | 아이들은 손바닥에 물감을 롤러로 문지르고 두꺼운 사각형 종이에 손바닥을 찍는다. 각자 이름을 적는다. 그림을 다 마르면 프라이드 센터에 비치해둔다. 스스로 자신을 칭찬할 만한 일이 있는 아이들이나 혹은 칭찬할 만한 친구에게 상장을 만들어 주고 싶은 사람은 프라이드 센터로 가서 상장을 만들게 한다. "나는 ~에게 ~일로 칭찬을 하고자 한다"라고 양식 안에 이름과 내용을 채워넣는다. 글씨를 못 쓰는 유치원생이나 저학년은 교사가 받아 적어준다. 어떤 교사는 상장을 받는 사람에게 상장을 묶어주기도 한다. 아니면 상장 윗면에 구멍을 내어 24cm 짜리 실을 꿰어서 아이의 등에 옷핀으로 꽂아주어도 좋다.

응용 | C29 양식을 여러 장 복사해서 프라이드 센터에 비치해두고 아이들이 뭔가 특별한 일

을 성취하는 대로 가서 양식을 채우도록 한다.

C34 ● 상장디자인 ● 유~초6

자료 | C34 양식, 밝은 색상의 5.5×8.5cm 마분지, 자위, 풀, 사인펜, 크레파스

활동 | 아이들이 모범이 될 만한 일을 할 때마다 자신들에게 직접 상장을 줄 수 있도록 격려한다. 상장을 오려서 아이들이 마음껏 꾸미게 한다.

C35 ● 배지 ● 유~초6

자료 | C35 배지 양식, 색판지, 카드보드지, 가위, 사인펜

내용 | C35 양식을 색판지 위에 놓고 베껴서 오린다. 아이들은 이 본을 색판지 위에 대고 오린다.

C36 ● 손가락 도장 상장 ● 유~초4

자료 | 스탬프 패드, 3×6cm 색판지 여러 장, 가느다란 사인펜

활동 | 아이들 자신이 스스로 칭찬할 만한 일을 했거나 친구가 칭찬받을 만한 행동을 했을 때 자신의 손가락을 스탬프로 찍어서 상장으로 준다. 반으로 접어서 카드를 만들어도 좋다. 안에 개인적인 편지를 쓰게 한다.

C37 ● 푸른색 리본 상장 ● 유~초2

자료 ┃ 4cm 원 모양, 두꺼운 파란색 종이, 파란색 크레이프지, 또는 리본, 스테이플, 가위

활동 ┃ 아이들은 원 모양을 색판지 위에 놓고 그린 다음 오린다. 크레이프지나 리본 2장을 스테이플로 원의 뒷면 중앙 부분에 대고 찍는다. 스테이플 자국이 보이지 않도록 아이 사진이나 스티커, 혹은 별 모양 스티커를 붙인다.

C38 ● 목걸이 상장 ● 유~초2

자료 ┃ 6×8cm 원 모양, 색판지, 펀치, 20cm 실, 사인펜, 크레파스

활동 ┃ 아이들은 색판지 위에 상장 모양을 그려서 오린다. 윗부분에 구멍을 내고 실을 구멍에 묶어서 매듭을 짓는다. 목에 걸면 서로 볼 수 있다.

C39 ● 자존감 팔찌 ● 유~초6

자료 ┃ C39 양식, 1.5×7cm 종이, 스테이플, 사인펜, 크레파스.

활동 ┃ 아이들은 저마다 상장을 디자인하고 자신만의 특별한 내용을 적고 손목에 두른 다음 끝을 스테이플로 박는다.

C40 ● 프라이드 센터 상장 ● 유~초6

자료 ┃ C40 상장양식

활동 ┃ 충분한 양을 비치해 둔다. 아이들이 칭찬받을 만한 행동을 할 때마다 교사가 준비하고 있던 상장을 하나씩 나누어 주어도 좋다.

이름		날짜	

취미 활동의 날 체크 리스트

취미 : _____   발표 날짜 : _____

● 발표 시 사용할 물품에 대해서 적어보세요(차트, 그림 등)

_____   _____

_____   _____

_____   _____

● 참고할 책 제목

_____

_____

_____

● 집에서 가져온 물품   ● 직접 만든 물품

_____   _____

_____   _____

_____   _____

● 특별한 도구

_____

_____

_____

● 뒷면에 여러분의 취미 활동을 그려보세요.

나의 관심사는?

자신이 좋아하는 취미나 가지고 있는 특별한 재능 중 반 친구들에게
소개할 만한 것을 생각하게 한다. 교사는 아이들이 반 친구들에게 소개하거나
설명할 일정을 함께 정한다. 취미나 재능 여러 가지 중 하나를 선택한다.

● 내 취미는 무엇입니까?

_____

● 언제부터 여기에 관심을 갖게 되었나요?

_____

● 이런 취미를 갖게 되었을 때, 필요한 준비물을 무엇이 있었나요?

_____

● 반 아이들에게 내 취미를 설명해 봅시다. 내 취미는 ?

_____

_____

_____

● 얼마나 자주 하나요?

_____

● 다른 사람과 같이 하나요?

_____

● 이 취미 때문에 겪은 재미난 일이 있었나요? 있으면 소개해주세요.

_____

_____

● 다른 친구들에게 추천하고 싶다면 그 이유는요?

_____

_____

소개 날짜 : _____

※ 교사는 반 아이들이 자신의 관심 사항 · 취미를 소개하고 설명할 때 이상의 아웃라인을 제시한다.

취미 활동의 날 상

이 특별한 상을 _____ 에게

줌을 자랑스럽게 생각합니다.

이름 : _____

날짜 : _____

상

실력을 맘껏
발휘한 당신이
자랑스럽습니다.

이 특별한 상을 _____ 에게

줌을 자랑스럽게 생각합니다.

이름 : _____

날짜 : _____

상

실력을 맘껏
발휘한 당신이
자랑스럽습니다.

자신 프로필

학생	재능 및 관심사	사회적 관계	학업적 성취도	신체적 특징

주 목!

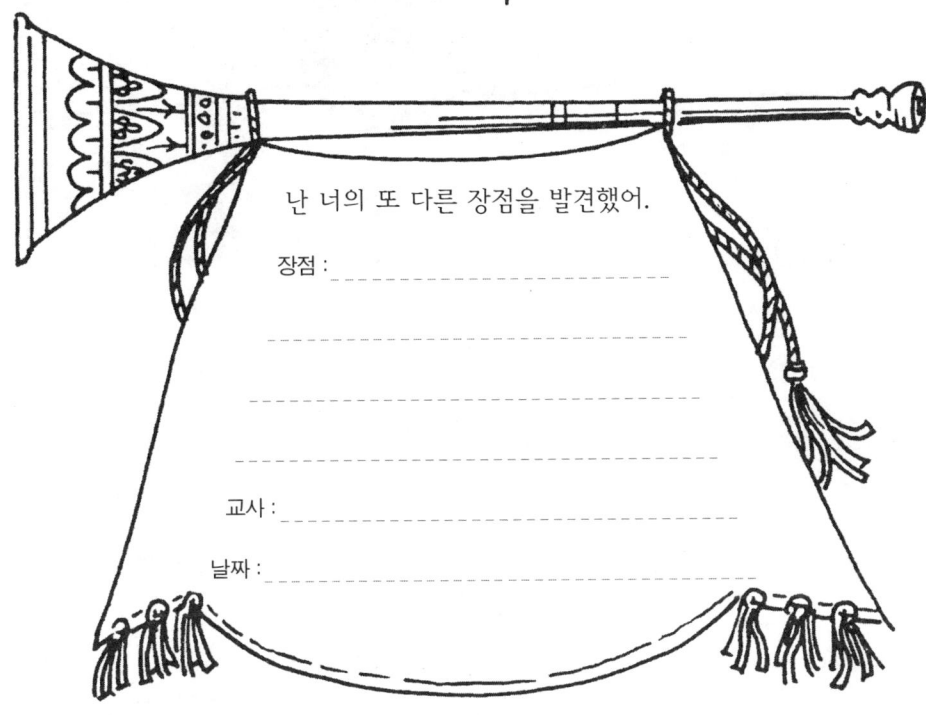

난 너의 또 다른 장점을 발견했어.

장점 : _____

_____

_____

_____

교사 : _____

날짜 : _____

주 목!

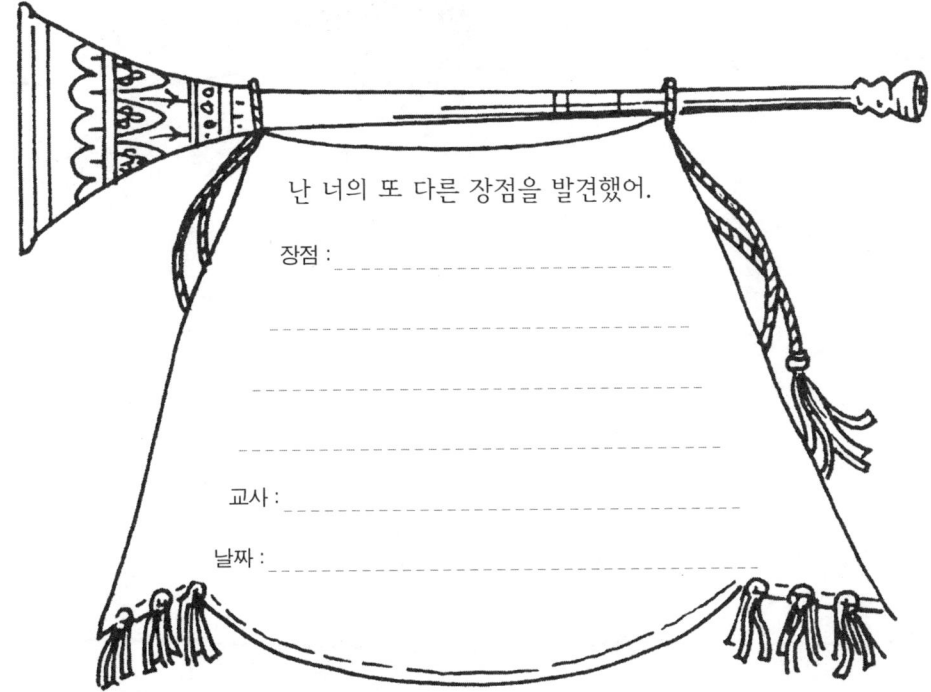

난 너의 또 다른 장점을 발견했어.

장점 : _____

_____

_____

_____

교사 : _____

날짜 : _____

장점 ● 상

이 상을 _____ 에게 줍니다.

당신의 장점은 _____

_____

_____ 입니다.

이름 : _____

날짜 : _____

장점 ● 상 ●

이 상을 _____ 에게 줍니다.

당신의 장점은 _____

_____

_____ 입니다.

이름 : _____

날짜 : _____

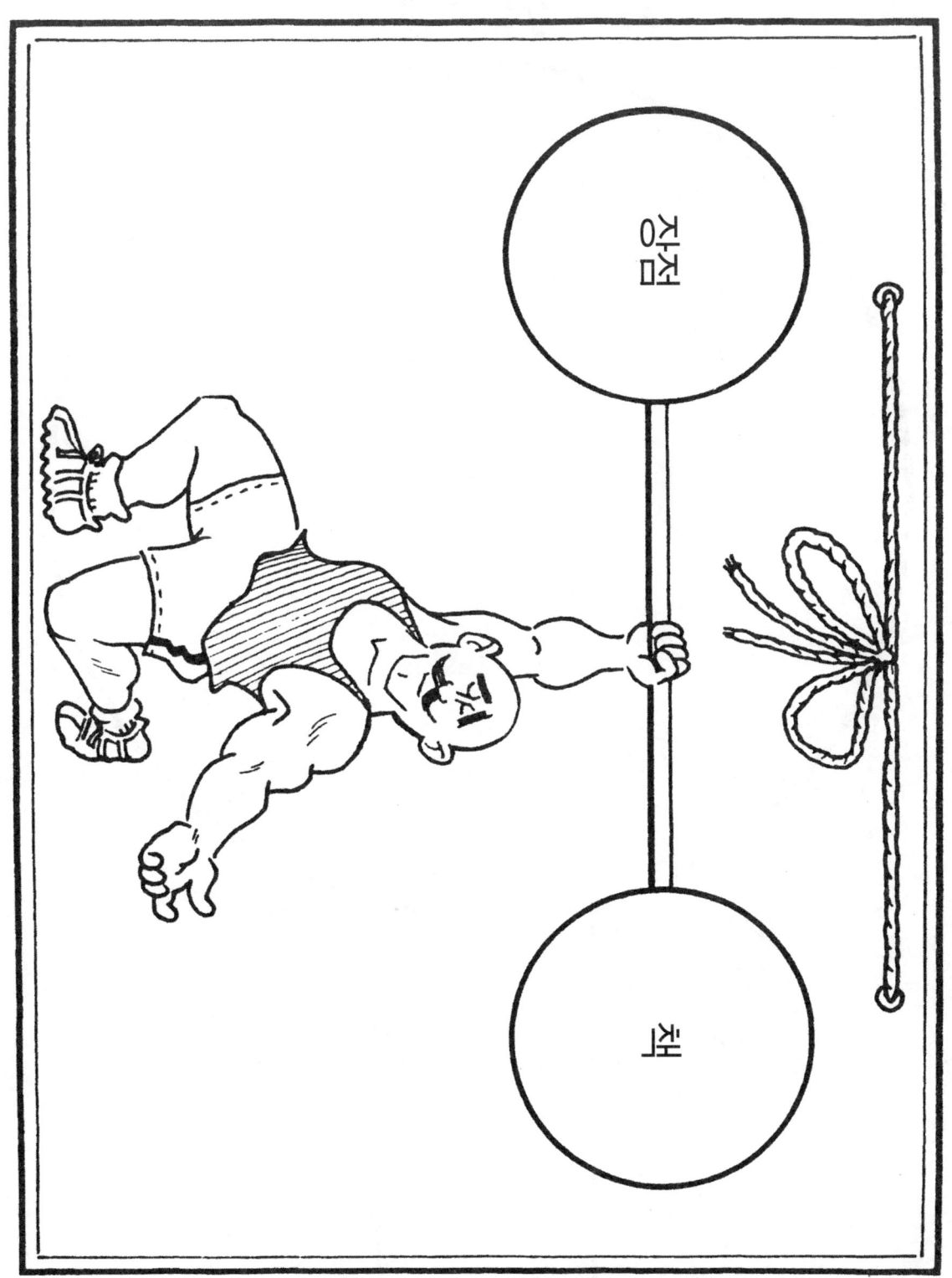

장점

단점

장점 바벨

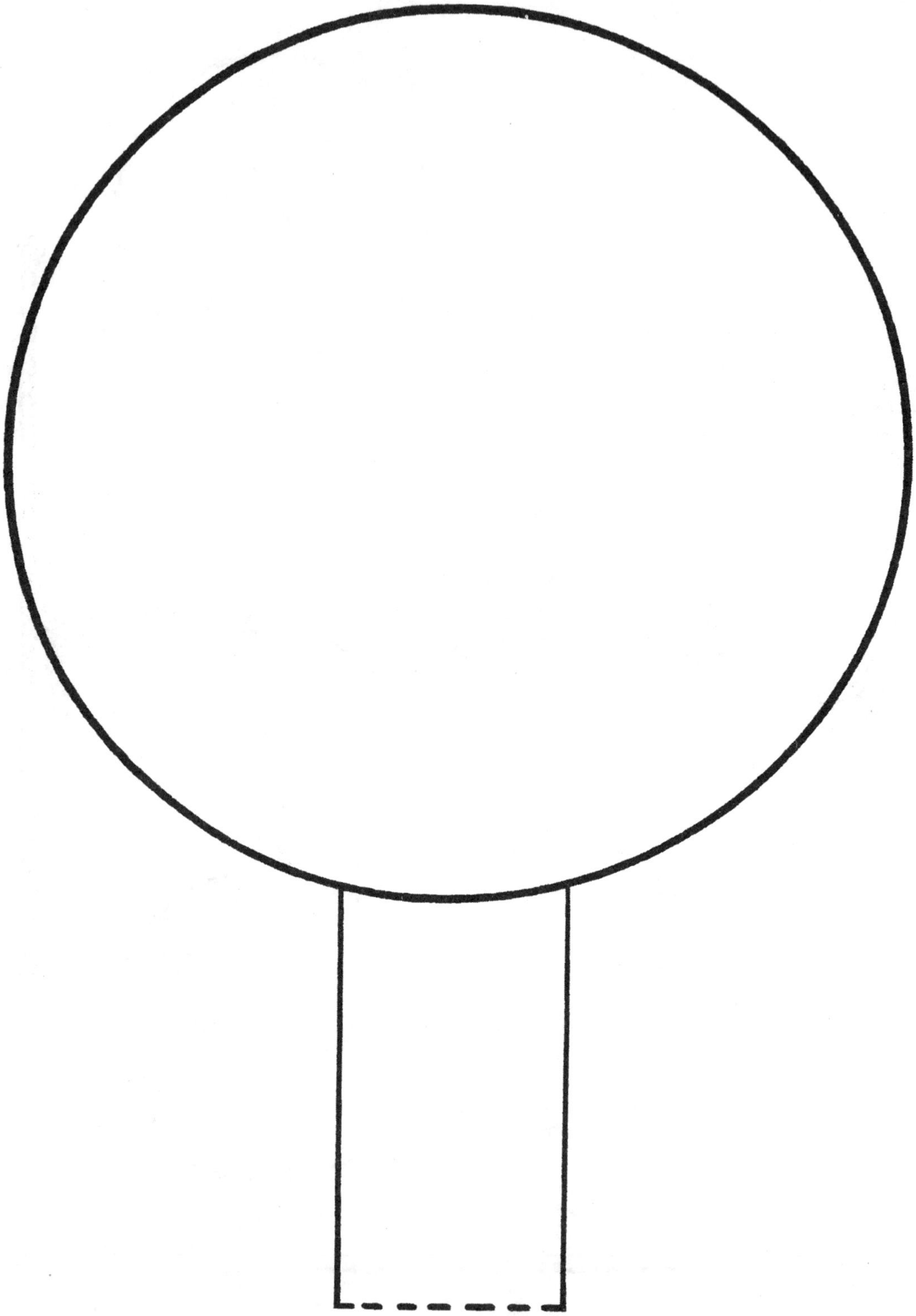

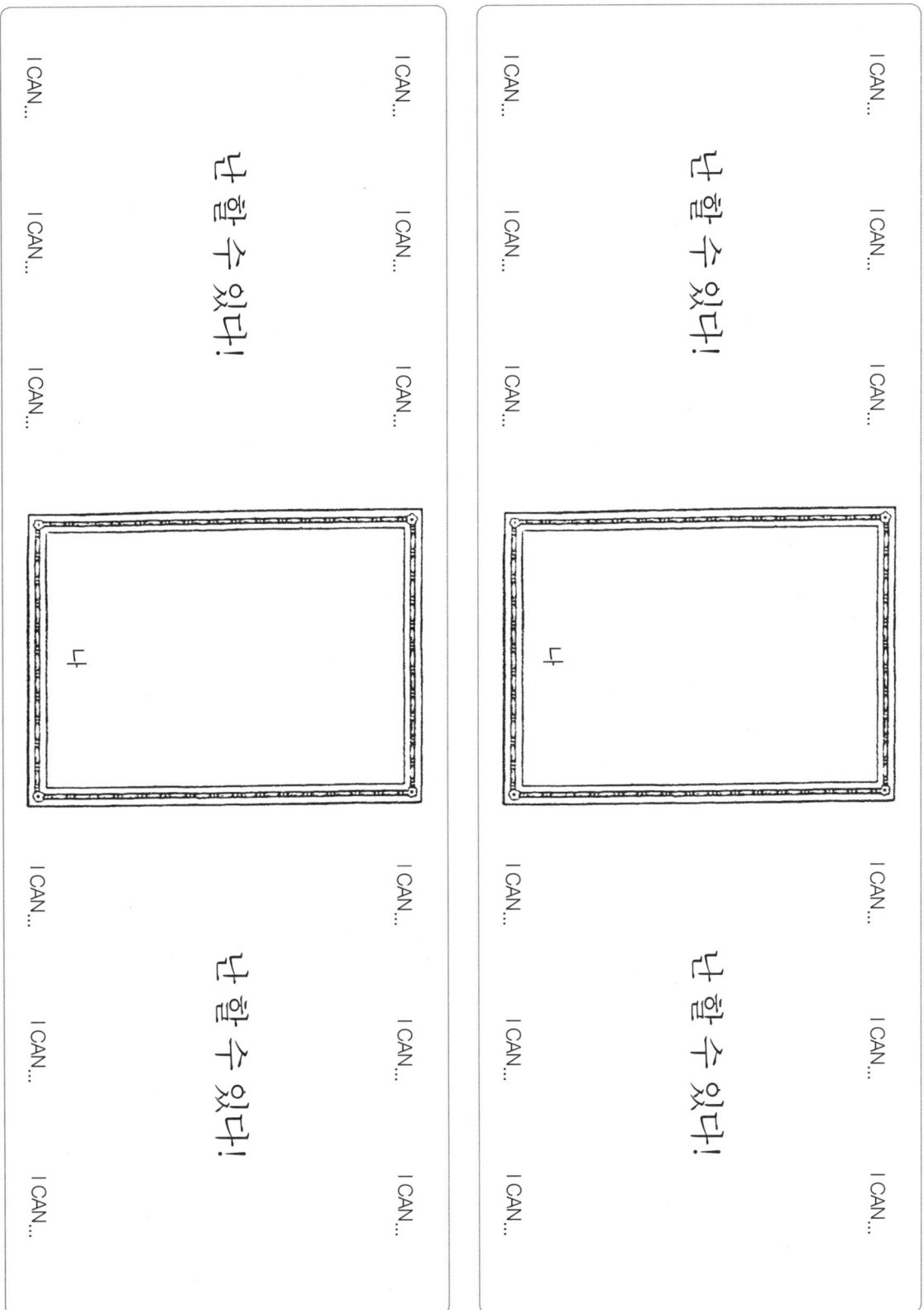

I CAN...
I CAN...
난 할 수 있다!
I CAN...
I CAN...
나

I CAN...
I CAN...
난 할 수 있다!
I CAN...
I CAN...
나

I CAN...
I CAN...
난 할 수 있다!
I CAN...
I CAN...

I CAN...
I CAN...
난 할 수 있다!
I CAN...
I CAN...

난
할 수 있다!

이름 :

날짜 :

난
할 수 있다!

이름 :

날짜 :

난
할 수 있다!

이름 :

날짜 :

난
할 수 있다!

이름 :

날짜 :

난
할 수 있다!

이름 :

날짜 :

난
할 수 있다!

이름 :

날짜 :

"내가 할 수 있다는 것을 알고 있다"

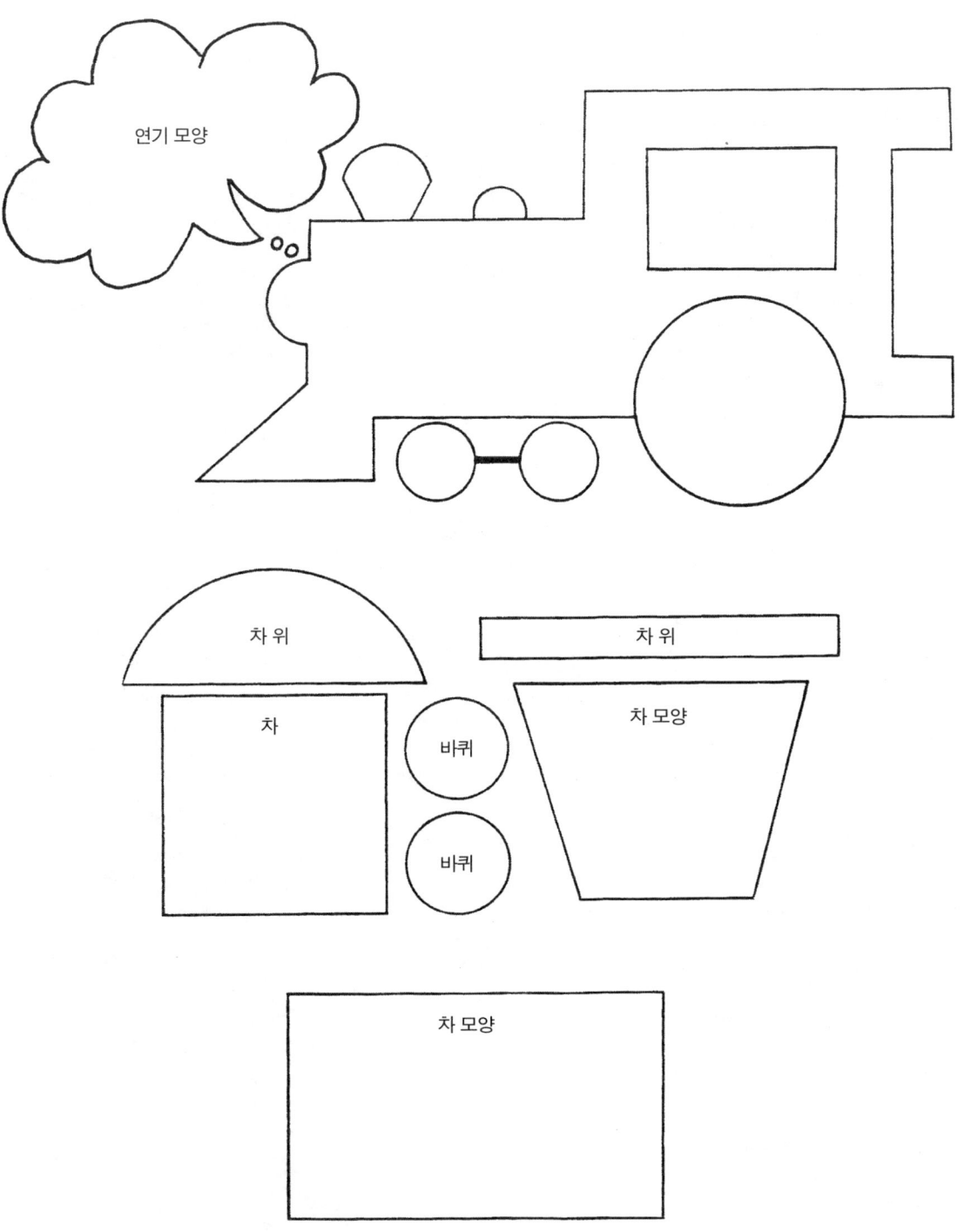

성취 일기

오늘 내가 이룬 것은 _____
_____
_____
_____

내가 이룬 것의 모습은?

난 나의 성취를 통해서 _____
_____
_____
_____
_____ 을 얻게 되었다.

성취를 했었을 때, 내 기분은 _____
_____
_____ 했다.

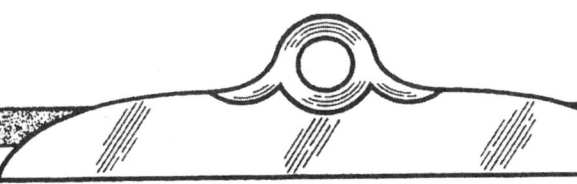

매일 해야 할 일 나누기

이름 : _____   끝나는 주 : _____

주제	월요일	화요일	수요일	목요일	금요일

부엉이 책 리포트

독자 : ------------------------------

제목 : ------------------------------

작가 : ------------------------------

책 평점 : 😊 매우 좋음   🙂 그저 그럼   ☹ 실망인걸

부엉이 책 리포트

독자 : ------------------------------

제목 : ------------------------------

작가 : ------------------------------

책 평점 : 😊 매우 좋음   🙂 그저 그럼   ☹ 실망인걸

부엉이 책 리포트

독자 : ------------------------------

제목 : ------------------------------

작가 : ------------------------------

책 평점 : 😊 매우 좋음   🙂 그저 그럼   ☹ 실망인걸

부엉이 책 리포트

독자 : ------------------------------

제목 : ------------------------------

작가 : ------------------------------

책 평점 : 😊 매우 좋음   🙂 그저 그럼   ☹ 실망인걸

부엉이

부엉이

학생 · 교사 회의

학생 : --

교사 : --

날짜 : --

주제	발전사항	좀더 발전하려면
	교사 코멘트	교사 코멘트
	학생 코멘트	학생 코멘트
	교사 코멘트	교사 코멘트
	학생 코멘트	학생 코멘트
	교사 코멘트	교사 코멘트
	학생 코멘트	학생 코멘트
	교사 코멘트	교사 코멘트
	학생 코멘트	학생 코멘트

번개 뉴스

넌 정말 대단한 일을 했어!

난 정말 너의 이런 점을 좋아해 -

- -

- -

- -

계속해서 지켜 나가길 원해!

이름 : -

날짜 : -

번개 뉴스

넌 정말 대단한 일을 했어!

난 정말 너의 이런 점을 좋아해 -

- -

- -

- -

계속해서 지켜 나가길 원해!

이름 : -

날짜 : -

자부심 문서

친애하는 학부형에게,

　　당신의 아이는 정말 훌륭합니다!

　　당신의 아이 ＿＿＿＿＿ 는 ＿＿＿＿＿＿＿＿＿＿＿＿＿＿＿＿

＿＿＿＿＿＿＿＿＿＿＿＿＿＿＿＿＿＿＿＿＿＿＿＿＿＿＿＿＿＿＿＿＿

＿＿＿＿＿＿＿＿＿＿＿＿＿＿＿＿＿＿＿＿＿＿＿＿＿＿＿＿＿＿＿＿＿

＿＿＿＿＿＿＿＿＿＿＿＿＿＿＿＿＿＿＿＿ 한 점에서 눈부실만한 발전을 했습니다.

이러한 발전에는 부모님들의 숨겨진 노고가 있었으리라 확신합니다.

　　　　　　　　　　이름 : ＿＿＿＿＿＿＿＿＿＿＿＿＿＿＿

　　　　　　　　　　날짜 : ＿＿＿＿＿＿＿＿＿＿＿＿＿＿＿

자부심 문서

친애하는 학부형에게,

　　당신의 아이는 정말 훌륭합니다!

　　당신의 아이 ＿＿＿＿＿ 는 ＿＿＿＿＿＿＿＿＿＿＿＿＿＿＿＿

＿＿＿＿＿＿＿＿＿＿＿＿＿＿＿＿＿＿＿＿＿＿＿＿＿＿＿＿＿＿＿＿＿

＿＿＿＿＿＿＿＿＿＿＿＿＿＿＿＿＿＿＿＿＿＿＿＿＿＿＿＿＿＿＿＿＿

＿＿＿＿＿＿＿＿＿＿＿＿＿＿＿＿＿＿＿＿ 한 점에서 눈부실만한 발전을 했습니다.

이러한 발전에는 부모님들의 숨겨진 노고가 있었으리라 확신합니다.

　　　　　　　　　　이름 : ＿＿＿＿＿＿＿＿＿＿＿＿＿＿＿

　　　　　　　　　　날짜 : ＿＿＿＿＿＿＿＿＿＿＿＿＿＿＿

나의 장점과 단점

이름: _____

사람들은 저마다 장점을 가지고 있지만, 바꾸었으면 하는 단점도 가지고 있어요.

방향 | 첫 번째 칸에는 외모, 능력, 행동 면에서 가장 자랑스럽게 생각하는 내 장점을 쓰고

또 그 다음 칸에는 가장 변화시키고 싶은 것을 쓰세요. 세 번째 칸에는 실제 바꿀 수 있는 몇

가지 단계와 방법을 적습니다.

외모, 행동, 능력 등을 바꾸고 싶은 것에는 여러 가지가 있을 수 있습니다.

내가 가장 자랑스럽게 느끼는 내 장점은 무엇일까요? 무엇을 가장 바꾸었으면 하는가요?

	장점	바꾸고 싶은 단점	바꾸려면 필요한 것들
외모	1	1	1
	2	2	2
	3	3	3
능력	1	1	1
	2	2	2
	3	3	3
행동	1	1	1
	2	2	2
	3	3	3

스스로에게 하는 칭찬

오늘 난 나의 _____
_____ 점을 칭찬합니다!

이름 : _____ 날짜 : _____

스스로에게 하는 칭찬

오늘 난 나의 _____
_____ 점을 칭찬합니다!

이름 : _____ 날짜 : _____

스스로에게 하는 칭찬

오늘 난 나의 _____
_____ 점을 칭찬합니다!

이름 : _____ 날짜 : _____

스스로에게 하는 칭찬

오늘 난 나의 _____
_____ 점을 칭찬합니다!

이름 : _____ 날짜 : _____

스스로에게 하는 칭찬

오늘 난 나의 _____
_____ 점을 칭찬합니다!

이름 : _____ 날짜 : _____

파란 리본 책

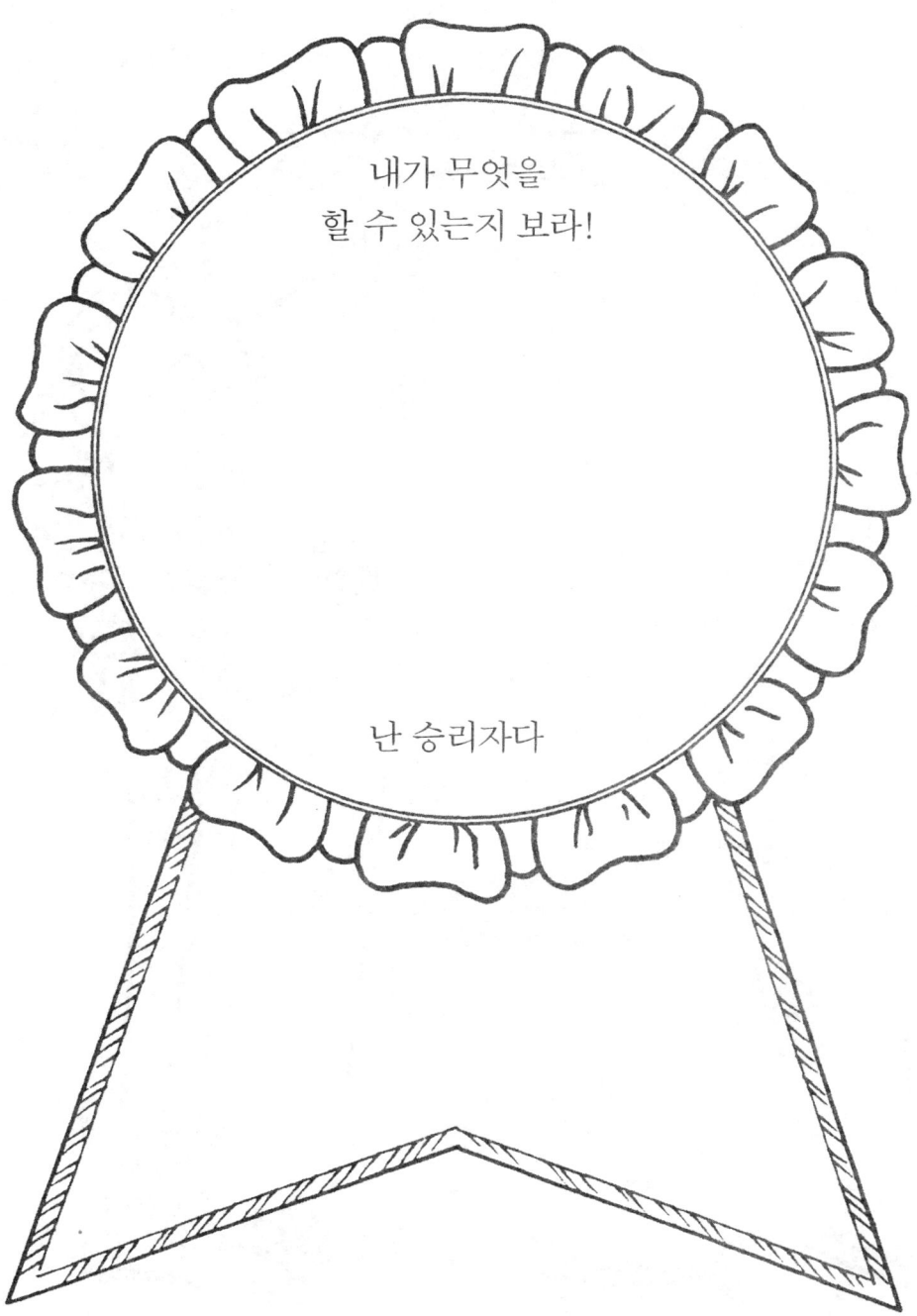

내가 무엇을
할 수 있는지 보라!

난 승리자다

이제 승리의 나팔을 불자!

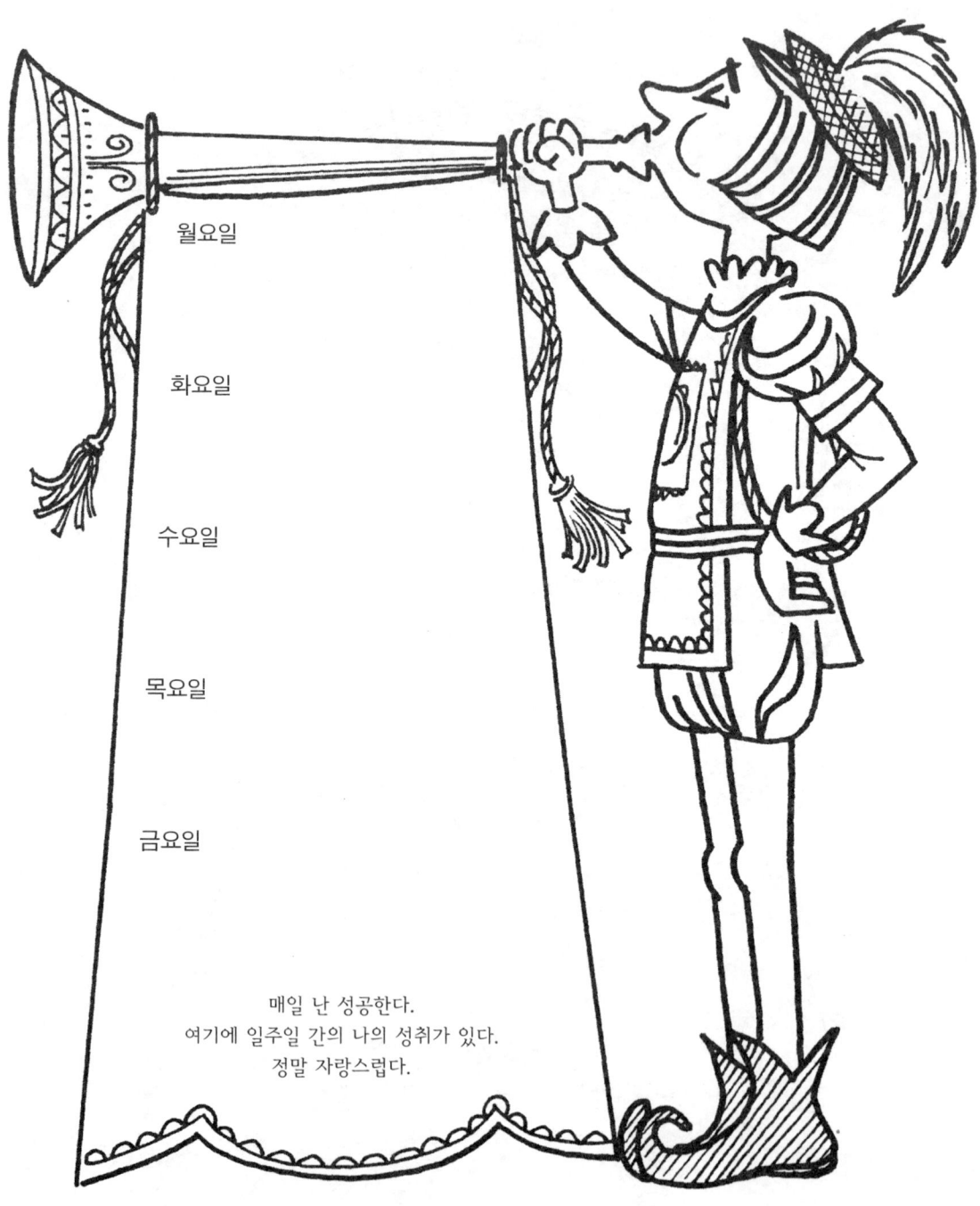

월요일

화요일

수요일

목요일

금요일

매일 난 성공한다.
여기에 일주일 간의 나의 성취가 있다.
정말 자랑스럽다.

상을 디자인 해보자

너는 최고의 아이다!

이름 : --------------------- ---------------------------------

난 정말 많은
장점을 가졌다.

1 ----------------- ---------------------------------

2 ----------------- 스타 상

3 ----------------- ---------------------------------

4 ----------------- ---------------------------------

5 ----------------- ---------------------------------

그래픽 디자인 및 장식

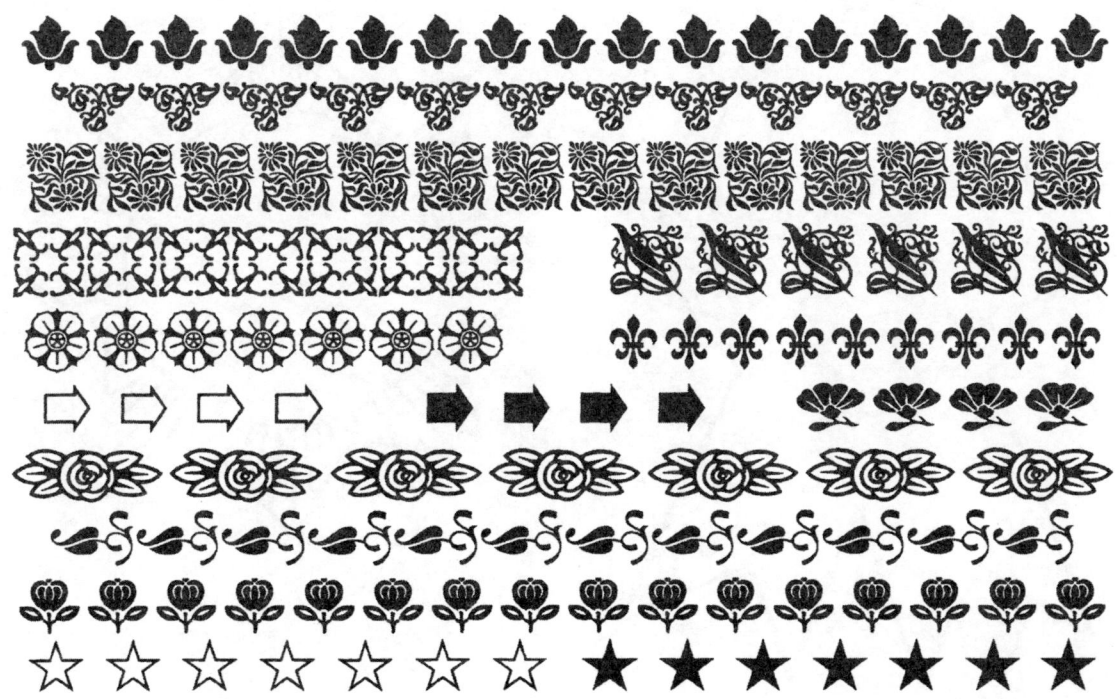

배지 스타일

긍정적인 팔찌

이름 : ─ ─ ─ ─ ─ ─ ─ ─

날짜 :

훌륭한 어린이 상

이름 : ─ ─ ─ ─ ─ ─ ─ ─

날짜 :

파란색 리본 상

이름 : ─ ─ ─ ─ ─ ─ ─ ─

날짜 :

스타 상

이름 : ─ ─ ─ ─ ─ ─ ─ ─

날짜 :

선한 사마리아인 상

자부심 센터 상

나는 최고의 아이다!

최고의 독서왕 상

나는 오늘 _____

_____

책을 읽었다.

이름 : _____

8 주제별 모둠 활동

목적

- 아이들이 자존감의 5가지 요소를 모두 이용해 자아개념을 확장시키도록 한다.
- 자신과 친구들의 장점과 단점을 인지하도록 한다.
- 긍정적이고 상호 배려하는 분위기를 조성한다.
- 여러 사람 앞에서 자신 있게 말하고 말이 갖는 표현력의 장점을 인지하고 향상시킨다.

주제별 모둠 활동의 개요

정의 | 아이들이 원으로 모여 앉아 특별한 주제와 개념에 관해 생각하고 토론하게 한다.

 관련 자료들

학생들에게 자신의 의견을 이야기할 수 있는 기회를 제공하라. 여러 보고서를 보면 학생들 대다수는 이런 기회를 얻지 못하고 있는 것을 나타난다. 그런데 이런 기회는 자존감의 5가지 요소 중에서 가장 기본적인 토대에 해당하는 것이다. 어떤 조사에 의하면 전업주부인 엄마가 아이의 말에 귀를 기울이는 평균 시간은 하루 13분이라고 한다.
– 〈Children Under Stress〉(U.S. News and World Report, 1986, 10)

펠커 *Felker* 보고서에 의하면 자신감이 높은 아이들은 학교 과제를 수행하는 동안이나 그 이후에도 자신에 대해 긍정적으로 표현을 하는 경향이 높다고 한다.
– D.W. 펠커 *Felker*, 《Building Positive Self-Concepts》(Minneapolis, MN : Burgess Publishing, 1974)

아이들로 하여금 다른 사람을 칭찬하게 하라. 브래디 *Brady*의 논문에 따르면 아이들의 자신감을 향상시키는 데 가장 효과적인 요소는 바로 다른 사람의 칭찬이라고 한다.
– P.J. 브래디 *Brady*, 〈Predicting Student Self-Concept, Anxiety, and Responsibility from Self-Evaluation and Self-Praise〉(Psychology in the School, vol. 15,1978)

아이들이 서로에 대해서 긍정적인 말을 주고받도록 가르쳐라. 3, 4, 5학년 교실에 대한 연구를 보면 매일 다른 아이를 선택해서 반 아이들이 그 친구의 성격 중 가장 좋은 특징만을 적도록 했다. 그 결과 모든 아이들의 자존감이 크게 향상되었다.
– W.E. 스틸웰 *Stillwell*, J.R. 바클레이 *Barclay* 〈Effects of Affective Education Interventions in the Elementary School〉(Psychology in the Schools, vol. 16, 1979)

 목적

▌아이들이 자존감의 5가지 요소를 모두 이용해 자아개념을 확장시킬 수 있게 한다.
▌자신과 친구들의 장점과 단점을 인지하도록 한다.
▌긍정적이고 상호 배려하는 분위기를 조성한다.
▌여러 사람 앞에서 자신감 있게 말하고 말이 갖는 표현력의 장점을 인지하고 향상시킨다.

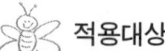 적용대상

주제별 모둠 활동은 정규 교육, 특수 교육, 영재 교육을 포함하는 모든 연령대의 다양한 환경에서 실시했는데도 아주 성공적인 결과를 보여주었다.

주제별 모둠 활동 리스트

 정서적 안정감

코 드	학 년	제 목	모 둠
CC1	유~초6	모둠 구성	전체
CC2	유~초6	안녕	전체 · 모둠
CC3	유~초6	내 말 좀 들어봐	전체 · 모둠
CC4	유~초1	동그란 베개 돌리기	전체 · 모둠
CC5	유~초1	짝 인터뷰	전체 · 짝
CC6	유~초6	내 몸 그리기	모둠
CC7	유~초6	10원 인터뷰	짝

 자아관

코 드	학 년	제 목	모 둠
CC8	유~초6	이름	짝 · 모둠
CC9	유~초6	로고 디자인	모둠
CC10	유~초6	나를 닮은 가방	전체 · 모둠
CC11	유~초2	거울아, 거울아	전체
CC12	유~초6	자기 소개	전체 · 모둠
CC13	유~초1	나만의 개성	전체
CC14	유~초6	나를 소개하는 가방	전체 · 모둠
CC15	유~초6	나는 멋진 사람	전체 · 모둠
CC16	유~초4	소개 걸이	전체 · 모둠
CC17	유~초3	내 기분 그리기	모둠
CC18	유	행복 · 슬픔 가방	전체
CC19	유	내 기분 모자	전체
CC20	유~초1	기분 체온계	전체
CC21	유~초1	개인별 기분 체온계	전체

코드	학년	제목	모둠
CC22	유~초1	기분 마스크	전체
CC23	유~초2	소원을 들어주는 우물	전체
CC24	초1~초6	내 꿈	전체 · 모둠

 ## 우호성

코 드	학 년	제 목	모 둠
CC25	유~초6	햇살	전체 · 모둠
CC26	유~초3	반짝이 상자	전체
CC27	유~초6	배너	전체 · 짝
CC28	유~초6	친구 알아보기	전체 · 모둠
CC29	유~초6	그림 퍼즐	전체 · 모둠
CC30	유~초6	우리는 모두 별	전체 · 모둠
CC31	유~초6	수수께끼	전체 · 모둠
CC32	유~초3	말 없는 미소	전체 · 모둠
CC33	유~초2	말로 하는 선물	전체 · 모둠
CC34	초1~초6	말의 힘	모둠
CC35	유~초2	안경 모둠	전체 · 모둠
CC36	유~초3	햇살	전체 · 모둠
CC37	유~초6	친구를 소개하는 가방	전체 · 모둠
CC38	유~초6	친구를 칭찬하는 가방	전체 · 모둠
CC39	유~초6	이름 포스터	전체 · 모둠
CC40	유~초6	칭찬	전체 · 모둠
CC41	유~초6	칭찬 걸이	모둠
CC42	유~초3	공을 돌려라	전체 · 모둠

 ## 목적의식

코 드	학 년	제 목	모 둠
CC43	유~초2	더 좋아하는 것	짝 · 모둠
CC44	초2~초6	문제해결 브레인스토밍	짝 · 모둠
CC45	유~초6	더 잘할 수 있는 일	전체 · 짝
CC46	유~초6	내 목표 소개하기	전체 · 모둠
CC47	유~초6	목표 달성 비법 공개	전체 · 모둠
CC48	유~초6	장점 책	전체

경쟁심

코 드	학 년	제 목	모 둠
CC49	유~초6	칭찬하는 시간	전체 · 모둠
CC50	유~초1	장점 모둠	전체 · 모둠
CC51	유~초1	푸른 리본	전체 · 모둠
CC52	유~초1	내 자랑 한 가지	전체 · 모둠
CC53	유~초6	자기 광고	전체 · 모둠
CC54	유~초6	내가 자랑스러워	전체 · 모둠
CC55	유~초6	나는 할 수 있다	전체 · 모둠
CC56	유~초6	자기 소개	전체 · 모둠

ESTEEM BUILDERS

모든 학습은 사회적인 맥락 안에서 일어난다.

● 하녹 맥카티 *Hanoch McCarty*

ⓓ 기초공사하기

고학년을 위한 주제별 모둠 응용

저학년에 적합한 모둠을 만드는 것은 일반적으로 아주 어렵다. 아이들의 집중력이 길지 않기 때문이다. 이 때문에 저학년보다 고학년의 모둠 활동이 더 다양하다. 고학년의 경우 아이들의 필요성과 관심사에 따라서 모둠 활동을 응용하는 것이 다소 쉽다.

1 소품을 쓰지 않는다. 소품은 집중도가 떨어지는 아이들을 위한 것으로 여러 모둠 활동에 구성되어 있다. 소품은 또한 모둠 활동에 동기를 부여하는 역할을 한다. 그러나 고학년에는 적합하지 않다.

2 소리나는 물건을 쓰지 않는다. 모둠 활동에서 소리나는 물건을 사용하면 집중력이 짧은 아이들에게 동기를 부여하고 청각적인 기억을 향상시킨다. 그러나 역시 고학년에는 적합하지 않다.

3 카드에 주제를 쓰고 아이들마다 선택할 수 있는 주제별 파일을 마련한다. 아이들이 교대로 상자에서 카드를 뽑아서 모둠 주제를 정하는 데 이용하도록 한다.

4 아이들에게 마음에 드는 주제를 제안하도록 한다. 아이디어 제안을 담은 상자를 교실에 마련해서 아이들이 언제라도 새로운 아이디어를 더하도록 한다.

모둠 구성

모둠 활동은 모둠을 다양하게 구성해서 진행할 수 있도록 특별히 고안된 것이다. 아래 몇 가지 주제별 모둠 구성 형태를 제시해두었다.

▌전체▐ 모든 학생들이 동그랗게 모여 주제별 모둠 활동에 참가한다. '언니·오빠 선생님'이나 학부모 보조교사가 토론에 참가해 유도하는 역할을 해도 좋다.

▌모둠별▐ 모둠별 접근은 로버트 슬래빈 *Robert Slavin*과 데이비드 존슨 *David Johnson*의 협력적 학습이라는 개념에 기반을 둔 것이다. 모둠은 5~6명의 아이들로 구성한다. 모둠을 구성할 때는 모범적인 학생, 좀 떨어지는 아이, 남여 2명씩, 리더 한 명, 자존감이 저조한 아이 한 명으로 구성한다. 처음부터 모둠을 이런 구성으로 만들면 나중에 다른 모둠활동을 위해 일일이 아이들을 새롭게 구성할 필요가 없어진다. 어떤 교사들은 아이들에게 같은 모둠에 있었으면 하는 친구들의 이름을 미리 적도록 한다. 교사는 아이가 적은 5명의 이름 중에서 적어도 한 친구는 한 모둠에 들어가도록 구성한다. 각 모둠은 이제 구성원 아이들의 이름이 다 적힌 모둠 포스터를 제작한다. 모둠 활동이 진행되는 동안 포스터를 전시해서 아이들이 모둠의 구성원으로서 소속

감을 느낄 수 있게 한다.

각 모둠은 자기 모둠을 어떤 식으로든 규정하게 되고 그 결과 한 모둠의 구성원으로써 안정된 느낌을 갖게 된다. 교사는 아이들에게 다음과 같은 활동을 할 것을 고려해볼 수 있다.

▍이름을 디자인한다 ▍ 모둠 구성원들은 즉석에서 브레인스토밍 활동으로 모둠의 이름을 제안, 투표해서 다른 모둠에게 소개하도록 한다.

▍로고를 디자인하게 한다 ▍ 역시 구성원들은 자신을 나타낼 로고를 디자인해서 12×18cm 종이에 그려서 자신들의 배너로 사용한다.

▍모둠 콜라주를 만든다 ▍ 각 모둠에게 다소 큰 색판지, 잡지, 풀, 가위, 펜을 준 다음 종이에 모둠 친구들을 디자인하게 한다. 친구들의 사진, 관심사항, 장점, 하고 싶은 것의 사진이나 그림을 콜라주 형식으로 그리도록 유도한다. 완성되면 다른 모둠과 서로 보여주며 소개한다.

▍짝을 지어준다 ▍ 협력적인 활동을 위해 준비한다. 처음에는 좀더 친하고 편안하게 느끼는 누군가와 짝을 이루고 싶어 하지만, 다소 시간이 지나면 서로 잘 모르는 친구들과 짝을 이루어 활동하도록 격려한다.

아이들은 각자 이름표(3×5cm)를 만들면서 모둠 활동을 시작한다. 이름을 두 겹의 글자로 쓴 다음 절반씩 다른 색깔을 칠한다. 서로 자신의 이름표 색깔을 소개한 다음 똑같은 색깔을 칠한 아이들의 이름표를 상자에 모두 담게 한다. 그리고 반대 색깔을 칠한 학생은 이름표를 뽑는다. 아이들은 이렇게 상자에서 저마다 다른 색깔을 칠한 친구의 이름표를 한 장씩 뽑게 된다. 이름표를 뽑

은 아이들끼리 짝이 된다.

▍시계 짝짓기 ▍ S17 활동을 통해 만든 시계 친구를 통해 짝을 지을 수 있다(3장 참조). 아이들은 종이 시계에서 각 시침에 해당하는 칸에 친구들의 이름을 적는다. 교사는 이 활동의 결과를 보관했다가 짝을 지을 때 사용해도 좋다. 예를 들어, '3시 친구끼리 짝을 지으세요.'라고 하면 아이들은 자기 시계 3시 바늘에 적힌 친구와 짝이 된다.

 협력적인 학습을 위한 도구들

아래 소개하는 몇 가지 자료들은 모둠 활동을 촉진시키는 데 유용한 도구들이다. 이것은 단순히 제안에 불과하며 활동에 반드시 필요한 것은 아니다. 교사의 재량껏 사용할 수 있다.

▍인형(저학년용) ▍ 친근하게 느껴지는 인형이면 어떤 것이라도 좋다. 손가락 인형을 가지고 교사가 모둠 활동을 소개한 다음에 토론을 유도한다. 아이들은 인형의 이름을 짓는데, 투표를 하거나 서로서로 기분 좋은 말을 하자는 의미에서 '스마일'이라고 지어도 좋다.

▍타이머 ▍ 타이머는 모둠 토론을 크게 촉진시킨다. 타이머를 통해 아이들은 모둠 토론의 시간이 얼마 남았는지를 시각적, 청각적으로 지각하기 때문이다. 타이머를 특정한 시간에 정해놓고 (예를 들어 20분) 아이들에게 부저가 울리면 모둠 활동도 끝난다는 것을 알려준다.

▍아이디어 박스 ▍ 뚜껑이 있는 구두상자를 준비한다. 뚜껑에 0.5×5cm 길이의 구멍을 낸다. 포장지와 스티커로 꾸민 다음 옆면에 '아이디어

상자' 라고 쓴다. 아이들에게 언제라도 미래의 모둠 토론주제를 위해서 어떤 아이디어라도 적어서 넣을 수 있게 격려한다. 인용문, 시, 리듬, 신문 기사 등을 활용하게 한다. 고학년에 적당한 활동이다.

이름 카드 | 3×5cm 로 이름카드를 만들게 한다. 빨간색으로 아이들 절반의 이름을 인쇄한다. 나머지 다른 아이들의 이름은 다른 색깔로 인쇄한다. 저학년을 위해서는 각각 학생들 카드에 사진을 붙여도 좋다.

청취 북 | 청취 북 양식을 여러 장 준비한다. 아이들 이름 칸을 마련한다. 양식을 여러 장 준비해서 양쪽으로 두꺼운 표지를 씌워서 스테이플로 찍는다. 아이들의 논평을 기록하는 데 이 책을 사용한다. 아이들이 다른 친구의 의견을 집중해서 듣는 훈련이 되기도 한다.
선택한 모둠 양식에 이름을 쓰고 아이들의 내놓은 아이디어들을 메모해 둔다. 모둠 활동 마지막에는 친구들에 관한 사실들을 기억하는지 묻는다(누가 제대로 듣고 있었는지 확인한다). 예를 들어 "우리 반 친구 중에서 밤을 무서워하는 친구가 누구였죠?" 라든가, "누가 거미를 무서워한다고 했죠?" 라는 식으로 물어본다.

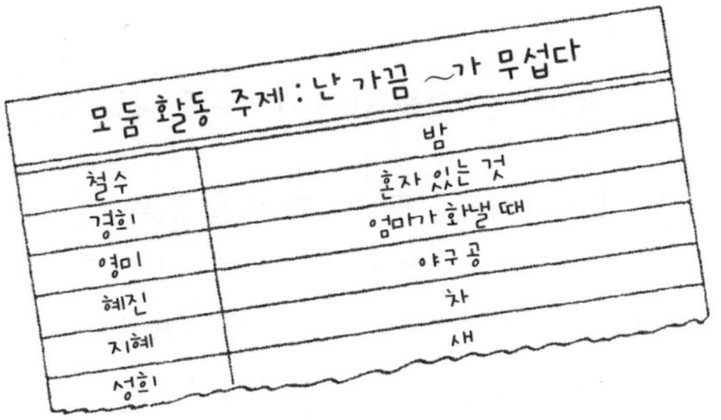

모둠 활동 주제 : 난 가끔 ~가 무섭다

철수	밤
경희	혼자 있는 것
영미	엄마가 화낼때
혜진	야구공
지혜	차
성희	새

소품 돌리기 | 모둠 활동의 주제를 분명하게 인지할 수 있도록 소품을 사용해도 좋다. 소품은 특히 저학년 아이들에게 유용한데, 아이들이 자기까지 차례가 언제쯤 올지 가늠할 수 있다는 점에서 유용한 물건이 된다. 많은 교사들은 활동에 쓰일 소품들을 커다란 바구니나 상자 안에 준비해놓는데 아이들은 소품이 눈에 띄면 모둠 활동에 더 적극적인 태도를 보인다. 물론 고학년의 경우는 소품 없이 활동을 진행시킨다.

시작

예상해야 될 것들 |

1 아이들 중에는 참여하는데 소극적인 아이들이 분명 있기 마련이다.

2 아이들은 대부분 자신과 친구의 신체적인 특징과 능력을 설명하는 간단하고 구체적인 표현을 사용한다.

3 자존감이 저조한 아이들은 맨 처음 시작할 때, 다소 어려워 할 것이다. 아이들은 위축, 부인, 혹은 수줍은 행동으로 자신의 불안한 마음을 우회적으로 표현하기도 한다. 그런 학생들을 위해 교사는 편안하고 안정적인 환경을 조성하도록 노력한다.

긍정적인 자기 인식

표현력을 길러주기 위해서 교사가 할 일 |

1 학생의 장점과 개성을 하루에 한 번은 일깨워 준다. 아이들의 경우, 자신이 장점과 개성을 인지하지 못하면 언어로 구체화되어 나올 수가 없다.

2 아이들이 책상위에 긍정적인 자기 표현 등을 써서 붙여 놓게 한다.

3 교사가 긍정적인 자기 표현의 모델이 되어라. 교사가 가끔씩 긍정적인 자기 표현을 하는 것

을 보게 되면 아이들도 그렇게 하고 싶어 할 것이다. 예를 들어, "선생님은 오늘 선생님이 만든 이 게시판이 너무너무 자랑스러워요. 정성을 많이 들였거든요."

4 아이들이 긍정적인 자기 표현을 하면 칭찬하고 격려해준다. 교사는 아이들이 스스로를 긍정적으로 말하고 평가할 수 있도록 배려하고 선입견이 없는 안전한 환경을 만들어주어야 한다.

5 교사는 모둠 활동에서 긍정적인 자기 표현을 언어화할 수 없는 아이들한테 특히 신경써서 격려해준다. "청소시간에 아주 열심히 하던데. 그리고 다른 친구들이 청소하는 걸 도와주기도 하더구나. '나는 괜찮은 청소 도우미야' 라고 말해도 돼."라고 격려해준다.

그러고 나서 학생에게 교사의 말을 따라서 다시 말해보도록 한다. 억지로 하지 않도록 주의해서 다소 편안한 마음으로 자기 표현을 실천해 보도록 한다.

6 모둠안의 학생들에게 아이디어를 묻는다. '왜 (누구의 차례든 상관없이), 나는 행복해야 하는지.' 차례에 해당하는 아이 옆으로 가서 대답을 유도한다.

7 모둠 활동을 시작할 때는 좀더 구체적인 주제를 가지고 토론을 한다. 학생들은 때로 자신만의 물건을 소개하는 일을 편안한 마음으로 시작할 수 있다. CC56 양식을 이용해서 아이들이 좋아하는 물건을 집에서 한 개씩 가져오도록 한다. CC11 양식도 유사한 활동을 제공한다.

8 아이들이 모둠에 대해서 말하고 싶은 것을 그림을 통해 나타내도록 한다. 이것은 특히나 말수가 적은 아이들에게 유용한 활동으로 아이는 그림을 그려서 다른 친구들에게 자신의 생각과 느낌을 전달할 수 있다.

9 '인형' 을 사용한다. 이 책 3, 4장에서 설명한 인형 만들기를 적절하게 이용한다. 아이들은 종

종 손가락에 인형을 걸고 말하는 데 더 편안하게 느낄 수 있고 수월하게 마음을 열기도 한다.

10 수줍음이 많고 소극적인 아이들을 위해서는 모둠의 주제를 토론하기 전에 가능한 몇 가지 대답에 대한 힌트를 미리 알려준다.

11 마지막으로 CC33 양식이나 기분좋게 하는 문구가 적힌 인덱스 카드가 들어있는 폴더를 제공해서 서로 그런 표현들을 주고받도록 한다. 모둠 활동 중에 다른 친구에게 말할 만한 적절한 문구를 생각해내지 못한 학생들은 인덱스 카드 상자나 폴더에서 카드를 한 장 꺼내서 친구에게 기분좋은 말을 해줄 수도 있을 것이다.

자존감의 5가지 구성요소를 위한 주제별 모둠 활동들

여기에는 자존감의 여러 요소가 위험수준으로 저조한 학생들을 위해 사용할 수 있는 59가지의 활동들이 제시되어 있다. 이 활동들은 또한 상담교사·심리학자에게 아주 유용하게 쓰일 수 있다.

앞 장에서 소개된 활동도 있으나 주제별 모둠에서 다시 반복하는 이유는 모둠 활동을 하기에 적합한 활동이기 때문이다. 각 활동들은 이 책을 통해 제시된 자존감의 5가지 구성요소, 즉 안정감, 자아관, 우호관계, 목적의식 그리고 성취욕구의 순서에 따라 소개되어 있다.

정서적 안정감을 증대시키는 주제별 모둠활동

목적 | 아이들이 긍정적인 말을 들을 수 있는 환경을 마련한다. 정서적인 안정감과 편안함이 가득한 환경을 구축할 수 있는 합리적인 제약과 규칙을 마련한다. 학급의 상호협력과 신뢰감을 증대시킬 수 있는 기회를 제공한다.

참고 | 이런 활동들은 일차적으로 정서적인 안정감이라는 요소에 집중된 것이지만 동시에 우호성과 자아관을 향상시키는 데도 중요한 역할을 한다.

CC1 ● 모둠 활동 시작하기 ● 유~초6

대상 | 전체

참고 | 저학년 아이들의 경우, 각 모둠의 주제를 소개하고 규칙을 점검하는 데 인형 같은 소품을 이용하면 효과적이다. 인형의 종류는 상관없다. 교사는 아이들에게 친숙한 이름으로 인형의 이름을 재량껏 정한다.

> **모둠 규칙 차트**
> 1. 가능한 앉아 있기
> 2. 반드시 친구의 기운을 북돋아주는 긍정적인 말만 할 것
> 3. 순서대로 모두하기
> 4. 다른 사람의 말을 중간에서 끊지 말고 끝까지 들어주기
> 5. 나는 무슨 말을 해야 할지 계획하기
> 6. 곤란하면 그냥 지나가게 해도 좋게하기

준비물 |

1 두꺼운 노란색 종이를 12×16cm 로 자른다. 저학년의 경우 기억하기 쉬운 이름을 정한다. 동그라미 안에 반짝이를 풀로 붙이고 마르게 한다.

2 노란색판지에 지름 6cm 원을 그려 오린 다음, 교사와 학생들 모두 한개 씩 갖는다(선택사항 | 각 원의 가장자리를 둘러가며 풀을 칠하고 위에 반짝이 가루를 뿌린다. 원을 네 부분으로 나눈다)

활동 1 | 모둠 활동 진행자는 아이들에게 주제별 모둠이 무엇인지, 그 목적과 규칙에 대해서 설명해준다. 아래 제시된 예를 참조한다. 단, 이것은 하나의 아웃라인정도에 불과하므로 교사 재량껏 고안해낸다.

오늘은 아주 특별한 날이에요. 주제별 모둠 활동을 시작하는 날이거든요. 오늘은 모여서 서로의 생각과 느낌을 나누고 다른 친구들의 생각과 느낌을 들어주는 날입니다. 우리는 서로에 대해서 새로운 것을 배울 수 있고 서로를 격려할 수 있겠죠?

학교나 교실마다 급훈과 규율이 있듯이 각각의 모둠에도 규율이 있답니다. 우리가 기억하도록 쉽게 차트에 적어 보았어요(아이들에게 차트를 보여준다). 첫 번째 규칙은 바로 '끝까지 자리에 앉아 있기'입니다. 원의 어디에 앉을 것인가 선택하세요. 때로 선생님이 어느 자리에 앉으라고 정해줄 수 도 있답니다. 일단 원을 이루어서 앉으면 자리를 지켜야 해요. 다른 데 돌아다니면 안 되죠(저학년 아이들의 경우, 손가락 인형을 이용해서 규율을 기억하기 쉽게 설명해도 좋다. 아이들이 정해진 자리에 앉도록, 기억하기 쉽도록 바닥에 매번 반짝이를 붙여놓아도 좋다).

두 번째 규칙은 '반드시 친구의 기운을 북돋아주는 긍정적인 말만 할 것'입니다. 선생님은 그렇게 하고 싶어요. 그리고 우리는 실제 그렇게 할 수 있답니다. 어떻게요? 맞아요, 서로 칭찬하는 말, 듣기에 기분 좋은 말만 하는 거예요(커다란 노란 원을 꺼낸다). 선생님은 우리 친구들이 다른 사람의 기운을 북돋아주는 사람이 되려면 어떻게 해야 하는지 한번 생각해 보았으면 좋겠어요. 사람들은 다른 생각과 감정을 가지고 있죠. 이것을 우리는 자존감이라고 부른답니다. 선생님은 우리 모두가 긍정적이고 바람직한 자존감을 가졌으면 좋겠어요.

사람들은 칭찬보다는 불친절하고, 남의 마음을 상

하게 하는 말을 더 자주하는 거 같아요. 하지만 우리는 친구를 기분 좋게 해주는 말을 많이 해서 상처받은 마음을 감싸줄 수 있지요. 어깨가 축 늘어질 만큼 기운 빠지는 말을 하게 되면 마음이 상처를 입어요. 그리고 그 상처를 낫게 하려면 기운나게 하는 말을 적어도 열 번은 해 주어야 한답니다. 자, 우리는 이제 서로를 기운나게 해주는 도우미라는 걸 잊지 마세요.

두 번째 규칙은 '순서대로 하기'라는 겁니다. 모든 사람은 이 원에서 한 번씩 말할 기회가 주어질 거예요. 누구의 어떤 생각도 좋아요. 우리의 생각은 모두 가치가 있답니다. 우리가 앉아있는 이 원의 반지름이 모두 똑같듯이 말이죠. 차례대로 돌아가니까 언제 자기 차례가 올지 금방 알 수 있을 거예요.

세 번째 규칙은 바로 '다른 사람의 말을 끊지 말고 잘 들어주기'입니다. 각자 말할 기회가 주어지니까 다른 사람의 차례에는 그 사람이 충분히 하고 싶은 말을 다 할 수 있도록 해주어야 해요. 말하는 친구를 쳐다보거나 미소 짓고 또 잘 듣고 있다는 표시로 고개를 끄덕여주면 말하는 친구가 한결 기분 좋을 거예요.

네 번째 규칙은 '무슨 말을 해야 할지 계획하기'입니다. 매번 모둠 활동 시간마다 여러분에게 모둠 주제에 관해서 이야기하고 싶은 것에 대해서 몇 분 동안 생각할 시간에 주겠어요. 각자 자신의 차례가 되면 이야기하세요. 여러분은 자신이 말하고자 하는 바를 정확하게 알고 있어야 합니다. 그래야 모둠이 빨리 진행될 수 있거든요.

다섯 번째이자 마지막 규칙은 바로 '곤란하면 그냥 지나쳐도 괜찮아'라는 것입니다. 모든 사람들의 이야기를 다 듣고 싶어요. 그렇지만 그 주제에 대해서 별로 할말이 없는 친구도 있을 테고 말하고 싶지 않은 친구도 있을 거예요. 그런 친구들은 차례를 옆 친구에

게 넘겨도 좋습니다. 그냥 '통과'라고 말하세요. 그런데 선생님은 여러분이 너무 자주 '통과'를 외치지는 않았으면 좋겠어요. 자신에 대해서 친구들이 뭔가 알 수 있는 기회가 사라져 버리니깐 말예요.

활동 2 | 노란색 원을 각 학생들에게 나누어 준다. 아이들마다 자신의 이름을 큰 글자로 쓰게 한다(저학년을 위해서 미리 이름을 인쇄해도 좋다). 아이들은 각자 오른쪽에 앉은 친구와 이름표를 교환한다. 이렇게 짝이 된 아이들이 한 팀이 된다. 아이들에게 각 팀마다 자기 짝의 이름과 취미와 관심거리를 알아내는 데 3분을 준다. 그 후 짝이 가지고 있는 원에 그림을 그리거나 이름을 적는다. 파트너 역시 똑같이 한다. 6분이 지나면 팀은 다시 큰 원으로 모인다. 각자의 짝은 이제 짝의 이름과 관심사항들을 적은 걸 보고 반 친구들에게 짝을 소개한다(수줍음을 타는 아이들의 경우 자신이 그린 그림을 아이들에게 보여주게 한다).

각 모둠 활동 시간마다 주제를
ㅣ가장 좋아하는 TV 프로그램은?
ㅣ가장 좋아하는 색깔은?
ㅣ가장 좋아하는 책, 영화, 음악, 애완동물은?
이라고 질문을 바꾸어도 좋다.

모둠 활동을 마칠 때마다 아이들에게 고맙다는 인사말로 끝을 맺는다. 그러고 나서 아이들에게 이전에 다른 친구에 대해서 알지 못했지만 이제 새롭게 알게 된 것 하나를 말해보게 함으로써 활동에 대해 잠시 평가하는 시간을 갖는다. 저학년을 위해서는 인형을 이용해서 평가하는 모습을 보여도 좋다.

CC2 ● 안녕 ● 유~초6

대상 | 전체 · 모둠별

활동 | 아이들이 동그랗게 앉는다. 한 학생이 먼저 자신을 소개하고 자신의 신체적 특징을 다른 친구들한테 소개한다. "제 이름은 ~이고 ~한 특징을 가지고 있습니다."

예 | 내 이름은 이동찬이고, 키가 크단다.

오른쪽에 앉은 아이는 그 다음 차례가 되는데, 이때 앞서 소개한 친구의 말을 다시 한번 소개하고 지나간다.

"이 친구는 ~이고, 키가 ~합니다. 그리고 나는 ~이고 ~입니다."

이런 식으로 아이들은 앞서 소개한 친구의 인적 사항을 다시 한번 소개하고 자신을 소개하면서 진행된다.

CC3 ● 내 말 좀 들어봐 ● 유~초6

대상 | 전체 · 모둠별

활동 | 아이들은 자신과 자신이 좋아하는 일을 한 가지 소개한다. "안녕 내 이름은 최향기이고 나는 그림을 좋아해."

아이들마다 돌아가면서 자신을 소개한다. 그리고 맨 처음 시작했던 아이는 자신을 '옆 모둠 친구'라고 소개하며 옆 친구의 이름과 그 취미를 소개해준다. "이 친구는 정소영인데 옷을 아주 세련되게 입지."

모든 친구들이 자신의 옆에 앉은 친구에 대해 돌아가면서 다 소개를 한다.

응용 | 저학년의 경우는 SH12를 참조해 소품을 이용해도 좋다.

CC4 ● 동그란 베개 돌리기 ● 유~초1

대상 | 전체

재료 | 중간정도 크기의 동그란 베개

활동 | 한 아이가 동그란 베개를 들고 말한다. "내 이름은 ~이고 나는 ~을 좋아해" 그런 다음 그 베개를 옆에 앉은 친구에게 준다. 베개를 받은 아이는 "안녕~야, 내 이름은 ~이고 나는 ~을 좋아해"라고 말한다. 베개가 모든 아이들에게 한 번씩 돌아가면서 자신을 소개하도록 한다.

CC5 ● 짝 인터뷰 ● 유~초6

대상 | 전체 · 모둠별

내용 | 아이들로 하여금 다른 친구들에 대해서 알 수 있는 질문지 5~10개를 만들도록 한다. 아이들이 제시한 질문을 교사는 게시판이나 차트에 적는다. 아이들을 짝으로 나누고 팀별로 6분 동안 짝끼리 이미 나온 질문들을 가지고 인터뷰를 하게 한다. 6분이 지나면 아이들은 모둠에 모여 다른 친구에게 자신이 인터뷰한 내용과 결과를 소개한다.

CC6 ● 내 몸 그리기 ● 유~초6

대상 | 모둠별

재료 | 아이들의 신체를 다 그릴 수 있을 정도로 큰 종이, 가위, 사인펜

활동 | 학생들을 4~5명의 모둠으로 나누고 모둠의 각 아이들이 종이 위에 누워서 다른 친구가 그 친구의 몸의 윤곽을 종이 위에 그리게 한다. 이때 다른 친구는 누워 있는 친구에게 좋아하는 것, 가족, 잘하는 것 등에 관해 묻는다. 이때 질문에 대답하기 곤란한 질문에 대해서 학생은 대답하지 않아도 좋다. 정해진 시간에 질문을 하도록 한다. 모둠별로 5분 동안 친구의 몸을 그린 다음 그 친구에 관한 내용을 기호나 그림이나 말로 표현하게 한다. 그리고 나서 교실 전체 친구들에게 소개한다. 팀은 종이에 적힌 내용을 친구들에게 읽어준다. 이 활동을 모둠의 구성원들이 다 하려면 충분히 많은 시간이 필요하다.

참고 | 고학년의 경우 한번쯤 모둠 활동에 동성끼리 모둠을 구성해 활동하게 해도 좋다. 몸을 그려서 게시판 한쪽에 붙여놓고 특정한 학생에 대해서 관심을 집중시켜도 좋다.

CC7 ● 10원 인터뷰 ● 유~초6

대상 | 짝

재료 | 아이들에게 동전을 하나씩 준다. 이때 각 동전에 새겨진 년도는 아이들이 태어난 해부터 현재까지의 년도를 표시한 것이어야 한다. 가방 또는 바구니.

내용 | 모든 동전을 바구니에 담는다. 아이들이 바구니에서 무작위로 동전을 하나씩 뽑게 한 다음 짝과 다음과 같은 질문을 하게 한다.

‖ 이름은?

‖ 생년월일은?

‖ 동전에 새겨진 해에 생각하는 것을 말해 주렴(만약 가능하다면 개인적으로 의미 있는 일을 기억하도록 한다).

‖ 왜 그 일이 네게 중요하다고 생각하지?

각 짝들은 자신들이 알아낸 친구의 정보에 관해서 모둠 전체 혹은 반 아이들과 함께 공유한다.

 자아관을 강화시키는 주제별 모둠 활동들

목적 | 아이들의 자부심을 높인다. 아이들에게 자신의 개인적인 특징, 관심사항, 신체적인 특징과 장점을 인지시킴으로써 자신의 자아관을 규명할 수 있는 기회를 준다. 긍정적인 자기 표현을 자주 하도록 한다.

CC8 ● 이름 ● 유~초6

대상 | 짝 · 모둠

활동 | 먼저 모둠을 구성해서 짝을 짓는다. 짝을 1분간 인터뷰해 이름과 개인적인 사항을 알아낸다.

‖ 이름은?

‖ 이름 때문에 곤란했던 적은?

‖ 이름과 관련해서 가장 좋았던 일 혹은 나빴던 일은?

인터뷰가 끝나면 모둠 구성원들과 반 친구들에게 짝에 대해 알게 된 사실을 소개한다.

CC9 ● 로고 디자인 ● 유~초6

대상 ㅣ 모둠

재료 ㅣ 12×18cm 색판지를 모둠 당 하나씩 나누어준다(개인적으로 활동해도 무방하다).

활동 ㅣ 주제별 모둠 활동을 상징하는 로고를 디자인한다. 만약 학생들이 4~5명의 모둠으로 이루어져 있다면 자신이 속한 모둠의 로고를 디자인하고 완성된 로고를 서로 소개한다. 로고를 티셔츠나 배너 혹은 포스터에 붙여서 모둠별 우호성을 증진시킨다.

 CC10 ● 나를 닮은 가방 ● 유~초6

대상 ㅣ 전체 · 모둠

재료 ㅣ 갈색 종이 봉투, 풀, 가위, 잡지.

활동 ㅣ 각자의 이름을 종이봉투 가장자리에 쓴다. 잡지를 뒤져서 자신을 나타낼 만한 슬로건, 단어, 사진 등을 고르게 한다. 종이 봉투 한쪽 면에 그림을 붙인다. 교사는 일정한 시간을 정해준다. 시간이 다 되면 아이들은 다른 친구들에게 자신의 가방을 소개한다. 아이들이 만든 가방을 다른 모둠 활동을 위해 학교에 비치해둔다.

참고 ㅣ 시간을 절약하기 위해서 '가방 만들어 오기'를 숙제로 내준다.

 CC11 ● 거울아, 거울아 ● 유~초2

대상 ㅣ 전체

재료 ㅣ 구두 상자나 이와 유사한 크기의 상자. 포장지나 접착 종이로 붙이고 상자 위에 거울을 붙이게 한다.

리듬 ㅣ
거울아, 거울아,
네 속에 내 얼굴이 보인다.
내가 좋아하는 것은 아주 많지만
난 나를 가장 좋아해.

아이들은 상자 위에 붙은 거울을 들여다보며 자신이 좋아하는 것을 하나씩 말한다. 활동을 시작하기 전 자기가 좋아하는 것을 그려보게 하는 것도 좋다. 순서가 되면 자기가 그린 것을 상자 안에 넣도록 한다.

응용 ㅣ 형식을 갖지만, 좋아하는 항목을 매번 달리해서 변화를 준다.

"내가 좋아하는 색깔은 _____"
"내가 좋아하는 책은 _____"
"내가 좋아하는 음식은 _____"
"내가 좋아하는 TV 프로그램은 _____"
"내가 좋아하는 운동은 _____"

교사는 아이들의 대답을 종류마다 그래프로 만들어 쉽게 표시하게 한다. 아이들은 커다란 종이 위에 그려진 그래프에 자기가 좋아하는 해당 사항에 표시를 한다.

우리가 좋아하는 색깔												
12	11	10	9	8	7	6	5	4	3	2	1	
									성희	성길	철종	파란색
								지영	훈태	지선	남수	빨간색
										명수		녹색
			치민	상필	미정	신애	준혁	동건	철수	경수	지안	노란색

CC12 ● 자기소개 ● 유~초6

대상 | 전체 · 모둠

활동 | 아이들에게 새 학년이 시작된 다음날 다른 친구에게 자신을 소개할 만한 물건을 준비해오게 한 다음 다른 아이들 앞에서 자신을 소개하게 한다.

CC13 ● 나만의 개성 ● 유~초1

대상 | 전체

활동 | 한 아이가 "나는 귀여운 내 모습이 좋아"라고 시작하면 옆의 아이는 첫 번째 친구가 말한 내용을 다시 반복한 다음 자신은 어떤 점 때문에 자신이 좋은지를 소개한다("나는 축구를 잘해서 내가 좋아"라는 식으로). 모든 아이들이 다 참여하도록 독려한다.

참고 | 아이들이 긍정적인 자기 표현을 하는 것을 적는다. 그리고 그날 저녁 커다란 종이에 아이들의 자기표현을 써서 게시판에 붙여놓는다.

CC14 ● 나를 소개하는 가방 ● 유~초6

대상 | 전체 · 모둠

재료 | 커다란 식료품 가방. SH18 양식. 검정 사인펜으로 SH18 양식에 나타난 4가지 카테고리를 써서 준비한다. 아이들에게 인쇄한 양식을 나누어주고 오려서 각자의 가방에 붙이게 한다.

활동 | 전체 혹은 모둠에서 오늘의 주인공을 한명 정한다. 아이는 가방을 집에 가져가서 아래와 같은 항목을 나타낼 만한 물건을 담아온다.
1 가족
2 가장 자랑스럽게 생각하는 일
3 좋아하는 관심사나 취미
4 좋아하는 물건
집에서 이와 관련된 물건이나 물건의 그림을 가방에 담아온 아이는 반 친구들에게 물건을 보여주며 자기를 소개한다.

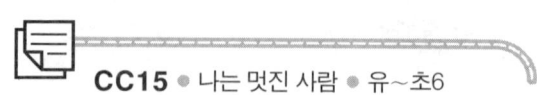

CC15 ● 나는 멋진 사람 ● 유~초6

대상 | 전체 · 모둠

재료 | 사탕, 막대 사탕, 시리얼, 말랑한 마시멜로우를 담은 가방

활동 | 모둠 활동 첫날, 자잘한 군것질거리가 든 가방을 돌린다. 아이들에게 한 번에 한 가지만 집게 한다. 음식을 먹기 전에 아이들은 자신을 소개하는 또는 자신을 표현하는 말을 한마디 한다. 자기가 좋아하는 것(음식, 영화, TV 프로그램)이나 신체적인 특징으로 시작해도 좋다. 집을 수 있는 개수를 올리면 말해야 하는 항목도 똑같이 올라간다. 원이 돌때마다 자기소개를 하고 사탕을 꺼내 먹도록 한다.

참고 | 교사는 아이들이 참고할 만한 내용의 말을 차트나 칠판에 써놓아도 좋다. 좋아하는 물건이나 관심사를 말하는 것이 가장 편안한 주제 중 하나다. 그러다 점차 아이들 더 추상적인 내용을 편안하게 말할 수 있도록 유도한다.

응용 | 상장, 자잘한 장신구, 필기 액세서리, 스티커와 같은 물건을 사탕대신 봉투에 넣는 방법도 생각해볼 수 있다.

CC16 ● 자기 소개 ● 유~초4

대상 | 전체 · 모둠

재료 | 5cm 색판지를 네 등분한다. 크레파스, 펀치, 실, 풀, 잡지

활동 |

1 학생들에게 4개의 동그라미를 준다. 각 동그라미마다 아이들은 각자 좋아하는 내용을 쓴다. 자기가 좋아하는 것을 말, 문장, 그림 혹은 잡지에

나오는 그림을 오려서 표현해도 무방하다. 완성된 원을 반으로 접도록 한다.

2 모둠 활동을 하는 날마다 아이들은 한 명씩 접힌 원을 펴서 친구들에게 보여주며 설명한다.

응용 |

1 반으로 접힌 원을 다른 원 뒷면에 맞닿게 해서 절반정도 풀로 붙인다. 4개의 원을 붙여서 공처럼 만든다.

2 공 위쪽에 구멍을 내고 실을 건다. 단단하게 매듭을 걸고 교실 천장에 붙여놓는다.

CC17 ● 내 기분 그리기 ● 유~초3

대상 | 모둠

재료 | 카세트 플레이어, 12×18cm 도화지, 크레파스 또는 사인펜

인간의 여러 가지 감정을 표현한 음악 테이프를 준비한다 |
▌슬픔 | 안톤 드보락, '심포니 5번, E 마이너', 챠이코프스키의 '심포니 6번 B 마이너'
▌분노 | 무소르그스키, '민둥산의 밤', 폴 듀카스의 '마법사의 도제', 드뷔시의 '바다'
▌행복 | 라벨의 '볼레로', 드보락의 '카니발 서곡', 챠이코프스키의 '호도까지 인형 모음곡'
▌우울 | 홀스트, '자비', 그리그의 '페르귄트 조곡'
▌즐거움 | 생상의 '동물 사육제'

내용 | 각각의 모둠 활동을 위해 아이들은 서로 다른 감정을 표현하는 음악을 듣고 나서 크레파스나 사인펜을 이용해서 종이 위에 자유롭게

그림을 그린다. 활동이 끝나면 아이들은 아래와
같은 문장을 완성해서 음악에 대한 느낌을 적거
나 설명한다.

▌ 나는 ~부분에서(슬픈, 행복한, 분노의, 두려운) 감
　정이 들었어요.
▌ 제가 느낀 점은 바로 ~입니다.
▌ 내가 ~느낌을 가진 것은 바로 ~부분입니다.
▌ 내가 ~한 기분을 느낄 때는 대개 ~하고 싶어
　합니다.

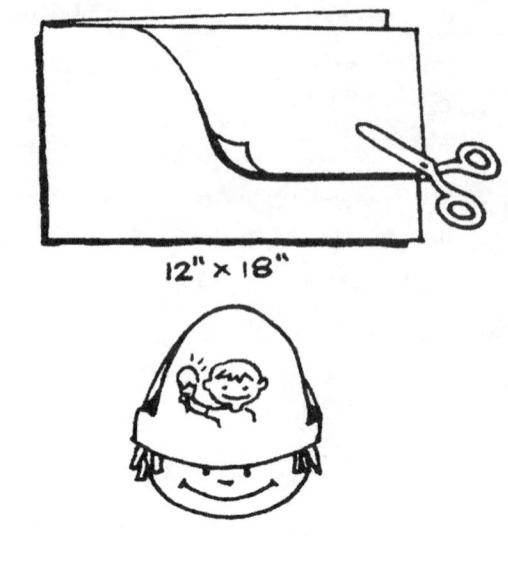

12" × 18"

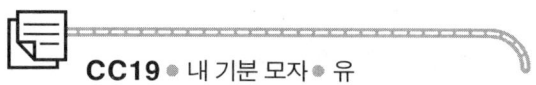

CC19 ● 내 기분 모자 ● 유

대상 ｜ 전체

재료 ｜ 내 기분 모자. 12×18cm 색판지를 준
비해서 그림처럼 자르고 뒤를 스테이플로 찍는
다. 앞면에는 그날 함께 토론할 감정을 글자로 쓰
거나 그림을 그린다.

활동 ｜ 특정한 감정에 관한 토론이 끝나면 저
마다 그런 감정을 갖게 되는 때에 대해서 이야기
한다. 그리고 모자 앞면에 그 감정을 그림으로 나
타낸다. 아이들은 그날의 감정을 나타내는 그림
이 들어간 모자를 쓰고 모둠 활동을 한다.

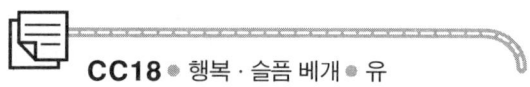

CC18 ● 행복 · 슬픔 베개 ● 유

대상 ｜ 전체

재료 ｜ 지름 6cm짜리 동그란 베개 천을 준비
한다. 콩이나 쌀겨로 속을 채운다. 펠트지를 이용
해서 앞면에 행복한 표정, 뒷면에는 슬픈 표정을
만들어 붙인다.

내용 ｜ 원을 이룬 아이들은 옆 친구에게 베개
를 전달한다. 아이는 자신의 현재 감정을 베개 앞
뒷면의 표정 중에서 골라 다른 친구에게 보여준
다. 그리고 나서 옆 친구에게 전달한다.

대상 ㅣ 전체

자료 ㅣ 종이 보드(체온계용), 풀, 잡지, 가위, 고정 핀, 검정 종이를 잘라내 만든 끈들.

활동 ㅣ 아이들로 하여금 자신만의 기분 체온계를 만들게 한다. 잡지를 뒤져서 서로 다른 감정을 나타내는 표정이나 인물 사진을 오려서 종이 보드 가장 자리를 따라 붙이게 한다. 두꺼운 검정색 종이로 시침을 만들어서 가운데에 고정 핀으로 눌러준다. 아이들은 다음과 같은 질문에 대해 시계바늘을 움직여 감정을 나타낸다.

ㅣ 어두운 방에 있으면 _____ 기분이 든다.
ㅣ 학교에 맨 처음 온 날에는 _____ 기분이 들었다.
ㅣ 내 생일에는 _____ 기분이 든다.
ㅣ 읽기 시간에는 _____ 기분이 든다.
ㅣ 다른 사람들 앞에서 이야기할 때는 _____ 기분이 든다.
ㅣ 매일 아침 학교에 올 때는 _____ 기분이 든다.
ㅣ 모둠 활동의 시간이 되면 _____ 기분이 든다.
ㅣ 친구들과 함께 있으면 _____ 기분이 든다.
ㅣ 우리 반의 친구들을 보면 _____ 기분이 든다.
ㅣ 음악시간에는 _____ 기분이 든다.
ㅣ 채점한 시험지를 받으면 _____ 기분이 든다.
ㅣ 받아쓰기 시험시간에는 _____ 기분이 든다.
ㅣ 누군가 나를 좋아한다고 말할 때는 _____

대상 ㅣ 전체

재료 ㅣ 12×20cm 색판지에 커다란 온도계를 모양을 그려놓는다. 눈금 옆에는 행복, 슬픔, 분노, 자존감 등의 다양한 표정의 얼굴 그림을 그린다.
위쪽과 아래쪽에서 2cm 가량 떨어진 곳에 구멍을 내고 긴 털실을 맨다(빨간색과 하얀색 실을 매듭지어 9cm 가량 되게 한다).

활동 ㅣ 체온계를 아이들에게 전달해 자신의 기분을 나타내는 그림 옆에 빨간색 털실이 오게 한다.

응용 ㅣ 교사는 빨간 실을 특정한 표정 옆까지 오게 한 다음 언제 그런 표정을 짓게 되는지, 그 때의 감정상태를 설명하게 한다.

기분이 든다.
▌내가 가장 좋아하는 친구가 아플 때는 _____
기분이 든다.
▌누군가 나를 보고 미소를 보이면 _____
기분이 든다.
▌쉬는 시간에는 _____한 기분이 든다.

도록 한다.

 CC22 ● 기분 마스크 ● 유~초1

대상 | 전체

재료 | 태그보드지로 만든 9×12cm 마스크

만들기 | 얼굴 표정 그림을 마스크위에 놓고 스테이플로 찍거나 풀로 붙인다(CC20 양식참조)
얼굴 표정을 마스크에 붙이거나 스테이플로 찍거나 연필로 그리거나 실로 엮는다. 예시된 얼굴 표정은 CC20 양식을 이용해도 좋다.

활동 | 주제별 모둠 활동에 이 마스크를 여러모로 이용할 수 있다.
▌역할 놀이 | 아이들이 교대로 마스크를 쓰고 그 표정대로 감정을 연출하게 한다.
▌개인별 마스크 | 각 모둠마다 서로 다른 마스크를 사용한다. 아이들은 교대로 마스크를 쓰고 그려진 표정대로 연출한다.

응용 | 짝을 지은 후 마스크의 표정과 똑같은 상황을 선정하고 거기서 일어날 만한 대화를 적

 CC23 ● 소원을 들어주는 우물 ● 유~초2

대상 | 전체

자료 | 커다란 아이스크림 통으로 우물 모양을 만든다. 일명 소망 우물이라 부른다. 갈색, 회색 색판지를 찢어 붙여서 우물의 분위기가 나게 한다. 손잡이용 끈을 오려서 스테이플로 찍는다. 6cm 원을 오려서 동전처럼 그린다.

내용 | 아이들마다 동전 가운데 자신의 모습을 그리게 한 다음 반대편에는 자기가 바라는 일을 적도록 한다. 그리고 나서 원 한 가운데에 소망의 우물통을 놓고 던지게 한다. 이때 리듬 있는 차트를 읊조리게 해도 좋다.

동전에 그린 내 소망이 그대로 이루어지길 바라며 이렇게 우물에 동전을 던집니다.

  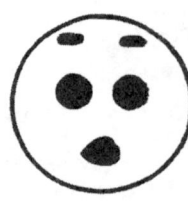  

CC24 ● 내 꿈 ● 초1~6

대상 | 전체 · 모둠

재료 | 꿈의 구름─아이들은 12×18cm의 구름을 하얀 종이에 그려 자유스럽게 오린다(풀, 잡지)

활동 | 구름 모양 그림을 오렸으면 아이들이 현재 그리고 미래에 이루고 싶은 꿈에 대해서 생각해 보도록 한다. 글씨나 그림 혹은 상징을 이용해서 구름 모양 안에 자신의 소망을 적거나 그린다. 잡지에 나오는 사진을 오려서 붙여도 좋다. 완성된 구름을 친구들에게 보여주며 자신의 소원과 꿈을 소개한다. 나중에 게시판에 붙여두어도 좋다. 제목은 '우리가 바라는 꿈들' 혹은 '우리 마음속에 있는 소망들' 이라는 제목을 붙여도 좋을 것이다.

우호성을 향상시켜주는 주제별 모둠 활동들

목적 | 아이들이 서로 우호적인 행동을 할 수 있도록 격려한다. 다른 사람의 장점과 특징을 인지하고 그로부터 자신의 특징과 장점 역시 도출해 낼 수 있도록 한다. 아이들이 다른 사람을 칭찬하는 법을 배우게 한다.

우호성을 위한 모둠 활동의 주제는 일반적으로 자아관을 향상을 위한 활동에서 자연스럽게 따라 나온다. 타인을 칭찬하는 일은 먼저 자신의 자아관에 대해서 자존감, 정서적 안정감, 성취감이 전제되어야 가능해진다. 그러므로 아이들이 먼저 자신을 칭찬하는 법을 배우도록 한다.

아이들이 다른 사람을 칭찬하도록 가르친다

▌남을 칭찬하는 일은 그리 특별하거나 어려운 일이 아니라는 것을 가르친다. 나중에는 자연스럽게 아주 구체적이고 특별한 일에 대해서 칭찬을 아끼지 않게 된다.

▌아이들이 '가식적인 말' 을 하지 않도록 주의시킨다. 서로에게 하는 말은 편안하고 자연스러우며 진지해야 한다는 점을 설명한다. 처음에는 그냥 "안녕", "반가워" 정도도 괜찮다는 점을 알려준다. 그러다 시간이 흐르면 아이들은 "너는 내 말을 잘 들어줘서 좋아" 라는 식으로 더 긍정적이고 구체적으로 표현하기 마련이다.

▌아이들이 다른 사람을 칭찬하는 법을 가르치는 데 있어 중요한 요소는 바로 남의 칭찬을 제대로 받아들이는 태도에 있다. 교사는 칭찬을 받았을 때 응답할 수 있는 말을 차트로 꾸며놓고 아이들이 참조하게 해도 좋다.
  - ● 알아줘서 고마워!
  - ● 감사합니다.
  - ● 어떻게 알았어? (이는 좀더 긍정적이고 적극적인 아이들에게 적용하도록 한다)

많은 아이들이 남을 칭찬하는 데 익숙하지 않은 편인데, 이것은 평소의 언어 습관이 여기에 길들여지지 않았기 때문이다. 다른 사람을 칭찬해주고 싶은데 적당한 말이 떠오르지 않을 때는 CC33, CC25에 들어 있는 말을 참고하도록 하거나, 특정한 말을 정해주면 아이들이 편하게 시도할 수 있다.

CC25 ● 햇살 ● 유~초6

대상 | 전체 · 모둠별

재료 ┃

1 최소 지름 20cm 원을 노란색 혹은 오렌지색 태그보드지로 잘라 준비한다.

2 햇살로 쓰일 삼각형(4×6cm)을 역시 노란색 혹은 오렌지색 종이로 자른다. 검정 사인펜으로 햇님의 얼굴표정을 그리고 안에 기분 좋은 '말'을 적는다.

아이들마다 검정 크레파스내지 사인펜을 사용하게 한다.

활동 ┃ 먼저 아이들과 함께 모둠 규칙을 다시 점검하고 다른 사람의 자존감에 따뜻한 '햇살'이 될 '기운나는 말'을 하는 것이 얼마나 중요한지 강조한다. 모둠에서는 서로에게 '기운나는 따뜻한 말'을 할 기회가 많이 있다는 점을 주지시키고 또한 다른 사람의 칭찬이나 친절한 말을 제대로 받아들이는 것도 중요하다는 점도 가르친다. 그러고 나서 만약 누군가 나를 칭찬하면 어떻게 응답해야 할 지 물어본다. 검정 사인펜으로 아래와 같은 말들을 커다란 원의 중앙에 써놓고 칭찬을 받을 때마다 사용할 수 있는 말이라고 거듭 상기시켜준다.

┃ 알아줘서 고마워
┃ 감사합니다.
┃ 어떻게 알았어?

아이들을 2~4개의 모둠으로 나눈 다음 각 모둠에게 반 친구 혹은 같은 학교의 누군가로부터 미소지을 수 있는 말을 들었을 때 무슨 말을 해줄 수 있을지 생각하게 한다. 이때 그 말들은 누구라도 어떤 상황에서 사용할 수 있는 일반적인 말이 되어야 한다.

삼각형 모양 햇살을 아이들에게 돌려가며 친구를 '기운 나게 하는 말'을 적거나 그리게 한다(저학년의 경우 4명씩 짝을 지어 '언니·오빠 선생님'의

도움을 받게 한다). 그런 다음, 왼쪽에 앉아있는 친구에게 자신이 적은 말을 하게 한다. 이때 친구에게 기운 나는 말을 들을 친구는 앞서 배운 4가지 칭찬에 대한 응답 중 한 가지 표현을 한다.

나중에 '기운나는 말'을 커다란 원 주변에 돌려가며 적어서 전시한다. 아이들이 가끔 그런 표현을 주고받도록 격려한다.

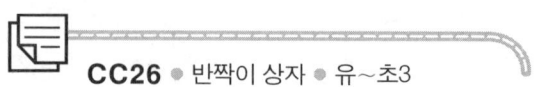

CC26 ● 반짝이 상자 ● 유~초3

대상 ┃ 전체

재료 ┃ 구두 상자('반짝이'라는 글을 쓰고 스티커로 학생 이름을 장식해서 준비한다), 3×5cm 인덱스 카드 여러 장(아이의 이름이 쓰인 걸로 준비하는데 저학년의 경우는 사진을 복사해서 카드 옆에 붙여서 준비한다)

활동 ┃ 아이들이 돌아가며 상자에서 이름이 쓰인 카드를 뽑는다. 그리고 카드에 적힌 친구에게 칭찬 한마디를 한다. CC25 활동을 통해 배운 표현을 참조하게 한다. 칭찬을 받았을 때 어떻게 응답해야 하는지를 상기시킨다.

CC27 ● 배너 ● 유~초6

대상 ┃ 짝·전체

재료 ┃ 12×18cm 색판지, 가위, 크레파스나 사인펜

활동 ┃ 아이들마다 배너를 오리게 한다(배너 만드는 방법에 대해서는 C26참조).

아이들은 서로 잘 모르는 친구와 짝을 이룬다. 각 학생들은 서로의 짝에 대해서 3분간 인터뷰를 한다. 친구의 관심사항, 가족관계, 개성, 장점을 알아낸다. 전체 6분이 지나면 짝에 대해서 배너에 약 5~10분 동안 알아낸 내용을 적는다. 친구를 나타내는 그림이나 글씨를 쓰고 아이의 이름을 두 겹으로 커다랗게 색색별로 그린다. 전체가 모여서 서로 만든 배너를 소개한다.

CC28 ● 친구 알아보기 ● 유~초6

대상 | 전체 · 모둠

자료 | 3×5cm 종이 끈, 학생 한 명당 2장씩, 연필

활동 | 아이들에게 다른 친구들의 관심사항과 특기에 대해서 더 알고 싶은 것에 대해서 생각하게 한다. 아이들은 두 가지 질문을 종이끈에 적는다(이때 다른 사람이 내게 물어봐도 괜찮은 질문을 생각해서 친구에게 할 질문을 생각하게 한다). 아이들의 질문지를 다 걷어서 가방이나 상자에 넣는다. 이제 학생들을 모둠으로 나눈다. 각 모둠의 구성원들은 2개의 질문지를 꺼내서 모둠의 중앙에 내려놓는다.

모둠 구성원들은 차례대로 질문지를 뽑고 질문지의 내용을 큰 소리로 읽고나서 대답하거나 대답하기 곤란한 질문이면 '통과'라고 말하고 다른 질문지를 꺼낸다. 정해진 시간 내 활동을 하도록 한다.

CC29 ● 그림 퍼즐 ● 유~초6

대상 | 전체 · 모둠

자료 | 9×12cm 밝은 색상의 색판지, 빨강, 파랑, 초록 크레파스, 가위

활동 |
1 아이들에게 색판지를 나누어 주고 퍼즐처럼 안에 그림을 그릴 수 있도록 세 조각으로 오리게 한다.

아이들에게 아래와 같은 지침을 준다.
▮ 첫 번째 조각에는 빨간색 크레파스로 가장 좋아하는 음식을 그린다.
▮ 두 번째 조각에는 초록색으로 가장 좋아하는 TV 프로그램을 그린다.
▮ 세 번째 조각에는 파란색으로 가장 가보고 싶은 곳을 그린다.

교사의 재량에 따라서 내용에 변화를 줄 수 있다. 아이들에게 그림 밑에 그림을 설명할 만한 짤막한 단어나 문장을 쓰게 한다. 이제 아이들은 모둠으로 나뉘어서 저마다 그림 퍼즐을 간직하고 있게 한다.

2 그 다음 자신의 수수께끼 조각을 각각 같은 색끼리 모아두게 한다. 앞면이 보이지 않게 뒤집어 놓는다.

3 빨간색 수수께끼 조각에서 시작해 첫 번째 아이가 한 조각을 들고 아이들에게 읽어준 다음 그게 누구의 것인지를 추측해 보도록 한다. 이때 아이들은 단 한 번만 대답할 수 있다. 만약 다른 아이가 그 추측이 맞다는 걸 확인해주면, 원래 학생은 자신의 조각을 가져간다. 만약 추측이 틀리면(지목된 아이가 '나는 아니야'라고 확인해주면) 조각을 다시 원래 자리에 놓는다. 그 다음 사람이

카드를 읽고 카드의 주인공이 누구인지 맞춘다.

4 모든 조각들이 각 학생에게 되돌아갈 때까지 퍼즐 맞추기를 계속한다. 색색별 퍼즐에 대해서 똑같은 활동이 이어질 수 있다.

5 교사는 아이들을 새로운 모둠으로 다시 구성하거나 질문의 내용을 달리해서 활동에 변화를 줄 수도 있다.

CC30 ● 우리는 모두 별 ● 유～초6

대상 ㅣ 전체 · 모둠

자료 ㅣ 8cm 짜리 별 모양을 노란색 색판지로 오린다. A2(5장) 활동자료에 나오는 별 모양을 이용해도 좋다. 사인펜이나 크레파스.

활동 ㅣ

1 종이별을 아이들에게 나누어 준 다음에 가운데에 이름을 쓰도록 한다.

2 시계방향으로 아래쪽의 질문에 대한 답을 쓰도록 한다.
ㅣ 내가 직접 갖고 싶은 것
ㅣ 내가 이 세상에서 가장 좋아하는 곳
ㅣ 내가 커서 갖고 싶은 직업
ㅣ 내가 존경하는 사람, 혹은 커서 되고 싶은 사람
ㅣ 내가 가장 좋아하는 실내 운동

3 완성된 별을 모둠 구성원들에게 보여준다.

4 아이들의 별을 게시판에 붙이고 '우리는 모두는 별' 이라는 제목을 붙인다.

CC31 ● 수수께끼 ● 유～초6

대상 ㅣ 전체 · 모둠

자료 ㅣ 5.5×8.5cm 종이끈

활동 ㅣ 아이들에게 종이에 자신에 관한 수수께끼를 쓰도록 한다.
ㅣ 개인적인 신체적인 특징
ㅣ 관심사항이나 취미
ㅣ 친구를 사귈 때 가장 중요하게 생각하는 점

아이들은 자신의 이름을 종이 뒷면 오른쪽에 적는다. 시간을 절약하기 위해 수수께끼 카드는 숙제로 내준다. 글자를 못 읽거나 못 쓰는 아이들은 부모나 보조교사가 도움을 준다. 저학년의 경우 수수께끼를 그림으로 그리게 하는데 카드 한 장당 한 가지 힌트만 그리게 한다. 다 완성된 수수께끼 카드를 상자에 넣어서 시계방향으로 돌아가게 한다. 첫 번째 학생이 상자에서 카드를 한 장 꺼내서 읽고 카드에 적힌 사항에 해당하는 친구가 누구인지를 알아 맞춘다. 제대로 알아 맞추면 카드를 주인에게 되돌려준다. 만약 틀리면 다른 학생 2명까지 누구인지 알아 맞출 수 있는 기회를 준다.

모든 카드가 다 주인에게 돌아갈 때까지 원을 돌아가며 활동을 계속한다. 시간을 제한해서 할 수도 있고 언제까지 계속 할 수도 있다. 마지막에 카드를 뽑는 아이는 상대적으로 정답을 금방 알게 되지만 오랫동안 기다린 만큼 쉽게 맞출 수도 있다는 점을 아이들에게 설명해준다.

CC32 ● 말없는 미소 ● 유～초3

대상 ㅣ 전체 · 모둠

활동 ㅣ
1 아이들에게 특별한 말없이 친구를 미소 짓게

할 수 있는 방법에 대해서 생각해보도록 한다(몸 짓이나 행동으로 할 수 있는 일).

2 아이들이 제시하는 제안들을 커다란 차트 종 이위에 써서 전시해둔다. 새로운 아이디어가 나 올 때마다 추가로 기록해 둔다.

‖ 껴안는다.

‖ 손을 잡는다.

‖ 악수를 한다.

‖ 어깨를 두드려준다

‖ 미소를 지어준다

‖ 눈을 맞춘다.

‖ 친구가 하는 말을 잘 들어준다.

‖ 뭔가를 나누어쓴다.

‖ 옆에 앉아준다

‖ 함께 시간을 보낸다.

‖ 친구를 쳐다보며 다가간다.

3 '우리 반 친구들의 친근한 행동' 에 관한 책을 만든다. 아이들이 서로에게 할 수 있을 법한 친근 한 행동을 그림으로 그리게 해서 책으로 제본한다.

4 조용한 모둠 ‖ 아이들은 오른쪽에 앉아 있는 친구에게 친근한 행동을 보여준다.

참고 ‖ 친구가 껴안는 것을 불편하게 생각하 는 아이들도 있을 수 있다. 아이의 불편한 감정은 감정대로 존중해준다. 미소나 악수로 대체하게 한다.

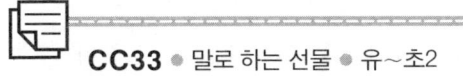

CC33 ● 말로 하는 선물 ● 유~초2

대상 ‖ 전체 · 모둠

말 선물 상자 ‖ 선물상자를 포장지로 윗부분 만 싼다. 이때 뚜껑이 있는 상자로 준비한다.

활동 ‖ 아이들에게 모둠별로 친구의 얼굴에 미소가 떠오를 수 있는 말, 문구를 생각하게 한 다음 4×6cm 카드에 써서 상자에 담도록 한다. 모둠을 돌아가며 상자에 카드를 담는다. 그런 다 음 아이들은 카드를 한 장씩 뽑아서 적힌 말을 옆 친구에게 말해준다. 이때 친근한 말을 듣는 친구 는 그에 적당한 응답을 하게끔 격려해준다.

주기적으로 아이들이 상자에 새로운 카드를 써 넣도록 하다. 말이란 우리가 다른 사람에게 줄 수 있는 선물과도 같다는 점을 상기시킨다. 상자위 에 "친구에게 전하는 친절한 말 한마디는 아주 특 별한 선물이 되지요"라는 문구를 써넣어도 좋을 것이다.

응용 ‖ 앞으로의 모둠 활동을 위해 다른 친구 를 칭찬하는 말을 담아놓는 칭찬 상자를 이용한 다. 모둠 한가운데 상자를 놓고 아이들이 다른 친 구에게 칭찬의 말을 하고 싶을 때 상자에서 카드 를 뽑아 쓰인 문구를 사용하게 한다.

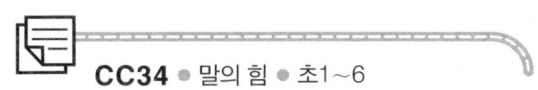

CC34 ● 말의 힘 ● 초1~6

대상 ‖ 모둠

자료 ‖ CC34 양식

활동 ‖ 이 활동은 남을 깎아 내리는 말이 다른 친구의 기분을 상하게 한다는 것을 인지하도록 해준다. 또한 부정적인 말을 좀더 긍정적인 말로 바꿀 수 있는 방법을 터득하도록 도와준다. CC34 양식과 3×5cm 인덱스 카드 10장을 모둠마다 준 비한다. 카드에 부정적인 말을 쓰게 한다. 교사는 재량껏 좀더 일반적인 말을 첨가한다.

‖ 입 다물어!

▌여기서 나가!

▌바보

▌멍청이

▌귀찮게 하지 마!

▌넌 정말이지 구제불능이야

▌저리가!

▌따라하지 마

▌나 좀 내버려 둬

▌나 건드리지 마!

각 모둠마다 카드를 나누어줄 사람을 한 명 뽑게 한다. 시계방향으로 돌면서 각 모둠 구성원은 카드에 적힌 메시지를 모둠에게 읽어준다. 그러고 나서 모둠은 부정적인 말 대신 기운을 나게 할 만한 말이 없는지 즉석에서 브레인스토밍 한다. 부정적인 표현을 대신할 최선의 대답을 골라서 양식에 적는다.

CC35 ● 안경 모둠 ● 유~초1

대상 ┃ 전체 · 모둠

자료 ┃ 못쓰는 안경테

리듬 ┃
안경아, 안경아, 무엇이 보이니
내 모습에서 가장 근사한 걸 말해 봐

활동 ┃ 둥그렇게 앉아서 안경을 오른쪽에 앉은 친구에게 전달한다. 안경을 받은 학생은 안경을 쓰고 위의 리듬을 흥얼거린다(이때 다른 아이들도 함께 흥얼거리게 한다). 안경을 벗고 다음 친구에게 전해준다. 이때 안경을 받은 친구는 그 친구에게 칭찬 한마디를 해준다.

CC36 ● 햇살 ● 유~초3

대상 ┃ 전체 · 모둠

자료 ┃ 색판지로 4cm 원을 오려둔다(노란색과 오렌지색), 학생 한 명당 한 가지 색깔의 원, 노란색과 주홍색의 색판지로 삼각형을 4.5×5.5cm 로 오려둔다. 한 가지 색깔 당 여섯 개의 삼각형을 준비해 둔다.

활동 ┃ 햇님 가운데에 각자의 이름을 적고 장식한다. 원주 위에 햇살을 붙일 수 있도록 편리한 곳에 장식한다. 주제별 모둠 활동을 하면서 특정한 친구가 좋아하는 것, 싫어하는 것, 잘하는 것, 그 친구와 비슷한 것 등, 알게 된 것을 서로 이야기나누도록 한다. 아이들은 친구에 대해서 새로 알게 된 사실들을 적고 햇님을 중심으로 붙여서 장식한다. 이 활동을 다 마치려면 원이 여섯 차례 돌아야 한다.

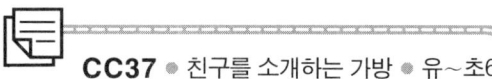

CC37 ● 친구를 소개하는 가방 ● 유~초6

대상 ┃ 전체 · 모둠

자료 ┃ CC10에서 만든 양식, 잡지, 가위, 풀

활동 ┃ 아이들은 모둠끼리 모여 앉는다. 모둠 구성원 한 명이 이번 활동의 포커스가 된다. 모둠 구성원들은 그 친구를 표현할 만한 잡지 사진이나 글귀, 구호를 오려서 종이 가방의 옆면에 붙인다. 완성된 가방을 다른 모둠에게 보여주며 특정한 친구에 대해서 새롭게 알게 된 것을 소개한다.

CC38 ● 친구를 칭찬하는 가방 ● 유~초6

대상 ┃ 전체 · 모둠

자료 ┃ 앞선 활동에서 사용한 가방, 3×5cm 인덱스 카드 한 장씩, 필기도구

활동 ┃ 오늘 칭찬의 대상이 될 학생을 한 명 선택한다. 나머지 학생들에게 인덱스 카드를 주고 그 친구를 칭찬할 만한 글이나 그림을 그리게 한다. 아이들은 그 친구와 칭찬 가방을 원 가운데 두고 칭찬 카드를 읽고나서 가방에 넣어준다.

참고 ┃ 각 모둠마다 학생 몇 명에게 집중해서 칭찬 카드를 이용한 활동을 하도록 한다.

CC39 ● 이름 포스터 ● 유~초6

대상 ┃ 전체 · 모둠

자료 ┃ 12×18cm 색판지, 사인펜

활동 ┃ 각 모둠은 모둠 구성원 친구의 이름 첫 글자를 종이 왼쪽 아래에 적는다. 3분 동안 각 모둠은 각 팀의 구성원들을 설명하는 긍정적인 말이나 문구를 적는다. 각 문장은 그 친구의 이름 첫 글자로 시작한다. 아이들은 종이에 그 친구에 대한 긍정적인 말을 쓴다. 전체 반 아이들이 모여서 자신들이 만든 포스터를 보며 이야기를 나눈다. 후에 있음 모둠 활동을 위해 잘 보관한다.

CC40 ● 칭찬 ● 유~초6

유치원생은 옆에서 감독이 필요하고 초1~6학년은 인형보다는 그냥 평범한 종이 조각을 이용한다.

대상 ┃ 전체

자료 ┃ 인형을 오린다(SH6 양식 참조). 사인펜, 크레파스

활동 ┃ 아이들은 인형의 꼭대기에 크게 색색 글자로 자신의 이름을 쓴다. 자신의 인형을 돌려가며 다른 친구들이 한마디씩 긍정적인 말을 적거나 그림으로 표현하게 한다.

CC41 ● 칭찬 걸이 ● 유~초6

대상 ┃ 모둠

자료 ┃ 3×6cm 색판지, 실, 끈, 펀치, 크레파스, 가위

활동 ┃ 매일 그날의 학생을 정해서 원의 한 중앙에 앉도록 한다. 각 모둠의 아이들은 앉아 있는 학생 등에다 칭찬 카드를 붙여준다. 칭찬 카드 밑에 아이의 이름을 쓰게 해도 좋다. 모둠 활동이 끝나면 카드를 줄줄이 엮어서 해당 아이에게 준다. 카드를 받은 아이는 자기 이름을 커다랗게 색색별로 만들어서 칭찬카드를 줄줄이 붙여도 좋다.

을 변화시킬 수 있다는 점을 인지하도록 한다. 아이들이 자신만의 문제를 풀 수 있는 기회를 제공한다. 목표설정은 목적이 현실적이고 성취가능한 것으로 설정될 때 자존감을 향상시켜줄 수 있는 하나의 기술이 된다. 교사는 6장 목적의식을 참고해서 성공적인 목표설정을 위한 단계를 점검한다. 여러 가지 목표설정 양식을 주제별 모둠 활동에 사용하면 좋다.

CC43 ● 더 좋아하는 것 ● 유~초2

대상 ㅣ 짝 · 모둠

재료 ㅣ 학생들이 주도적으로 참여하는 활동을 묘사한 그림이나 사진을 잡지에서 오려둔다. 모둠당 적어도 25개를 준비한다(주제는 음식, 관심사항, 게임, 장난감, 가보고 싶은 곳, 애완견, 등등). 각 사진을 카드에 붙인다.

활동 ㅣ 각 모둠의 아이들에게 카드의 앞면이 보이지 않도록 가운데에 놓고 카드를 섞는다. 알파벳순으로 카드를 뽑게 한다. 시계 방향으로 돌아가면서 카드를 뽑는다. 그 어떤 질문에 대한 대답에는 잘못된 것도 잘된 것도 없으며 저마다의 의견이 다 중요할 수 있다는 점을 상기시킨다.

첫 번째 아이가 2장의 카드를 뒤집은 다음, "나는 ~보다는 ~를 더 좋아하는데 그 이유는 ~때문입니다"라고 카드에 적힌 내용에 대한 답을 말하게 한다.

나는 수영보다는 구기종목을 좋아하는데, 이유는 아직 수영을 할 줄 모르기 때문입니다.

그 다음 아이는 2장의 카드를 덮어 논 다음 다

CC42 ● 공을 돌려라 ● 유~초3

대상 ㅣ 전체 · 모둠

재료 ㅣ 뽀송뽀송한 천으로 된 공을 소품으로 이용한다.

선택사항 ㅣ 천으로 뽀송이 가방을 만든다. 윗부분을 여닫을 수 있도록 끈이나 줄로 묶는다. 밝은 색상의 펠트 천 조각을 이용해서 붙여서 장식한다(편리한 크기는 12×15cm).

활동 ㅣ 뽀송이 공을 소품으로 이용한다. 먼저 누군가 공을 들고 자신의 오른쪽에 앉은 친구에게 듣기 좋은 부드러운 말을 하면서 공을 준다. 돌아가면서 계속한다.

목적의식을 향상시켜주는 주제별 모둠 활동

목적 ㅣ 아이들로 하여금 자신의 행동이 인생

른 학생 차례를 위해 다시 섞어놓는다.

CC44 ● 문제해결 브레인스토밍 ● 초2~6

대상 l 짝 · 모둠

자료 l 신문의 상담 코너를 오려둔다. 그 중 학생들 수준에 적절한 기사를 오려서 인덱스 카드에 붙인다. 상담자의 조언도 함께 오려서 역시 다른 카드에 붙여둔다. 아이들이 문제 상황을 설정해도 좋고 현재 중요한 문제를 이용해도 좋다.

활동 l 각 모둠에 한 가지 문제가 적힌 카드를 주고 약 3분을 준다. 시작 전에 브레인스토밍의 규칙을 점검한다(6장 M5 브레인스토밍 참고).

1 어떤 제안도 거리낌 없이 제시한다.
2 아이디어가 많으면 많을수록 좋다.
3 제시한 아이디어에 대해 좋다, 나쁘다 등의 판단을 하지 않는다.
4 다른 사람의 아이디어에 더 첨가해도 좋다.
예전에 해보지 않았다면 규칙을 적어서 포스터로 게시판에 붙여서 아이들이 익숙해지도록 한다. 아이들은 재빨리 서기를 뽑아서 문제를 읽은 다음 모둠 친구들이 제시하는 해결책을 적게 한다. 모둠 당 3분을 제한시간으로 한다.

3분 제한시간 안에 아이들은 자신들의 해결책의 숫자를 센 다음, 다른 모둠과 함께 그래프로 표시한다. 신문의 상담자가 제시한 해결책과 비교해본다.

CC45 ● 더 잘할 수 있는 일 ● 유~초6

대상 l 전체 · 짝

활동 l 아이들에게 자신이 하고 싶은 혹은 더 잘했으면 하는 것이 있다면 한 가지씩 생각하도록 한다. 이때 자신이 실제 바꿀 수 있고 실현 가능한 것을 생각하도록 한다. 아이들은 자신의 소망을 인덱스 카드 한쪽에 쓰거나 그림으로 그린다. 그리고 카드를 반복해서 모둠이나 짝에게 읽어준다. 아이가 자신의 소망 카드를 읽어줄 때마다 모둠 친구들은 그 친구에게 "그 소망을 이루기 위해서 무엇을 어떻게 해야 하지?"라고 물어본다.

참고 l 다른 친구의 소망이나 그 해결책에 대해서 어떤 가치 판단도 하지 않게 한다. 아이들은 다른 친구의 질문에 대답을 하고나서 카드를 다시 읽는다. 다른 모둠 구성원들도 함께 질문을 되새겨본다. 그 학생이 다른 짝이나 친구로부터 4번 정도 질문을 받을 때까지 계속한다. 질문을 4번 받으면 그 학생은 잠시 시간을 갖고 자신의 소망 카드 뒤에 다른 친구들로부터 받은 제안들을 기억하기 쉽게 적도록 한다.

CC46 ● 내 목표 소개하기 ● 유~초6

대상 l 전체 · 모둠

자료 l 5×8cm 카드, 사인펜이나 크레파스, 조그만 럭비공(저학년들이 공을 돌려가며 순서를 맞이하게 하는 소품)

활동 | 아이들에게 이루고 싶은 소망을 생각해보도록 한다. 더 잘하고 싶거나, 새롭게 배우고 싶은 것이면 더욱 좋다. 행동 상 혹은 학업 상 목표일 수도 있을 것이다. 카드의 한쪽 면에 아이는 자신이 이루고 싶은 것을 그린다. 관계 있는 내용의 잡지 그림을 오려붙인다. 그리고 사진 밑에 자신의 목적을 쓴다. 모둠에 있는 아이들이 자신의 목적이 무엇인지 서로 소개한다. 성취하기까지 모둠 단위로 똑같이 자신의 목표를 소개하는 걸 계속한다.

CC47 ● 목표 달성 비법 공개 ● 유~초6

대상 | 전체 · 모둠

자료 | 5×8cm 목표 카드, 교사의 재량으로 새로운 카드를 만들어도 상관없다.

활동 | 자신이 앞서 세운 목표를 달성한 학생들은 다른 친구들에게 어떻게 목표를 달성했는지를 이야기한다.

참고 | 잭 캔필드*Jack Canfield*는 목적을 달성하지 못한 아이들은 이 모둠활동에 참가할 수 없도록 제안했는데 만약 함께 섞어놓으면 이미 목적을 달성한 친구들에게만 관심을 집중할 수 없기 때문이다. 캔필드는 또한 게시판을 축구 골대로 꾸며놓고 자신의 목적을 달성한 학생은 골대 너머로 자신의 카드를 옮기도록 하는 것도 좋은 방법이라고 제안하고 있다.

성취욕구를 향상시키는 주제별 모둠 활동들

목적 | 아이들이 자신의 장점과 성취에 집중할 수 있도록 한다. 아이들이 자신의 성취욕구를 격려하고 다른 사람의 장점과 성취욕구 역시 인지할 수 있도록 한다. 아이들이 자신의 성취에 대해서 마음놓고 자랑할 수 있도록 하는 모둠 활동은 아이들 간의 우호관계가 만들어졌을 때 수행한다. 이 때문에 모둠 활동의 마지막에 해당하는데 성취욕구가 일반적으로 자존감 모델에서 가장 마지막에 획득되어지는 요소라는 사실과 대응된다. 아이들이 '혼자 나팔 부는 일'을 어렵게 느낄 때면 우리는 다소 지나치게 겸손을 미덕으로 삼고 스스로를 과소평가하는 사회에 살고 있다는 점을 교사가 기억하고 격려해주면 좋을 것이다.

아이들이 스스로를 칭찬하도록 가르치는 법

1. 교사가 먼저 긍정적인 자기 표현의 모델이 되어야 한다. 만약 학생들이 교사가 스스로 자신을 칭찬하는 말을 듣게 되면 아이들 스스로 자신을 칭찬하는 데 큰 거부감이나 어려움을 못 느끼게 될 것이다.

2. 가능할 때마다 아이들의 장점과 성취욕구를 자극할 수 있는 구체적인 증거를 대고 격려해주어야 한다. 예를 들어 성취욕구를 고취시키는 모둠 활동은 아이들이 자신만의 장점인 그림, 취미관련 자료를 가져오는 것으로 활동을 시작하면 좋다.

3. 아이가 자신을 칭찬하는 데 주저할 때마다 다른 친구들이 그 친구의 장점을 암시해준다. 그 가운데 아이들은 서로에 대해서 더 잘 이해하게 되고 도움을 주는 관계로까지 발전하게 된다.

4. '우리 반 장점 책'을 구비하는 것은 여러모로 유용하다(7장 C6 참조). 아이가 자신의 경쟁심과 성취욕구에 대해서 미심쩍어한다면 교사는 '우리 반 장점 책'을 열어 아이의 항목을 상기시켜주고 용기를 북돋아준다.

CC48 ● 장점 책 ● 유~초6

대상 ┃ 전체

자료 ┃ 색판지로 앞뒤 표지를 만들어 속지를 끼우고 스테이플로 찍는다. 책의 규격은 8.5×11cm를 넘지 않도록 한다(7장 C6참조). 아이들의 이름을 가나다 순으로 한 쪽당 한명씩 적는다.

활동 ┃ 아이들에게 아이들의 장점을 이제부터 조사할 것이라고 알려준다. 학생의 장점을 한 가지 발견할 때마다 교사는 아이에게 장점을 지적해준다(예를 들어, "이제 보니, 미술에 소질이 있구나", "친구들과 물건을 잘 나누어 쓰는구나")그리고 해당 학생의 페이지에 그 학생의 장점을 적어둔다. 이 과정은 2주 혹은 그 이상 걸릴 수도 있지만 주기적으로 개인별 장점을 지적하고 기록한다. 이 자료를 이용해서 모둠 활동을 할 수도 있다(아이들이 자신의 장점과 성취욕구를 말로 표현할 수 있도록 하는 활동이라면 어느 것이라도 좋다). 반 아이들에게 개인별 장점을 기록해두었다는 것을 알려주고 교사가 발견한 장점을 말해준다.

CC49 ● 칭찬하는 시간 ● 유~초6

대상 ┃ 전체 · 모둠

활동 ┃ 아이들이 순서대로 자신이 자랑스러워 하는 것에 대해서 칭찬하는 시간을 갖는다. 모둠 활동을 시작할 때는 칭찬 한가지로 시작한다. 아이들이 자신의 경쟁력을 새롭게 알아갈 때마다 한번에 3가지로 한정해서 발표하도록 항목을 늘려간다.

CC50 ● 장점 모둠 ● 유~초1

대상 ┃ 전체 · 모둠

재료 ┃ 모형 바벨(커다란 스티로폼 원을 빈 타올 튜브 끝 양쪽으로 붙인다. 검정색 스프레이를 뿌린다.)

리듬 ┃
내가 잘하는 것에는 여러 가지가 있지요.
아주 잘하는 것들이 있지요.
내가 잘하는 것에는 여러 가지가 있지요.
나는 ~을 아주 잘해요(또는, 내 장점은 바로 ~이랍니다).

활동 ┃ 아이들은 위와 같은 리듬을 외우면서 바벨을 든다. 자신의 장점을 한 가지 말하면서 옆 친구에게 바벨을 건네준다.

참고 ┃ 앞에 나온 모둠 활동을 하고 나서 이 활동을 하면 좋다. 아이들은 먼저 장점이란 무엇이고 자신의 장점은 무엇인지를 미리 인지하고 있어야 한다.

CC51 ● 푸른 리본 ● 유~초1

대상 ┃ 전체 · 모둠

자료 ┃ 푸른색 리본(교사가 만들어서 준비한다. 7장 C37 참조, 트로피 가게에서 구매해도 좋다)

리듬 ┃
나는 무엇이든 잘 할 수 있는 사람
아주 특별한 사람이지요.

나는 무엇이든 잘 할 수 있는 사람
바로 나는 그런 사람이랍니다.
바로 ~이기 때문이지요.

활동 | 아이들은 푸른색 리본을 들고서 위의 리듬을 읊는다. 그리고 나서 자신이 왜 무엇이든 잘 할 수 있는 사람인지 한 가지 이유를 대고 옆 친구에게 리본을 전달한다.

CC52 ● 내 자랑 한 가지 ● 유~초6

대상 | 전체 · 모둠

활동 | 아이들은 빙 둘러서 앉는다. 차례로 돌아가면서 "내 이름은 ~이고 내가 자랑할 만한 한 가지는 ~입니다." 라고 말하게 한다.

CC53 ● 자기 광고 ● 유~초6

고학년의 경우 소품사용을 없앤다.

대상 | 전체 · 모둠

자료 | 녹음기, 마이크

활동 | 아이들과 함께 가장 좋아하는 TV 광고가 무엇인지 대화를 나누고 흉내내보게 한다. 아이들에게 자신에 관한 광고를 만들어보게 한다. 이제 학생들은 제 삼자의 관점에서 자신의 장점과 특정을 설명하게 된다. "이 사람은 ~한 일을 아주 잘하기 때문에 아주 특별한 친구가 될 것입니다" 라는 식으로 광고 문안을 쓰게 한 다음 친구들 앞에서 광고 문안을 읽어보게 한다.

CC54 ● 내가 자랑스러워 ● 유~초6

활동 | 아이들은 자신이 자랑스러워하는 무언가를 남들에게 보여준다. 물건, 사진, 혹은 그림을 준비하게 한다. 무엇이든 자신에 대해서 남들에게 소개할 만한 물건을 가져오게 하는 게 중요하다.

CC55 ● 나는 할 수 있다 ● 유~초6

초2~6학년은 소품사용을 하지 않는다.

대상 | 전체 · 모둠

자료 | 뚜껑을 제거하고 속을 깨끗이 씻은 캔. 윗면을 색판지로 싸고 '나는 할 수 있어!' 라는 문구를 써넣는다(3장, S29 참조). 종이끈 한 개, 연필

활동 | 아이들에게 아래와 같은 문장 중 하나를 주제 질문으로 정하고 종이끈에 각자의 대답을 적게 한다. 아이들은 모두 종이끈에 질문에 대한 대답을 쓰고 '나는 할 수 있어' 캔에 대답지를 넣는다.
❘ 내가 잘하는 것은 ＿＿＿＿＿＿＿＿ 입니다.
❘ 내가 ＿＿＿＿＿＿＿＿을 잘하는 것이 정말 자랑스럽습니다.
❘ 올해 내가 배운 것 중 내가 가장 자랑하고 싶은 것은 ＿＿＿＿＿＿＿＿ 입니다.
❘ 지금 나는 ＿＿＿＿＿＿＿＿을 잘해서 아주 기분이 좋습니다.
❘ 예전에는 어려웠지만 지금은 ＿＿＿＿＿＿을 잘하기 때문에 좋습니다.

CC56 ● 자기소개 ● 유~초6

대상 | 전체 · 모둠

활동 | 아이들에게 자기 자신에 대해서 잠시 생각해보도록 한 다음 자신이 특별히 자랑하고 싶은 것에 대해서 생각하게 한다. 예를 들어 누군가 자기를 소개한다고 할 때 소개했으면 하는 자신의 장점과 성취는 무엇인지 생각하게 한다. 아이들은 시계 방향으로 돌아가면서 일어서서 한 발짝 뒤로 물러선 다음 저마다 자신을 제 삼자의 입장에서 자신을 소개한다. 예를 들면, "이 사람은 양현준입니다. 축구를 아주 잘하죠. 함께 있으면 아주 즐거운 친구기 때문에 알아두면 아주 좋을 것입니다."

 **결론**

이제까지 주제별 모둠 활동을 소개해 보았다. 하지만 성공적인 주제를 가진 모둠 활동은 끝없이 이루어질 수 있다. 최고의 아이디어는 바로 아이들에게서 나온다. 이 책 앞부분에 등장한 여러 가지 활동은 주제별 모둠 활동으로 얼마든지 활용할 수 있다. 일기쓰기 또한 이상적인 기폭제나 촉발제가 되기도 하는데 여기에는 아이들만의 체험이 개입되기 때문이다. 좀더 부가적인 모둠 활동 아이디어를 얻고자 한다면 9장 J5, J8을 참조하기 바란다.

말의 힘

활동 방향 | 모둠 중 한 명을 딜러로 정하고 카드를 나누어준다. 시계방향으로 모둠 구성원은 남의 기분을 상하게 하거나 기운빠지게 하는 말을 전체 앞에서 읽어준다. 다 한번씩 발표했으면 이제는 새롭게 기운을 북돋아줄 수 있는 말을 짧은 시간 안에 여러가지 생각해내는 브레인스토밍 시간을 갖는다. 가장 적절한 대답을 골라서 아래와 같은 양식에 적는다.

	기운 빠지게 하는말	남을 으쓱하게 해주는 말
1		
2		
3		
4		
5		
6		
7		
8		
9		
10		

기억할 것 | 기운 빠지게 하는 말을 다음과 같이 기운나게 하는 말로 바꿀 수 있다.

- '나는' 으로부터 시작하는 말을 한다.
- 친구에게 내가 어떻게 느끼는지 말한다.
- 친구에게 내가 왜 그렇게 느꼈는지 그 이유를 말해준다.("사실 네가 내 연필을 가져가서 화가 났었어").

우리만의 뽀송이를 만들자

자료 | 실, 가위, 두꺼운 카드보드지.

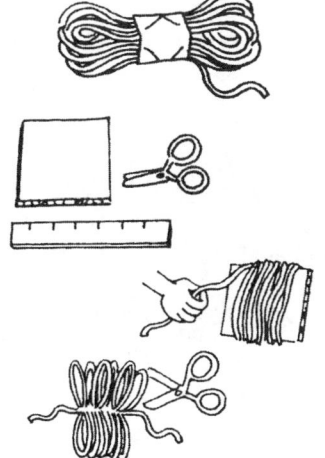  

1. 카드보드지를 가로, 세로 4cm로 잘라놓는다.
2. 털실을 카드보드지를 100회 정도 감는다.
3. 카드보드지에서 실타래를 빼내 손등에 감는다. 중간에 매듭을 하고 가위로 가장자리를 자른다. 부풀게해서 실타래 공을 만든다.

우리만의 뽀송이를 만들자

자료 | 실, 가위, 두꺼운 카드보드지.

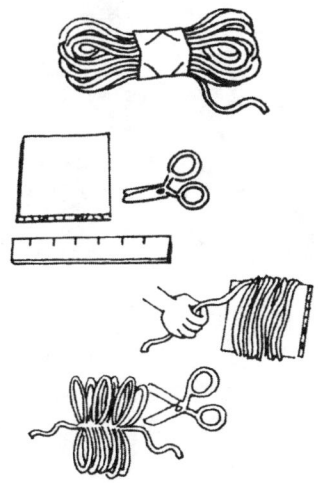  

1. 카드보드지를 가로, 세로 4cm로 잘라놓는다.
2. 털실을 카드보드지를 100회 정도 감는다.
3. 카드보드지에서 실타래를 빼내 손등에 감는다. 중간에 매듭을 하고 가위로 가장자리를 자른다. 부풀게해서 실타래 공을 만든다.

저널쓰기를 통한 자존감 키우기의 개요

정의 | 저널이란 개인적인 경험의 기록이다. 저널이란 아이들이 자신의 자아관이 갖는 여러 면모를 반추해보고 글을 통해 다시 정련할 수 있는 기회를 제공하는 것이다.

 ### 관련 자료들

저널쓰기는 아이들이 자신에 관한 글을 쓰고 남들과 이를 공유하는 활동이다. 이 저널쓰기의 목적은 교사와 학생 간의 의미 있는 상호작용을 촉발시키고 대화를 견인하는 것이다. 저널쓰기는 몇 개월에 걸쳐 지속되면서 교사·학생의 대화를 이끈다.
– 칙 무어먼*Chick Moorman*, 디션*Dishon*, 《Out Classroom : We Can Learn Together》
(Portage, MI : Personal Power Press, 1983)

아이들이 개인적인 기록을 갖게 하는 것은 여러 가지 이점이 있다. 아이들은 자신의 저널을 통해 성장과정을 기록해나갈 수 있고, 무슨 일이 일어나고 있으며 어떻게 주어진 상황에 대해서 대응해나가고 있는지 기록하게 된다. 그리고 저널은 집약적으로 아이가 어떤 사람인지, 자신을 어떻게 바라보고 있는지, 다른 친구들은 그 아이를 어떤 식으로 보고 있는지를 보여준다. 아이가 자신에 대해서 많은 것을 배우면 배울수록, 아이는 자아관을 더욱 확장시켜 나간다.
– 잭 캔필드*Jack Canfield*, 해롤드 웰스*Harold C. Wells*, 《100 Ways to Enhance Self-Concept in the Classroom》(Englewood Cliffs, NJ : Prentice-Hall, 1976)

저널은 아이들이 자신에 대한 상당한 정도의 정보를 반 친구들에게 제공해서 검증받고 토론할 수 있도록 해주는 하나의 전략적 활동이다.
– 시드니 시몬*Sidney B. Simon*, 《Leland W. Howe, Howard Kirschenbaum, Values Clarification》(New York : Hart Publishing Co., 1972)

저널은 어린 아이들이 자신의 감정, 생각, 지각, 두려움 등을 기록하는 가장 이상적인 방법이다.
– 마이클 나이트*Michael E. Knight*, 테리 린 그라함 *Terry Lynne Graham* 《Teaching Children to Love Themselves》(Englewood Cliffs, NJ : Prentice-Hall, 1982)

목적

▎아이들이 주제별 글쓰기를 토대로 자존감의 5가지 요소를 모두 이용해서 자아관을 확장시키도록 한다.

▌ 아이들이 좀더 현실적이고 정확한 자아관을 형성할 수 있는 기회를 제공한다.

▌ 문장력을 향상시킨다.

▌ 교사와 학생들 간의 대화를 풍성하게 한다.

 대상

이 저널 주제들은 모든 연령대의 환경에서 다양하게 성공적으로 활용되어 왔다. 일반 교실(유치원에서 6학년까지), 특수교육 환경, 영재교육 환경 등 모든 영역에서 활용되었다. 아주 저학년이거나 글을 쓰지 못하는 아이들의 경우에는 약간의 응용이 필요하다.

 저널쓰기 활동 목록

코 드	학 년	제 목
J1	유~초6	저널 표지 만들기
J2	유	저널 만들기(저학년)
J3	초1~6	저널 만들기(고학년)
J4	유~초6	저널 제본하기
J5	유~초6	저널 주제들
J6	유~초4	저널쓰기 한달계획
J7	유~초6	학급 저널
J8	유~초6	주제별 문장 완성
J9	유~초6	한 가지 주제 활동
J10	유~초5	글쓰기 센터
J11	유~초4	내 생각
J12	유~초6	저널 피드백
J13	유~초6	교사 · 학생 편지교환
J14	유~초6	교사 · 학생 편지 교환 주제
J15	유~초6	저널 책

 참조

코 드	학 년	제 목	요 소
M27	초1~6	목적 성취 저널	목적의식
C18	유~초6	성취도 저널	성취욕구

내 일기는 마치 베토벤의 악보 초고와 같다. 발랄한 느낌표의 즐거움과 행간에 단어보다 더 많은 것을 말하고자 한다. 내 일기는 행동의 심장박동으로 춤을 춘다.

●마리온 우드맨 *Marion Woodman*

학생의 연령대와 상관없이 저널을 쓰는 것은 자아를 발견하는 데 더할 나위 없이 귀중한 도구가 될 수 있다. 주제가 다양하면 할수록 아이가 자신의 의견, 생각 감정을 들여다보는 기회를 더 많아진다.

아이들이 쓴 저널을 매일 혹은 주별로 주기적으로 들여다본다면 이 활동은 아이의 자아성장의 기록이 된다. 최종 결과는 바로 그해 아이의 자아관의 집약적인 기록물이 된다. 이 과정은 또한 주제별 모둠 활동의 후속 활동이 될 수 있다. 가능한 교사는 학년 초부터 저널쓰는 활동을 소개하는 것이 좋다.

ⓛ 저널을 구성하는 방법에 관한 활동들

쓰기 활동을 시작하기 전에 아이들은 자신만의 저널북을 만든다.

참고 ㅣ 아이들에게 한쪽짜리가 좋을지 반쪽 형식이 좋을지를 상의해서 결정한다. J3, J4에서는 반쪽짜리로 고안된 저널을 소개할 것이다. 이외는 모두 한쪽짜리 형식으로 되어있다. 교사는 재량껏 더 쪽수를 늘리거나 줄여서 응용할 수 있고 아니면 평범한 공책을 사용해도 좋다.

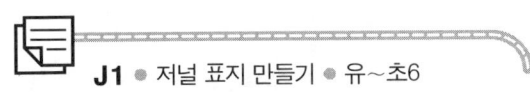

J1 ● 저널 표지 만들기 ● 유~초6

밝은 색상의 색판지로 J1 양식을 복사하거나, 아이들에게 저마다 취향대로 만들어보게 한다. 먼저 앞뒤 표지를 만든다. 겉장에 이름과 관련 사항을 적고 사진을 붙이거나 자기모습을 그려놓는다. 영구성을 위해 표지를 코팅한다.

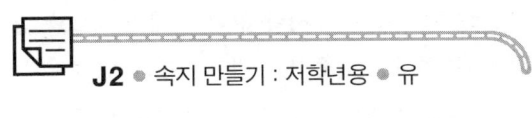

J2 ● 속지 만들기 : 저학년용 ● 유

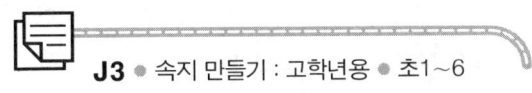

J3 ● 속지 만들기 : 고학년용 ● 초1~6

교사는 아이들의 연령을 고려해서 저널 속지를

만든다. 만약 매일같이 아이들에게 저널을 쓰게 할 계획이면 충분한 양의 속지를 준비해야 하므로 표지를 만들어서 제본을 해두는 것이 좋다. 펀치, 실, 스테이플을 준비하고 J4를 참조한다.

선택사항 | J13 활동을 참조해서 세세한 부분을 준비한다(3장, S1 참조).

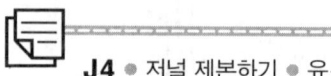

J4 ● 저널 제본하기 ● 유~초6

저널을 묶거나 제본하는 방식에는 여러 가지가 있을 수 있다. 스테이플로 찍거나, 바인딩으로 철하거나 펀치로 구멍을 내서 묶는 방법 등 다양하다(J4 양식 참조). 예쁘게 철해진 저널은 아이들의 호기심을 자극할 수 있다. 그러므로 색색별 털실로 묶거나 두꺼운 카드보드지와 속지를 풀로 붙여서 만들거나 아이들 스스로 자신만의 방식으로 독특하게 제본하도록 한다.

D 저널쓰기

아이들이 만든 저널에다 앞으로 써야할 내용들을 소개해준다. 저널이란 저마다의 생각을 쓰는 것이기 때문에 서로의 독특한 생각과 감정을 보여주는 아주 특별한 것이라는 것을 설명해준다.

그리고 저널은 아주 개인적인 기록이라는 것을 강조해준다. 누구도 허락 없이 자신의 저널을 훔쳐볼 수 없다는 점을 상기시킨다. 교사는 아이들의 저널을 들여다보지만, 누구에게도 다른 사람의 저널 내용을 말하지 않을 것이라는 신뢰감을 주고 강조한다(부모님 또한 볼 수 있다는 점을 미리 알려준다). 교사는 아이에게 만약 한 페이지 내용이 비밀스러운 것이라면 바인딩 한쪽으로 접어서

클립해 두도록 규칙을 정해서 아무도 그 페이지는 읽지 않는다는 신뢰를 준다. 고학년의 경우는 특히 개인적인 부분에 관심이 많기 때문에 이런 비밀 보장이 되지 않으면 저널을 쓰는데 주저할 수도 있다.

저널쓰기 활동 초기에는 자신의 생각을 쓰는데 주저하게 된다. 이럴 때 교사는 아래의 몇 가지 방식을 참조해서 지도한다.

| **학급 저널** | 저널쓰기 활동을 학급차원에서 시작한다. 게시판에 한 가지 주제를 쓰고 다른 반 친구들의 아이디어를 목록으로 나열해놓는다. 아이들의 아이디어를 게시판에 함께 기록한다(3장, S38 참조). 매일같이 공동의 글쓰기를 반복하다 보면 아이들은 이제 저널이라는 형식을 개념화할 수 있게 된다. 이 학급 저널은 나중에 J7양식으로 전환될 수 있다.

| **교사 모델** | 교사만의 저널을 써서 주제를 다루는 법을 모델로 제시할 수 있다. 아이들은 교사의 글을 보고 양식을 익히게 된다. 이때 교사는 자신의 생각과 감정을 주제에 맞게 아이들과 공유할 수 있어야 하고 그럼으로써 아이들이 교사에 대해서 더 개인적으로 많은 것을 알 수 있도록 한다. 그러면서 동시에 아이들이 자신만의 생각과 반응을 해나가도록 격려한다

| **문학 모델** | 여러 가지 좋은 청소년 책을 일기 쓰는데 주제로 선정한다. 아이들이 저널을 쓰는 형식을 참조할 수 있는 가장 이상적인 방법이다.

| **초보 저널 주제** | 저널을 쓰는 초창기의 주제라면 다소 쉽고 가벼운 것이어야 한다. "내가 좋아하는 것", "내가 관심을 두는 것", "내가 좋아하는 물건" 등등의 주제로 시작한다. 그러다가 시간이 흐르면 좀더 자신의 감정을 들여다보아야 하는 추상적인 주제로 넘어간다(J5, J6 참조).

▌토론 ┃ 아이들이 짝과 함께 저널 주제를 토론하게 하는 것도 좋다. 혹은 모둠, 혹은 반 전체가 저널을 쓰기 전에 어떤 주제를 정할지 토론하게 하는 것도 좋은 방법이다. 저널을 처음 써보는 단계에 있는 아이들 상당수는 자신의 아이디어를 환기시킬 기회가 필요하다. 이 형식은 또한 반 아이들에게 다른 친구의 생각과 아이디어를 들을 수 있는 기회를 준다는 점에서 유익하다. 아이들은 한 가지 주제에 대해서 똑같은 대답은 하나도 없다는 것을 곧 인지하게 된다. 특정한 주제에 대해 결코 한 가지 정답만이 있는 것은 아니다. 아이들은 주제에 관한 여러 가지 다양한 생각과 의견들은 좋다, 혹은 나쁘다고 판단할 수 없으며 모든 사람들의 의견이 다 하나같이 중요하다는 점을 배울 수 있다.

▌아이들의 주제 제시 ┃ 아이들에게 앞으로의 저널 주제에 대해서 의견을 제시하도록 격려한다. 종이끈에 써서 크리넥스 상자에 담아두거나 커다란 봉투에 담아두게 한다.

▌주제 적합성 ┃ 주제를 학생 중심적으로 적합하게 마련한다. 예를 들어, 학급에서 일어나는 문제, 대중가요, 신문 기사, 우화나 동화, TV 프로그램, 시, 인용구, 현재 관심을 끄는 사건들을 중심으로 정한다.

🐝 저널 쓰는 데 필요한 단계들

1 그날의 저널 주제를 게시판이나 칠판에 적는다. 아래와 같이 시작해도 좋다.

▌지난 여름방학 때 한 일을 써보세요.

▌집에서 재미있게 하는 놀이를 소개해주세요.

▌좋아하는 ～은(색깔, TV 프로그램, 영화, 운동, 음식, 친구) 무엇인지 소개해보세요.

2 아이들은 그날의 가장 큰 주제를 각자의 저널에 적는다.

3 아이들로 하여금 그 주제에 관해서 잠시 생각하도록 한다. 아이들이 머릿속에 뭔가 떠오르는 게 있으면 솔직하게 적도록 한다.

4 글을 쓸 때 맞춤법이나 문법이 틀려도 괜찮다는 점을 주지시킨다. 생각이 떠오르는 대로 쓰는 게 중요하다는 점을 상기시킨다. 받침이 알쏭달쏭한 단어는 소리나는 대로 적고 각자의 능력껏 최선을 다해 적도록 격려한다.

5 타이머를 갖다놓고 아이들에게 일정한 시간에 기록하도록 유도한다. 타이머가 멈추면 쓰기도 멈춘다. 남들보다 행동이 느린 아이들에게 속도를 내게 하는데 유익하다.

6 아이들이 저널쓰기에 다소 숙달되면 주어진 목록에서 매일 매일의 쓰기 주제를 고르거나 큰 주제 안에서 개인적인 주제를 선정하게 해도 좋다.

글 쓰는 게 서투른 저학년 아이들의 경우

이런 학생들의 경우에는 몇 가지 선택사항이 있다.

▌언니·오빠 선생님 ┃ 아이들의 구술을 받아 적는 것도 하나의 훈련이 될 수 있다.

▌부모의 도움 ┃ 부모님 중 한 분이나 두 분이 저널 쓰는 학기에 줄 수 있는 도움을 목록으로 작성한다. 학부모님께 저널에 쓰는 내용은 누구도 볼 수 없을 정도로 비밀이 보장되고 다른 친구들이 볼 수 없다는 점을 사전 인지 시켜드린다.

▌저널 녹음 ┃ 특정한 주제와 관련해서 자신의 의견을 녹음해서 나중에 듣고 받아적게 한다.

D 저널쓰기를 활성화시키는 활동들

J5 ● 저널 주제들 ● 유~초6

J5 양식을 복사해서 아이들에게 나누어주거나 교사가 참조하면서 매일매일의 주제를 선정하는 데 참고한다.

▮ 나에게 한 가지 소원은 _____ 이다.
▮ 내가 가장 가보고 싶은 곳은 _____ 이다.
▮ 내가 제일 좋아하는 TV 프로그램은 _____ 인데, 그 이유는 _____ 이다.
▮ 내가 어렸을 때는 _____ 한 놀이를 즐겨했다.
▮ 나는 _____ 때, 제일 행복하다.
▮ 나는 _____ 때, 화가 난다.
▮ 나는 _____ 때, 슬퍼진다.
▮ 나는 _____ 때가 무섭다.
▮ 나는 _____ 하는 것을 좋아한다.
▮ 나는 _____ 을 좋아한다.
▮ 나는 자라면 _____ 을 하고 싶다.
▮ 내가 지금보다 더 어리다면, _____ 하고 싶다.
▮ 내가 선생님이라면, _____ 하고 싶다.
▮ _____ 점을 바꾸고 싶다.
▮ 학교생활에서 가장 힘든 점은 _____ 이다.
▮ 학교생활에서 가장 쉬운 점은 _____ 이다.
▮ 학교생활에서 가장 재미있는 것은 _____ 이다.
▮ 너에게 _____ 한 말을 하고 싶다.

▮ 내가 나이기 때문에 가장 좋은 점은 바로 _____ 이다.
▮ 내가 나여서 싫은 점은 바로 _____ 이다.
▮ 나랑 가장 친한 친구는 _____ 이다.
▮ 나는 _____ 한 사람과 친구가 되었으면 한다.
▮ 나는 _____ 한 때가 가장 좋다.
▮ 나는 집에서 _____ 을 하고 싶다.
▮ 나는 _____ 한 때가 가장 자랑스럽다.
▮ 우리 반의 다른 친구들은 _____ 한다.
▮ 방과 후 나는 _____ 을 한다.
▮ 집에 가면 _____ 하고 싶다.
▮ 나는 _____ 하는 게 두렵다.
▮ 나는 _____ 하는 게 두렵지 않다.
▮ 가끔 나는 _____ 을 하고 싶다.
▮ 집에서 가장 좋은 것은 _____ 이다.
▮ _____ 점은 좀 변했으면 좋겠다.
▮ 나는 부모님이 _____ 을 알아주었으면 좋겠다.
▮ 나는 _____ 때 제일 착한 아이가 된다.
▮ 나는 사람들이 _____ 을 하는 것을 도와줄 수 있다.
▮ 나는 _____ 때, 좋은 친구가 된다.
▮ 나는 _____ 랑 있는 게 좋은데 그 이유는 _____ 이다.
▮ 우리 학교에서 가장 좋은 것은 바로 _____ 이다.
▮ 변하고 싶은 것은 _____ 이다.
▮ _____ 하는 게 제일 편하다.
▮ 나는 집에 가면 _____ 을 한다.
▮ 내가 좋아하지 않는 사람은 _____ 한

사람이다.

▌내가 하고 싶지 않은 일은 ＿＿＿＿＿＿＿＿이다.
▌우리 가족은 ＿＿＿＿＿＿＿＿＿＿＿이다.
▌여름방학에는 ＿＿＿＿＿＿＿＿을 하고 싶다.
▌내가 제일 싫어하는 것은 ＿＿＿＿＿＿＿할 때다.
▌나는 사람들이 ＿＿＿＿＿＿＿한 말을 나에게 해주는 것을 좋아한다.
▌언제는 나는 ＿＿＿＿＿＿을 알게 될 것이다.
▌내가 좋아하는 나는 ＿＿＿＿＿＿한 점이다.

J6 ● 저널쓰기 한달 계획 ● 유~초4

J6 양식을 준비해서 아이들에게 나누어준다. 아이들은 달력에 그달의 날짜를 쓴다. 교사는 개인별로 주지 않고 전체 학급이 다 볼 수 있게 큰 달력을 준비해서 쓰기 주제를 써넣어도 된다. 학생들은 날짜와 그에 해당하는 주제를 읽고서 각자의 저널에 글을 쓴다.

J7 ● 학급 저널 ● 유~초6

J7 양식을 여러 장 준비한다. 두꺼운 표지를 대고 여러 장을 스테이플로 찍어서 준비한다. 아이들이 제안한 주제를 적어놓는다. 아이들 일년간의 귀중한 기록물이 될 수 있다.

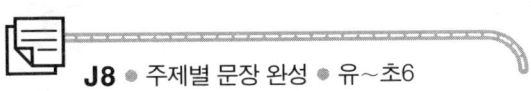

J8 ● 주제별 문장 완성 ● 유~초6

J8 양식을 이용해서 5가지 요소를 발달시키는 데 사용한다. 목록에서 아이들의 실제적인 경험, 관심사항을 담을 만한 것을 선택하도록 한다.

자료 ┃ 3×5cm 인덱스 카드(선택사항)

아이들의 수준에 맞게 주제를 선택한다. 각각의 주제를 인덱스 카드에 적는다. 새로운 아이디어가 나올 때마다 더 첨가해둔다. 똑같은 자존감 요소는 동일한 색상의 카드에 적어서 서로 다른 상자에 넣어두면 분류하기가 수월해진다.

활동 ┃ 그날의 저널 활동을 위한 한 가지 주제를 고르거나 아이들에게 교사가 만들어놓은 요소별 카드에서 한 가지씩 뽑게 한다. 그런 다음 저마다 감정에 따라 문장의 빈칸을 채우게 한다. 아이들은 3, 4장의 카드를 다시 바꿀 수 있으므로 여러 가지 상황을 생각해보는 기회를 가질 수 있다.

참고 ┃ 아래와 같은 주제는 주제별 모둠 활동에도 유용하다(8장 참조). 아이들은 한 장씩 카드를 뽑은 다음, 빈칸을 적절하게 채운다. 이런 식으로 여러 장의 카드를 돌려가며 사용한다.

안정감 ┃
▌나를 편안하게 해주는 사람은 ＿＿＿＿＿＿이다.
▌내 인생에서 아주 특별한 사람이 있다면 ＿＿＿＿＿＿＿＿＿이다.
▌내가 늘 믿을만한 사람이 있다면 ＿＿＿＿＿이다. 그리고 그 사람을 보면 ＿＿＿＿＿＿한 기분이 든다.
▌우리 집에서 바뀌었으면 하는 규칙이 한 가지 있다면 그것은 ＿＿＿＿＿＿이다.
▌우리 학교에서 바뀌었으면 하는 규칙이 한 가지 있다면 그것은 ＿＿＿＿＿이다.
▌만약 내가 선생님이라면 ＿＿＿＿＿＿ 하고 싶다.
▌만약 내가 교장 선생님이라면 ＿＿＿＿＿ 하고 싶다.
▌만약 ＿＿＿＿＿＿을 잃어버리면 무척이나

싫을 것이다.

▌ 만약 내가 부모라면 내 자식에게 주고 싶은 충고는 _____ 이다.

▌ 지금 나는 못하지만 앞으로 내 자식에게는 _____ _____ 은 할 수 있도록 허락할 것이다.

▌ 우리 학교의 가장 좋은 점은 _____ 이다.

▌ 내가 오래도록 간직하고 싶은 소중하고 특별한 것은 바로 _____ 이다.

▌ 우리 집에 있는 것 중 가장 좋아하는 것은 _____ _____ 이다.

▌ 어른들이 규칙을 만들어놓는 이유는 _____ _____ 일 것이다.

▌ 형과 누이들이 지켜야 하는 규칙 2가지가 있다면 _____ 이다.

▌ 어린 남동생과 여동생이 지켜야할 규칙 2가지가 있다면 _____ 이다.

▌ 내가 우리 교실(또는 학교)를 위해 한 가지 새로운 규칙을 정한다면 _____ 이다.

▌ 학교 규칙 중 가장 중요한 것은 _____ _____ 라고 생각한다.

▌ 세상(또는 학교)을 더 좋은 곳으로 만드는 데 필요한 규칙은 _____ 라고 생각한다.

▌ 가장 중요한 규칙은 _____ 인데, 그 이유는 _____ 때문이다.

▌ 사람들은 내가 _____ 하기를 요구한다.

▌ 우리 부모님은 내가 _____ 하기를 요구한다.

▌ 우리 선생님은 내가 _____ 하기를 바란다.

▌ 내가 낯선 것에 가게 되면 _____ 한 기분이 든다.

▌ 나는 _____ 할 때마다 괴롭다.

자아관 Ⅰ

▌ 내가 제일 잘하는 것은 _____ 이다.

▌ 내 자신에 대해서 마음에 드는 부분은 _____ _____ 이다.

▌ 나는 _____ 였으면 좋겠다.

▌ 나는 _____ 일 때 기쁘다.

▌ 내가 자라면 _____

▌ 내가 만약 동물이 될 수 있다면 _____ 이었으면 좋겠다.

▌ 내가 만약 건물이라면 _____ 였으면 좋겠다.

▌ 내가 제일 가고 싶은 곳은 _____ 이다.

▌ 내 자신에 대해서 마음에 드는 2가지는 _____ _____ 이다.

▌ 내 자신이 중요하다고 느껴지는 때는 _____ _____ 이다.

▌ 나는 _____ 때가 싫다.

▌ 나는 _____ 때 최고로 보인다.

▌ 나는 _____ 때 초라해 보인다.

▌ 내가 가장 내세우고 싶은 최고의 것은 _____ _____ 이다.

▌ 방과 후 나는 _____ 을 한다.

▌ 내가 되고 싶은 유명인사는 _____ 이다.

▌ 내 얼굴은 _____ 생겼다.

▌ 내가 좀더 어린아이라면 _____

▌ 내 몸은 _____

▌ 내가 내 자신에 관한 것 중 가장 바꾸고 싶은 것은 _____ 이다.

▌ 나는 하루 종일 _____ 하며 놀 수 있다.

▌ 내가 엄지공주처럼 작다면, _____ _____ 하고 싶다.

▌ 내가 거울을 볼 때 제일 먼저 보는 것은 _____ _____ 이다.

▌ 나는 _____ 처럼 달린다.

▌내 키는 _____ 만 하다.

▌나는 _____ 하고 싶지 않다.

▌여름방학에는 _____ 을 하고 싶다.

▌겨울 방학에는 _____ 을 하고 싶다.

▌우리 가족은 _____ 다.

▌미래의 어느 날은 _____ 것이다.

▌나는 _____ 이 두렵지 않다.

▌내가 좋아하는 것 2가지를 들자면 _____

_____ 이다.

▌나에게 마법 양탄자가 있다면, _____

_____ 하고 싶다.

▌내가 하루 중 제일 좋아하는 시간은 _____

_____ 이다.

▌나는 _____ 때 즐겁다.

▌나는 _____ 하고 싶지 않다.

▌나는 _____ 하며 노는 걸 좋아한다.

▌나는 _____ 에 대해서 좋은 말을

하나 하고 싶다.

▌내가 만약 투명 인간이라면 _____

▌내가 좋아하는 음식은 _____ 이다.

▌내가 싫어하는 음식은 _____ 이다.

▌나는 _____ 할 수 있으면 좋겠다.

▌나는 _____ 한 소리를 좋아한다.

▌나는 _____ 보다 크다.

▌나는 _____ 보다 작다.

▌나는 _____ 였으면 좋겠다.

▌내가 다른 사람이 될 수 있다면, _____

_____ 이었으면 좋겠다.

▌내가 만약 거인이라면, _____ 하고

싶다.

▌내가 진짜로 좋아하는 것은 _____

이다.

▌나는 _____ 을 절대로 잊지 못할 것이다.

▌나는 _____ 걸 좋아한다.

▌나는 _____ 걸 싫어한다.

▌내가 만약 새라면, _____ 하고 싶다.

▌마법의 반지가 있다면, _____ 하고

싶다.

▌내게 더 필요한 것은 _____ 이다.

▌나는 _____ 한 부류의 사람에 속한다.

▌가장 좋아하는 애완동물은 _____ 이다.

▌나만의 독특한 개성은 _____ 이다.

▌내가 더 크면 _____ 하고 싶다.

▌나는 _____ 운동을 더 잘하고 싶다.

▌내가 가장 닮고 싶은 사람은 _____ 이고

그 이유는 _____ 이다.

▌내가 가장 좋아하는 운동은 _____ 이다.

▌내가 가장 가보고 싶은 곳은 _____ 이다.

▌내가 더 어린 아이였을 때 잘한 것은 _____

_____ 이다.

▌내가 가장 좋아하는 TV 프로그램은 _____

이다. 그 이유는 _____ 이다.

▌내가 너에게 말하고 싶은 것 하나는 _____

_____ 이다.

▌나는 나의 _____ 점이 마음에 든다.

▌나는 _____ 으면 좋겠다.

▌나는 커서 _____ 되고 싶다.

▌예전에 있었던 일중 속상한 것은 _____

_____ 이다.

감정과 정서적인 면 I

▌내가 가장 행복하게 느껴지는 때는 _____

_____ 이다.

▌가장 화가 나는 때는 _____ 이다.

▌내가 가장 자랑스럽게 느껴졌을 때는 _____

_____ 이다.

▌내가 대단하다고 느꼈던 때는 _____ 이다.

▌내가 당황스러웠을 때는 _____ 이다.

▌슬펐던 때는 _____ 이다.

▌행복하게 느껴졌던 때는 _____ 이다.

▎화가 났을 때는 ＿＿＿＿＿＿＿ 이다.
▎자랑스럽게 느껴졌던 때는 ＿＿＿＿＿＿＿ 이다.
▎지루하게 느껴졌을 때는 ＿＿＿＿＿＿＿ 이다.
▎가끔 무서운 게 있다면 ＿＿＿＿＿＿＿ 이다.
▎내가 제일 싫은 때는 ＿＿＿＿＿＿＿ 이다.
▎내가 가장 좋아하는 시간은 ＿＿＿＿＿＿＿ 이다.
▎가장 우스웠던 순간은 ＿＿＿＿＿＿＿ 이다.
▎가장 무서웠던 순간은 ＿＿＿＿＿＿＿ 이다.
▎가장 즐거웠던 순간은 ＿＿＿＿＿＿＿ 이다.
▎가장 빙긋 웃는 때는 ＿＿＿＿＿＿＿ 이다.
▎어떨 때 더 행복해질 수 있을까?

＿＿＿＿＿＿＿＿＿＿＿＿＿＿＿＿＿＿
▎울고 싶어질 때는 ＿＿＿＿＿＿＿ 이다.
▎가끔 나는 ＿＿＿＿＿＿＿ 한 기분이 들 때도
있다.
▎나를 슬프게 하는 말은 ＿＿＿＿＿＿＿ 이다.
▎가장 어리석은 일은 ＿＿＿＿＿＿＿ 이다.
▎가장 행복한 일은 ＿＿＿＿＿＿＿ 이다.
▎외롭다고 느껴지는 때는 ＿＿＿＿＿＿＿ 이다.
▎진짜 화가 나는 때는 ＿＿＿＿＿＿＿ 이다.
▎진짜 속상한때는 ＿＿＿＿＿＿＿ 이다.
▎울고 나면 ＿＿＿＿＿＿＿ 기분이 든다.
▎내가 두려워하는 것은 ＿＿＿＿＿＿＿ 이다.
▎누군가 나에게 주었으면 하는 것은 ＿＿＿＿

＿＿＿＿＿＿＿＿＿＿＿＿＿＿＿＿＿ 이다.
▎진짜 귀찮은 일은 ＿＿＿＿＿＿＿ 이다.

　우호성 ｜
▎함께 있고 싶은 사람은 ＿＿＿＿＿＿＿ 이다.
▎같이 있고 싶은 사람은 ＿＿＿＿＿＿＿ 이다.
▎가장 친한 친구는 ＿＿＿＿＿＿＿ 이다.
▎내가 누군가에게 친구가 되어준 때는 ＿＿＿＿
＿＿＿＿＿＿＿＿＿ 이다.
▎나를 행복하게 해주는 사람은 ＿＿＿＿＿＿＿
이다.

▎나는 ＿＿＿＿＿＿＿ 에게 ＿＿＿＿＿＿＿ 한
선물을 주고 싶다.
▎내가 다른 사람을 도울 수 있는 방법은 ＿＿＿＿

＿＿＿＿＿＿＿＿＿＿＿＿＿＿＿＿＿ 이다.
▎가장 함께 있고 싶은 사람은 ＿＿＿＿＿＿＿ 이다.
▎다른 사람이 나를 행복하게 해주는 때는 ＿＿＿

＿＿＿＿＿＿＿＿＿＿＿＿＿＿＿＿＿ 이다.
▎내가 친구랑 사귀면서 바라는 점은 ＿＿＿＿＿

＿＿＿＿＿＿＿＿＿＿＿＿＿＿＿＿＿ 이다.
▎세상에서 가장 멋진 사람은 ＿＿＿＿＿＿＿

＿＿＿＿＿＿＿＿＿＿＿ 이다.
▎만약 ＿＿＿＿＿＿＿ 라면 나는 더 나은 친구
가 될 수 있을 것이다.
▎예전에 누군가 나를 ＿＿＿＿＿＿＿ 하도록
도와준 적이 있다.
▎나는 친구를 사귈 때 보는 점은 ＿＿＿＿＿＿＿
＿＿＿＿＿＿＿＿＿ 이다.
▎나는 ＿＿＿＿＿＿＿ 을 주기 좋아한다.
▎내가 다른 사람에게 줄 수 있는 것은 ＿＿＿＿

＿＿＿＿＿＿＿＿＿＿＿ 이다.
▎내가 싫어하는 사람은 ＿＿＿＿＿＿＿ 이다.
▎다른 사람에게 끼칠 수 있는 가장 나쁜 해는 ＿＿
＿＿＿＿＿＿＿＿＿ 이다.
▎화가 났을 때 하는 것은 ＿＿＿＿＿＿＿ 이다.
▎나는 사람들이 ＿＿＿＿＿＿＿ 하는 걸 그만두
었으면 좋겠다.
▎나는 ＿＿＿＿＿＿＿ 에게 좋은 말을 해주고
싶다.
▎나는 사람들이 ＿＿＿＿＿＿＿ 하는 것을 좋아
하지 않는다.
▎사람들이 나를 놀릴 때는 ＿＿＿＿＿＿＿
한다.
▎내가 다른 사람에게 좋은 친구가 되어 주는 것
은 ＿＿＿＿＿＿＿＿＿＿ 이다.
▎친구들이 좋은 이유는 ＿＿＿＿＿＿＿ 다.

▌나는 아이들이 ＿＿＿＿＿＿＿ 할 때가 싫다.
▌내 친구들은 내가 ＿＿＿＿＿＿＿을 잘한다고 생각한다.
▌나는 새로운 친구를 사귈 때 ＿＿＿＿＿＿＿게 한다.
▌친구랑 함께 있으면 기분은 ＿＿＿＿＿＿＿이다.
▌친구들에게 바라는 점은 ＿＿＿＿＿＿＿이다.
▌친구랑 함께 하고 싶은 일은 ＿＿＿＿＿＿＿이다.
▌내가 좋은 친구가 되는 조건은 ＿＿＿＿＿＿＿ ＿＿＿＿＿＿＿이다.
▌내가 친하고 싶은 사람을 더 잘 알게 되는 방법은 ＿＿＿＿＿＿＿이다.

목적의식 ┃
▌시작만하고 끝내지 못한 일은 ＿＿＿＿＿＿＿ ＿＿＿＿＿＿＿이다.
▌문제가 생기면 대개 해결하는 방법은 ＿＿＿＿＿＿＿ ＿＿＿＿＿＿＿이다.
▌더 잘하고 싶은 것은 ＿＿＿＿＿＿＿이다.
▌오늘 시도해보고 싶은 것은 ＿＿＿＿＿＿＿이다.
▌내가 가진 문제는 ＿＿＿＿＿＿＿이다.
▌내가 특히 힘들어하고 어려워하는 일은 ＿＿＿＿＿＿＿ ＿＿＿＿＿＿＿이다.
▌더 잘하고 싶은 게 한 가지 있다면 ＿＿＿＿＿＿＿ ＿＿＿＿＿＿＿이다.
▌좀 변했으면 하는 것은 ＿＿＿＿＿＿＿이다.
▌무엇이든 내가 원하는 것을 할 수 있다면, ＿＿＿＿＿＿＿ ＿＿＿＿＿＿＿이다.
▌한 가지 소원이 있다면, ＿＿＿＿＿＿＿이다.
▌내가 만약 백만장자라면 ＿＿＿＿＿＿＿ 하고 싶다.
▌내가 자라면 ＿＿＿＿＿＿＿ 하고 싶다.
▌하고 싶은 것은 ＿＿＿＿＿＿＿이다.
▌마법의 지팡이를 쓸 수 있다면 ＿＿＿＿＿＿＿ 하고 싶다.

▌내가 만약 선생님이라면 ＿＿＿＿＿＿＿ 하고 싶다.
▌내가 만약 대통령이라면 ＿＿＿＿＿＿＿ 하도 싶다.
▌가끔 궁금해하는 일은 ＿＿＿＿＿＿＿이다.
▌미래의 내가 해결하고 싶은 문제는 ＿＿＿＿＿＿＿ ＿＿＿＿＿＿＿이다.
▌내가 자라서 가장 먼저 하고 싶은 것은 ＿＿＿＿＿＿＿ ＿＿＿＿＿＿＿이다.
▌올해 나의 목표는 ＿＿＿＿＿＿＿이다.
▌매일 내가 바라는 것은 ＿＿＿＿＿＿＿이다.
▌내가 바라는 성공을 이루려면 ＿＿＿＿＿＿＿ ＿＿＿＿＿＿＿해야 할 것이다.
▌내 자신에게서 바꾸고 싶은 게 있다면 ＿＿＿＿＿＿＿ ＿＿＿＿＿＿＿이다.
▌내 목표를 이루기 위해서 해야 할일은 ＿＿＿＿＿＿＿ ＿＿＿＿＿＿＿이라고 생각한다.

성취욕구 ┃
▌내가 학교에서 잘하는 것은 ＿＿＿＿＿＿＿이다.
▌내가 최선을 다할 때는 ＿＿＿＿＿＿＿이다.
▌나는 다른 사람에게 ＿＿＿＿＿＿＿ 하는 법을 가르쳐본 적이 있다.
▌나는 ＿＿＿＿＿＿＿을 배우고 있다.
▌＿＿＿＿＿＿＿하는데 도움이 필요하다.
▌내가 이룬 것은 ＿＿＿＿＿＿＿이다.
▌내가 자랑하고 싶은 것은 ＿＿＿＿＿＿＿이다.
▌내 장점 중 한 가지는 ＿＿＿＿＿＿＿이다.
▌내가 진짜 자랑스러운 것은 ＿＿＿＿＿＿＿이다.
▌오늘 내가 배운 것은 ＿＿＿＿＿＿＿이다.
▌나는 잘 아는 것은 ＿＿＿＿＿＿＿이다.
▌내가 잘 할 수 있는 것은 ＿＿＿＿＿＿＿이다.
▌하기 어려운 것은 ＿＿＿＿＿＿＿이다.
▌내가 잘하는 것은 ＿＿＿＿＿＿＿이다.
▌내 장점 중 제일 멋진 것은 ＿＿＿＿＿＿＿이다.

┃ 내가 혼자서 할 수 있는 것은 _____
_____ 이다.

┃ 나 혼자 할 수 있는 것은 _____ 이다.

┃ 작년에는 못했지만 올해는 잘할 수 있는 것은 ___
_____ 이다.

┃ 내가 진짜 자랑스럽게 느꼈던 때는 _____
_____ 였다.

┃ 내가 손쉽게 잘 할 수 있는 일은 _____
_____ 이다.

┃ 내가 아주 잘하는 분야는 _____ 이다.

┃ 예전에 배워서 좋았던 것은 _____
_____ 이다.

┃ 예전에 받아본 상에는 _____ 이
있다.

┃ 실망하고 좌절했던 적은 _____

┃ 나 혼자 힘으로 해결한 것은 _____ 이
있다.

┃ 가장 힘들었던 때는 _____ 였다.

┃ 학교 다니면서 가장 즐거운 일은 _____
_____ 이다.

┃ 학교생활에서 가장 힘든 것은 _____
_____ 이다.

┃ 배우고 싶은 것은 _____ 이다.

┃ 더 잘하고 싶은 것은 _____ 이다.

┃ 어려웠지만 마침내 해낸 것은 _____
_____ 이다.

┃ 누군가 나를 도와줄 만한 사람이 있다면 _____
_____ 을 도와주었으면 좋겠다.

┃ 내가 아주 잘하는 것은 _____ 이다.

┃ 잘하고 싶은 것은 _____ 이다.

┃ 내가 어떻게 할 때 학교가 더 재미있어질까?

_____

문장완성 활동의 부가적인 이용

J9 ● 한 가지 주제 활동 ● 유~초6

목적 ┃ 아이들에게 자존감의 5가지 요소와 관련해서 자신의 감정과 생각을 되돌아볼 수 있는 추가적인 기회를 제공한다.

자료 ┃ 우유 또는 쥬스 곽 2개, 알록달록한 포장지, 풀, 가위, 가느다란 검정 사인펜, 두꺼운 하얀 종이, 0.5×5cm 로 잘라놓은 종이끈들.(큐브 만들기 ┃ 우유곽 두개를 깨끗이 씻어 말린 것을 준비한다. 정사각형이 되도록 윗부분을 자른 다음, 우유곽 하나를 나머지 하나의 안쪽으로 밀어 넣어 완전한 정육면체가 되도록 해 색종이로 포장한다)

활동 ┃ 위 활동에서 선보인 문장 중 12개의 주제 문장을 고른다(미완성 문장). 자존감의 5가지 요소를 각 면에 대응시켜 각 문장을 하얀색 종이끈에 쓴다. 2개의 종이끈을 입방체의 서로 다른 정반대면에 붙인다.

저널쓰기 ┃ 아이들은 정육면체에 붙어있는 주제 문장 끈을 단서로 이용한다. 동그랗게 앉아서 큐브를 옆으로 전달하면서 정면으로 보이는 면에 붙은 종이끈에 적힌 문장을 단서로 저널을 써나간다.

주제별 모둠 활동을 위한 응용 ┃ 아이들 모두가 동그랗게 앉아서 시계 방향으로 정육면체를 전달한다. 정면에 붙은 종이끈 문장을 보고 빈 곳을 채워서 문장을 완성한다. 옆 친구에게 입방체를 전달한다.

J10 ● 글쓰기 센터 ● 유~초3

목적 | 글 쓰는 활동을 통해 자기 의식을 향상
시켜 준다.

재료 | 3×5cm 인덱스 카드 패키지를 5가지
색상별로 준비한다. J10 양식 (쓰기 책 | 12장의 속
지를 두꺼운 표지 사이에 끼워서 스테이플로 찍어서
준비한다. J10 양식을 쓰기 책 표지에 붙인다. 기존의
저널북을 이용해도 좋다)

활동 |
1 J8양식을 이용해서 또는 교사의 재량껏, 23개
의 불완전한 문장을 자존감의 5가지 요소별로 골
고루 선택한다.
2 5가지 요소별로 다른 색상의 카드에 불완전
한 문장을 쓴다.
예를 들어 안정감이라는 자존감 요소를 위해
카드를 만들 때는 이에 관계된 모든 문장은 푸른
색 카드에 쓰고 자아관에 관한 문장은 빨간색 카
드에 쓴다. 교사는 5가지의 서로 다른 색상의 카
드를 5벌 갖게 되고 각 카드마다 23가지의 문장이
들어있게 된다.
3 오른쪽 위에 카드별로 일련 번호를 붙인다.
4 왼쪽에 구멍을 내고 조그만 금속 고리로 철
해 놓는다.
5 카드를 상자에 넣어두거나 게시판에 커튼 고
리를 달고 걸어놓거나 교사 재량껏 '센터' 를 하
나 마련해서 카드를 비치해둘 수도 있다. 센터에
필기도구, 카드, 아이들 각자의 쓰기 책을 비치해
둔다.

과제 | 아이들마다 특정한 책을 하나씩 배정
해준다. 아이들은 자신의 저널에 카드의 주제요

소를 기록하고 카드에 적힌 불완전 문장을 노트
에 옮겨 적고 자신의 생각과 느낌으로 문장의 빈
칸을 채운다.

J11 ● 내 생각 ● 유~초4

목적 | 질문하고 인터뷰하는 기술을 습득하는
가운데 정보를 얻는 방법을 학습하게 한다. 모둠
피드백을 통해 주제를 이해하는 능력을 키워준다.

자료 | J11 양식

활동 | 아이들이 J11 양식을 이용해 그날의 주
제와 관련해서 친구들을 인터뷰하도록 한다. 아
이들은 돌아가면서 서로를 인터뷰한다. 그날의
인터뷰어로 뽑힌 아이는 저널의 주제를 쓰고 친
구에게 그들의 의견이나 감정에 대해서 묻는다.
곤란한 질문에는 '통과' 라고 말하게 한다. 다음
날 인터뷰어는 반 친구들에게 자신이 알아낸 정
보에 대해서 친구들에게 소개한다.

J12 ● 저널 피드백 ● 유~초6

목적 | 저널 기록에 대한 교사 · 학생 간의 대
화와 피드백을 제공한다.

자료 | J12 양식

활동 | 저널쓰기의 후속 활동으로 삼을 수 있
다. 주제별 모둠이나 협력적 학습 활동으로 이용
해도 좋다. (8장 참조) 아이들을 2~4명의 모둠으
로 구성하고 저널쓰기 동안 느꼈던 점이나 생각
그리고 행동에 대해서 다시 한번 생각해보게 한

다. 한 모둠씩 기록한 것을 교사에게 제출한다.

J13 ● 교사 · 학생 편지교환 ● 유~초6

목적 ㅣ 교사 · 학생 간의 지속적인 대화의 기회를 제공한다.

자료 ㅣ J13 양식, 두꺼운 카드보드지, 스테이플, 또는 바인딩

활동 ㅣ J13 양식을 여러 장 준비해서 두꺼운 표지사이에 속지로 준비한다. 고학년의 경우, 일반 종이를 준비해도 좋다. 바인딩 뒷부분에 아이들의 개인 저널기록을 끼워 넣을 수도 있다.

교사가 먼저 자신에 관한 이야기를 하면서 편지 쓰는 법을 가르친다. 개인적인 편지도 좋고 형식적인 편지라도 상관없다. 아이들에게 한 개인으로서 교사 자신에 관한 정보를 주는 것이다. 교사가 아이들에게 줄 만한 정보로는 아래의 것을 참조한다.

❚ 선생님이 학교 이외의 곳에서 지내는 곳
❚ 선생님의 가족이나 애완동물 그리고 집에서의 생활
❚ 선생님은 어려서 어디서 자랐고 또 무엇을 했는가?
❚ 왜 선생님이 되었을까?
❚ 앞으로 선생님이 계획하는 우리 반만의 특별 이벤트

아이들의 저널 책 첫 페이지에 편지 양식을 끼워준다. 편지 말미를 아래와 같은 질문으로 끝맺는다.

❚ 집에서 즐겨하는 일은 무엇인가요?
❚ 가보고 싶은 곳은 어디인가요?

❚ 학교생활에서 가장 재미있는 것은?

학생들은 교사에게서 받은 편지를 읽고 '서로에게 편지를 씁시다'에 나오는 첫 번째 빈칸에 대답을 써 넣는다. 만약 교사가 원한다면 아이들은 교사에게 한 가지 질문을 쓰는 것으로 편지를 마무리하게 한다. 이런 편지교환은 매일매일 지속될 수 있다.

❚ 이 활동을 할 때는 아이들이 정해진 시간 안에 글을 쓰게 한다. 그래야 글쓰는 것이 마냥 지루한 일이 되지 않는다.

❚ 이런 유형의 활동은 지속적으로 매일 같은 시간에 해야 효과적이다. 그러면 아이들은 매일 정해진 시간에 써야할 내용을 준비하게 되고 생각을 미리 가다듬을 수 있다.

❚ 이런 저널쓰기 활동은 아이들이 자유롭게 자신의 생각을 제시할 수 있도록 하는 목적을 가진 활동이라는 점을 기억하고 맞춤법이나 받침 틀린 것을 크게 개의치 않도록 한다.

❚ 아이들의 편지 중에는 교사가 비밀을 지키고 존중해주어야 하는 편지도 있을 수 있다. 교사는 아이들에게 만약 그 편지를 비밀로 하고 싶으면 안쪽으로 반 접어서 클립에 끼워 넣는다.

❚ 아이들과의 편지교환에서 아이들이 잘한 일이나 행동상의 발달 또는 크게 개선된 점을 칭찬하는 특별한 메시지를 보낸다.

❚ 옆에서 관리가 필요한 저학년의 경우라면 교사는 이 활동을 5~6명씩 한 모둠으로 글쓰기 활동을 하게 한다. 글을 아직 잘 못쓰는 아이들은 자신의 이야기를 구술하게 해서 교사가 받아 적거나 '언니 · 오빠 선생님'이나 학부모 보조교사의 도움을 받게 한다.

학생들이 저널쓰기에 익숙해질 때까지는 구체적이고 편안한 주제들이 알맞다. 아이들이 자신만의 주제 아이디어를 종이끈에 쓸 수 있도록 종이끈을 많이 담아놓은 아이디어 상자를 마련해둔다.

편지교환을 위한 질문들 |

▎한 가지 소원이 있다면?
▎가장 가보고 싶은 장소는?
▎가장 좋아하는 TV 프로그램과 그 이유는?
▎더 어렸을 때 가장 좋아했던 놀이는?
▎가장 행복했던 때는 언제인가?
▎언제 화가 나는가?
▎슬픈 기분이 드는 때는?
▎어른이 되서 하고 싶은 것은?
▎만약 지금보다 더 어린 아이라면 하고 싶은 일은?
▎만약 내가 선생님이라면?
▎학교생활에서 가장 어려운 점은?
▎학교생활에서 가장 좋은 점은 ?
▎학교생활에서 가장 쉬운 것은 ?
▎선생님에게 하고 싶은 말이 있다면?
▎자신에 대해서 가장 마음에 들지 않는 부분은?

▎자신에 대해서 가장 마음에 드는 부분은?
▎가장 친한 친구는 누구이며 그 이유는?
▎같이 있고 싶은 사람은?
▎집에서 가장 하고 싶은 것은?
▎가장 자랑스러웠던 순간은?
▎같은 반 친구들은?
▎방과 후 주로 하는 일은?
▎다른 사람을 어떻게 도와주고 있는가?
▎좋아하지 않는 유형의 사람은?
▎올 여름방학에 하고 싶은 것은?
▎사람들이 나에 대해서 해주었으면 하는 말이 있다면?
▎특별한 감정을 느끼는 사람이 있다면?
▎우리 가족을 선생님에게 소개한다면?
▎앞으로 하고 싶은 일은?

저학년을 위한 응용 | 아직 글을 쓸 줄 모르는 아이가 있다면 그림의 형태로 생각을 주고받도록 한다. 사진을 이용하는 것도 좋다. 사진 아래 제목만 쓰게 해도 좋다. 전체가 다 하지 않아도 모둠별로 돌아가면서 그날그날 몇몇 아이들만 쓰기 활동을 하게 한다. 쓰는 데 어려움을 느끼는 아이는 아이의 구술을 교사가 받아 적어준다.

저 널

작 가

작가 : _____

오늘의 주제 : --

난 이렇게 생각해요 :

나의 기분은 :

나는 나의 ~모습을 통해서 ~을 배웠고,
발견했고, 또 느꼈어요.

나는 나의 ~모습을 통해서 ~을 배웠고,
발견했고, 또 느꼈어요.

나만의 저널 만들기

01

속지를 가지런하게 놓는다.

02

반으로 접는다.

03

접힌 부분에 가느다란 못 다섯 개를 박는다.

04

실과 바늘을 이용해서 못이 박혔던 구멍 앞뒤로
바느질을 한다.

05

실을 단단하게 매듭짓고 나머지는 자른다.

06

두장의 두꺼운 표지 종이를 앞뒤로 대고 천 조각, 벽지,
또는 포장지로 덧붙인다. 책 표지사이에 약 0.75cm의
공간을 남겨두고 접착 천 테이프로 앞뒤 표지를 붙인다.

1. 이달의 날짜를 기록한다.   2. 저녁 기록의 가이드로 참조한다.

월요일	화요일	수요일	목요일	금요일
내가 나중에 어른이 되면	우리 반에서 제일 좋은 일	내가 하고 싶은 일	내 친구는	지금 내 기분
내가 기쁨 소망하는 것	내가 하고 싶은 것	나랑 가장 친한 친구	미래에 내가 소망하는 한 가지 일	내가 좋아하는 사람들
내가 기분이 좋을 때	내가 싫어하는 사람	내가 최선을 다하는 때	부모님이 알아주셨으면 하는 일	내게 마법 지팡이가 있다면?
나를 3가지 단어로 표현한다면?	나 자신에 대해서 마음에 드는 점	내 자신이 자랑스러울 때	가끔씩 ~한 기분이 든다.	내가 행복해하는 것

저널 교실

주제 : _____

반 친구의 생각	반 친구

탑 랭킹 :   낮음 | 1 | 2 | 3 | 4 | 5 | 높음

이름 | 날짜 |

저널쓰기 주제

주제 :

방향 | 아래 한 다발에서 이전에 사용하지 않은 카드를 선택한다. 그 주제에 관한 내 의견이나 느낌을 각자 저널에 쓴다. 다 쓰면 내가 쓴 주제 카드 숫자를 나타내는 크레파스 그림을 색칠한다.

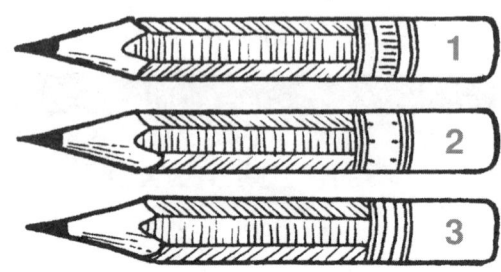

1
2
3

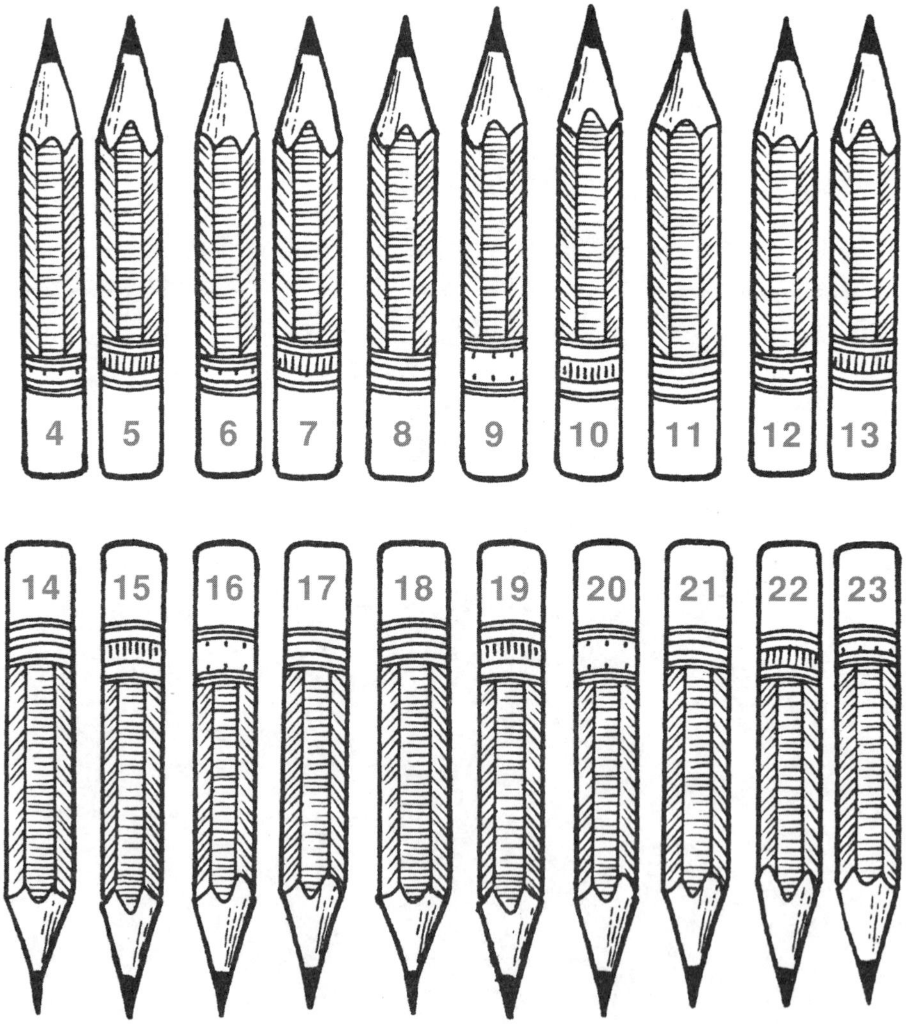

4
5
6
7
8
9
10
11
12
13
14
15
16
17
18
19
20
21
22
23

주제 : _____   당신의 생각은 : _____

매일 주제에 대해 다른 친구들의 의견을 묻는다. 친구들의 생각과 느낌은 어떤가?
친구의 이름을 쓰고 그 친구의 생각과 의견을 적는다.

저널 피드백

오늘의 주제 :

날짜 :

모둠 구성원 :

우리가 논의한 것

A학생 :

B학생 :

C학생 :

D학생 :

우리는 이 주제에 대해서 이렇게 느꼈어요 :

자 •이제 서로 써봅시다...

(학생 회람용)

주제 : _____

친애하는 _____,

_____

_____

_____

_____

_____

_____

_____

이름 : _____

(교사 회람용)

친애하는 _____,

_____

_____

_____

_____

이름 : _____

긍정적인 학교 분위기를 만든다

학교 차원의 자존감 키우기

학교 차원의 자존감 키우기에 대한 개요

방향 | 학교 차원에서 자존감의 5가지 요소를 의도적으로 병행시킴으로써 학생들과 교직원의 자존감을 향상시킬 수 있다. 10장에서 소개할 활동과 전략들이 전교직원에 의해서 학교 차원으로 진행된다면 전체 분위기가 매우 좋아지게 될 것이다.

 ### 관련 자료들

'효율적인 학교'라는 광범위한 연구결과를 보면 학교 전체의 분위기가 학생들의 학업성취도와 행동발달에 아주 커다란 영향을 미친다는 점을 의심할 여지가 없다.
— 리즈베스 쇼어 *Lisbeth B. Schorr*, 《Within Our Reach : Breaking the Cycle of Disadvantage》(New York : Doubleday, 1988)

여러 가지 증거들이 보여주듯 긍정적인 학교 분위기야말로 아이들이 이탈하지 않고 머물면서 배울 수 있도록 교사들이 격려할 수 있는 최선의 방책이다. 좋은 학교란 능력 있는 리더가 있어 학업성취를 강조하고, 질서 있고 규율이 있는 환경을 유지하며 교직원과 함께 학생들에게 긍정적인 가치와 자존감을 갖고 교육에 임하는 곳이다.
— OERI Urban Superintendents Network, 《Dealing with Dropouts : The Urban Superintendents, Call to Action》(Washington : D.C.: Office of Educational Research and Improvement, November 1987)

학교 분위기가 긍정적으로 평가받는 학교들은 그 만족도에 따라 학생들도 역시 자신의 학교 분위기를 긍정적으로 평가한다는 것은 정말 놀라운 일이다.
— 존 굳래드 *John I. Goodlad*, 《A Place Called School : Prospects for the Future》(New York : McGraw-Hill, 1984)

학교와 교실 분위기는 그런 환경에서 매일같이 생활하는 학습자들의 삶의 질을 결정하는 주된 요소다.
— 제임스 빈 *James A. Beane*, 리차드 립카 *Richard A. Lipka*, 《Self-Concept, Self-Esteem and the Curriculum》(New York : Teachers' College Press, 1986)

학교 문화라는 개념은 바로 아이들이 매일같이 경험하는 학교 분위기의 질과 관련된다. 학교와 학생이 긍정적이고 상호 보완하는 분위기를 경험하는 곳에서는 교사와 학생의 학업성취나 업무상 성취도가 아주 두드러지게 향상된다는 증거가 있다.
— 제임스 펜윅 *James J. Fenwick* 〈Caught in the Middle : Educational Reform for Young

Adolescents in California Schools. Report of the Superintendents' s Middle Grade Task Force〉(California State Department of Education, 1987)

 ## 목적

온화하고 배려하는 환경을 위한 분명하고 합리적인 가이드라인을 제시함으로써 아이들의 정서적 안정감과 신뢰감을 증진시킨다.

▎아이들 각자가 개성있고 특별한 존재라는 것을 인지시킨다.
▎구성원 모두가 우호적이고 수용적이라는 것을 느낄 수 있는 '협동심'을 구축한다.
▎구성원 모두가 의사결정 과정에 참여할 수 있는 기회를 주고 학교 전체의 목적에 대해 협력적인 책임감을 갖도록 한다.
▎아직 성취하지 못한 목적을 설정함으로써 개인적인 성취욕구를 불러일으킨다. 개개인의 장점과 성취를 바탕으로 설정한다.

 ## 자존감이 넘치는 환경을 구축하는 데 필요한 교사의 행동 양식

자존감이 넘치는 학교·교실 환경을 구축하는 데 필요한 교사의 행동 양식이란 바로 자존감의 5가지 요소(정서적 안정감, 자아관, 우호관계, 목적의식, 성취욕구)와 병행하는 것이다.

 ## 학교 차원의 자존감 향상 활동 목록

코드	학년	제목	요소
SW1	유~초6	자존감 티켓	안정감
SW2	유~초6	자존감 상장	안정감
SW3	유~초6	모범상	안정감
SW4	유~초6	모범상2	안정감
SW5	유~초6	칭찬 티켓	안정감
SW6	유~초2	상장 양식	안정감·자아관
SW7	초1~6	모범 학생상	안정감·자아관
SW8	유~초6	종이 돈 놀이	안정감
SW9	유~초4	자존감 나무	안정감·자아관
SW10	유~초6	우정위원회	안정감·우호성
SW11	유~초6	이름표 교환	안정감·우호성
SW12	유~초6	새로운 친구는 누구?	자아관·우호성
SW13	유~초4	친구 소개	자아관·우호성

SW14	유~초6	좋은 소식 보고서	자아관
SW15 · 16	유~초4	금주의 학생	자아관
SW17 · 18	유~초6	금주의 시민	자아관
SW19	유~초6	생일 축하	자아관
SW20	유~초4	교장 선생님 주관 생일 파티	자아관
SW21	유~초6	생일 축하 포스터	자아관
SW22	유~초6	교장 선생님이 준비하는 생일 카드	자아관
SW23	유~초4	생일 축하 연필	자아관
SW24	유~초6	학교 문제 보고서	목적의식
SW25	유~초4 코	알라 상장	목적의식
SW26 · 27	유~초6	자존감 책	
SW28	유~초6	교장 선생님 아이디어 목록	전체
SW29	유~초6	긍정적인 말 경연대회	전체
SW30	유~초6	교장 선생님 상장	전체

자존감이 넘치는 학교 분위기를 만드는 데 필요한 교사의 행동 체크리스트

자존감이 넘치는 학교 · 교실 환경을 구축하는데 필요한 교사의 행동양식이란 바로 자존감의 5가지 요소(안정감, 자아관, 우호관계, 목적의식, 성취욕구)와 병행하는 것이다.

방향 ㅣ 아래 질문지는 자존감을 증진시키는 환경을 기술한 것이다. 각 항목을 읽고 자신의 학교 환경에 가장 적합한 곳에 표시 한다.

교사로서	전혀	가끔	종종	항상

정서적 안정감

1 나의 학교 · 교실에는 배려와 신뢰가 넘쳐나고 있는가? ☐ ☐ ☐ ☐

2 매력적이고 즐거운 환경을 만들려고 노력하는가? ☐ ☐ ☐ ☐

3 아이들은 학교의 규칙과 제약을 분명하게 인지하고 있는가 ☐ ☐ ☐ ☐
그리고 그 규칙을 어겼을 때의 결과를 이해하고 있는가?

4 모든 교직원들의 동의 하에 만들어진 바람직한 훈육지침이 ☐ ☐ ☐ ☐
실질적으로 존재하는가?

자아관

5 교직원들은 학생들과 다른 교직원들에게 언제라도 접근 ☐ ☐ ☐ ☐
가능한가?

6 학생들 자아관의 변화가 목격되고 또한 기록되고 있는가? ☐ ☐ ☐ ☐

7 학교는 개인적인 성장을 위한 기회를 제공하고 있는가? ☐ ☐ ☐ ☐

8 개개인들은 존중받고 있는가? ☐ ☐ ☐ ☐

우호성

9 아이들이 다른 또래들과 우호적으로 지낼 수 있도록 세심한 ☐ ☐ ☐ ☐
노력을 기울이고 있는가?

10 부정적이고 비판적인 분위기가 아니라 긍정적이고 상호 ☐ ☐ ☐ ☐
협력적인 분위기인가?

11 학교의 자긍심과 협력적인 분위기가 장려되고 있는가? ☐ ☐ ☐ ☐

12 교직원들은 서로 우호적이고 함께 일하는 것을 즐거워하는가? ☐ ☐ ☐ ☐

13 학교의 목적은 모든 사람의 자존감을 향상시키는 데 있다는 ☐ ☐ ☐ ☐
것을 체감할 수 있는가?

14 모든 교직원은 의사결정 과정에 참가하도록 격려받고 ☐ ☐ ☐ ☐
있으며 저마다의 의견이 존중받고 있는가?

15 함께 협력적으로 일하고자 노력하고 있으며 문제를 함께 ☐ ☐ ☐ ☐
해결하고자 하는가?

16 학교의 목적의식과 방향에 대한 상호간의 의견이 일치되는가? ☐ ☐ ☐ ☐

성취욕구

17 개개인의 재능과 장점을 발휘할 수 있는 기회가 주어지는가? ☐ ☐ ☐ ☐

18 교직원들은 아이들의 인식과 성취에 지대한 영향을 준다는 ☐ ☐ ☐ ☐
점을 인지하고 있는가?

19 교직원과 학생들 사이에서 아직 이루지 못한 성취에 대한 ☐ ☐ ☐ ☐
의사소통이 원활하게 이루어지고 있는가?

20 교직원의 자존감 향상 정도가 점검되고 있으며 기술을 ☐ ☐ ☐ ☐
개선하고 성공을 앞당길 수 있는 특별한 피드백이
이루어지고 있는가?

● 학교 차원의 자존감이 넘치는 분위기를 만드는 데 개선해야 할 점은 무엇인가?

학생들의 자존감의 현주소를 알려면 학교 분위기를 주의 깊게 살펴보면 된다.

● 제임스 빈 *James A. Beane*, 리차드 립카 *Richard P. Lipka*

학교의 분위기가 아이들의 생산성과 학교의 효율성에 지대한 영향을 미친다는 것에는 의심할 여지가 없다. 아이들이 일차적 생활 장소인 학교에 자부심을 가지는 일은 하루아침에 이루어지지 않는다. 그런 환경을 만들어내는 것은 교직원들이 세심한 계획 하에 움직일 때 가능해진다. '자존감 넘치는 학교 분위기'는 뚜렷한 목적의식과 주인의식을 심어준다. 그러면 학교는 정서적으로 안정적일 뿐만 아니라 물리적으로도 매력적인 환경이 된다. 아래 기술한 특징들은 자존감이 넘치는 학교의 특징으로 자존감의 5가지 요소와 병행한다.

1 정서적 안정감 | 자존감을 키워주는 학교를 나타낼 수 있는 지표는 바로 학교의 모든 구성원이 느끼는 정서적 안정감이다. 에이브러햄 모슬로우, 에릭 에릭슨을 비롯한 여러 심리학자들이 일차적으로 강조해 온 조건이 바로 이 정서적 안정감이다. 학생과 교직원이 학교에서 저마다의 역할을 제대로 하기 위해서는 안정감과 편안함을 느낄 수 있는 환경이 제공되어야 한다. 그리고 주변에 신뢰할 수 있고 언제라도 믿고 따를 수 있는 사람들이 있다는 점을 인지할 수 있어야 한다. 쿠퍼스미스는 학생과 교직원이 정서적인 안정감을 느끼는 데 있어 최고의 조건은 바로 질서, 규율 그리고 조직이라고 언급한 바 있다. 쿠퍼스미스의 연구에 따르면 자존감을 고취시켜주는 환경은

대개 일관되고 합리적인 규율을 가지고 있다고 한다. 이러한 규율은 바로 구성원들에게 안정적인 보호막 역할을 한다. 구성원들은 자신들이 어떻게 행동해야 하는지 알고 또 그 규칙 내에서 자신들이 해야 할 바를 성실하게 수행할 수 있기 때문이다. 자존감을 고취시켜주는 학교는 긍정적이고 온화한 느낌을 주는 곳이다. 즉 모든 사람이 '배려 받고 있다'는 느낌을 주는 곳이 바로 학생들의 자존감을 키워주는 학교라고 할 수 있다.

2 자아관 | 자존감을 고취시켜주는 학교는 구성원 하나하나를 개성 있는 존재로 보고 존중해준다. 또 교직원들과 학생들이 자신들의 특별한 자질을 인지할 수 있는 기회를 제공하는 곳이기도 하다. 이것은 성적과 업무 수행도에 향상을 가져올 수 있다는 것을 의미한다. 이러한 환경의 특징 중 하나로 들 수 있는 것은 '학생 중심성'이다. 즉 학생들의 요구가 일차적 관심사인 곳에서는 학생과 교사 간의 상호작용이 아주 높은 수준으로 이루어진다. 게다가 자존감이 넘쳐나는 학교에서는 교직원들이 서로 자주 소통하고 연결된다.

3 우호성 | 자존감이 넘치는 학교의 학생들과 교직원들은 그들이 '협력 공동체'의 일원이라는 소속감을 느낀다. 그리고 '우리 학교', '우리 반'이라고 생각하며 모두가 학교의 구성원으로 자부심을 느끼고 공동체의 정신을 느낄 수 있도

록 격려 받는다. 또래들은 함께 모둠 프로젝트, 협력적 학습이나 또래끼리 가르치고 학습하는 활동을 통해 서로를 돕고 격려한다. 이런 노력들은 모두가 안정적인 학습 공동체의 일원인 듯이 느끼며 이루어진다. 따라서 이러한 우호성과 친근감은 한 초등학생의 자부심에도 그대로 나타난다. "우리 학교는 최고의 학교예요. 왜냐하면 모든 사람들이 서로 서로를 참 좋아하거든요. 다른 사람이 날 좋아하는 걸 알 수 있기 때문에 나는 학교 가는 것이 참 좋아요."

4 목적의식 ⏐ 자존감이 넘치는 학교에서는 모든 사람들이 학교 차원에서 일어나는 일에 대해 책임감을 갖는 게 당연시되고 있다. 그래서 문제가 하나 생기면 그 학교의 구성원들은 그것이 공통의 문제라는 것을 인지하고 협력적인 의사결정의 필요성을 느낀다. 모든 아이들이 학교의 목적에 대해서 토론하기 때문에 모든 사람이 목적의식과 사명감을 공유하게 된다.

5 성취욕구 ⏐ 마지막으로 자존감이 넘치는 학교를 만들어가기 위한 최고의 선행조건은 바로 개인적인 성취욕구가 있어야 한다는 것이다. 긍정적인 학교 분위기를 보면, 학생들과 교직원들이 개인적인 소질과 장점을 인지할 수 있도록 세심한 관심을 보이고 또 이에 대한 특별한 피드백을 제공한다. 이런 학교는 특히 성취가능한 기대치를 강조한다. 자존감이 저조한 아이들은 학기 초에 선별되어서 특별 관심 대상이 된다. '초기에 개입해서 바로 잡아줘야 나중에 문제가 커지지 않는다' 는 원칙을 가지고 실행된다.

물론 자존감이 넘치는 학교를 만들어 가는 데 있어 특정한 공식은 있을 수 없다. 각 학교 환경마다 그 구성원들에 따라 독특한 특징이 있다. 그러나 대개 하나의 공통점이 있다. 즉 학교 구성원들의 자존감 향상은 현재 이루어야 할 주된 목표라는 것이다. 이 장에서 소개할 활동들은 교직원들이 학교 차원에서 자존감의 5가지 요소를 구축하는 데 이용할 수 있는 것들로 학생들의 태도와 학업성취에 지대한 영향을 미친다.

Ⓓ 학교 자존감 충전기

자존감이 넘치는 분위기를 만드는 방법에는 여러 가지가 있다. 아래 소개할 여러 아이디어들은 일부분에 불과하다. 개개인들이 상호작용하는 것만큼 강력한 것은 없다는 점을 명심해야 할 것이다. 자존감이란 결코 다른 사람에게 양도하거나 넘겨줄 수 있는 성질의 것이 아니다. 제대로 된 분위기를 제공하는 것은 분명 자존감 향상에 유익할 것이다.

▎**학교의 자부심을 키우자** ⏐ 학년 초에 학교의 상징, 학교 상징 색깔을 뽑는 대회를 연다. 교직원과 학생으로 구성된 '우리 학교 자부심 위원회' 라는 것을 조직하는 것도 생각해 볼 수 있다.

▎**긍정적인 것을 강조한다** ⏐ 긍정적인 것이면 무엇이든 강조한다. 배너를 걸어놓거나 포스터 혹은 표지판을 학교 곳곳에 비치해 메시지를 자주 노출시킨다. 반별로 포스터 경연대회를 개최하거나 학생회 멤버들에게 도움을 요청한다.

▎**한시라도 긍정적인 정신을 잊지 않는다** ⏐ 자존감의 상당부분은 행동모델에서 나온다. 그러므로 교직원들은 각자 자신들이 학생들에게 강화하고 싶은 행동을 직접 모델링하는 걸 염두에 두어야 한다. 교직원 스스로가 바람직한

행동의 본보기가 되고 또 그런 행동을 보여주는 교직원이나 다른 학생들에게 상을 준다.

학생들 집에 긍정적인 메시지를 보낸다
ㅣ 학부모가 학교의 목적과 분위기를 알도록 메시지를 전달한다. 교사들이 학부모와 통화할 때 지켜야 할 규칙을 정한다. "학부모에게 한 번 부정적인 메시지 전화를 했다면 이후 긍정적인 메시지의 전화를 두 번한다." 그리고 누구든 학교로 오는 전화를 받는 사람은 항상 밝고 긍정적인 태도로 응대하도록 한다.

분명한 행동수칙을 정해서 붙여놓는다
ㅣ 자존감이 넘치는 환경의 구성 요소 중 하나는 바로 실제 실행 가능한 질서를 만들어가는 것이다. 이때 질서와 규율은 너무 엄격하지도 않고 너무 느슨하지도 않아야 한다. 학생과 교직원들로 구성된 '학교 교칙 위원회' 같은 걸 조직해서 학교 차원의 규칙을 정하는 것도 좋다. 쿠퍼스미스는 학교 규칙은 성취가능하고 특정한 행동 양식을 강화시키는 몇 가지로 제한하는 것이 바람직하다고 보았다. 그리고 정한 학교 교칙을 포스터에 써서 붙이고 모든 학생들이 볼 수 있도록 한다. '학교 교칙 위원회'의 구성원은 그 규칙을 어겼을 때 져야할 책임도 역시 명시해 놓는다.

가족 같은 분위기를 조성한다
ㅣ 학교의 모든 구성원 개인들이 '학교 공동체'를 느끼게끔 모든 자원들을 이용한다. 교사뿐 아니라, 방문자, 비서, 양호 선생님, 도서관 사서, 매점 종사자들은 물론 학교 버스 운행자들 모두가 공동체 정신을 느끼도록 한다. 학교의 각 부서에 있는 사람들을 포함시키고 그들의 역할을 인정해준다.

공적인 관계를 긍정적으로 만들어나간다
ㅣ 학교 종사자들은 학교의 성취를 자랑하고 적극적으로 스스로를 외부에 자랑해야 한다. 장학사나 교육 관계자들, 지역 유지들을 학교로 초대한다. 때로 지역 신문 기자들을 불러서 학교와 교실 내의 활동을 소개한다. 신문에 소개된 학교의 기사를 학부모들에게도 적극적으로 홍보한다.

유쾌한 시간을 따로 만든다
ㅣ 간혹 유쾌한 이벤트를 만들어낸다. '책에 나오는 주인공처럼 차려입기' 혹은 '케이크 만들기 경연대회' 또는 여러 이벤트를 준비해서 학생들과 교직원들이 유쾌한 시간을 보낼 수 있도록 한다.

학교의 첫 인상을 밝게 만든다
ㅣ 교직원들은 학교에 들어서는 순간, 학생들을 만날 때마다 반갑게 인사해야 한다. 정문 앞에서 아이들과 만나면 "반가워, 어서와"라는 식으로 인사를 건넨다.

학생들과 교직원들의 성취를 인정해준다
ㅣ 학교에 특별 게시판을 마련해놓고 교직원이나 학생 개개인의 성취를 축하해 준다. 학교의 모든 교직원들이 게시판에 동료들에 관한 기사거리나 사진 혹은 동료들의 특별한 성과나 성취를 나타내는 글들을 게시하도록 독려한다.

학교 분위기를 늘 활기차게 한다
ㅣ 학교의 교훈이나 상징을 배너, 연필, 카드에 인쇄해서 주기적으로 아이들이나 교직원들에게 나누어주어 늘 학교에 대해 자긍심을 갖도록 한다. 교직원들이 학교의 교가를 만들거나 기존 곡에 가사를 새롭게 해서 교가로 부른다. 일주일에 한 번 스피커로 교가를 들려주는 것도 좋다.

▌학교 건물의 외관을 더 밝게 한다 ┃ 학생과 교직원이 학교 외부 환경에 더 주의를 기울이도록 격려함으로써 학교에 대한 자부심을 고취시킨다. 외관을 새로 말쑥하게 해야 할 필요가 있으면 토요일 하루를 정해 청소, 페인트 칠, 화단정리 등을 한다. 예술적 재능을 지닌 교직원의 도움을 빌어 학교 담장을 멋진 벽화로 꾸민다.

▌모든 구성원들의 성과를 인정하고 상을 준다 ┃ 현재 학교의 상벌 시스템을 분석하는 시간을 갖는다. 모든 사람들에게 상을 탈 수 있는 기회를 주고 있는지 점검해본다. 현재 그렇지 않다면 더 많은 학생들과 교직원이 자신의 성과를 인정받을 수 있도록 기회를 주는 방법을 모색한다. 보상해야 할 행동들은 다음과 같다. 개선, 노력, 도우미 역할, 자질, 친근함, 협력, 쾌활함, 긍정적인 성격과 개근 등 각 영역에 대한 상장을 만들어서 상을 주어야 할 사람에게 준다.

▌학교 구성원들로 하여금 늘 배려 받고 있다는 것을 알게 한다 ┃ 효율적인 학교 분위기의 주된 특징 중 한 가지는 바로 학교의 구성원들이 서로를 배려하고 있다는 것을 알게 하는 시간을 갖는다는 것이다. 상장, 개인적인 메시지나 접촉은 여러 방법 중 몇 가지 예에 불과할 뿐이다. 학교의 구성원들은 자신이 인정과 배려를 받고 있으며 사람들이 자신의 역할에 대해 감사해하고 있다는 것을 체험하도록 해야 한다. 여러분의 학교는 과연 어떤가?

 교직원들의 자존감을 향상시키기

 직원 회의에 관한 몇 가지 아이디어

▌다른 교직원의 연구실에서 직원회의를 해본다.

▌각 회의 때마다 교직원들에게 아이들과 관련해서 성공적이었던 자존감 키우기 활동이나 아이디어를 제시하게 한다.

▌교직원들이 자신만의 특기를 계발하도록 격려하고 다른 직원들과 함께 공유할 수 있게 한다.

▌수많은 교사들이 이 책에 나와 있는 여러 가지 활동들을 직접 응용해서 자신들의 자존감 키우기에 성공적으로 이용해왔다. 한 단계 업그레이든 된 활동을 통해 교직원들은 서로를 더욱 잘 알게 되었고 또 화목한 관계를 맺었을 뿐만 아니라, 자신들의 자존감까지도 키울 수 있었다. 교사들과 직원들이 시도해볼 만한 활동으로는 아래와 같은 것들이 있다.
 S28 스마일 파일(교직원의 이름을 사용한다)
 S31 우리 반 기분 도우미1
 SH18 나를 알리는 갑옷
 A38 줄줄이 칭찬 걸이
 C3 내 장점 프로필
 C8 장점 바벨

▌캘리포니아의 샐런버거 스쿨의 교사인 캐서린 그래함은 교직원 회의에 짧게 할 수 있는 활동으로 아래와 같은 활동을 제안해왔다.
 ● 등에 붙이는 하트 ┃ 교직원들의 숫자만큼 색판지로 하트를 오려둔다. 그리고 각자 진심으로 다

른 교직원의 장점에 관한 짤막한 글을 5분 동안 쓴다. 해당 동료의 등에 종이 하트를 붙여준다.

● 대화의 시간 | 동료들과 그날 하루(혹은 일주일) 각자 반에서 아이들과 있었던 특별한 순간에 대해서 서로 이야기 나눈다. 교사들마다 몇 분씩 돌아가며 자신의 이야기를 들려준다. 근무 시간 외 있었던 특별한 일에 관한 이야기도 좋다. 특별한 휴가, 감명 깊게 읽은 책, 인상 깊은 식당, 쇼핑 센터 등등.

▮ 한주가 시작되면 교직원들은 다른 교직원의 이름 카드를 몰래 하나 뽑는다. 그리고 일주일 동안 그 교사는 비밀스럽게 이름카드를 뽑은 교사의 긍정적인 행동을 지켜본다. 그 다음 교직원 회의에서 '비밀 친구' 선생님은 다른 선생님들에게 자신이 지켜본 선생님의 장점을 발표한다.

▮ 직원회의 주제로 직원 교사들의 의견을 제시한다. 각 회의 때마다 몇몇 선생님을 특별히 정해서 자신들이 수행한 일을 보고하도록 한다.

 교직원 포상 아이디어

▮ '선생님의 자랑거리' 라는 게시판을 하나 마련한다. 현재 여러 교실에서 이루어지고 있는 여러 가지 특별한 프로젝트와 안건들에 초점을 맞추어 소개한다.

▮ 캘리포니아의 롱우드 스쿨의 교장인 샤론 Sharon Ough 선생님은 '굿모닝 교직원' 이라는 책을 늘 비치해두고 매일 학교 이벤트와 활동은 물론 교직원들에게 보내는 특별한 메시지나 칭찬 등을 써놓았다. 그래서 하루가 시작할 때 교직원들은 개인적으로 교장의 메모를 읽고 활기차게 하루를 시작할 수 있었다.

▮ 가능하면 자주 교사들의 노력과 활동 들을 학교의 뉴스레터를 통해 자주 칭찬하고 포상해준다. 이때 교직원들의 짤막한 이력이나 성과 등을 같이 소개하면 좋다.

▮ 교사의 창의적인 노력이 돋보이는 행동을 스크랩해서 모아둔다.

▮ 교직원들에게 '중요한 인물', '금주의 선생님', '나는 가르치는 것이 자랑스러워요' 등의 문구가 새겨진 배지를 제공한다.

▮ 큰 모형 알을 준비해둔다. 그리고 매주 새로운 교사를 선정해서 '이 주의 훌륭한 알(Good Egg of the Week)' 이라고 적힌 알을 드린다. 종이끈에 선생님의 훌륭한 성과를 적어서 함께 드린다. 매주 새로운 교사를 선정해서 이러한 활동을 한다(셀렌버거 스쿨의 캐서린 그래함이 제안).

▮ 지역 신문에 특별 학교 탐방기를 주기적으로 싣고 가능한 교실 활동을 자주 소개하도록 요청한다.

▮ 캘리포니아의 셀렌버거 스쿨의 교장인 세럴 피터맨 Cheryl Petermann 선생님은 교직원들을 위해 '멋진 교사 노트' 라는 게시판을 마련해 교사들이 반에서 아이들과 수행하는 활동에 대해 소개하고 칭찬한 다음 해당 교사들에게 나누어주는 활동을 했다.

▮ '이주의 선생님' 이라는 특별 게시판을 마련한다. 매주 새로운 선생님에 관한 소개로 게시판을 장식한다. '이 주의 선생님' 으로 선정된 교사의 사진, 기사, 물건이나 선생님의 관심 사항, 취미, 가족 관계 등을 소개하는 짤막한 소개 글도 곁들인다.

🐝 교무실을 위한 몇 가지 제안

▎'아이디어 교환' 게시판을 마련한다. 교사들로 하여금 현장에서 효과적이었던 아이디어나 샘플을 소개하도록 한다.

▎교무실 벽에 기다란 마분지를 붙이고 사인펜으로 '동료들에게 좋은 말 한마디' 라고 쓰고 서로 유익한 말을 나누도록 한다.

▎'메시지 센터' 를 마분지에 주머니처럼 만들어 붙이고 각 주머니마다 교직원들의 이름을 쓰고 성과에 대해서 칭찬하는 카드를 서로 써넣어두도록 한다.

▎특정한 선생님을 위한 '점심 바구니' 를 다른 교직원이나 학부모들의 도움으로 마련한다. 초, 촛대, 냅킨, 탁자보, 은식기, 꽃병을 준비한다. 매주 학부모나 교직원 혹은 근처 식당의 협찬을 받아 특정 교사의 그날 점심을 준비한다. 꽃병에는 신선한 꽃을 꽂아둔다.

▎각 교직원들은 자신의 비밀 친구 이름카드를 뽑는다. 다른 교사의 이름 카드를 뽑은 교사는 주기적으로 그 교직원을 위해서 비밀스런 행동을 한다. 비싸지 않은 선물을 준비하거나, 책상에 꽃을 꽂아주거나 사과를 놓아주거나 자신만의 학습 아이디어를 제공하거나 그 교사의 성과를 칭찬하는 메모를 써준다. 이 활동은 오랫동안 지속해도 좋다. 단, 비밀 친구는 가능한 한 오랫동안 자신을 밝히지 않는 것을 원칙으로 한다.

▎각 교직원들은 24×28cm 크기의 포스터보드에 '나만의 포스터' 를 만든다. 교사들이 직접할 수도 있고 아니면 학생들이 자기 선생님에 대한 포스터를 만들게 해도 좋다. 이 포스터에는 선생님의 개인적인 관심사, 취미, 장점, 배경과 가족 관계 등을 소개한다. 완성된 포스터는 교무실에 장식해둔다.

🐝 배려하는 분위기를 조성하기 위한 여러 가지 아이디어

▎각 교사들의 특별한 날을 인지해둔다(생일, 특별휴가, 결혼기념일, 여타 다른 기념일).

▎교사의 생일이면 케이크를 준비한다.

▎풍선아트를 하는 전문가를 초빙해 풍선장식이나 꽃 장식을 할 수 있는지 알아본다. 매주 교사들을 위한 깜짝 꽃바구니 배달을 기획해본다.

▎주기적으로 교사들의 상자에 비싸지 않은 선물을 비치해두고 감사의 마음을 전한다. 감사의 메모로 아래와 같은 것을 참조한다.
- "당신은 훌륭한 선생님입니다."
- 막대사탕을 준비하고 "당신은 최고예요."
- 초코바와 함께 "우리는 하나를 위한 모두, 그리고 모두를 위한 하나입니다. 늘 함께 해주셔서 감사합니다."
- 캔디바와 함께 "월급날만 당신의 가치를 확인할 필요는 없어요. 당신은 언제나 황금처럼 소중한 사람입니다."
- 초콜렛 허쉬의 키스와 함께 "감사합니다."
- 사탕과 함께 "훌륭한 업무에 감사합니다."
- 카네이션과 함께 "온화하신 성품에 항상 감명 받고 있습니다."

▎학부모들이 자발적으로 주마다 교사들에게 비싸지 않은 선물로 감사의 말을 전하도록 한다.

매주 다른 학부모가 선물을 준비해서 교사에게 전달한다.

▮ 넉넉한 정도로 상장 혹은 감사의 문구를 준비해 둔다. 상자에 펜과 함께 담아서 교무실에 비치해 둔다. 상장 옆에는 "다른 동료 교직원에게 기운 나는 한마디를 씁시다" 라고 써둔다. 그리고 개개인들이 서로 감사하고 축하해주는 일들이 일상화되도록 한다(캘리포니아 엘크 그로브의 학교의 쥬드 선생님의 제안).

▮ 각 교직원들의 명함을 인쇄해서 배부한다. 명함에는 이름, 학교 주소뿐만 아니라, "나는 교사로서 자랑스럽습니다" 라는 문구를 새겨 넣는다.

▮ 동료교사로서 혹은 교장으로서 내가 다른 사람에게서 들은 다른 교사의 칭찬을 알려준다.

▮ 교육위원회에 동료 교사의 성취와 성과를 알리는 편지를 보낸다.

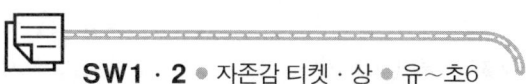

⑫ 학교 차원의 자존감을 증진시키는 활동들

이제 소개할 여러 가지 활동들은 자존감이 넘쳐나는 학교 분위기를 만들기 위한 것으로 동시에 자존감의 5가지 요소를 더욱 증진시켜 줄 것이다. 이 활동은 학교 차원에서 혹은 교사가 재량껏 교실에서 응용할 수 있다.

SW1 · 2 ● 자존감 티켓 · 상 ● 유~초6

목적 ㅣ 학생들 개개인 긍정적인 자세와 태도

를 칭찬하고 상을 준다. 학교와 교실에서 긍정적인 분위기 향상을 위한 것이다.

자료 ㅣ 8.5×11cm 봉투(모아둔 티켓을 넣어둔다.)
▮ SW1 자존감 티켓 ㅣ 복사한 것을 밝은 색의 카드 스톡지나 색판지 위에 놓고 둘레를 따라 오린다. 학교 차원의 활동을 하려면 매달 학급마다 적어도 30~50개의 티켓을 준비해둔다.
▮ SW2 자존감 상 ㅣ 각 반마다 충분한 양의 상장을 준비해둔다.

학교 차원의 활동 ㅣ 담임을 맡지 않고 있는 교사들에게 티켓을 골고루 나누어준다. 교장 선생님, 교감 선생님, 서기, 양호 선생님, 상담 선생님, 심리 선생님, 학교 버스 운전 기사, 수위 아저씨, 사서 선생님, 매점 종사자들에게 티켓을 나누어준다.

이 활동에 참여하는 사람들에게 '앞으로 건전하고 모범적인 행동을 하는 학생들은 자존감 티켓을 나누어줄 거' 라고 주지시킨다. 이때 자존감 티켓을 받은 학생은 담임선생님께 티켓을 주고 반별로 봉투나 상자에 담아 모은다.

매달 말일이 되면 각 반마다 모은 티켓을 모아서 교무실로 가져온다. 그리고 그날 누군가 대표 선생님이 가장 많은 티켓을 모은 반을 발표한다. 학교의 규모가 크면 매달 두 학급을 뽑을 수도 있다(1등 2등, 혹은 고학년 저학년으로 나누어서 수상자를 결정한다).

SW2 자존감 상장을 수여한다. 그리고 다시 자존감 티켓 많이 모으기 대회를 시작한다. 학년 말에 그해 가장 많은 티켓을 모은 반을 따로 시상해도 좋다. 상장을 주는 방법으로는 2장을 참조한다.

학급 차원의 활동 ㅣ 자존감 티켓을 재량껏

훌륭한 선생님 상장

선생님의 노력과 성과를 인정하고 감사하며 드립니다.

당신은 우리의 자랑입니다. 왜냐면 ‾‾‾‾‾‾‾‾‾‾‾‾‾‾

‾‾‾‾‾‾‾‾‾‾‾‾‾‾‾‾‾‾‾‾‾‾‾‾‾‾‾‾‾‾‾‾‾

‾‾‾‾‾‾‾‾‾‾‾‾‾‾‾‾‾‾‾‾‾‾‾‾‾‾‾‾‾‾‾‾‾

로부터

년   월   일

복사해둔다. 매달 교사는 학생 개인이나 모둠별로 자존감 티켓을 나누어준다. 그리고 주말이나 월말에 가장 많은 티켓을 가진 학생에게 따로 상장을 준다. 많은 교사들이 모둠별로 자존감 티켓을 나누어주는 걸 선호하기도 한다(동성 또래들 4~5명으로 구성된 모둠). 가장 많은 티켓을 모은 모둠이 그 달의 특별상을 수상한다(이 아이디어는 캘리포니아의 루커 스쿨의 크레이그 보바 전 교장선생님이 제안한 아이디어).

SW3 · 4 ● 모범상 ● 유~초6

목적 | 학급 친구들의 긍정적인 노력을 칭찬해주고 격려한다.

자료 | 뚜껑이 있는 중간 크기의 상자를 준비한다. 아이들은 스티커, 벽지, 오려낸 색종이로

상자를 장식하거나 포장한다. 뚜껑에 구멍을 내고 검정 사인펜으로 상자에 '모범생'이라는 글씨를 써놓는다. SW3 '모범상' 스티커와 함께 교실한 켠에 상자를 비치해둔다. SW4 상장을 충분히 마련해둔다.

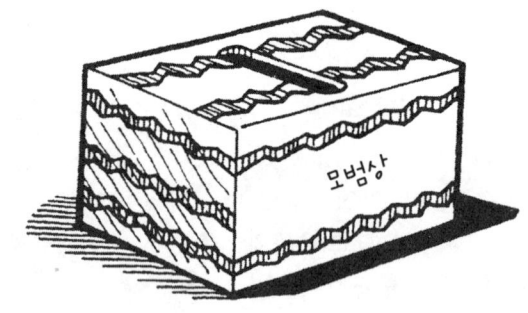

활동 | 학생들에게 한주 동안 다른 사람을 위해 학생들이 보여주는 긍정적인 행동을 관찰하게 될 것이라고 주지시킨다. 먼저 이전에 긍정적인 행동을 보여준 학생을 예로 들어주면서 활동을

시작한다. 긍정적인 행동이란, 친절한 말 한마디 혹은 다른 사람의 얼굴에 미소를 짓게 한 행동이라는 것을 설명해준다. 학생들로 하여금 긍정적인 행동을 자발적으로 하고 누군가 자신에게 긍정적인 행동을 베풀었던 때를 기억해 보도록 한다. 학생들은 이 역할 놀이를 의외로 즐거워 할 것이다(실제 상황이거나 가상 상황이거나 상관없이).

아이들에게 칭찬 티켓을 보여주고 누구라도 다른 친구가 긍정적인 행동을 하는 걸 보거나 체험하면 그 친구의 이름과 구체적인 내용을 티켓에 쓰고 상자에 넣어두게 한다. 이때 상황을 아주 구체적으로 쓰도록 한다. 글씨를 잘 못쓰는 학생은 그 상황을 그림으로 묘사해도 좋다. 아니면 교사에게 구술해서 받아 적는다.

수업이 다 끝나면 교사는 티켓에 적힌 친구들의 이름을 큰 소리로 불러준다. 교사는 반 친구들의 시선에 띄지 않는 학생이 있다면 그 아이의 이름을 적어서 상자에 넣어두는 것도 고려해볼만하다. 이름이 불린 학생에게는 SW4 상장을 준다.

학교 활동 ㅣ 학교 차원의 활동으로 응용한다면, 각 반과 교무실에 상자를 하나씩 비치한다. 학생들과 교사들로 하여금 학교 차원에서 긍정적인 행동을 한 사람을 지명하도록 격려한다. 즉 티켓에 그들의 이름을 쓰고 교무실이나 교실에 비치된 상자에 넣는다. 교장 선생님이나 특별히 지명된 교사가 여러 가지 다양한 방법으로 긍정적인 행동에 대한 시상을 한다.
▎게시판에 학교 차원에서 뽑힌 사람의 이름을 게 재한다.
▎전교생이 들을 수 있도록 스피커기로 이름을 불러준다.
▎각 반으로 가서 특별히 지명된 학생을 축하해 준다.
▎그 반의 담임 선생님에게 교장선생님이 사인한

SW5 ● 칭찬 티켓 ● 유~초6

상장을 주어 학생에게 시상한다.

목적 ㅣ 긍정적인 행동을 칭찬해준다. 교실 혹은 학교 차원의 긍정적인 행동을 장려한다.

자료 ㅣ

SW5 칭찬 티켓-밝은 색상의 색판지나 카드스톡지에 사진 복사한 티켓을 놓고 테두리를 따라 오리고 이 활동에 참가할 교사들에게 나누어준다(학교 차원에서 이 활동을 진행시킨다면 담임을 맡고 있는 전 교사가 이 활동에 참가하는 것이 효과적이다).
▎티켓 함 ㅣ 입구가 자그만 커다란 상자나 단지를 준비해서 그 안에 티켓을 넣어놓고 꺼낼 수 있게 한다.
▎자존감 상장 ㅣ 긍정적인 행동을 한 학생에게 줄 상장을 전시해둔다. 자잘한 장신구, 학교 상징물건들(연필, 배너), 식당 이용권이나 상품권(지역사회에서 협찬을 받는다), 극장 관람권이나 자유 이용권 등을 상품으로 준비한다.(2장을 참조)

활동 ㅣ 몇 월 몇 일부터 학생들의 긍정적인 자세를 선생님이 눈여겨보고 상을 줄 것이라고 주지시킨다. 그리고 교사는(학교 차원과 교실차원의 활동이냐에 따라)아이들의 긍정적인 태도를 관찰하고 티켓을 나누어준다. 아이들에게 티켓은 중간을 자를 수 있다는 것을 보여주고 나머지는 집에 가져가 부모님께 보여드려 칭찬받을 수 있도록 해준다. 나머지 부분은 교실에 마련된 함에 넣어둔다. 매주 티켓함에서 4개 혹은 그 이상의 티켓을 뽑는다. 뽑힌 학생의 이름을 학교 차원에서 스피커로 발표해도 좋고 학급 신문이나 학교 신문에 게재한다. 학생들에게는 상장을 나누어준다(오레곤주의 엘모니카 스쿨에서 채택한 아이디어).

SW6·7 ● 상장 양식 · 모범학생 상장 ● 유~초6

목적 | 모범적인 학생의 행동이나 긍정적인 태도를 칭찬해준다.

자료 | SW6 상장 양식(유~초2학년) 또는 SW7 모범학생 상장(초1~6학년)

활동 | 밝은 색상의 종이위에 문구를 복사해서 대고 오린다. 이 상장을 교사들에게 충분할 정도의 양을 나누어주고 긍정적인 행동을 하는 학생이나 교직원들을 보면 양식을 채우도록 한다. 교사 재량껏 교실에 상장을 비치해두고 아이들이 서로를 칭찬하고 상을 줄 수 있도록 한다.

SW8 ● 종이 돈 놀이 ● 유~초6

목적 | 반 친구들의 긍정적인 노력을 칭찬해준다. 긍정적인 행동을 더 고무시키고 격려한다.

활동 | 많은 양의 가짜 종이돈을 준비해둔다. 앞·뒷면을 인쇄해서 앞면은 지폐 모양, 뒷면은 누가 누구에게 주는 양식을 인쇄한다. 오려서 교실마다 혹은 학교 차원에서 이용하도록 비치해둔다. 전교생이나 반 아이들에게 저마다 돈을 벌 수 있는 기회가 있음을 알려준다. 학생들은 누군가에게 긍정적인 말 한마디를 하거나 행동을 할 때마다 종이돈 2장을 벌게 된다. 규칙은 아래와 같다.

1 교사(혹은 다른 교직원)는 누군가 모범적인 행동을 했다는 소리를 듣거나 직접 현장을 보아야 한다.

2 모범적인 행동의 수혜자 학생은 개인적으로 교사에게 친구의 행동에 대해서 알린다.

참고 | 모범적인 행동을 한 학생이 직접 담임 교사에게 자신의 행동을 말하는 것은 해당되지 않는다. 학생이 교사로부터 종이돈 2장을 받으면 한 장은 남겨두고 나머지 한 장은 써야 한다. 교사는 첫 번째 종이돈 뒷장에 누가 무엇 때문에 받은 것인지 내용을 적는다.

두 번째 종이돈은 가지고 있다가 또 다른 친구가 모범적인 행동을 하면 역시 뒷면에 누가 누구에게 무엇 때문에 주는지를 기재하고 친구에게 주도록 한다. 이때 주는 친구의 이름이 쓰여지기 때문에 준 친구는 이 종이돈을 한 번밖에는 쓰지 못한다.

종이돈 세기 | 정해진 시간에(일주일에 한번 혹은 재량껏) 학생들은 이제껏 얻은 종이돈을 제출한다. 이때 교사는 재량껏 상장을 여러 가지 준비해둔다. 학교에서 상영하는 영화 관람권, 혹은 비싸지 않은 액세서리나 팬시 용품 등 부담되지 않는 상품을 준비한다. 받은 종이돈 2장 중 한 장은 나중에 학급·학교 중고물품 전시회에서 사용할 수 있도록 해도 좋다(캘리포니아 팜 스프링스의 크리스 넬슨 교사가 제안한 아이디어).

SW9 ● 자존감 나무 ● 유~초4

목적 | 여러 긍정적인 행동을 보여주는 특별한 학생을 칭찬하고 격려한다.

자료 | 커다란 나무 가지
| 회반죽이나 풀
| 동그란 쓰레기통

| 펀치
| 계절을 묘사하는 색판지 작품

활동 ㅣ 이 자존감 나무 활동은 한 학년 동안 학생들의 성취, 긍정적인태도, 행동을 인정해주는 활동으로 나무 조형물을 오랫동안 비치해둔다. 먼저 50~100가지의 종이 장신구를 달 수 있을만큼 큰 나무 가지 조형물을 만든다. 가지에 두루마리 화장지 통을 달아놓고 그 안에 회반죽을 넣는다. 가지를 집어넣기 전 회반죽이 마르지 않게 빨리 작업을 진행한다.

매달 모범적인 행동 양식을 정해서 여기에 집중하게 한다. 남을 배려하는 것, 자존감 넘치는 태도, 우정, 학업성취, 친절, 관대한 태도 등을 매달 집중 요소로 정한다. 교사나 학생은 그 달의 특징에 맞는 사람을 투표로 정한다. 매달 색판지로 여러 가지 다른 테마 물건을 오려서 붙인다(10월에는 호박, 11월에는 터키, 1월에는 눈송이, 2월에는 하트 등).

교사들은 그 달을 상징하는 패턴을 여러 장 가지고 있다가 그달의 모범적인 행동을 보여주는 학생들을 볼 때마다 패턴에 학생의 이름을 적는다. 각 패턴 위에 구멍을 내고 나무조형물에 실로 묶어둔다(콜로라도의 리틀톤 공립학교의 메릴린 스위트 교사가 제안한 아이디어).

ⓛ 개인적인 환경 만들기

동기부여가 안 되는 요소 중 하나는 바로 익명성이다. 만약 학교의 규모가 크다면 학생들 개개인들을 개인적으로 칭찬하고 상을 주는 것이 다소 어려울 수 있다. 이런 환경에서는 교직원이 다소 특별한 계획을 짜서 가능한 학생 모두가 자신이 그 활동에 참가하고 있다고 느끼도록 해야 한

다. 아래 소개할 여러 아이디어들은 학교 차원의 활동으로 아이들과 교직원들이 서로에 대해서 더 알고 가까워지도록 하기 위한 것들이다(SW9 자존감 나무 참조-특정한 영역에서 모범적인 행동을 한 학생 개개인을 공식적으로 인정하고 칭찬하는 활동).

목적 ㅣ 우호성과 소속감을 증진시킬 수 있는 기회를 제공한다. 학생들을 개개인을 인정한다. '이곳이 우리가 자라고 함께 공부하는 안락한 곳' 이라는 메시지를 전달한다.

 새로운 학년이 시작될 때 할 수 있는 활동들

 SW10 ● 우정 위원회 ● 유~초6

목적 ㅣ 아이들이 반 친구들에 대해서 더 잘 알고 인지하게 한다.

자료 ㅣ 없음(선택 ㅣ 아이들로 하여금 교실을 우정에 관한 포스터로 꾸미게 한다).

활동 ㅣ 매주 한 명을 우리 반 혹은 우리 학교의 특별 친구로 정한다. 그 주 동안 특별 친구로 정해진 학생은 가능한 다른 친구들에 대해서 많은 것을 알려고 노력한다. 고학년의 경우 새로운 친구에 대한 짤막한 소개서를 쓰게 한다. 학년 초에 전교 회의를 통해 특별 친구는 새로 알게 된 친구를 전교생에게 소개하는 시간을 갖는다. 또는 게시판에 친구의 소개서를 짤막하게 써붙이고 나중에 학급 혹은 학교신문에 기재한다(캘리포니아의 성 캐서린 스쿨에서 실행하고 제안한 아이디어).

SW11 ● 이름표 교환 ● 유~초6

목적 ┃ 학생들이 반 친구의 이름을 쉽게 익히도록 돕는다.

자료 ┃ 밝은 색상의 색판지를 4×5cm 크기로 잘라서 학생과 교사가 하나씩 갖는다. 핀으로 고정시키거나 양면 테이프를 사용한다. 크레파스, 사인펜.

활동 ┃ 학생들(혹은 교사)마다 자신의 이름표를 고안해서 만든다. 이름, 학년, 반, 번호가 선명하게 보이도록 크게 쓴다. 그날 하루 동안 처음 보는 사람과 이름표를 교환한다. 새로운 친구의 이름과 학년을 교환한 이름표 뒤에 적는다. 여기에 덧붙여 학생들로 하여금 그 친구에 대한 새로운 사실을 알아내게 한다(관심, 취미, 좋아하는 경기, 태어난 곳). 교환한 이름표는 담임 선생님께 가져와 커다란 마분지에 붙이거나 핀으로 고정시켜 놓는다. 이 활동을 일주일 동안 계속한다. 이 활동한 참가한 사람은 매일 새로운 친구를 사귀게 되는 셈이 된다. 학생들로 하여금 새로운 친구를 또 다른 친구에게 소개해서 더 많은 친구를 알도록 한다(캘리포니아의 알리살 스쿨에서 시행하고 제시한 아이디어).

SW12 ● 새로운 친구는 누구? ● 유~초6

목적 ┃ 처음 만나게 되는 친구들끼리 인사하고 친해지게 한다.

자료 ┃ SW12 양식 여러 장과 이 양식을 붙일 밝은 색상의 색판지. 신입생과 새로 학년에 진급한 학생들이 학교와 교실에 익숙해지도록 SW12 양식을 채우도록 한다. 자신의 모습을 그릴 수도 있고 여백에 사진을 붙여도 좋다. 완성된 양식을 중앙 게시판에 붙여 모두가 보도록 한다. 나중에 학교 신문에 기사로 싣는다.

 학생 개개인을 칭찬하고 인정하도록 돕는 학교 차원의 지속적인 활동들

SW13 ● 친구 소개 ● 유~초4

목적 ┃ 학생들이 다른 친구에 대해서 새로운 것을 더 알 수 있는 기회를 제공한다.

자료 ┃ SW13 양식

활동 ┃ 모든 학생들이 SW13양식을 작성하도록 한다. 아이들은 다른 친구, 교사, 부모님에게 자신을 알리는 내용을 기록한다. 학교의 규모에 맞게 교사 재량껏 이 활동에 참가하는 학생수를 정한다. 만약 전교생이 400명인 학교라면 매주 11명씩 이 활동에 참가하게 한다. 보조 교사로 봉사로 학부모나 고학년 학생들이 매주 이 활동 참가자들을 인터뷰하도록 한다.

게시판에 완성된 양식을 아세테이트 테두리를 해서 전시한다. 매주 새로운 양식을 교체해 이전 양식은 알파벳 순으로 학교 바인더에 보관한다(콜로라도의 콜 스쿨에서 시행하고 제시한 아이디어).

SW14 ● 좋은 소식 보고서 ● 유~초6

목적 ┃ 학교 · 가정 간 의사소통을 원활하게 하고 아이들의 성취나 바람직한 행동을 가정과 학교에서 인정하고 칭찬해준다.

자료 | SW14 양식을 색판지에 여러 장 인쇄해서 준비한다. 앞뒷면을 인쇄해서 5.5×4.25cm 크기로 준비해둔다.

활동 | 카드 앞면 왼쪽 상단에 학교의 주소를 새긴다. 여러 장 준비해서 학교 차원에서 그리고 교실 차원에서 다양하게 이용할 수 있도록 비치한다. 학업 성취도가 뛰어나거나 모범적인 행동을 보이는 학생들에게 개인적인 메시지를 써서 집으로 보낸다. 학부모는 자율적으로 교사에게 인사말을 써서 보내도 좋다(텍사스의 캐논 스쿨에서 파트리샤 교장선생님이 실행하고 제안한 아이디어).

SW15 · 16 ● 금주의 학생 ● 유~초4

목적 | 학교의 모든 아이들 각자에게 개인적인 관심과 배려를 보여준다.

자료 | 포스터. 24×28cm 태그보드지.
‖ SW15 이 주의 단추를 받을 학생 | 밝은 색상의 종이로 단추 모양을 충분할 정도로 오려서 준비한다. 단추의 한가운데 학생들의 사진을 붙여서 '금주의 학생'이 되면 달고 다니게 한다(선택사항 : 단추 만드는 기계를 구입해서 단추를 만들거나, 못쓰는 단추를 재활용해도 좋다).
‖ SW16 금주의 학생 상장 | 밝은 색상의 종이로 금주의 학생 상장을 인쇄한다.

활동 | 매주 교사들은 무작위로 반에서 한 학생을 뽑아서 '금주의 학생'으로 정한다. 여기에 뽑힌 아이들은 자신을 아주 특별한 존재로 생각하게 된다. 한주 동안 그 학생에게 특별한 임무·

과제·활동을 배당한다. 아래를 참조한다.
‖ 선생님의 심부름을 하게 한다.
‖ 개인적인 포스터를 만들게 한다. 아이들에게 24×28cm 태그보드지를 나누어 준다. 한 주 동안 그 학생은 (필요하다면 부모님의 도움을 받게 한다) 자신의 자화상을 꾸민다. 사진, 그림, 자기를 표현하는 말, 잡지에서 오려낸 사진이나 자신과 관계있는 물건 등을 이용하게 한다. 포스터에 학년과 이름을 쓰고 완성된 포스터는 교실 외부에 붙이거나 교장선생님의 게시판 혹은 매점에 붙여 전교생이 볼 수 있도록 한다.
‖ 교장 선생님의 점심식사 시간에 초대받게 한다. 간단하게 색상지, 테이블보, 풍선 몇 개와 꽃병으로 '특별 방'을 꾸민다. 매주 정해진 날에 '금주의 학생'들로 선정된 모든 학생들은 자신의 점심 도시락을 교장실로 가지고 가서 교장선생님과 점심을 먹는다. 학교 재량껏 "~가 ~학교의 금주의 학생으로 뽑혔답니다"라는 문구가 새겨진 스티커를 제작해서 부모들에게 나누어주어도 좋다. "나는 이번 주 우리 학교를 대표하는 학생입니다"라는 문구를 연필에 새겨서 나누어주어도 좋다.
‖ '금주의 학생'으로 뽑힌 학생은 단추를 달게 하고 일주일이 지나면 개인적으로 보관하게 한다(콜로라도의 리틀톤 스쿨의 달린 교장선생님이 실행하고 제안한 아이디어).

SW17 · 18 ● 금주의 시민 ● 유~초6

목적 | 시민정신을 발휘해 열심히 봉사하는 학생을 칭찬하고 격려한다.

자료 | SW17 양식 여러 장을 담임 선생님이 준비하게 한다. SW18 양식을 밝은 색상의 카드

스톡지에 인쇄해서 준비한다. 학교사진 혹은 금주의 시민으로 뽑힌 학생의 스냅 사진.

활동 | 매주 교장 선생님은 무작위로 고학년에서 한 반, 저학년에서 한 반을 무작위로 선정하거나 아니면 학년마다 한학급을 선정한다. 한 학생이 두 번 선정되지 않도록 한다. 각 반 선생님들에게 '금주의 시민'으로 선정될 만한 학생을 추천하게 한다. 이때 금주의 시민으로 뽑힐 수 있는 학생의 행동기준은 결석이나 지각이 없고 과제물을 성실히 제출하고 모범적인 행동을 보인 학생이 되도록 한다.

각 반 담임선생님은 금주의 시민으로 뽑힐 만한 학생에 관한 소개서를 써서 한 주 동안 전시해둔다. 그리고 이후 교장 선생님은 각 반의 교사가 선정한 '금주의 시민' 학생에게 상장을 수여한다. 상장 중앙에 학생의 사진을 붙이고 게시판 가운데에 붙인다. 그리고 특별한 날을 정해 교장 선생님은 전교생을 상대로 스피커로 금주의 시민으로 뽑힌 학생을 소개하고 상을 받게 된 행동을 간단하게 설명한다. 교장 선생님은 이런 내용을 편지에 적어 해당 학생의 가정으로 보낸다(캘리포니아의 사우스게이트 스쿨의 낸시 교장 선생님이 실행하고 제안한 아이디어).

SW19 ● 생일 축하 ● 유~초6

목적 | 학교에서 생일을 맞은 학생들 개인적으로 축하해준다.

활동 | 전교생이 500명이면 학생들과 교사의 생일을 일일이 축하해주는 것은 어려운 일이다. 세심한 계획이 필요한 활동이다. 먼저 교사들에게 학생들의 생일을 적어서 제출하도록 부탁한

다. 그리고 같은 달에 생일인 학생들끼리 파일을 만들어서 준비한다. 날짜까지 신경 쓰지 않고 같은 주로 분류한다(1월 둘째주). 아래 소개할 몇 가지 아이디어는 개인별 학생들 생일을 축하하는 방법이다.

SW20 ● 교장 선생님 주관 생일 파티 ● 유~초4

일주일에 한 번 매점 종사자들에게 (혹은 그 주에 생일이 돌아오는 아이의 학부모에게 자발적인 도움을 요청한다)생일 케이크를 준비하게 한다. 마분지 식탁보, 풍선, 케이크 장식으로 '특별 방'을 꾸민다. 그 주에 생일이 돌아오는 학생들을 점심시간에 '특별 방'에 초대한다. 아이들과 교장선생님은 점심 도시락을 가지고 오거나 근처 식당에 도시락을 주문한다. 그리고 '교장 선생님이 주관하는 특별 생일 파티'를 즐긴다. 이때 초대받는 학생들은 이름표를 달고 오게 한다. 아이들끼리 서로 친해지는 데 훌륭한 기회가 될 수 있다(콜로라도 리틀톤 스쿨의 다이앤 선생님이 제안한 아이디어).

SW21 ● 생일축하 포스터 ● 유~초6

학교에서 치르는 생일축하 파티를 위해 미술에 재능이 있는 학부모들의 자발적인 도움을 요청한다. 매달 봉사자들에게 그 달에 생일이 들어있는 학생의 명단을 제공한다. 학부모 봉사자들은 마분지로 배너를 만들고 "친구야, 생일 축하해"라는 문구를 만들어 넣는다. 그리고 배너 밑에 그 달에 생일을 맞는 아이의 이름을 적는다. 어떤 학교에서는 달마다 배너를 만드는 반을 따로 정하기도 한다.

SW22 ● 교장선생님이 준비하는
생일축하 카드 ● 유~초6

생일축하카드 만들기 ┃

1 카드스톡지에 생일축하카드를 복사한다. 크기는 앞뒤가 각각 5.5×4.25cm 가 되게 한다.

2 학교 이름을 앞면 왼쪽 상단에 인쇄한다.

3 카드를 충분할 정도로 많이 비치해두고 생일을 맞은 학생에게 개인적으로 카드를 보낼 수 있게 한다. 학부모 봉사자들 또는 고학년 학생들이 미리 축하 문구를 써서 준비해도 좋다. 매주 학부모 봉사자들에게 그 주에 생일을 맞는 학생과 교사의 이름을 적어서 보내준다. 학부모 봉사자들이 꾸민 카드에 교장선생님이 사인을 한다. 카드를 주는 방법도 여러 가지가 있을 수 있다.

┃ 우편으로 생일을 맞는 학생의 집으로 카드를 보낸다.

┃ 교사가 일일이 생일을 맞은 학생에게 직접 카드를 전달한다.

┃ 그 주에 생일을 맞는 모든 학생들을 교장실로 초대해서 개인적으로 카드를 받게 한다.

┃ 교장 선생님이 직접 생일을 맞은 학생에게 카드를 전달한다.

SW23 ● 생일축하 연필 ● 유~초4

연필에 문구를 새기는 것은 연필 공장과 직접 섭외하면 그다지 비용이 많이 들지 않는다.

"생일 축하합니다. 당신은 특별한 사람이에요" 라는 문구가 들어간 연필을 충분할 정도로 주문해서 준비해둔다(선택┃교사의 이름을 아래와 같은 메시지를 넣어서 새겨도 좋다).

SW24 ● 학교 문제 보고서 ● 유~초6

유~초1 학년까지는 응용이 필요하다.

목적 ┃ 학교 문제는 모두가 함께 고민해야 할 책임이 있다는 사실을 인지시켜라. 문제 해결능력을 키우는 기회를 제공한다.

자료 ┃ 각 반 담임교사들에게 SW24 양식을 충분히 복사해 제공한다.

활동 ┃ 교사들에게 아이들에게 학교의 문제라고 생각되는 것은 모두가 함께 해결하려고 노력해야 하는 것이라는 점을 주지시키도록 한다. SW24 양식을 9×12cm 크기의 봉투에 넣어서 각 반에 아이들 손에 쉽게 닿을 수 있는 곳에 비치하도록 한다. 교사들은 학생들로 하여금 혼자서 해결하기 힘든 학교의 문제라고 생각되는 것을 발견할 때마다 봉투 속의 양식을 꺼내서 기록하게 한다. 학생들과 함께 문제점들에 관해서 토론한다. 완성된 보고서는 교장실에 제출한다. 교사와 학생들로 '문제 해결 위원회'를 구성해서 아이들이 제출한 보고서를 검토한다. 학교 차원에서 행동이 필요하다고 판단되는 문제에 관해서 구체적인 행동을 실행한다.

SW25 ● 코알라 상장 ● 유~초4

목적 ┃ 학생들로 하여금 질적인 노력과 행동의 중요성에 관심을 기울이도록 한다. 개개인 학생의 노력을 인정하고 칭찬하고 격려한다.

자료 ┃ 인형가게에서 쉽게 구할 수 있는 푹신

한 코알라 인형(상은 교사재량에 따른다)

▎SW25 코알라 티셔츠 | 밝은 색판지나 카드스톡지에 본 뜬 티켓 패턴을 충분히 인쇄해서 각 교사에게 30장 이상씩 나누어준다.

▎티켓 응모권 함 | 구두 상자 2개보다 약간 큰 상자. 여닫이 뚜껑이 있는 것으로 준비한다. 윗부분에 0.5×6cm의 가느다랗게 틈을 만든다. 코알라 인형을 상자 안에 넣는다.

활동 | 학생들에게 학교의 최대 목적은 학생들이 무엇이든 자신의 최선을 다하도록 하는 것이라는 점을 주지시킨다. 교장 선생님을 이를 '질적인 노력 혹은 행동' 이라고 정의해도 좋다.

학생이 뛰어난 노력을 할 때마다 교사는 티켓을 한 장씩 준다. 티켓의 일부분은 학부모에게 보내 아이의 모범적인 행동을 칭찬하게 한다. 나머지 티켓 부분은 담임선생님이 보관한다. 한 달이 지나면, 반마다 학생들이 모은 티켓 조각이 얼마나 되는지 합산한다. 교무실에 이를 보고하고 교무실에 비치된 티켓 응모함에 넣는다. 이때 가장 많은 티켓을 모은 학급은 한 달 동안 코알라 인형을 가지고 있을 수 있다. 교실 문에 커다란 종이로 '파란 리본' 을 만들어 붙여서 격려한다.

상자 안에 티켓 쪽지를 보관한다. 매주 티켓 4장을 뽑아서 뽑힌 학생의 이름을 전교생에게 스피커로 알린다. 이때 이름이 불린 학생에게는 아이스크림이나, 과자 또는 소소한 선물을 상으로 준다(콜로라도 벤프랭클린 스쿨의 다이앤 교장선생님이 실행하고 제안한 아이디어).

SW26 · 27 ● 자존감 책 ● 유~초6

목적 | 학생 개개인의 성취를 인정하고 격려한다.

자료 | 커다란 원장(가계부). 겉장에 '최고의 학생을 위한 책' 이라고 쓰고 아이들이 쉽게 접할 수 있는 장소에 비치해둔다.

SW26 많은 양의 종이 훈장을 복사해 준비한다.

학교 차원의 활동 |

종이 훈장을 많은 양 준비해서 학업 관련 과목을 담당하는 교사들에게 배분해준다. 교사들에게 하루 중 어느 때라도 훈장을 받을 만한 학생이 있으면 나눠주도록 한다. 학업성취도와 관련해서 성적이 좋은 학생이나 크게 학업성취가 개선된 학생들에게 훈장을 나눠준다. 종이 훈장을 받은 학생은 이를 가지고 교무실로 와서 '자존감 책' 해당란에 이름을 쓰고 '내가 최고' 상장을 받게 한다. 일주일마다 학교 신문에 '내가 최고' 상장을 받은 학생 이름을 기재한다.

학급 차원의 활동 |

학급 차원에서 응용하기도 쉽다. 이때는 훈장이 없어도 상관없다. 교사가 교실에 '내가 최고' 라는 책을 비치해두고 성취도가 좋은 학생을 선정해 사인하게 하고 상장을 수여한다(워싱턴의 켈러 초등학교의 마이크 교장 선생님이 실행하고 제안한 아이디어).

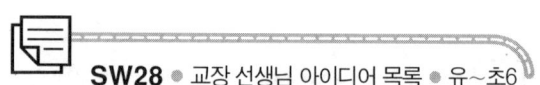

SW28 ● 교장 선생님 아이디어 목록 ● 유~초6

아래 소개할 내용들은 교장 선생님이나 다른 교사들이 자존감 넘치는 학교를 위한 활동으로 실행할 수 있는 부가적인 아이디어들이다.

개인적인 인사 | 버스 정거장, 교무실 앞, 또는 운동장이나 카풀 줄에서 아이들을 만나면 아주 반가운 목소리로 인사를 나눈다.

명함 | 교장 선생님의 이름, 학교, 그리고 학교 주소가 적힌 명함을 인쇄해서 갖고 다닌다. "네가 우리 학교에 다녀서 정말 좋다"라는 문구를 새겨도 좋다. 항상 펜과 함께 휴대하다가 아이들을 만나게 되는 상황에서는 언제라도 사인해서 나누어 준다.

문구가 새겨진 연필 | "힘내! ~교장 선생님" 이런 식으로 메시지가 새겨진 연필을 몇 자루씩 휴대하고 다니면서 아이들에게 상으로 줄만한 상황이 오면 나누어준다. 교사들에게도 이를 장려한다.

인쇄 스티커 | 인쇄된 스티커는 저학년 아이들에게 아주 효과적이다. 색색이 원 스티커는 가격도 저렴하다. 학교의 상징이나 마스코트를 인쇄하고 안에 "야호!", "즐거운 하루!", "~학교의 학생"이라는 문구를 미리 인쇄한다. 늘 휴대하고 다니다가 적당한 때에 학생들에게 나누어주면 아주 좋아한다.

개인적으로 수여하는 상장 | 상장을 줄 만한 상황이면 개인적으로 직접 상장을 수여해도 좋다. 교무실로 학생을 부르거나 각 반으로 직접 상장을 가지고 가서 수여한다.

학생을 교장실로 초대한다 | 각 반 담임선생님들에게 칭찬받을 만한 학생들을 교장실로 가게 해 칭찬을 받게 한다. 학생들에게 교무실이나 교장실은 '혼나는 곳'으로 나쁘게 각인되어 있으니 교장 선생님은 무설탕 사탕이 든 통을 준비해두거나, 스티커, 연필 혹은 상장을 준비해두고 나누어준다(참고 : 미시간의 한 교장선생님은 아이들이 적어도 일년에 한 번은 교장실에 오도록 하고 초대받은 학생들에 관한 기록을 꾸준히 진행했다. 교무실에

학생을 보내지 않은 교사는 평가서에 따로 기재할 정도로 엄격하게 진행했다).

긍정적인 전화 | 캘리포니아의 리버사이드의 한 중학교는 학부모에게 부정적인 메시지를 전하는 전화를 한 통화하면 반드시 이후에 긍정적인 메시지를 전하는 전화를 두 번 하도록 규칙을 정해놓았다.

스티커 | 이 활동은 특히 학교와 학부모 간의 관계를 증진시키는 것은 물론 아이들의 학업 성취도나 모범적인 행동 상을 칭찬해주는데 더할 나위 없이 효과적이다. "우리 아이가 ~학교의 이주의 학생이랍니다", "우리 아이가 ~학교의 모범생이랍니다"와 같은 문구가 새겨진 스티커를 많이 준비해둔다.

교장 선생님의 자랑 게시판 | 교사들로 하여금 자신들의 질적인 업무수행이나 개선된 점을 늘 보고하도록 격려한다. 교장 선생님은 자랑 게시판을 꾸미고 주간 혹은 2주에 한 번씩 새롭게 교사들의 전시품을 교체한다. 칭찬받을 선생님에게 스티커나 상장을 수여하고 교장 선생님의 뉴스레터에 이름을 기재해서 학교의 모든 사람들이 알도록 한다.

우리 학교 스크랩 | 학생들의 학업 성취도와 활동 등을 꾸준하게 스크랩해서 누구나 쉽게 볼 수 있도록 교무실에 비치해둔다.

교장선생님의 모범적인 아이들 목록 | 커다란 마분지를 교무실 앞쪽에 붙여둔다. 매주 교사나 직원들은 다른 사람을 위해 모범적이고 본받을 만한 행동을 한 학생의 이름을 적는다. 교장 선생님의 뉴스레터에 학생의 이름을 기재해도

좋고 아니면 전교생을 대상으로 스피커로 알리거나 매점에 특별 좌석을 마련해서 앉히거나 금요일에 특별 휴식 시간을 갖게 해 영화를 보여준다.

모범 학생 투표함 | 상자를 하나 준비해서 포장지로 싸고 스티커로 장식해둔다. 구멍을 0.5×6cm로 낸다(뚜껑을 쉽게 여닫을 수 있는 것으로 준비한다). 매일 혹은 매주 교직원 혹은 학생들이 친절하게 행동하는 학생을 보면 이름을 종이끈에 적어서 상장에 넣는다. 한 주가 끝나는 날에 상자에서 몇 장을 뽑아서 정해진 상장이나 상품을 준다.

교장 선생님이 책 읽어주기 | 교장 선생님이 교실마다 돌아다니면서 책을 읽어준다(일부분도 좋다). 많은 교장 선생님들이 보고하길, 많은 아이들이 이 시간을 기다리기 때문에 교장 선생님도 기다려지는 즐거운 때라고 말하고 있다.

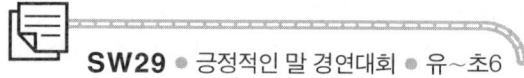

SW29 ● 긍정적인 말 경연대회 ● 유~초6

목적 | 학교 안에서 긍정적인 말을 일상적으로 사용하도록 장려한다.

자료 | SW29 양식

활동 | 학교 차원에서 아이들이 교실이나 학교에서 누구에게라도 할 수 있는 긍정적이고 친절한 말 경연대회를 연다. 매주 각 반은 문장, 문구 혹은 한마디 말을 SW29 양식에 적어서 교장실에 제출한다. 교장 선생님은 '남을 기분 좋게 하는 말들' 문구가 적힌 커다란 상자에 아이들이 제출하는 양식을 담아둔다. 매일 상자에서 한 장을 뽑아서 전교생을 상대로 스피커로 읽어준다. 그리고 이때 뽑힌 문구를 만든 학생 혹은 반에게 정

해진 상품을 고를 수 있는 권한을 준다.

아니면 커다란 마분지에 남을 기분좋게 하는 말 목록을 적어두고 벽에 붙여놓고 여러 사람이 보게 해도 좋다.

SW30 ● 교장선생님 상장 ● 유~초6

목적 | 학생이 이룬 학업 성취나 모범적인 행동에 대해서 칭찬하고 격려한다. 학생 자신이 이룬 일에 대해 자존감을 갖게 한다.

자료 | SW30 양식, "이 상장은 교장 선생님이 직접 낭독해 주신 겁니다"라는 문구가 적힌 도장을 준비한다.

활동 | 주마다 교장 선생님은 특정 반을 무작위로 선택해서 개인적으로 각 학생들이 쓴 글을 읽어준다. 아이들이 제출하고 싶은 글을 제출해도 좋고 교사가 나름대로 정해서 제출할 수도 있다. 교장 선생님은 아이들 작품에 스탬프를 찍어서 학생에게 돌려준다. 글을 못 쓰는 학생들의 경우에는 교장 선생님이 그림을 평가해준다.

응용 | 몇 명의 선생님과 행정부서 담당 직원으로 학교에 '작품 심사 위원회'라는 것을 만든다. 매달 모든 교사들은 이 위원회에 아이들이 쓴 글을 5~10개 정도 제출한다. 노력이 엿보이거나, 질적으로 우수하거나 과거에 비해 질이 크게 향상된 작품을 기준으로 한다. 매달 카테고리를 달리해서 여러 주제에 관한 글이 골고루 주목을 받도록 한다. 위원회는 아이들의 작품을 읽고서 우수한 10편을 선정한다. 선정된 작품은 학교 게시판에 '우수작품 10편'이라는 제목으로 전시해둔다. 각 작품마다 '우수작품 10편'이라는 문구가 인쇄

된 스티커를 붙여도 좋다. 교장 선생님은 전교생을 상대로 스피커로 선정된 아이들의 이름을 부르고 학부모에게는 아이들의 성취를 알리는 편지를 보낸다(캘리포니아의 사우스게이트 스쿨의 낸시 교장 선생님이 실행하고 제안한 아이디어).

학교의 이념

학교의 이념

학교의 이념

학교의 이념

학교의 이념

학교의 이념

학교의 이념

학교의 이념

학교의 이념

학교의 이념

학교의 이념

학교의 이념

학교의 이념

학교의 이념

학교의 이념

상 장

선생님의 _____ 학년 _____ 반의 학생들에게

이 상장은 _____

수여합니다. 이 학생들은 _____ 너 _____ 월이 우리 학교의 정신을 구현하는 데

아주 뛰어난 노력을 보여주었기에 이 상장을 수여합니다.

축하합니다!

이름 : _____

긍정적인 어린이 상

난 _____ 가 오늘 아주 훌륭한 일을 하는 것을 보았어요.

그 일은 _____

_____ 이었어요.

이름 : _____ 날짜 : _____

긍정적인 어린이 상

난 _____ 가 오늘 아주 훌륭한 일을 하는 것을 보았어요.

그 일은 _____

_____ 이었어요.

이름 : _____ 날짜 : _____

긍정적인 어린이 상

난 _____ 가 오늘 아주 훌륭한 일을 하는 것을 보았어요.

그 일은 _____

_____ 이었어요.

이름 : _____ 날짜 : _____

긍정적인 어린이 상

상

_____는 항상 긍정
적인 삶을 실천합니다.
우리는 _____를
참 좋아해요.

긍정적인 어린이

상

_____는 항상 긍정
적인 삶을 실천합니다.
우리는 _____를
참 좋아해요.

긍정적인 어린이

이름 :

칭찬합니다!

이름 :

칭찬합니다!

이름 :

칭찬합니다!

이름 :

칭찬합니다!

축하해요!

우리는 항상 긍정적인 태도를 잃지 않는 당신을 칭찬합니다. 힘들더라도 계속 유지하길 바래요.

이름 :

칭찬합니다!

축하해요!

우리는 항상 긍정적인 태도를 잃지 않는 당신을 칭찬합니다. 힘들더라도 계속 유지하길 바래요.

이름 :

칭찬합니다!

축하해요!

우리는 항상 긍정적인 태도를 잃지 않는 당신을 칭찬합니다. 힘들더라도 계속 유지하길 바래요.

생기발랄 상

날짜 : _____

_____ 에게

_____ 가

메시지 : _____

_____

_____

_____

좋은 사람 상

날짜 : _____

_____ 에게

_____ 가

메시지 : _____

_____

_____

_____

종이돈 놀이

To.

From.

To.

From.

To.

From.

To.

From.

To.

From.

To.

From.

종이돈 놀이

새로 온 전학생이네?

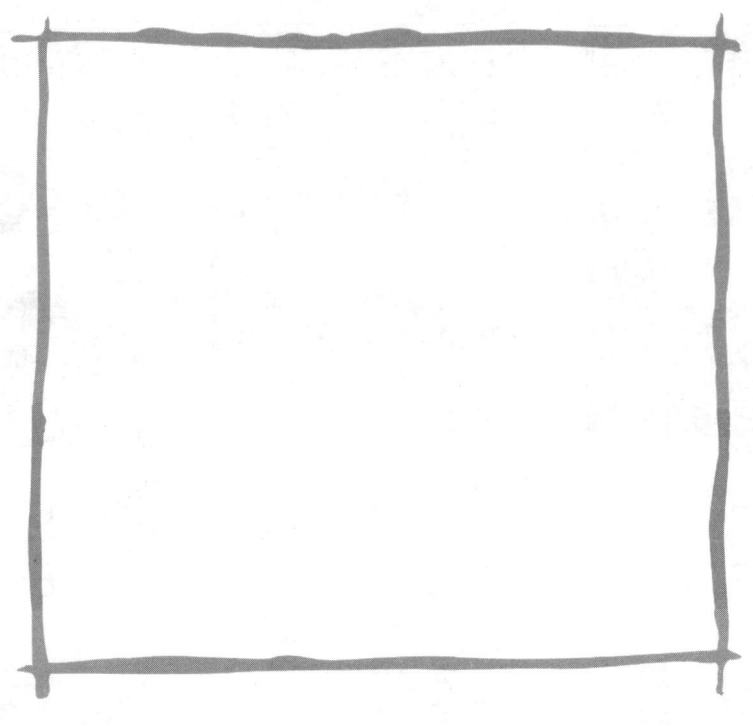

_____ 는 _____ 학교의 _____ 학년이고요,

_____

_____

_____

_____

_____

_____

_____

_____

_____ 하기를 좋아한답니다.

우리들의 아이들을 만나보자

학년 : _____

교사 : _____

생년월일 : _____

_____

가족구성 : _____   (사진을 붙이시오)

_____

_____

_____

가장 좋아하는 과목 : _____

_____

_____

_____

특기 : _____

_____

_____

_____

좋아하는 음악 장르 : _____

_____

_____

가장 즐겨보는 텔레비전 프로그램 : _____

_____

_____

From. _____
_____
_____

To. _____
_____
_____

좋은 소식 리포트

언제나 행복이 함께하길!

금주의 학생 단추

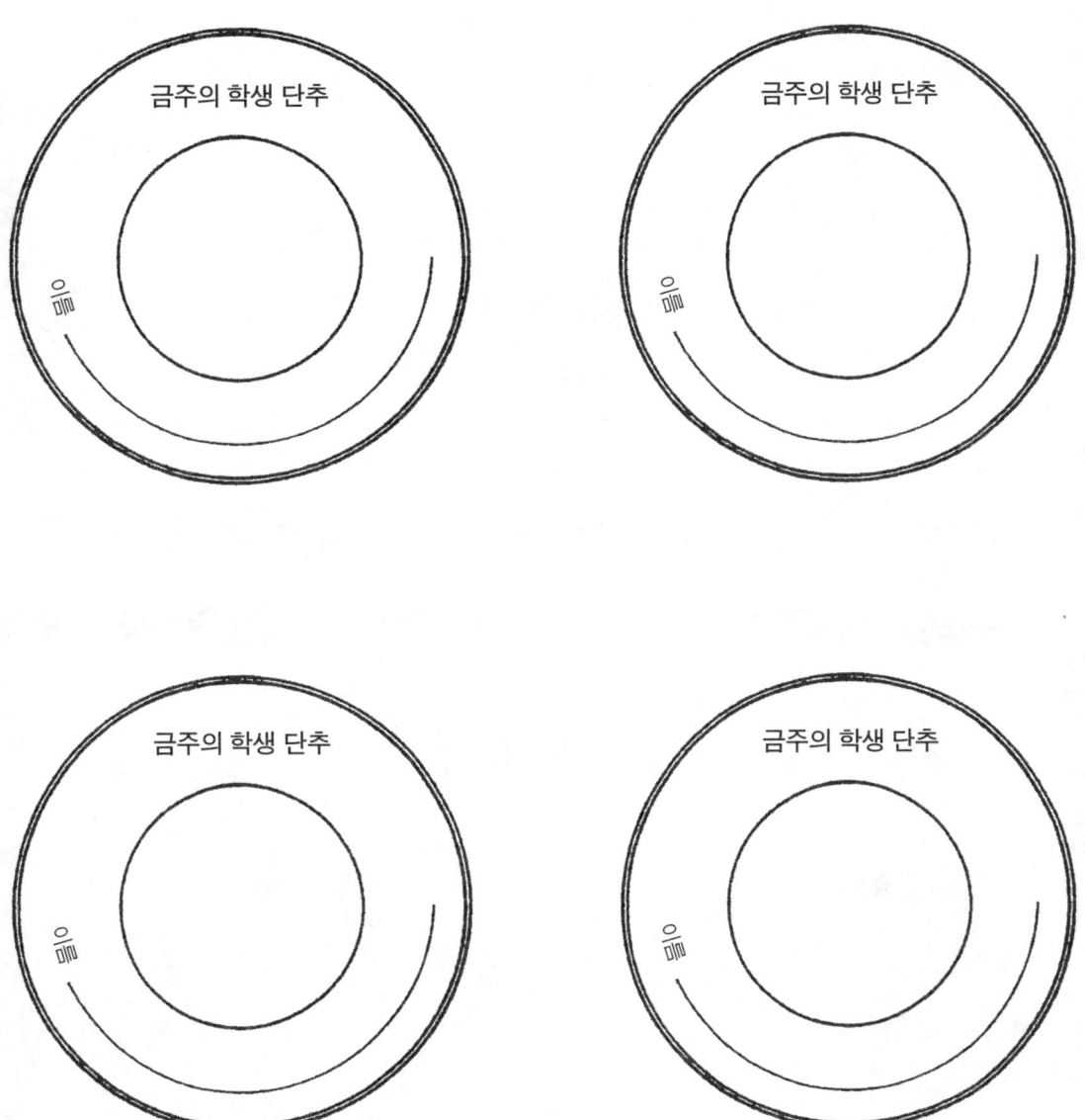

금주의 학생

이 상을 _____ 에게 수여합니다.

날짜 : _____

이름 : _____

축하합니다.

당신이 학교의 학생인 것이 자랑스럽습니다.

금주의 학생

이 상을 _____ 에게 수여합니다.

날짜 : _____

이름 : _____

축하합니다.

당신이 학교의 학생인 것이 자랑스럽습니다.

금주의 시민상

반 : _____   날짜 : _____

금주의 시민상은 _____이고, 그 이유는 _____
_____ 입니다.

이번 주 위 학생은 결석, 지각도 없었고 과제물도 제 때에 제출했으며 학교 규율을 어긴 적도 없습니다.

담임 교사 : _____

금주의 시민상

반 : _____   날짜 : _____

금주의 시민상은 _____이고, 그 이유는 _____
_____ 입니다.

이번 주 위 학생은 결석, 지각도 없었고 과제물도 제 때에 제출했으며 학교 규율을 어긴 적도 없습니다.

담임 교사 : _____

금주의 시민상

반 : _____   날짜 : _____

금주의 시민상은 _____이고, 그 이유는 _____
_____ 입니다.

이번 주 위 학생은 결석, 지각도 없었고 과제물도 제 때에 제출했으며 학교 규율을 어긴 적도 없습니다.

담임 교사 : _____

금주의 시민상

_____ 에게 이 상을 수여합니다.

학년 : _____

반 : _____

날짜 : _____

교장 : _____

From._____

_____

_____

특별한
우편
입니다.

To._____

_____

_____

당신은 당신이기에 특별합니다.

생일 축하합니다.

_____ 로부터

학교 문제점 보고서

내가 발견한 학교의 문제점은

언제 자주 이 문제가 발생하나?

문제가 발생했을 때 누가 가장 피해를 보는가?

이 문제를 풀 수 있는 방법은?

제출자 : _____

학년 · 반 : _____

날   짜 : _____

또 다른
코알라의
노력!

이름 : _____

방 호실 : _____

축하합니다!

당신의 자녀가 코알라 노력상을 받게 되었습니다.
계속 좋은 모습 잃지 말길 바랍니다.

이름 : _____

또 다른
코알라의
노력!

이름 : _____

방 호실 : _____

축하합니다!

당신의 자녀가 코알라 노력상을 받게 되었습니다.
계속 좋은 모습 잃지 말길 바랍니다.

이름 : _____

또 다른
코알라의
노력!

이름 : _____

방 호실 : _____

축하합니다!

당신의 자녀가 코알라 노력상을 받게 되었습니다.
계속 좋은 모습 잃지 말길 바랍니다.

이름 : _____

또 다른
코알라의
노력!

이름 : _____

방 호실 : _____

축하합니다!

당신의 자녀가 코알라 노력상을 받게 되었습니다.
계속 좋은 모습 잃지 말길 바랍니다.

이름 : _____

긍정적인 코멘트 경연대회

긍정적인 코멘트 : _____

_____

이름 : _____   호실 : _____

긍정적인 코멘트 경연대회

긍정적인 코멘트 : _____

_____

이름 : _____   호실 : _____

긍정적인 코멘트 경연대회

긍정적인 코멘트 : _____

_____

이름 : _____   호실 : _____

긍정적인 코멘트 경연대회

긍정적인 코멘트 : _____

_____

이름 : _____   호실 : _____

교장 선생님이 주는 상장

받는 사람 : _____

위 학생의 뛰어난 노력을 기념해서 이 상장을 수여합니다.
우리 학교에 이런 학생이 있다는 것이 무척 자랑스럽습니다.

날짜 : _____

교장 선생님 : _____

교장 선생님이 주는 상장

받는 사람 : _____

위 학생의 뛰어난 노력을 기념해서 이 상장을 수여합니다.
우리 학교에 이런 학생이 있다는 것이 무척 자랑스럽습니다.

날짜 : _____

교장 선생님 : _____

Appendix

미래는 자신의 꿈이 갖는 아름다움을 믿는 이들의 것이다.

● 엘러노어 루즈벨트 *Eleanor Roosevelt*

이 장은 이 책의 결론이지만, 그렇다고 여기서 자존감 향상에 관련한 모든 절차가 끝난 것은 아니다. 긍정적인 자아상이 어느 특정한 프로그램이나 교과서를 통해 한꺼번에 완성되는 것이 아니기 때문이다. 이 책이 목적하는 바는 바로 교사들이 학생들의 자존감의 5가지 요소를 개선시킬 수 있는 프로그램을 만들어나가는 것이었다. 자존감을 구성하는 5가지 요소, 즉 안정감, 자아관, 우호성, 목적의식과 성취욕구의 향상은 아이들의 자존감 향상에 지대한 영향을 미칠 것이다.

자아관이 확실한 아이들은 많은 장점을 가지고 있다. 그런 아이들은 살면서 부딪힐 수 있는 역경을 잘 헤쳐 나가는 경향이 있다. 이런 아이들은 어떤 문제를 겪거나 실패를 맛보더라도 다시 일어서곤 한다. 이들은 자신의 성공과 승리를 인정하는 것은 물론 자신의 약점이나 실패를 또한 받아들이고자 하며 인간관계를 파괴하는 것보다는 긍정적으로 발전시켜 나가고자 노력한다. 자아감은 또한 아이들이 자신의 능력과 재능에 집중할 수 있는지 여부를 결정하고, 교실에서나 인생에서 이를 최대치로 구현하려는 의지를 판가름한다. 그리고 자존감은 아이들의 학업 잠재력의 나침반이 되기도 한다. 여러 가지 연구결과를 보면 자존감이 확고한 아이들은 무단결석, 지각, 청소년 비행, 10대 청소년 임신, 약물중독, 폭력집단 가입이나 청소년 자살과 같은 사회적인 문제도 많이 일으키지 않는 것으로 나타난다. 이처럼 자존감이라는 잠재력은 지면에 다 일일이 열거할 수 없을 정도로 그 범위가 넓다. 어쨌든 자존감이란 아주 강력한 도구로서 우리 교육환경에서 더 이상 무시되어서는 안 될 조건이라는 것을 항상 염두에 두길 바란다.

자존감 향상에서 중요한 점은 바로 자존감이란 외부적으로 자기원동력으로 드러난다는 점이다. 그러기 위해서는 개인이 자신에 대해서 긍정적인 감정을 갖는 것만으로는 충분하지 않다. 즉 자신에 대해 긍정적인 감정을 가지고 있다 하더라도 실제 구체적으로 실현되지 않는 한 충분하지 않다. 자존감이 넘치는 아이들은 자기 스스로 능력을 발휘하는 법을 배운 아이들이라고 할 수 있다. 이들은 내적으로 자신을 인정하고 또 강화하기 때문에 자신의 잠재력을 최대로 발휘한다. 5가지 자존감 요소를 갖추고 이를 발전시키기 때문에 자신의 온전한 능력을 발휘할 수 있는 필수요소들을 갖추게 되는 것이다.

내적인 동기부여와 외적인 동기부여의 차이점

자기 원동력을 지니고 있고 자존감이 넘치는 학생과 타율적인 동기에 의해 움직이고 자존감도 저조한 학생 간에는 여러 차이점들이 존재한다.

자기 원동력을 가진 능동적인 인간(자존감이 높다)	타율적인 수동적인 인간(자존감이 낮다)
내적인 동기부여가 된다.	타율적인 동기에 의해 움직인다.
자신을 더욱 강화시켜 나간다.	행동의 요인이 외부에 있다.
성공여부를 자신이 인정하고 결정한다.	성공여부를 다른 사람의 인식에 따라 사고한다.
자기 동기부여가 내부에서 온다.	동기부여가 외부에서 온다.
목적의식이 강하다	목적의식이 없다.
단호하다.	우유부단하다.
활력이 넘친다.	활력이 부족하다.
안정적이다.	겉핥기식이다.

그중 가장 커다란 차이점은 바로 자기 원동력을 지닌 개인은 자신의 행동에 대한 통제력을 물론 책임감을 가지고 있다는 점을 인지하고 있다는 점이다. 그들은 어려움과 난관을 기꺼이 감수하려고 하고 개인적인 한계를 뛰어넘으려고 애쓴다. 왜냐하면 이들은 성공 경험이 풍부하기 때문이다. 다른 한편, 타율적으로 행동의 원동력을 찾으려고 하는 학생들은 자신의 행동으로 일어난 일에 대해 책임감을 느끼지 않으며 자신을 오히려 희생자로 여기려고 든다. 그 결과 실패에 대한 책임에서 벗어나려고 한다. 이외 다른 차이점들은 아래와 같다.

자기 원동력을 가진 학생들은 "제가 해 볼게요"라고 말하는 그런 아이들이다. 반면에 타율적으로 행동하는 아이들은 "왜 하필 나예요?"라고 말하는 아이들이다. 내적인 추동력을 가진 학생들은 역경을 만나면 "이제 어떻게 할까?"하고 눈을 반짝인다. 문제란 또 다른 이름의 기회라는 것을 아는 아이들이기 때문이다. 타율적으로 끌려가는 아이들은 어려움을 만나면 회피하고자 핑계로 삼는다. 이들은 종종 "포기할래"라고 말하곤 한다. 이에 반해 내적인 추동력을 가진 아이들은 "다음에는 뭘 해보지?"라고 스스로 되물으며 끊

임없이 자신의 성공을 인지하고 인정한다. 이들은 자신의 삶의 목적의식과 방향감각을 가지고 있다. 그러나 타율적으로 견인되는 아이들은 불행히도 눈에 보이는 보상을 바라고 스티커를 받거나 누군가 말로 칭찬해주기만을 기다린다. 이런 아이들은 자신의 인생의 방향을 설정하는 데 남에게 의존하고 남이 방향을 가리켜 주기만을 기다린다. 자신의 성취를 자신만의 목표와 잠재력에 비교하는 대신, 항상 자신을 남과 비교한다. 자기 원동력을 가진 아이들은 자신의 두 발로 서는데 반해 타율적인 힘에 의해 움직이는 아이들은 외적인 동기와 힘이 자신을 성공시켜주기를 바란다.

물론 아이들은 일차적으로 외적인 관계와 환경을 통해서 자존감을 이루는 3가지 요소(안정감, 자아관, 우호성)를 바탕으로 자아개념을 형성하게 된다. 이들이 점차 더욱 정교하고 현실적인 자아상을 만들어감에 따라 목적의식과 성취욕구가 계발되고 외적인 통제력이 미치는 영향은 점차 줄어들게 된다. 이 단계에서 자존감은 더 이상 외적인 요소에 의존하지 않게 되고 대신 더욱 내적인 방향성을 지니게 된다. 그러면 이제 아이들은 다른 사람이나 외부의 칭찬이나 인정이 없어도 자신의

자기 원동력

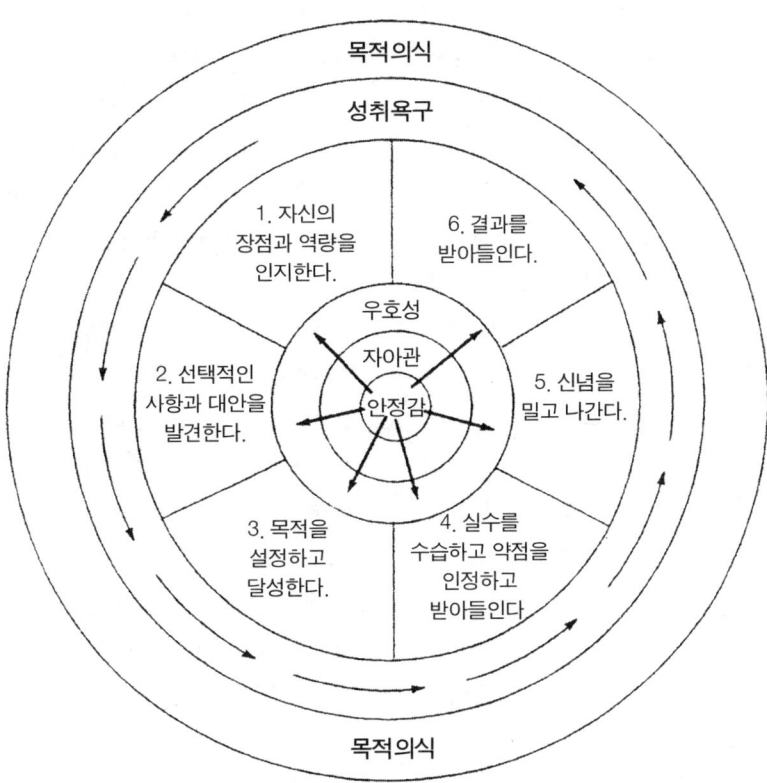

가치와 성과를 인지하게 된다.

　이처럼 내적인 자기 원동력을 갖게 되는 것은 하루아침에 이루어지지 않는다. 현실적으로 이것은 5가지 자존감 요소와 관계된 일련의 경험과 '중요한 의미를 지니는 타인' 들에 의해서 촉발되는 개인적이고 인격적인 이해에 의해서 추동된다. 그러므로 안정감, 자아관, 우호성은 다소 일찍부터 갖추어져야 할 중요한 요소가 된다. 기초적인 이 3가지 요소는 미래의 자존감 구축에 토대가 된다. 이 3가지 요소들은 자아 확신은 물론 정확하게 현실적인 자아개념을 계발시켜 나가는데 지침이 된다. 개인적인 장점과 능력을 인지하는 것은 곧 앞으로 마주치게 될 장애를 넘어설 수 있는 강력한 전략이 되기도 하고 좌절과 약점에 대

비할 수 있는 보상 도구가 되기도 한다.

 원동력 사이클

　자존감을 구성하는 마지막 2가지 요소인 목적의식과 성취욕구라는 조건은 개인의 자아관을 확장시키고 원동력 사이클을 앞으로 전진시킨다. 이때 계발되는 가장 중요한 기술 중 한 가지는 바로 문제 상황에 대한 대안적인 해결책이 있을 수 있음을 자각하는 개인의 역량이다. 문제해결 전략을 개발하는 것은 또한 다른 이유에서도 아주 귀중한데 이것이 개인으로 하여금 더 효율적이고 성공적인 목표 설정자가 되도록 하기 때문이다. 내적 원동력에 의해 움직이는 개인은 바로 목적

의식을 가진 존재를 말한다. 이들의 인생에는 목적이 있고 방향이 있다. 이들은 끊임없이 스스로 목적을 설정한다. 외부에서 원동력을 찾는 개인과 자기 원동력으로 움직이는 개인의 차이는 바로 자신의 목적을 실제 성취하는가 하는 점이다. 성공적인 목적이란 "나는 존중받을 만한 개인이다"라는 내적인 자기 인준의 다른 이름이라고 할 수 있다. 그러는 가운데 자존감은 더욱 더 확장된다. 내적인 자아상이 장점, 성공적인 목표 성취, 대안과 차선책에 대한 지식, 실수와 약점에 대한 인정에 초점을 맞출 때는 설령 실수나 실패를 하더라도 이를 지나친 자기비하나 과소평가로 이어지지 않고 스스로 인정하고 받아들인다. 실제 실수나 어려움을 핑계로 도피하는 게 아니라 학습을 위한 도구로 여긴다. 좌절과 어려움을 겪을 때 이런 도구와 지식의 보고를 가지고 있으면 이들은 자신이 선택한 진로를 계속 나아갈 수 있고 그것은 반대로 동기부여와 생산성에 영향을 미친다. 그리고 이런 개인이 목표에 도달하게 되면 타인의 칭찬을 바라지 않는다. 대신 이들은 자신에게 "잘했어!"라고 스스로를 칭찬한다. 이런 개인들은 자기 충족적이고 자기 방향성을 가진 내적인 자기 원동력자가 되는 것이다. 자존감이란 그러므로 가장 기초적인 정서적인 요소들을 얻어가는 과정의 정점이라고 말할 수 있고 이 책은 바로 거기에 관한 책이라고 자부한다.

ⓛ 외부 지원 시스템을 이용한 자존감 향상 활동

불행하게도 자존감을 향상시켜나가는 길은 항상 평탄한 것만은 아니다. 이런 이유로 자존감 향상을 위한 프로그램은 여러 교육자들의 합류가 필요하고 이들과 자원을 공유하고 서로 도움을

최대한 주기위해 네트워크를 만들어야 했다. 자존감 향상 네트워크는 일반적으로 학생들의 자존감 향상이라는 공통된 관심사를 갖는, 동일한 지리적 환경에 사는 개인들로 이루어지는 게 바람직하다. 이런 공동체 모임은 저마다의 성공적인 아이디어나 자원 그리고 연구결과를 공유할 수 있다. 구성원들은 또한 학교나 에이전시 또는 자존감에 대한 구체적인 자료를 구하고자 하는 개인들에게 귀중한 정보의 원천이 되기도 한다. 경험상 하나의 그룹이 만들어지면 종종 또 다른 그룹 네트워킹을 만들어지는 것을 종종 보아왔다. 만약 교사나 학부모인 당신이 그런 모임을 계획하고 있거나 도움이 필요하다면 자존감 전국 연합에서 언제라도 도움을 줄 수 있다(National Council on Self-Esteem , P.O. Box 3728, Palo Alto, Ca).

만약 당신의 근무처에서 자존감 향상을 연간 목표로 설정했다면 자존감 향상 실행 활동의 일환으로 학교차원의 공동 팀을 만들 것을 권하고 싶다. 필자의 경험상 전국적인 세미나를 진행해 본 결과 팀은 동료 직원들의 역량을 유지시켜나가는 데 가장 효과적인 방법이었다는 것을 반복적으로 목격했다. 이때 학교차원의 팀은 구성원 누구라도 참여할 수 있는 것으로 대개 2명에서 6명의 개인들로 구성한다. 교사, 행정 직원 그리고 학부모가 골고루 참여한다. 이들이 자존감 향상이라는 주제에 대해서 일일이 다 알고 있을 필요는 없다. 다만 자존감 향상이라는 교육 철학을 실행하는 데 열성적이고 헌신적이면 충분하다. 팀의 역할은 아주 다양할 수 있겠지만 기본 의무는 교직원들에게 자존감 향상의 자원으로서 역할을 해야 한다. 교직원 개개인들에게 자존감 향상 활동 자료 및 기술을 나누어주고 공유하는 것에서부터 게시판에 샘플 아이디어를 전시하거나 회의에서 짤막한 프레젠테이션을 하는 일을 통해 교직원들에게 정보를 제공해줄 수 있다. 자존감 팀

은 또한 학교차원의 자존감 향상 프로젝트를 계획할 수도 있고 교직원들에게 최근의 연구 성과나 자료들을 소개할 수도 있다. 인근 학교에서 유사한 자존감 향상 프로젝트를 진행한다면 학교 팀간 네트워크를 연결할 수도 있다.

학교마다 학생들만의 자존감 개선과 향상이라는 방대한 과제를 수행하는 것은 불가능하다. 최대의 효과를 거두기 위해서는 모든 가능한 도움 창구를 활용하는 수밖에 없다. 이상적으로 모든 중요한 소스 혹은 아이의 인생에 영향을 미치는 개인은 구체적인 부분을 담당한다. 지역 사회는 풍부한 자원과 귀중한 도움을 준다. 가정 역시 간과할 수 없는 또 다른 영역이다. 자존감 향상이라는 과제를 효과적으로 수행하기 위해서 가정은 자존감 향상 프로그램에서 실질적인 파트너 역할을 해야만 한다. 그러나 불행하게도 많은 부모들이 자존감 향상 도우미로서 아직 준비가 안 되어 있다는 것이다. 자존감 향상 프로그램에 있어서 학교·가정 간의 관계가 견고하게 구축되어야 하는 것은 아주 중요한 선결 과제라는 것을 인식한 필자는 이 책의 자매 책에 해당하는 《가정에서의 자존감 향상 프로그램 Home Esteem Builders》이라는 책을 집필했던 것이다. 이 책에는 40주 동안 가정에서 이루어질 수 있는 프로그램을 망라하고 있다. 활동 자료를 복사해서 가정에서 아이들과 함께 활동을 할 수 있다. 각 활동은 부모가 자녀들과 자존감의 요소를 향상시키는 데 이용할 수 있는 활동이나 전략을 제공하는 것은 물론 자존감의 5가지 요소를 통해 실제적으로 적용하는 데 익숙해지도록 고안되어 있다.

학생들의 자존감을 향상시키려는 노력이 지역, 학교, 개인 어느 차원에서 이루어지든, 노력 자체가 아주 중요하다. 자존감 향상의 아름다움은 바로 이것이 전염성이 있다는 것이다. 교육자들은 거듭해서 보고하기를 혼자서 자존감 향상을 위해서 노력했지만 금방 다른 사람들이 이 노력을 알아채고 합류했다고 한다. 이들의 노력이 결합해서 더 강력한 효과를 가져왔음은 물론이다. 이것이야말로 우리가 수많은 학생들을 위해 물꼬를 다른 방향으로 틀 수 있는 방법을 그대로 보여준다. 당신의 지역 사회는 이런 프로그램을 실행할 누군가를 필요로 할지도 모른다. 그 누군가가 당신이 되어야만 한다.

글렌 반 에케렌 Glenn Van Ekeren 이 전해주는 이야기는 학생들의 인생에 교육자가 얼마만큼 큰 의미를 지니는가를 그대로 보여준다고 하겠다.

한 노인이 해안가를 따라 산책을 하고 있다가 특이한 장면을 보게 되었다. 저 앞에서 어린 소년이 모래사장에 올라온 불가사리들을 계속 집어서 바다로 던져주고 있었던 것이다. 소년의 행동이 궁금해진 노인은 소년에게 다가가 왜 쓸데없이 시간낭비만 되고 말 그런 짓을 계속해서 하고 있는지를 물었다. 그러자 그 소년은 아랑곳하지 않고 불가사리 하나를 집어 들더니 바닷가로 던져준 후 말했다. "하지만, 저 녀석한테는 생명이 걸린 중대한 문제거든요."

자존감은 성공적인 학교 적응과 정신건강상태와 연결된다는 연구 보고가 셀 수도 없이 많다. 정신건강서에서 자존감은 아주 다양하게 정의되지만 대부분의 정의는 정서적 안정감, 자기동일성, 유대감, 자기방향성, 목표설정 내지 목적의식 그리고 성취욕구 등을 포함하고 있다.

B-SET의 목적은 교사들과 교육자들이 이 책에서 소개한 여러 가지 중개 활동들이 특정 학생의 자존감을 증진시키는 데 효과적일 것인지 판단하도록 돕기 위한 진단 도구다. 이 평가서는 모든 학년(유~초6)에게 적당한데 평가대상 학생에 대해서 충분한 정도의 지식을 가지고 있는 심리·상담 선생님 그리고 담임 선생님이 평가할 수 있도록 만들어졌다.

이 응축 버전은 자존감 평가를 위한 하나의 지침이 될 뿐이다. B-SET을 위한 기술적인 매뉴얼은 현장 연구가 완성된 다음에라야 가능해질 것이다.

B-SET 평가서는 5가지 개별적인 요소들 즉, 정서적인 안정감, 자아관, 우호성, 목적의식과 성취욕구로 구성되어 있다. 이 요소들은 이 책에 앞서 자세하게 정의해 놓았듯이 자존감을 구성하는 본질적인 요소들이다. 이 평가서를 이용하려면 우선 평가서 차트와 '각 요소별 점수 일람표(Component Scale Summary)'를 학생당 한 장씩 복사해서 준비해둔다. 평가하는 사람은 무작위로 학생 샘플을 선택해서 자존감 향상 프로그램의 전반적

인 효율성을 평가할 수도 있고 아니면 특히나 자존감이 부족해 보이는 학생을 선택해서 평가할 수도 있다. 이를 진행하는 평가자는 그러므로 개개인 학생의 자존감 향상은 물론 프로그램의 효율성까지 평가할 수 있게 된다.

개인별 평가 양식을 완성하기에 앞서서 교사는 우선 자존감의 5가지 요소인, 정서적 안정감, 자아관, 우호성, 목적의식, 성취욕구에 대해서 인지하고 있어야 한다. 3~7장의 개요부분을 자세하게 읽어두어야 할 것이다. 매일같이 개인적으로 혹은 친밀하게 상당 기간을 학생들과 접촉하고 대하게 되는 교사들은 학생들의 자아개념을 가장 정확하게 엿볼 수 있는 위치에 있다고 할 수 있다. 이들 교사들은 너무나도 민감하기 때문에 학생들의 감정과 힘들어하는 일들을 금방 알아차린다. 여러 전문가들은 말하길 자존감이란 측정하기가 힘들다고 한다. 그러나 일선 교사들이 보기에 아이들이 갖는 자아상은 충분히 인지가능하고 또 교사들은 얼마든지 효과적인 평가자가 될 수 있다.

B-SET 평가서를 통해 점수를 매기는 것은 단순한 의견에 기초해서 매겨서는 안 된다. 평가하는 사람은 각 항목에 대한 학생의 수행정도를 보여주는 행동상의 사실을 알고 있어야만 한다. 평가서의 표면적인 단순성을 쉽게 보아 넘겨서는 안 될 것이다. 평가자는 또한 개개인 학생과 특히나 친숙한 사람이나 정보자로부터 그 학생의 행동에

대한 정보를 얻어야만 한다. 부모님, 담임교사, 친한 친척이나 후견인 등으로부터 가능한 많은 정보를 얻도록 한다.

 ## 다양한 자존감 평가

B-SET 평가서는 개개인 학생들을 다양한 방법으로 평가해보기 위해 고안된 것이다. 다각적인 평가는 개개인 학생들의 자존감 행동에 대해 지속적이고 전적인 피드백을 제공한다. 이 평가서는 자존감을 키워가는 행동이 언제 시작되었고 어디에서 정점을 이루는지를 먼저 판단한다. 그러므로 교사는 여러 활동을 시작하기 전에 아이의 자존감 수준을 평가하고 끝나고 나면 다시 평가해야 한다. 물론 중간 평가서를 작성할 수도 있고 중간평가서를 토대로 자존감 프로그램을 다소 개선하는 것도 좋은 일이다. 평가를 하는 2가지 양식은 다음과 같다.

	선 평가	중간평가	후 평가
1.	9월	2월	1월
2.	9월	11월	1월

평가서를 작성하면서 평가자는 자존감 요소 중 특히 정서적인 안정감 영역이 더디게 개선되는 걸 발견할 수도 있다. 전체 합계가 26 혹은 그 이하인 경우가 이런 경우이다. 이런 경우에 전체 평가는 9월에 하거나 매달 정서적 안정감에 관계된 행동을 다시 평가하는 방법도 있다. 목적의식과 성취욕구에 해당하는 점수는 학생이 좀더 정서적으로 안정감으로 느낄 때까지는 합계가 저조할 것이다.

 ## 결과를 산정하기

B-SET 용지를 한 장 준비한다. 각 요소별 점수 일람표(Component Scores Summary)를 준비한다. 평가에 따라서 학생들의 요소별 점수를 모두 합산한다. 그런 다음 자존감 요소 프로필에 있는 각 요소의 점수를 합한 전체 점수를 그래프로 나타낸다. 더 선명하게 하기 위해서 서로 다른 사인펜이나 색연필을 이용해서 눈에 띄게 기록한다. 이제 각 평가서에 대한 결과를 평가해서 프로그램의 효율성과 적합성을 가늠해본다. 아래 2명의 프로필을 예로 들어놓았다.

 ## 학생#1 전체 자존감 합산 결과

자존감 요소	9월 24일	1월 5일	5월 30일
안정감	17	19	23
자아관	16	18	22
우호성	16	16	22
목적의식	14	14	20
성취욕구	12	14	18

 ## 학생#1의 평가 결과

위의 예로 든 학생은 시간이 갈수록 5가지 요소가 개선되는 걸 볼 수 있다. 1월에 행한 중간평가를 보면 우호성이나 목적의식에서 별다른 진전이 보이질 않는다. 그러나 5월 30일자 평가서를 보면 새로 자존감이 생겨나는 행동상의 발달이 있음을 알 수 있다. 많은 행동 카테고리가 "전혀 아니다"에서 "가끔은 그렇다"로 변화했다. 이 B-SET 평가서의 목적은 자존감과 관계된 행동상의 개선이나 향상을 추적하기 위한 것이라고 할 수 있다. 어떤 경우에는 개선의 기미가 아주 미미할 수도 있긴 하지만, 수치 폭과 관계없이 모두 자존감 있는 방향으로 개선되고 있다고 볼 수 있다.

학생#2 전체 자존감 합산 결과

자존감 요소	9월 24일	1월 5일	5월 30일
안정감	25	26	27
자아관	23	24	26
우호성	23	23	25
목적의식	17	20	24
성취욕구	16	20	25

학생#2의 평가서 결과

사례 2의 학생은 사례 1의 학생보다 다소 높은 수치에서 출발하고 있다. 그리고 전반적인 점수 역시 앞선 학생보다 자존감이 고무되어 있는 상태임을 보여준다. 결과적으로 자존감이 넘치는 행동의 개선과 향상을 보여주는 징후가 훨씬 더 긍정적이다.

평가서를 볼 때의 주의사항

아이들의 행동상의 대차대조를 하나의 자존감 평가 도구로 사용할 때 주의해야 할 점이 몇 가지 있다.

첫째, 평가자가 특정 학생의 자존감 정도를 평가할 때는 먼저 그 학생에 대해서 충분할 정도의 정보를 가지고 있다고 판단될 때, 첫 번째 평가를 해야 한다. 평가하기 며칠 전부터 아이가 여러 가지 다양한 상황 속에서 어떻게 행동하는지를 관찰해야 한다.

둘째, 행동이란 여러 가지 다양한 상황에서 변동가능하다는 것을 염두에 두어야 한다. 특정한 평가기간 동안 아이의 진실된 자아관을 다 들여다보는 것은 불가능하다. 그리고 누구나 자신의

행동 상 영향을 미칠 법한 내면의 개인적인 문제와 불안감들을 가지고 있기 마련이다. 그러므로 자존감 평가는 아이의 일상적인 행동양식에 기초해서 평가할 때 가장 정확할 수 있다. 간헐적인 행동상의 특징은 정보와 관찰차원에서 기록해두는 것이 좋다.

셋째, B-SET 평가서는 관찰된 행동만 가지고 평가하게 되어있다. 예를 들어, 우호성이라는 정서적 특징은 또래와 그리고 그룹에서 타인과 관계맺는 것을 일차적으로 주목해서 평가해야 한다. 만약 평가자가 학생이 또래들과 일상적인 맥락에서 상호작용하는 것을 면밀하게 관찰할 수 있는 위치에 있지 않다면, 그 결과로 나온 평가서란 신뢰할 만한 것이 못되며 아이의 우호적인 태도에 대한 정확한 평가서가 될 수 없다. 그러므로 평가자가 특정한 학생에 대해서 모으는 정보가 많으면 많을수록 그 평가서는 훨씬 더 신뢰할 만하고 정확해질 것이다. 만약 평가자가 아이의 행동에 대해 검증할 수 없다면 부모님, 이전 담임선생님, 상담교사, 체육 코치나 또래 친구들과 같이 주변의 신뢰할 만한 소스로부터 필요한 정보를 수집해야 한다.

넷째, 자존감이란 상황에 따라 가변성을 띠는 것이라는 것을 잊지 말아야 한다. 학교에서 자존감을 보여주는 학생일지라도 가정 혹은 다른 곳에서는 그렇지 않을 수도 있다. 이런 대차대조 평가서는 바로 평가자가 있는 곳에서만 관찰이 이루어질 수밖에 없다는 장소의 한계가 존재한다. 학교라는 환경에서 자존감 평가서 점수는 단지 학교에서 이루어지는 행동만을 반영하는 것이므로 평가서는 학교라는 환경의 한계를 분명하게 밝혀야 할 것이다.

마지막으로 B-SET 평가서는 자존감의 5가지 요소에서 아이에게 필요한 것이 무엇인지를 평가하고, 특정 요소를 향상시키기 위한 자존감 향상

활동의 효율성을 재고하기 위한 하나의 수단이라는 점을 염두에 두어야 한다.

자존감 향상 계획을 위한 몇 가지 계획
Prescriptive Esteem-Building Plan

부록에 소개되어 있는 이 양식은 개개인 학생들의 자존감 개선과 향상을 조합하고 조직하기 위한 것이다. 이 양식을 여러 장 복사해서 학생당 한 장씩 부족한 자존감 요소가 무엇인지 기록하게 한다. 자존감 요소 점수 합산에 관한 자료를 이용해서 학생마다 필요한 요소를 향상시키기 위한 계획을 수립할 수 있다(이것은 교사만을 위한 것이다).

학생 평가서

이 장에서 강조해온 것은 바로 자존감을 보여주는 여러 행동들에 대한 평가는 바로 타인이 그 행동을 인지함으로써 이루어진다는 점이다. 물론 데이터 수집은 그렇지 않다(여러 사람의 인지와 정보로 이루어진다). 아이들의 자아개념 자체는 물론 중요하고 또 아주 귀중한 정보가 된다. J.C.넌넬리 Nunnally는 이런 점을 간결하게 설명해놓았다. "일반적으로 가장 타당하고 경제적이고 때론 한

개인의 감수성에 대해서 알 수 있는 유일한 방법은 바로 그에게 물어보는 것이다." 이 책에서 소개한 일부 활동들은 해당 학생에게서 직접 그에 관한 정보를 얻기 위한 것이기도 한다.

여기에는 다음과 같은 것들이 있다.

일기 쓰기 ┃ 일기, 보고서, 혹은 저널을 아우르는 쓰기 활동은 아이들의 자아개념에 대한 귀중한 통찰력을 제공한다. 9장은 매일의 저널 쓰기, 워크시트, 아이디어 실행에 관한 장으로 구성되어 있다. 저널 쓰기를 통해 아이들은 더 현실적이고 정확한 자아상을 형성할 수 있을 뿐만 아니라 자아개념의 다양한 여러 측면들에 대해서 반추해볼 수 있는 기회가 되기도 한다. 이때 아이들의 기록은 그 비밀을 보장해주어야 한다.

활동 양식 ┃ 이 책에서 소개한 여러 가지 활동 양식은 또한 아주 효과적인 평가 도구가 된다. 아이들의 자존감 상태를 평가하는데 유용하다싶은 주제의 양식을 복사하고 아이들에게 그 양식을 채우도록 한다. 완성된 양식은 '자존감'이라고 표시해둔다. 이런 자료들은 자존감 요소에 대한 사전 평가로 손색이 없다. 특정한 영역에서 학생들의 자존감 향상 여부를 평가하기 위해서는 학생들로 하여금 일정한 공지기간이 끝나면 특정한 날을 골라서 동일한 양식을 다시 완성해보게 한다.

B-SET 자존감 구성요소 평가서
Component Scores Summary

이름 : _____

학교 : _____   학년 : _____

평가 날짜 : _____   평가 교사 : _____

1단계 | 전체 합산 점수 란에 각 구성요소에 해당하는 점수를 기입한다.

요소별 전체 합산 점수

자존감 요소	날 짜	날 짜	날 짜
안정감			
자아관			
우호성			
목적의식			
성취욕구			

2단계 | 각 요소의 점수를 아래 그래프에 나타낸다.

첫 번째 평가 점수는 실선으로 표시하고, 두 번째 평가 점수는 점선으로 표시하고 세 번째 평가점수는 점으로 표시한다.

자존감 구성요소 발달상황 그래프 *Self-Esteem Component Profile*

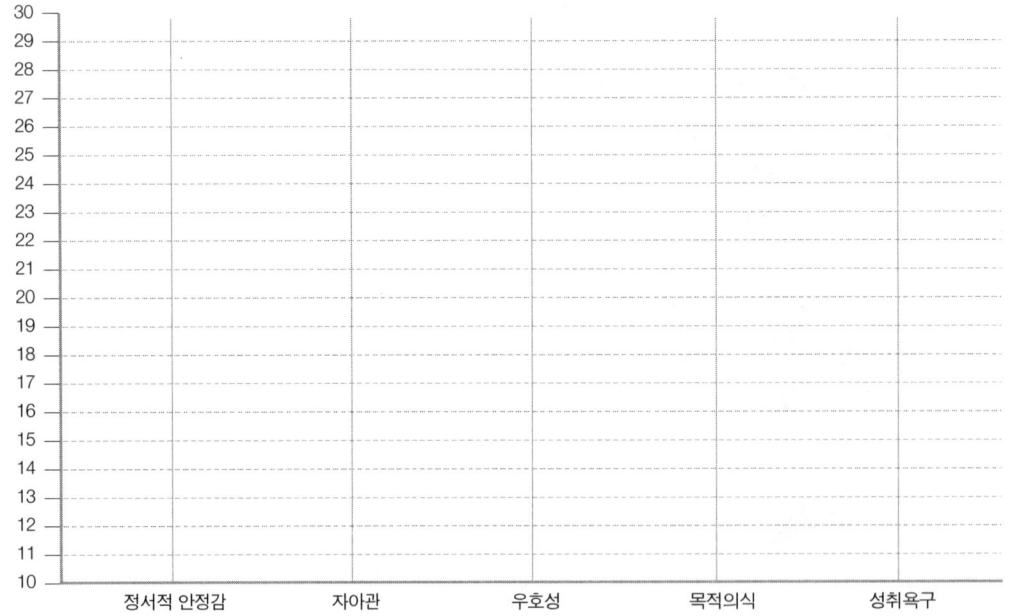

B-SET
(크레•이그 보바, 미셸 보바)

이름 : --

학교 : -------------------------------------- 학년 : --------------------------

평가 날짜 : ----------------------------- 평가 교사 : ------------------------

주의 | 이 양식은 자존감의 다섯 가지 요소에서 학생이 부족한 부분을 평가하기 위한 양식이다. 아래 내용을 읽고 아이의 행동과 관계되는 숫자에 표시한다.

합산방식 | 각 행동사항을 잃고 적당한 숫자에 표시하고 나중에 합산한다.

1=자주 혹은 늘 그렇다.   2=간혹 그렇다.   3=드물거나 거의 없다.

정서적 안정감

정서적인 안정감이 충만한 아이는 확신에 차있다. 이런 아이들은 일반적으로 편안함을 느끼고 안정감을 느낀다.

행동	언제나	가끔	전혀
1 친숙한 사람이나 환경에서 일정기간 떨어졌을 때 어려움을 호소한다.	1	2	3
2 스트레스나 불안감의 징후들을 보인다. 즉 손톱 물어뜯기, 엄지 팔기, 머리 꼬기, 이빨 갈기, 다리 흔들기, 이유없이 소리 지르기, 극도의 신경증 등.	1	2	3
3 심리적인 스트레스의 징후들을 보인다. 두통, 뾰루지, 소변실수, 복통, 식은땀 흘리기,	1	2	3
4 상황에 맞게 어떻게 행동해야 하는지, 다른 사람이 자신에게 기대하는 행동이 무엇인지 잘 이해하지 못한다.	1	2	3
5 새로운 경험을 하는 것을 주저한다.	1	2	3
6 과도한 또는 근거 없는 두려움과 공포를 보인다.	1	2	3
7 신뢰관계를 구축하는 데 어려움이 있다.	1	2	3
8 잘 아는 사람과도 신체적인 접촉을 하는 것을 꺼려하고 불편해한다.	1	2	3
9 변화를 두려워하고 즉흥적인 상호작용을 어려워한다.	1	2	3
10 자신이 신뢰할 수 있는 사람에 대한 지식이 부족하다.	1	2	3

(각 항목에 해당하는 점수를 다 합산한다.)

정서적 안정감 점수 : ----------------------

자아관

자아관이 강한 아이들은 자기 인지가 뛰어나다. 그런 아이들은 자기의 역할, 개성 그리고 신체적 특징과 관련해서 비교적 현실적이고 정확한 자아상을 지니고 있다.

행동	언제나	가끔	전혀
1 신체적인 외모에 대해서 불만을 표시한다.	1	2	3
2 칭찬을 받아들이는 데 불편해한다. 거부, 과소평가, 무시, 당황.	1	2	3
3 다른 사람을 따라하거나 비웃는다. 자신만의 방식으로 자신을 표현하기를 거부하거나 남들과 다르게 보이는 것을 두려워한다.	1	2	3
4 옷을 때와 계절에 맞게 입지 않는다. 보통아이들과 다르게 입거나 많이 껴입으면서 지나치게 자아에 집중한다.	1	2	3
5 자신의 감정을 적절하게 규명하고 표현하는 데 서툴다.	1	2	3
6 정확한 자기정보(역할, 개성, 신체적 특징, 관심사항)가 부족하다. 자신에 대한 인지가 빈약하다.	1	2	3
7 다른 사람의 기분을 맞추는 데 전전긍긍한다. 지나치게 관계 의존적이다.	1	2	3
8 다른 사람에 대해 자주 부정적인 표현을 사용한다. 남을 비판하지만 비판에 대해 과민반응하기도 한다.	1	2	3
9 신체적인 결함이 없음에도 불구하고 정교하고 약간 활동량이 큰 운동을 좋아하지 않는다.	1	2	3
10 부적절한 정서적 반응을 보인다. 부정적인 자기표현, 이치에 맞지 않은 행동, 과묵함, 우울함, 반항, 과시, 이유 없는 괴성 지르기, 공상에 빠지기 등의 행동을 보인다.	1	2	3

(각 항목에 해당하는 점수를 다 합산한다.)

자아관 점수 : _

우호성

우호성이 강한 아이들은 소속감과 유대감을 느낀다. 이런 우호성은 아이에게 의미 있는 타인과의 관계를 통해 얻어진다.

행동	언제나	가끔	전혀
1 친구 사귀기를 힘들어한다. 사회적인 의사소통 기술이 부족하다.	1	2	3
2 남들이 자기에게 별 관심도 없다고 생각한다.	1	2	3
3 사람대신 특정한 물건에 더 애착을 보인다.	1	2	3
4 다른 사람과 관계 맺는데 어려움을 보인다. 과시, 허풍, 자랑, 떠벌림, 독점, 우스꽝스럽게 행동하기, 공동체에 비협조적인 행동하기, 담배피우기, 약물에 의존하기 등의 행동을 보인다.	1	2	3
5 또래들 혹은 집단 내에서 위축, 거부, 고립의 행동을 보인다.	1	2	3
6 친구가 적다. 또래들이 그다지 같이 놀고 싶어하지 않는다.	1	2	3
7 다른 사람의 감정이나 안타까운 상황에 대해 무반응을 보인다. 동정심이 부족하다.	1	2	3
8 우정이라는 개념에 대해 이해가 부족하다.	1	2	3
9 친구와의 우정을 오래 지속시키지 못한다.	1	2	3
10 우호적인 관계를 맺는 사람으로 어른을 선택하고 그 사람에게 의존한다.	1	2	3

(각 항목에 해당하는 점수를 다 합산한다.)

우호성 점수 : _____

목적의식

목적이 강한 아이들은 자신의 결정한 것에 대한 결과를 책임감 있게 받아들인다. 또한 이런 아이들은 일반적으로 자기 주도적으로 현실적이고 실현가능한 목적을 설정하고 삶의 여러 가지 상황에 대해 통제력을 갖고 대처한다.

행동	언제나	가끔	전혀
1 동기부여가 되지 않는다. 주도력이 부족하고 아무런 목적도 없어 보이며, 별다른 노력도 기울이지 않는다.	1	2	3
2 문제에 대한 해결책이나 대안을 찾지 못한다.	1	2	3
3 스스로 무력하게 느낀다. 관심을 끌기 위해 보채거나 자기 주도력을 얻기 위해 수다를 떤다.	1	2	3
4 과제나 숙제를 제대로 완성하지 못한다. 집중력에 한계가 있거나 부주의하거나 지루해하거나 관심을 보이지 않는다.	1	2	3
5 목표설정이 없어 성취도 없다. 목표를 너무 높게 잡거나 너무 낮게 잡는다. 또는 아예 목표라는 것이 없다.	1	2	3
6 아무도 도움을 청할 데가 없다고 느끼고 다른 사람이나 자신이 주도적으로 뭔가를 해낼 수 없다고 느낀다.	1	2	3
7 다른 사람이 행동의 방향을 정해주고 격려해주기만을 바란다.	1	2	3
8 자신의 행동에 대해서 책임을 지려고 하지 않는다. 원인을 항상 밖에서 찾거나 다른 사람을 비난하거나 아예 책임을 부인한다.	1	2	3
9 우유부단하고 자신만의 의사를 결정하는데 주저하거나 아예 하지를 못한다.	1	2	3
10 과거와 현재를 통틀어 자신의 능력과 성취욕구의 수준을 정확하게 평가하지 못한다.	1	2	3

(각 항목에 해당하는 점수를 다 합산한다.)

목적의식 점수 : _ _ _ _ _ _ _ _ _ _ _ _ _ _ _ _ _

성취욕구

성취욕구가 강한 아이들은 일반적으로 자신이 잘 될 거라고 느끼고 또 할 수 있다고 생각한다. 이런 아이들은 자신의 장점을 알고 있으며 또한 약점도 인정할 줄 안다. 성취욕구가 강한 아이들은 자신이 잘할 수 있다고 생각하는데 특히 개인적으로 중요하거나 가치가 있다고 여기는 일에 대해서는 더욱 더 긍정적으로 생각한다.

행동	언제나	가끔	전혀
1 자신만의 의견과 생각을 말로 표현하는 데 주저한다.	1	2	3
2 금방 좌절감을 보이거나 자기가 특히 잘하는 분야에만 집중한다.	1	2	3
3 실패나 실수의 두려움 때문에 여러 가지 과제나 목표를 실행하지 않으려 한다.	1	2	3
4 어려움에 닥치면 금방 포기한다.	1	2	3
5 자신의 장점을 제대로 파악하지 못한다.	1	2	3
6 곧잘 뒤쳐진다. 스포츠맨 정신이 부족하다.	1	2	3
7 "나는 못해" 하는 식의 태도를 보이고 시도조차 하지 않으려 한다.	1	2	3
8 성취욕구와 관계없는 행동에서는 변덕이 심하다. 우울, 위축, 반항, 과시, 딴생각, 잡담	1	2	3
9 자신의 약점을 받아들이지 못한다.	1	2	3
10 그 어떤 성취에 대해서도 과소평가하고 신뢰하지 않는다. 자신이 이룬 성과에 대해 부정적인 자기 표현을 한다.	1	2	3

(각 항목에 해당하는 점수를 다 합산한다.)

성취욕구 점수 : _____

자존감 • 세우기 계획

이름: _____

날짜: _____

	강점	약점	성장을 위한 전략
영적인			
지적인			
신체적			
대인관계			
성격적인			

내가 이룬 것들

우리와 함께 당신이 이룬 것들을 공유해 봅시다.

이름 : --

직위 : --

주소 : --

전화번호 : --

활동 :

1. --

   ----

2. --

   ----

3. --

   ----

4. --

● 여기로 편지 보내주세요.

Dr. Michele Boba

1205 Camino Marisol

Palm Springs, CA 99262

건강한 관계맺음의
첫 단추를 채우며

어른이나 교사의 말 한마디, 행동 하나가 자라나는 아이들의 인생에 지대한 영향을 미치곤 한다. 무심코 던진 한마디에 상심해서 자존감을 잃고 매사에 소극적이 되어 버릴 수도 있고, 반대로 한마디 칭찬에 으쓱해서 자존감 넘치고 긍정적인 인성을 가진 한 개인으로 성장해가기도 한다. 일선 교사나 자식을 기르는 부모라면 누구나 쉽게 고개를 끄덕일 수 있는 이야기일 것이다.

아이들이 독립적이고 건강한 인성을 가진 개인으로 성장하기 위해서는 우선, 자기 자신과 이 세계와의 건강한 관계가 설정되어야 한다. 저자는 다양한 교육학계의 연구결과를 토대로 그 긍정적인 관계맺음의 필수요소로 안정감, 자아관, 우호성, 목적의식, 성취욕구 등을 들고 있다. 그리고 이 5가지 요소를 유기적으로 연계해 증진시킬 수 있는 방법을 '자존감 키우기 통합 프로그램'으로 제시하고 있다. 그것도 학년별로, 다른 교과과정과 연계해서 살아있는 교육프로그램으로 승화시키고 있다. 적절한 이론적 탐색과 더불어 북미지역과 세계 여러 지역에서 일선 교사들이 수행해 온 여러 프로그램의 장점을 취사선택해 다양한 교실 내, 학교 내 활동을 구체적으로 소개하고 있는 이 책은 유치원, 초등학교 교사들에게는 아주 유용한 매뉴얼이 될 법한 미덕을 충분히 갖추고 있다고 할 수 있다.

현실속의 교실과 교육환경에서 아이들의 자존감을 키우는 데 절대적으로 중요한 존재인 교사는 아이들의 자존감을 키워주는 자존감 도우미가 된다. 그러나 구체적으로 현실적인 교과과정을 소화하면서 이와 연계해 어떤 프로그램을 진행시킬 것인가 하는 것은 늘 교사들의 고민거리의 몫으로 남는 것이 사실이다.

역자는 이 책을 번역하는 동안 두 아이가 다니는 어린이집의 활동 프로그램을 관심 있게 지켜보았다. 그냥 부모들은 신경 안 쓰게 알아서 해주면 좋으련만, 유난히도 부모의 참여를 요구하는 활동이 많은 어린이 집이었다. 그러나 그 활동들이 그냥 마구잡이로 이루어지는 것은 아니었다. 이 책과 비교하면서 분석해본 결과, 유아보육과 교육의 원칙 역시 보바 박사의 주장과 크게 다른 것이 없었다. 아이들에게 정서적인 안정감을 주고, 나름의 규율을 정해 책임지는 자세를 자연스럽게 갖게 하고, 다양한 실내외 체험활동을 통해 간혹 일어날 수 있는 갈등상황을 조정해나가는 교육이 자연스럽게 이루어지고 있었다.

그나마 어린이집, 유치원에서 시도되는 이런 프로그램은 아이들이 초등학교에 들어가면 단절되는 경향이 있다. 교과과정과 유기적으로 연계되지 못하는 탓이 가장 클 것이다. 교사의 역량이 무엇보다 필요한 부분일 것이다. 보바 박사의 프로그램은 가능한 여러 가지 프로그램 중 한 가지 예에 불과할 수 있다. 학급 규모와 주변 교육환경, 학부모의 참여도 등을 충분히 고려해서 꾸준히 시도해 본다면 좋은 결과로 이어질 것이라고 확신한다.

꼼꼼히 분석하고 구체적인 활동과 프로그램을 제시하는 이 책은 철저하리만치 실용적인 자세로 나름의 교육학적 가치를 구현하려는 서구 인문학의 장점을 지니고 있다.

앞으로 우리의 교육환경과 교과과정에 연결되는 프로그램들이 많이 선보이기를 고대한다.

2006년 1월
옮긴이 정경란

지은이 | 미셸 보바

미국 교육상 수상에 빛나는 미셸 보바는 세계적으로 명망 높은 교육자이며 교육학 박사로서 체험을 근거로 한 실용적인 육아전략으로 아이들의 행동과 도덕성을 강화하여 행복한 가정을 구축하는 지침을 명확히 제시하는 것으로 정평이 나 있다. 더불어 열정적이고 인기 있는 연사로, 세계 각국 75만 명 이상의 사람들에게 강연을 했으며 수많은 학교에서 교육 컨설턴트로 활동하고 '투데이 쇼' '더 뷰' '팍스 &프렌즈' '캐나다 AM' 등 TV와 라디오 토크쇼에도 자주 출연하고 있다. 그리고 현재 〈Parents Magazine〉의 명예자문위원으로도 활동한 활동을 하고 있다.

저서로는《도덕 지능 *Building Moral Intelligence*》, 〈차일드 매거진 *Child Magazine*〉에 의해 '1999년도 우수 육아도서'로 선정된 《부모가 아이를 바꾼다 *Parents Do Make a Difference*》 등 18권이 있다. 그녀가 제의한 학교폭력 근절법(SB1667)은 2002년 캘리포니아 주 법으로 승인된 바 있으며 현재는 남편, 세 아들과 함께 캘리포니아의 팜 스프링스에 살고 있다.

더 자세한 정보는 www.MicheleBorba.com이나 www.moralintelligence.com에서 찾아볼 수 있다.

옮긴이 | 정경란

동국대학교에서 인도철학과 서양철학을 공부했으며, 라디오 불교방송국에서 방송작가로 활동했다. 《몸과 영혼의 에너지 발전소》, 《영혼을 깨우는 100일간의 여행》, 《New Normal : 부와 비즈니스가 움직이는 새로운 기준》외 여러 책을 번역하고 있다.

감수자 | 이소희 · 이정화

이소희 | 숙명여자대학교 아동복지학 교수로 재직중이며 국무총리 청소년보호위원회, 대통령자문 유아교육개혁위원회 위원 및 한국아동학회 총무를 역임했다. 현재 한국 가족복지학회 회장, 한국 영리더십 센터와 한국부모코칭센터의 자문교수로 활동중이며 저서로는 《아동복지 실천론》, 《보육학 개론》등 다수가 있다.

이정화 | 숙명여대 아동복지학 박사학위를 받고 원광아동발달연구소 상담연구원을 역임했다. 현재 한국부모코칭센터 대표이자 한양여자대학교 아동복지학과 겸임교수로 재직중이다. 저서로는 《놀이치료 핸드북》, 《발달척도 핸드북》등이 있다.

한언의 사명선언문

Our Mission –·우리는 새로운 지식을 창출, 전파하여 전 인류가 이를 공유케 함으로써 인류문화의 발전과 행복에 이바지한다.

–·우리는 끊임없이 학습하는 조직으로서 자신과 조직의 발전을 위해 쉼없이 노력하며, 궁극적으로는 세계적 컨텐츠 그룹을 지향한다.

–·우리는 정신적, 물질적으로 최고 수준의 복지를 실현하기 위해 노력하며, 명실공히 초일류 사원들의 집합체로서 부끄럼없이 행동한다.

Our Vision 한언은 컨텐츠 기업의 선도적 성공모델이 된다.

저희 한언인들은 위와 같은 사명을 항상 가슴 속에 간직하고
좋은 책을 만들기 위해 최선을 다하고 있습니다.
독자 여러분의 아낌없는 충고와 격려를 부탁드립니다.
· 한언 가족 ·

HanEon´s Mission statement

Our Mission –·We create and broadcast new knowledge for the advancement and happiness of the whole human race.

–·We do our best to improve ourselves and the organization, with the ultimate goal of striving to be the best content group in the world.

–·We try to realize the highest quality of welfare system in both mental and physical ways and we behave in a manner that reflects our mission as proud members of HanEon Community.

Our Vision HanEon will be the leading Success Model of the content group.